新文科·普通高等教育人力资源管理专业系列教材

HR 组织理论与设计

（第2版）

主　编　贾　隽　行金玲
副主编　陈　健　刘　岚

西安交通大学出版社
XI'AN JIAOTONG UNIVERSITY PRESS
国家一级出版社
全国百佳图书出版单位

内容提要

本书包括上、中、下三篇，每篇又有若干章节，主要特色如下：第一，内容完整、逻辑清晰、重点突出、引经据典，涵盖了组织理论及其评述、组织结构类型、基于职能的组织设计、组织职权设计、公司治理结构设计、组织流程设计、人力资源规划与设计、组织文化设计、组织激励机制设计、组织设计的权变因素、组织变革与未来等方面内容；第二，每章都设计了开篇案例、正文中的实例和章末的案例分析，并且在每章之后设计了批判性思考与讨论题以及实操训练题，便于检测学生学习效果；第三，力图将西方组织理论与数字化时代的中国企业组织设计实践相结合；第四，通过多个案例将理论与实践结合，突出实用性、通俗性，帮助学生认识现实的管理世界，启发学生的自主思考。

本书既适用于高等院校的本科生、研究生以及接受成人高等教育的学生使用，也可供企业管理者以及希望了解和研究企业组织设计问题的人员参考使用。

图书在版编目(CIP)数据

组织理论与设计 / 贾隽，行金玲主编．—2 版．—西安 ：西安交通大学出版社，2022.11

ISBN 978-7-5693-2648-2

Ⅰ.①组… Ⅱ.①贾… ②行… Ⅲ.①企业管理-组织理论 Ⅳ.①F272.9

中国版本图书馆 CIP 数据核字(2022)第 102822 号

书　　名　组织理论与设计(第 2 版)
ZUZHI LILUN YU SHEJI
主　　编　贾　隽　行金玲
责任编辑　郭　剑
责任校对　李逢国
封面设计　任加盟

出版发行　西安交通大学出版社
(西安市兴庆南路 1 号　邮政编码 710048)
网　　址　http://www.xjtupress.com
电　　话　(029)82668357　82667874(市场营销中心)
(029)82668315(总编办)
传　　真　(029)82668280
印　　刷　西安日报社印务中心

开　　本　787mm×1092mm　1/16　**印张**　20　**字数**　498 千字
版次印次　2022 年 11 月第 1 版　2022 年 11 月第 1 次印刷
书　　号　ISBN 978-7-5693-2648-2
定　　价　59.80 元

如发现印装质量问题，请与本社市场营销中心联系。
订购热线：(029)82665248　(029)82667874
投稿热线：(029)82668133
读者信箱：xj_rwjg@126.com

前言

现代企业组织是合理配置生产力、顺利进行生产经营活动的必要手段，是维护和发展生产关系的必要工具，是实现企业使命和目标、提高企业经济效益的重要保证。而企业组织设计的任务正是要搭建这样一个平台，使得组织中的人、财、物和信息按照设计者预先所期望的秩序，以最高的效率持续运转。企业组织设计是在企业的组织中对构成企业组织的各要素进行排列、组合，明确管理层次，分清各部门、各岗位之间的职责和相互协作关系，并使其在企业的战略目标实现过程中获得最佳的工作业绩。因此，建设这门新学科是我国企业深化改革和管理现代化的需要。

首先，本书第1版在2011年由西安交通大学出版社正式出版，然而当前国内系统地论述组织结构设计的理论和方法的相关独立教材依然很少。最近十年，伴随移动互联网的迅速普及，很大程度上改变了生产、生活的方方面面，对组织理论也提出了新的挑战。而已有的《组织理论与设计》第1版的内容就略显陈旧，跟不上当前数字化时代的发展步伐。因此，迫切需要对本书第1版内容进行全面系统地修订。

其次，作为国家级一流专业，对专业人才培养的目标定位是：以培养面向各类组织（尤其是制造业），以解决问题为导向的人力资源管理专业型人才为目标。培养具有从事组织人力资源管理工作的能力，尤其具备在制造业领域内进行相关人力资源实务的能力，具有扎实的理论基础和较宽的专业知识面，有道德、善学习、勤思考、重实践、富有创新意识、团队合作精神、社会责任感和敬业精神的身心健康的应用型专业人才，为国民经济、国防建设和制造业发展输送人力资源管理人才。而“组织理论与设计”作为人力资源管理专业的核心专业课，其相应教材的建设不仅是为满足国家一流专业建设的需要，而且也有助于人才培养目标的实现。

本书从对现实社会中各类组织的观察和分析入手，以理论与实践密切结合的方式，通过由浅入深、循序渐进、富有逻辑的介绍和阐述，使读者对西方组织理论的概貌、组织模式的历史演变与最新发展，以及组织设计的实务和方法等方面，获得一个真正"组织学"角度的框架性认识。编者的编写原则和希望达到的效果是：内容完整、逻辑清晰；重点突出、注重实用；图文并茂、生动活泼；数据翔实、引经据典；习题总结、配套材料。本书包括上、中、下三篇，每篇又有若干章节。每章的前面有本章内容提要、关键概念、开篇案例；每章的最后有本章小结、批判性思考与讨论题、案例分析、实操训练题。同时，教材配备了专门的 PPT 以及习题解答，方便教师、学生和读者的使用。

本书包括 12 章内容，是集体智慧的结晶，除了主编、副主编之外，西安交通工程学院的王亚芬老师、西安工商学院的刘萍老师也参加了教材的编写工作。

本书在编写过程中，由于作者水平有限，编写时间仓促，所以欠妥、遗漏甚至错误之处在所难免，我们真诚地希望广大读者不吝赐教！

本书的编写参考了大量的文献和资料，已尽可能列于书后。如有疏忽之处敬请指出，我们将在重印、再版时一并修订。在此谨向本书写作过程中引用或参考过的资料的作者表示衷心的感谢！

同时，还要感谢西安交通大学出版社的编辑为本书的顺利出版所做出的大量指导与编辑工作！

编　者

2022 年 5 月

目录

上篇　组织与组织理论

中篇　组织设计过程与内容

下篇　组织的再设计

上篇

组织与组织理论»

第1章 绪 论

本章的研究内容

1. 组织与企业组织的概念、类型；企业生产要素及特征；企业组织的基本要素
2. 组织结构的概念、特性及构成要素
3. 组织结构优化的原则及方法
4. 组织设计的理论、概念及作用
5. 组织设计的程序、内容及原则
6. 本书的思路与框架

关键概念

组织(organization)

企业组织(enterprise)

组织结构(organization structure)

组织设计(organization design)

开篇案例

美国通用电气公司的历史可追溯到托马斯·爱迪生，他于1878年创立了爱迪生电灯公司。1892年爱迪生通用电气公司和汤姆森-休斯敦电气公司合并，成立了通用电气公司(general electric company,GE)。GE是道琼斯工业指数榜自1896年设立以来唯一一个至今仍在榜上的公司。

现在通用电气公司是美国也是世界上最大的电气和电子设备制造公司，它的产值占美国电工行业全部产值的1/4左右。GE在金融服务、基础设施建设和媒体市场共拥有五大业务部门，公司业务从飞机发动机、发电设备、水处理和安全技术，到医疗成像、商务和消费者金融、媒体内容和工业产品，客户遍及全球100多个国家，在全球雇用了超过32.7万名员工。

GE现行的组织结构是建立在韦尔奇接手后进行组织结构改革的基础上，并在之后不断地进行调整完善。由于战略的转变必将影响组织的内部特征，因此在过去的20多年间，GE的组织结构也在不断地进行调整，以适应战略需要，适应环境、优化自身。自1981年GE的组

织结构改革大体经历了三个阶段，各阶段互有交叉，但重点不同。

(1)以组织的扁平化为重心。从1981年韦尔奇接任GE开始，到1990年左右大体结束，通用也称之为“零层管理”，当时的GE处于严重的官僚化阶段，组织结构庞大臃肿、大量终身员工闲置、官僚机制低效、管理层级繁多，有着层层签字的审批程序和根深蒂固的等级制度。其主要层次自上而下包括：公司董事长和最高执行部—公司总部—执行部—企业集团—事业部—战略集团—业务部门—职能部门—基层主管—员工。由董事长和两名副董事长组成最高执行局，公司总部中4个参谋部门分别由董事长直管，另外4个由两名副董事长分别负责。公司下设6个执行部，分别由6位副董事长负责，用以统辖和协调各集团和事业部。执行部下设9个集团，50个事业部和49个战略经营单位。虽然庞大的组织结构曾给GE带来丰厚的利润，但如今这却拖延了GE前进的步伐。

在扁平化的过程中，公司大量中间管理层被取消。GE将执行部整个去掉，使得GE减少了近一半的管理层，同时对部门进行削减整合、裁减雇员、减少职位。从原来的24～26个管理层减少到五六个，而一些基层企业则直接变为零管理层，同时扩大管理跨度，增加经理的直接报告人数，由原来的六七个上升为10～15个，充分利用人力资源，提高效率。

(2)业务重组为重心不断进行放弃不利业务，加强有利业务并引入新业务的过程，以公司使命为方向，以战略计划为指导调整组织结构。GE提出了一个中期战略——“第一第二”战略目标，只要不是全球第一第二，就改革、出售或关闭，以此来对公司业务范围、规模、机构设置、管理体制等各方面进行改革。韦尔奇运用了“三环图”，将公司分为服务、技术和核心业务三部分，这很快表明了那些有问题和需要重组或者消除的业务。仅在头两年，GE就卖掉了71条产品线，完成了118项交易，又相继卖掉空调和小型家电、消费类电子产品、航空航天业务等，共出售了价值110亿美元的企业，同时又大胆买进了260亿美元的新业务。

伊美尔特接任GE后，延续了这一战略的运用，继续对业务进行重组管理。2001年，GE出售了保险业务、消防车、工业用金刚石、印度市场的外包业务、通用电气物流公司、新材料业务等，同时对有增长能力的业务给予大力支持，这些业务包括能源、医疗保健、基础设施、运输业、国家广播公司、商业金融和消费者金融业务。通过业务重组的组织结构调整会一直进行下去，这是由GE的使命和战略决定的。

(3)无边界化组织阶段。在组织学习中，无边界化组织主要包括以下几种经典组织形式：扁平化组织、多功能团队、学习型组织、虚拟企业、战略联盟等。GE提出的无边界理论侧重于学习型组织的建立。这是由于前期扁平化组织的建立，使组织中管理跨度增加，再加上严重官僚化的影响，使组织在横向信息交流上产生障碍，信息交流和知识共享要在更多的成员之间实现，这种高效的沟通需要无边界化来实现。无边界化能克服公司规模和效率的矛盾，具有大型企业的力量，同时又具有小型公司的效率、灵活度和自信；还可打击官僚主义，激发管理者和员工热情。

这个案例充分说明了企业在组织设计或变革中应充分了解和遵循一些基本尺度即组织设计理论，同时也说明了组织设计在企业中的重要性。

资料来源：张立文. 美国通用电气公司组织结构及其变革研究[J]. 商场现代化，2010(9)：8.

1.1 企业组织

1.1.1 企业组织的概念及类型

1. 组织的概念

迄今为止，国内外有很多学者给出了关于组织(organization)的定义。

19世纪中期，管理学家巴纳德(Chester Barnard)作为第一个强调组织不是机器而是合作群体的观念的人，独创性地提出组织的概念："所谓组织，是有意识调整了的两个人或更多人的行为或各种力量的系统"。他认为，组织更多层面上说的是拥有共同目的的协作群体，这种协作的产生，是为了克服个人能力的局限性，而局限性多是来自于群体中个体的差异，可能是生理结构方面的差异，又或是技术劳动层面的差异。该定义强调组织是由个体或群体集合而成的系统。

W. 理查德·斯格特(W. Richard Scott)教授从开放系统角度出发为组织下的定义是："组织是参与者之间关系不断变化的相互联系、相互依赖的活动体系，该体系植根于其运行的环境之中，既依赖于与环境之间的交换，同时又有环境建构。"

加雷斯·摩根(Gareth Morgan)在《组织印象》一书中对"人的行为方式是由其思考方式决定的"这一观点做了强调，通过比喻以及模拟的方式对组织进行了形象的描述，通过建立一系列模型对组织进行分析与思考。

查尔斯·汉迪(Charles Handy)认为对于管理人员行为以及组织行为的规律并不是一成不变的、规律性的特征。只能通过控制某些因素，使得组织效率得到局部的提高，并总结出一些影响组织效力的因素，这些因素中，可能只有个别因素会产生较大影响，也可能某几个因素会同时产生作用。同时提出在分析组织问题时，不应该集中于某几点因素上，或做出类似理论研究般的选择性关注。因此对于组织概念的概括及思考，应该是更加多元化、多方面的思考与总结，更符合将组织看成一种动态化的系统的研究方式。

上述各种提法都是学术界已有的"组织"概念，并强调了组织某一方面的特性和功能，但均不够全面。我们认为，组织有两个基本含义，其一是有一定目的、结构，互相协作，并与外界相联系的人群集合体；其二是组织工作，即管理的基本职能之一，指设计、建立并保持一种组织结构。具体地说，组织工作职能的内容包括以下四个方面：①设计和建立一套组织机构和职位系统；②确定职权关系和信息系统，把各层次、各部门结合成为一个有机的整体；③与管理的其他职能相结合，以保证所设计和建立的组织结构有效运转；④根据组织内外部要素的变化，适时地调整组织结构。

因此组织是动态的组织活动过程和相对静态的社会构造实体的统一。组织一般有三个特征：①既定目标，即组织成员一致努力以求达成的共同目标；②既定分工，即组织成员通过分工而专门从事某项职能工作；③既定秩序，即通过有关的规则所形成的成员之间的正式关系。

2. 企业组织的概念

不同的学者从不同的角度出发给出了不同的企业组织定义。

从组织理论的角度来看，企业组织是具有超循环特征的自组织演化系统。从组织形式上看，循环性自组织系统的形成和演化是通过各种循环的形成展开的。分散的个体要素之间通过反应循环完成有序的初创,循环系统随其层次不断增加,从而趋向于更大的复杂性、组织性和有序性。这就是自组织系统的基本组织学路径。超循环系统以循环作为子系统,并通过功能连接起来构成再循环,通过循环过程的进行,使系统具有自组织所需的全部性质,从而能够稳定有序地不断演化。超循环论强调系统内部的物质、能量和信息流动方式,而物质、能量和信息的流动方式必然与系统的组织结构相联系,表现为各要素和部分之间以超循环的形式高度整合和镶嵌。

郑海航在其《企业组织学导论》一书中指出:"企业组织是一个以企业全体人员为主题,包括人和物在内的有机组合体。"企业组织区别于一般组织的重要特征在于,它是进行生产活动和经营活动的经济组织,即企业组织属于经济组织范畴,是众多组织形态中的一种,是一个人机系统。

江绍伦等在《企业组织与效率》一书中认为:"企业组织,简称企业,是指一类通过生产、流通商品或提供服务,以获取利润为主要目标的组织。"企业是具有社会性和经济性双重目的的经济组织。

赵慧英在《组织设计与人力资源战略管理》一书中指出:"企业组织是众多组织中的一个重要类型,它是由两个或更多的个人在相互影响和相互作用的情况下,为完成企业共同的目的而组合起来的一个从事经营活动的单位。"

3. 企业组织的类型

关于企业组织的类型,可以根据不同的标准进行划分。

(1)按企业组织的规模可分为大型、中型、小型、微型企业。其规模可以通过员工人数、固定资产总值等来体现。2011 年 6 月工业和信息化部等四部门联合印发《中小企业划型标准规定》以落实国务院 2009 年金融危机后《关于进一步促进中小企业发展的若干意见》,并印发《统计上大中小微型企业划分办法》形成现行标准的基础。该标准的特点是:在大中小型企业之外,增加了微型企业一档,基本采用复合指标法,个别行业采用单一指标法,行业覆盖面进一步扩大,基本覆盖国民经济所有行业门类。由于国民经济行业分类标准的修订,2017 年国家统计局对 2011 年版本标准进行了微调和修订,即现行企业规模划型统计标准。

当前标准所涉及行业范围逐步从工业扩展到服务业,大中小微各个节点的分类标准值也在随着中国经济发展水平的提升而不断修正和提高。中国工业企业规模划型标准如图 1-1 所示。

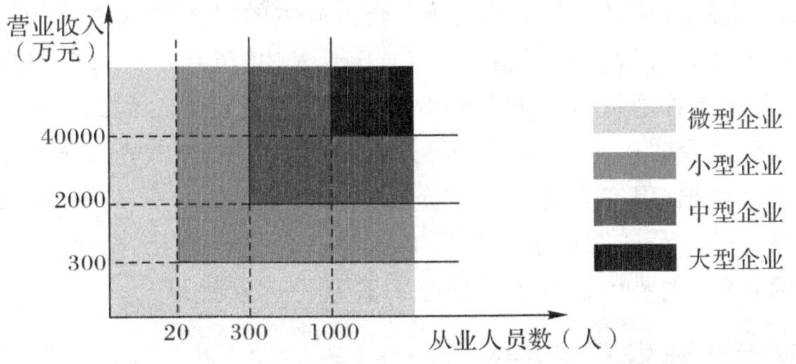

图 1-1 中国工业企业规模划型标准:开口向上型

(2)按所属社会部门进行分类,企业组织又可分为工业企业、农业企业、商业企业、交通运输企业等。工业企业是指直接从事工业性生产经营活动(或劳务)的营利性经济组织。它必须具备以下几个条件:直接从事工业产品(或工业性劳务)的生产经营活动;拥有从事工业生产经营活动的必要的物质资源和场所;在经济上自主经营、自负盈亏、独立核算;在法律上取得法人资格。农业企业是指通过种植、养殖、采集、渔猎等生产经营而取得产品的盈利性经济组织。它有广义与狭义之分。广义包括从事农作物栽培业、林业、畜牧业、渔业和副业等生产经营活动的企业;狭义仅指种植业,或指从事作物栽培的企业。我国现阶段农业企业主要是国有农场和集体所有制农业。国有农场以全民所有制为主体,具有多种经济形式。在其内部依据因地制宜、自愿互利的原则,实行国营、集体经营,或家庭、职工个人经营,或联合经营。商业企业通过买卖商品赚取净利润,通常可以分为批发企业和零售企业两种。批发企业是一种中介机构,它们从制造企业或者其他批发企业那里购买商品,然后再把商品转售给零售企业或者其他批发企业。零售企业也是一种中介机构,它们从制造企业或者批发企业那里购买商品,然后再将商品转售给消费者。很多零售企业既销售商品,又提供服务。交通运输企业是指使用运输工具将货物或者旅客送达目的地,使其空间位置得到转移的业务活动,包括陆路运输服务业、水路运输服务业、航空运输服务业和管道运输服务业。

(3)按生产要素密集程度可分为劳动密集型企业、资金密集型企业和知识密集型企业。劳动密集型企业指技术装备程度较低,劳动力需要量比较大的工业企业。它是按照投入生产的资本和劳动力的比例而区分的企业类型。劳动密集型企业的生产中,劳动消耗比重较大。对于资源不足,或资源开发不充分,科学技术水平比较低的发展中国家,第二次世界大战后一段时期内,曾经着重发展劳动密集型经济。但在战后科学技术水平迅速提高的条件下,劳动密集型经济已不再成为优势。资金密集型企业是指在其生产过程中劳动、知识的有机构成水平较低,资本的有机构成水平较高,产品物化劳动所占比重较大的企业。例如,交通、钢铁、机械、石油、化学等基础工业和重化工业都是典型的资金密集型企业。知识密集型企业是知识员工占据较高的比重,对知识的需求更为迫切,知识对业绩有着更为关键影响的企业。其基本特点:企业内存在大量密集使用的知识;企业内的专业人员拥有深奥的、高水平的、不能够被普通员工共享的知识,这样的员工是难以被替代的。

(4)按财产的组织形式和所承担的法律责任划分,国际上通常分为:独资企业、合伙企业和公司制企业。独资企业,西方也称“个体业主制”。它是由某个人出资创办的,有很大的自由度,只要不违法,想怎么经营就怎么经营,要雇多少人,贷多少款,全由业主自己决定。赚了钱,交了税,一切听从业主的分配;赔了本,欠了债,全由业主的资产来抵偿。我国的个体户和私营企业很多属于此类企业。合伙企业是由几个人、几十人,甚至几百人联合起来共同出资创办的企业,它不同于所有权和管理权分离的公司企业,它通常是依照合同或协议组织起来的,结构较不稳定。合伙人对整个合伙企业所欠的债务负无限责任。合伙企业不如独资企业自由,决策通常要合伙人集体做出,但它具有一定的企业规模优势。以上两类企业属自然人企业,出资者对企业承担无限责任。公司制企业是按所有权和管理权分离,出资者按出资额对公司承担有限责任而创办的企业,主要包括有限责任公司和股份有限公司。

1.1.2 企业生产要素及其特征

生产要素在不同的时代有不同的含义,不同的时代相同的生产要素又有着不一样的地位和作用。在农业文明中,土地和劳动被看作财富的源泉;在古典资本主义时期,资本、劳动力和土地的地位无可取代;在现代资本主义经济中,资本、劳动、企业家和土地一个也不可或缺;而到了当代,知识俨然变成了新经济中首要的生产要素。因此,为了反映现实,把资本、劳动、科学技术知识、企业家才能和土地作为基本的生产要素,并把这些生产要素归纳为三类:非人力资本、专业人力资本和普通人力资本。

(1)非人力资本也称物质资本，是企业生产过程中所使用的生产资料的总和。其主要特征是：①价值不变性质。按照马克思主义政治经济学的观点，非人力资本尽管参加产品的生产过程，但他只参与产品使用价值的创造，而不创造产品的价值。因为非人力资本的价值是由劳动者的具体劳动转移到新产品中去的，自身不会发生价值增值。因此，马克思把其称之为不变资本。②可分离性和可抵押性。与人力资本相比，非人力资本可以与其所有者在时间空间上分离开来单独存在。也就是说，非人力资本常常是以所有者"身外之物"的形式存在。由于非人力资本的这一特性，使非人力资本在企业合约中有可能成为别的所有者的猎取对象。因而对非人力资本所有者来说，其资本可以成为自己取信于人的财产抵押品。③不可转移性。非人力资本的不可转移性是指这种资本一旦按照契约规定投放生产过程之后就不能被其所有者随意抽走或用于与本企业无关的其他用途。因为企业合约的存在，是以非人力资本和人力资本的结合为实质内容的。人力资本一旦进入企业，必须有相应的非人力资本供其支配和使用。在非人力资本的所有者和人力资本的所有者达成的企业契约中，非人力资本所有者的责任和义务之一就是提供非人力资本供人力资本支配和使用(从生产活动的自然过程来看)。如果非人力资本的所有者出自某种考虑需要抽走某一具体形式的非人力资本时，其前提是不得影响人力资本所有者的利益。如果影响到人力资本所有者的利益，企业契约就会因人力资本所有者的退出而不复存在。而且，由于非人力资本具有与其所有者可分离的特征，使得这种资本自然成为其所有者取信于人力资本所有者的财产抵押物。所以，在一般情况下，非人力资本所有者不得随意转移自己的资本。同时，非人力资本的不可转移性并不是指绝对的不可转移，也不是指它没有流动性。

(2)企业内的人力资本可以分为两大类：一类是以智力劳动为特征的专业人力资本(企业家才能和科学技术知识和技能)；另一类是以体力劳动为特征的普通人力资本。人力资本的形成主要依赖于劳动者自身从接受教育和经验中不断地积累，同时也依赖于劳动者个人的禀赋。因此，它表现出和非人力资本不一样的特征：①人力资本对其所有者具有依附性，这就决定了它不能转让、赠予或继承。由于人力资本与其所有者不可分离，因此从形式上说，人力资本所有者可以完全自由地支配自己的人力资本而不用担心他人的破坏和侵占。②人力资本的难以计量性。作为无形资产，它隐含在人的劳动过程中，当劳动者与企业签订劳动合同时，就存在着劳资双方关于人力资本信息的不对称，劳动契约也就不完备，因此人力资本的难以计量性造成了签订合约时的隐蔽信息型机会主义行为和工作期间的隐蔽行动型机会主义行为。③对于不同的人力资本所有者，对其监督的有效性和监督的成本是不一样的。对于普通人力资本的所有者，由于其从事的工作具有简单性、重复性和常规性等特点，这些工作是可以标准化的，其工作绩效也是可以定量化的，因此，就比较容易对其进行监督，而且监督成本也比较低，比如计件工资制就是对普通人力资本所有者进行监督的有效形式。而专业人力资本所有者却正好相反，他们从事的智力劳动是创造性的、非常规性的和非标准化的，其工作绩效不可能精确地定量，因此，就不容易对他们进行监督。

人力资本与非人力资本的这些特征决定了其所有者在博弈过程中的行动选择和最终的博弈结果，这个结果将以企业制度的形式固定下来。不管这个制度造成的后果是多么的不公平，但在形式上，它是建立在自愿、平等的基础之上的为各方所接受的契约安排。否则，这样的契约是不会被自动履行的。

1.1.3 企业组织的基本要素

学者郑海航在其《企业组织学导论》中认为企业组织包含七个基本要素：目标、协调、人员、职位、职责、相互关系和信息。这七个要素又可分为前提要素、效率要素和结构要素，如图 1－2 所示。

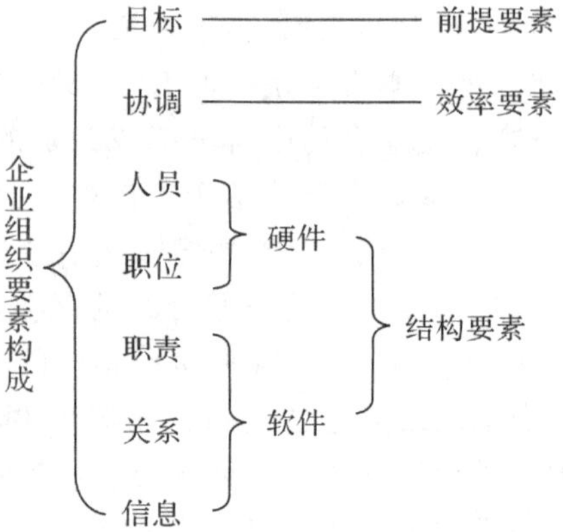

图 1－2 企业组织的基本要素

企业组织的基本要素是一个有争议的话题，有的学者强调人是企业组织中的一个非常重要的因素，即“企业即人”的观点。

1.2 组织结构

1.2.1 组织结构的概念及特性

1. 组织结构的概念

按照卡斯特（Kast）和罗森茨韦克（Rosenzwerg）的观点，“我们可以把结构看作是一个组织内各构成部分或各部分之间所确立的关系形式”。也就是说，组织结构是一个组织内各要素的排列组合方式。

霍尔（Hall）用建筑结构和建筑物进行类比来说明组织结构与组织的关系。“结构的概念实际上很简单，它是各构成部分组合的方式。……建筑物的类比，尽管不完美，但是我们进入组织结构分析的一个有用的方法（Hall，1991）。”组织结构规定了组织的任务如何分配、组织中谁向谁汇报以及正式沟通机制和交往模式如何安排。

组织结构具有三个功能：①组织结构是为了生产组织的产品或服务以实现组织的目标；②组织结构被用来降低个体的变动对组织的影响，组织结构确保个体按照组织的要求行动；③组织结构是权力运用的环境（结构首先决定了什么样的职位拥有什么样的权力），在这个环境中，可以制定决策（但制定决策所需要的信息流主要由结构决定），组织的活动得以执行（结构是组织活动的舞台）。

在组织结构的理解中必须强调在结构形成过程中人类互动的重要性，也就是结构影响人的实践，但是也正是人的实践构成了结构并进行结构的再生产。因此，组织结构并不是永远固定不变的，结构塑造了组织中的行为和活动，组织行为和活动反过来又对结构进行重塑造。组织结构本质上是保守性的(也就是结构惰性或结构黏性),虽然结构不会保证所有人的行动一致,但也阻止了个体自由的行为。

需要指出的是,组织和组织结构的概念是不一样的。尽管组织结构反映了组织中的正式的活动关系、权利关系及信息流通关系,但它没有也不可能代表整个组织,如组织中的非正式关系就难以在结构中体现出来。

国内学者对企业组织结构的研究相对较晚,在引进国外相关理论的基础上结合国内环境进行研究。王璞提出,企业组织结构是整个企业的组织框架体系,按照科学、合理、有效的原则,把企业内部各项要素组织起来,相互联系、相互作用,搭建实现企业的战略发展目标而协同努力的平台。

综上所述,组织结构是指一个组织内各构成要素以及它们之间的相互关系,一般被描述为组织的框架体系。组织结构主要涉及企业部门构成、基本的岗位设置、权责关系、业务流程、管理流程及企业内部协调与控制机制等。企业组织结构是实现企业宗旨的平台,组织结构直接影响着企业内部组织行为的效果和效率,从而影响着企业宗旨的实现。

一般的组织都有自己的职能部门,也有管理层级。不同的部门和层级是为组织的内部运作和与环境的相互作用而设置的,也是为了实现企业目标而设置的。这些活动都离不开人的行为。人的行为与组织的不同部门与不同层级上的人相互影响,相互作用,这种关系具有相对稳定性并成为一定的类型,这就是组织结构,它包括正式的组织结构和非正式的组织结构。

2. 组织结构的特性

组织结构有三个主要特性,分别是复杂性、规范性和集权性。这三个方面决定着组织结构的外在表现形式,决定着组织结构的设计、调整和变革。

1)复杂性

复杂性是指每一个组织内部的专业化分工程度的强弱、组织层次的多少、管理幅度的宽窄以及人员之间、部门之间协作关系的强弱。组织的复杂性要求对组织各部分和各层级进行调节,并相互进行信息沟通和控制。复杂程度越高,对组织内各部门的调节、沟通、控制的必要性就越大。沃尔迪(Worthy)认为复杂的组织结构将增强监督和调节功能的必要性,从而相应地导致庞大的管理机构。这种复杂性大多伴随着多级的监督层次和严格的控制体制,而使得组织成员丧失积极性,影响组织效率。

复杂性可以从三个方面来衡量:横向差异性、纵向差异性和空间差异性,这三个差异性的任何一个的变化都会影响到组织结构的复杂性程度的变化。

(1)横向差异性。组织结构的横向差异性是指一个组织成员之间受教育和培训的程度、专业方向和技能以及工作的性质和任务等方面的差异程度,并由此而产生的组织内部部门与部门之间或单位与单位之间的差异程度。横向差异性主要体现在组织中专业化和部门化方面。专业化是指一个组织把它的总任务分成最小而又有机相连的部分,并据此形成专业化系统或部门。劳动分工必然会产生专业化,而专业化又会产生对从事某一专门或相似工作的人的活动和行为进行协调或管理的部门,即部门化,它是解决相同或相类似的专业分工(即横向协调)的一种有效的方法。

(2)纵向差异性。纵向差异性是指组织机构中的深度,即组织结构中纵向垂直管理层的层级数及层级之间的差异程度。管理层级越多,纵向沟通就越困难,层级之间信息传递失真的可能性也就增加,纵向的协调就越困难。因此,组织中的纵向管理层级数越多,纵向差异性就越大，纵向的复杂性程度就越高。与纵向差异性密切相关的是管理人员的控制幅度，它是指一个管理者所能直接有效的指导、监督或控制其下属的人数。根据管理幅度的多少，可以将组织结构分为两种类型：高耸型和扁平型。决定管理者控制幅度大小的因素主要有：能力因素、下属人员的集中和分散程度、工作标准化程度、工作的性质和类别以及管理者和下属人员的倾向性等。一般而言，组织纵向管理层次增加，会使组织结构的纵向差异程度提高。

(3)空间差异性。空间差异性是指一个组织在其管理机构、厂房及其人员在地区分布上的形成的差异程度。空间差异性可以看作是在横向和纵向差异性的一个扩展和延伸维度。由于组织的发展以及任务和管理权力在地理上的可分性，形成空间的扩展和分布的可行性。这种分布包括分布距离的远近和分散数目的多少。空间分布越广、分布的数目越多，组织中纵向和横向的沟通与协调就越困难，组织结构的复杂性就越高。

(4)三种差异性的关系。当一个组织规模不变时，分工越细，协调的任务越为复杂，监督和控制也更为困难。此时企业可以通过缩小管理幅度，增加管理层次，提高纵向差异性的方法来解决；也可以通过扩大管理幅度，减少纵向差异性，增加横向差异性的方法来解决。但是如果一个组织的不同机构分布在不同的地区，空间分布越广，地区之间环境的差异性越大，组织结构中的横向和纵向差异性也会增加，相应地组织结构的复杂性也会增加。

2)规范性

组织结构中的规范性是指组织中各种工作的标准化程度。具体而言，规范性就是有关指导和限制组织成员行为和活动的方针政策、规章制度、工作程序、工作过程等的标准化程度。在一个高度规范化的组织中，方针政策具体而清楚，规章制度严密，对每一道工作程序都有严格而详细的说明，这些都明确地规定了每个人应该做什么、何时做和如何做。而在规范化程度较低的组织中，组织成员在工作中有较大的自由度，他们的行为也不那么规范化和程序化。因此，组织成员在工作中自由发挥的程度与其行为的规范化成反比。

关于规范性有两种含义，一是普格(Pugh)等的观点，组织规范化是“写成文字的规章制度、工作程序、指令和沟通方式的程度”，根据这个定义，对组织规范性的衡量标准在于组织“是否具有关于方针政策、程序等的手册来具体说明其规章制度、详尽的工作说明书及其他有关的正式的文件”。而哈格(Hage)和艾肯(Aiken)则认为组织的规范性应包括文字的和非文字记录的规章制度、工作程序和行为准则等。显然，他们不仅包括了文字记载的东西，还包括含蓄的人们的看法和价值观方面的内容。毫无疑问，组织的规范性应该包括显性的和隐性的规范化。例如，不同国家的文化实际上是一种内在的规范，跨国公司在不同国家的子公司尽管在外在书面的规范化程度相同，但事实上，整体的规范化程度是不一样的。

一般而言，对从事非技术性、简单而重复工作的员工来说，多采取“外部的”规范方式，如由组织制定的规则、程序和制度等规范他们的工作和行为，对其工作细节进行详细的描述、限制和监督；对于技术人员和专家则多采取“内在的”行为标准规范，减少外部规范方式。组织中常用的规范员工行为的方法有：选拔，即通过选拔来寻找合适的人员，筛掉不符合组织规范的人员；对角色期待的明确说明；制定相应的规章制度、工作程序和政策；培训以及培植良好的企业文化。

3)集权性

集权性有许多不同的定义，主要的差别在于对权力分布的理解上。哈格(Hage)认为集权性指的是“相对于整个组织的团体数目而言，参与制定战略决策的团体所处的层次和多样性程度”。组织中参与决策的团体的层次和数量越多，集权性就越低。哈格强调的是在组织中权力得以运用的方式和位置的多样性。以大学为例，雇佣一个职员的决策权在于需要雇佣的院系，这是分权的，但是在一个特定的系中由系主任决定雇佣准则是集权的。范德文(Van de Ven)和费里(Ferry)认为集权性是指“组织中决策权的位置，当多数决策是按层级次序制定时，这个组织则是集权的；一个分权的单元意味着大多数的决策权被直线管理者授权给下属员工”。范德文和费里强调的是决策的实体，例如在高度专业化的组织，关于专家能力方面的决策权都下放给专业人士，专家范围之外的领域则可能是集权的。

本书将集权性描述为做出谨慎决策的正式权力集中在个体、单元或层次的程度。集权性仅与组织中的正式组织结构相关，适用于正式职位性权威。集权指的是最后的决策权，大量限制下属决策的政策实质上提高了集权的程度；集权可以指一个个人、单元或层次，但一般指集中在组织的最高管理层次。

从组织决策过程来看，当决策者控制决策过程中所有的步骤时，决策是最集权的，当决策者只控制选择被选方案时，组织内的分权程度就很高。

按照一般的分析，分权的原因在于决策者个人的有限理性和信息负荷量的限制，也就是说当收集信息和处理信息的负荷量超出管理者的能力极限时，才会分权。另外，有人认为分权还可以带来以下好处：提高了反应速度；为决策者提供更详细而准确的信息输入；通过允许职工参与决策达到激励员工的效果；使高层管理者摆脱繁杂的日常事务性工作，把精力集中在战略问题上；为低层的管理者提供良好的培训机会等。

一般而言，集权性和复杂性是负相关的，高复杂性总是与分权相随。而集权性和规范性则没有明显的关系，如在非专家、技术专业人员占绝大多数的组织内，高层管理者会采用高度规范性和集权性的组织结构形式，而在专业性组织中，则往往是低规范化和低集权性的组织结构。

1.2.2 组织结构的构成要素

根据组织表现出的性质，我们可以把组织的构成要素确定为组织环境、组织目的、管理主体和管理客体，这四个基本要素相互结合，相互作用，共同构成一个完整的组织。

1. 组织环境

组织环境是组织的必要构成要素。组织是一个开放系统，组织内部各层级、部门之间和组织与组织之间，每时每刻都在交流信息。任何组织都处于一定的环境中，并与环境发生着物质能量或信息交换关系，脱离一定环境的组织是不存在的。组织是在不断与外界交流信息的过程中，得到发展和壮大的。所有管理者都必须高度重视环境因素，必须在不同程度上考虑到外部环境，如经济的、技术的、社会的、政治的和伦理的等，使组织的内外要素互相协调。

2. 组织目的

组织目的也是一个组织的要素。所谓组织目的就是组织所有者的共同愿望，是得到组织所有成员认同的。任何一个组织都有其存在的目的，建立一个组织，首先必须有目的，然后建立组织的目标，如果没有目的，组织就不可能建立。已有的组织，如果失去了目的，这个组织也就名存实亡，而失去了存在的必要。例如，企业组织的目的就是向社会提供用户满意的商品和服务，从而为企业获得尽量多的利润；政府行政部门的目的是为了提高办公效率，从而更好地为广大市民服务。

3. 管理主体和管理客体

组织构成要素应当是相互作用的,或者说是耦合的。在组织中,这两个相互作用的要素是管理主体和管理客体。管理主体是指具有一定管理能力,拥有相应的权威和责任,从事现实管理活动的人或机构,也就是通常所说的管理者。管理客体是管理过程中在组织中所能预测、协调和控制的对象。

管理主体和管理客体之间的相互联系和相互作用构成了组织系统及其运动,这种联系和作用是通过组织这一形式而发生的。管理主体相当于组织的施控系统,管理客体相当于组织的受控系统。组织是管理主体与管理客体依据一定规律相互结合,具有特定功能和统一目标的有序系统。在管理的过程中,管理主体领导管理客体,管理客体实现组织的目的,而管理客体对管理主体又有反作用,管理主体根据管理客体对组织目的的完成情况,从而调整管理主体的行为。他们通过这样的相互作用,形成了耦合系统,从而更好地实现组织的目的。

1.2.3 组织结构优化原则及方法

1. 组织结构优化原则

组织结构的优化原则主要是根据组织的发展战略目标和任务优化和调整内部组织结构,通过优化能够更好地实现组织目标。一般来说主要按照如下的原则进行:

1)稳定性原则

优化组织结构就是要立足现有的组织机构,而不是推倒重来另起炉灶,同时在确保企业平稳生产经营和管理的情况根据内外部环境因素进行优化调整。

2)战略决定结构原则

组织结构的优化一定要结合企业发展战略目标,并且保持高度契合才能促进发展,否则就会相互制约形成障碍。

3)目标任务原则

组织结构的优化要以目标任务为导向,如果背道而驰就会打乱现有的运行状态,反倒给企业发展带来伤害。

4)有效管理幅度原则

组织结构的管理幅度要设置合理,否则就会导致企业管理流程混乱,进而引出新的矛盾和问题,因此在组织结构优化设计时要设置有效的管理幅度。

5)精简高效原则

精简高效是组织结构优化的重要原则之一,只有坚持这个原则才能实现人力资源的高效利用和管理效率的提高。

6)分工协作原则

组织结构优化要有利于相关部室、相关员工之间协同高效开展工作,这就要坚持分工协作的原则,只有做到分工负责才能更好地提高工作效率。

7)合理集权与分权

一个企业组织规模是会随着外部行业环境、科技因素等的变化而动态变化,因此在企业管理中过度集中化或分权都会对企业治理产生不良影响。

2. 组织结构优化的方法

组织变革有两种比较典型的模式:激进变革和渐进变革。激进式变革是指企业组织在短时间内进行全面调整，彻底改变原有的组织模式，建立新的组织结构和管理体系；渐进式变革是对组织的局部进行小的修理和调整而发生的，它是在最初的结构和管理过程的框架内实施的，以便经历一个稳定和渐进的过程。企业应根据组织的可持续性选择组织变革模式，两个模式都各有区别，利弊各有不同。

企业组织结构的优化不仅涉及相应的组织结构的变换，且还涉及整个权责体系的变化，很多学者都进行了持续、大量、深层次的研究，最终形成了一定的理论模型。组织结构优化设计是一个缓慢的过程，也可以说这就是变化不大的组织结构变革，所以组织结构优化也可以用组织结构变革的相关理论作为指导。

卢因(Lewin)的研究中就提到了组织变革三步骤模型。第一步是解冻，也就是要全面地打破组织原有的结构。解冻有三种途径：一是减少束缚力和阻碍脱离现有平衡的力量；二是增加动力，即使行为脱离现有平衡状态的动力；三是将两种方式结合。第二步，移动。将组织结构现有状态推动到所希望的理想状态。第三步，重新冻结。将推动组织变革制定的措施、政策和保障机制进行固化，保证变革后的组织稳定性。

科特(Kotter)的组织变革八步骤模型。哈佛商学院的科特基于卢因的三阶段经典模型创建了更详细的组织变革实施模型。科特研究认为，组织变革的成效主要是取决于上层的变革，最终提出了变革的八步骤模型，即树立变革迫切感、组建变革领导小组、明确组织变革目标、传递变革目标、制定变革措施、局部推行变革、全面推行变革、组织方法制度化等。

卡斯特(Custer)的组织变革六步骤模型。卡斯特的研究中，重点在系统变革模型的整体基础上，最终将组织变革分为六个步骤，即审视状态、觉察问题、辨明差距、设计方法、实行变革、反馈效果等。

1.3 组织设计

1.3.1 组织设计理论及概念

组织设计理论被称作为狭义的组织理论，它以企业组织结构的设计为研究对象，企业的战略、内外部环境、规模、人力资源等问题是影响企业组织结构的因素。组织设计是以组织安排和设计为基础的综合设计理论，主要包括：职位设计和职能分析；部门设计；管理范围与管理层次设计；业务执行系统和组织决策流程设计；横向联系以及相应的控制系统设计；组织行为标准设计、组织过程变更和组织发展规划。一般组织设计过程包括组织目标和原则的设定、组织结构的建立、人员配置、沟通模式的设计、管理规范的制定、反馈和修订。

韦伯(Weber)的组织结构理论是最早期的传统组织结构理论。韦伯将机械式的组织认为是最有效的组织，与传统的组织结构形式不同，他将这种精确、高效、明确、严谨、一致、持续性和低成本的理想化组织结构认为是合理合法型。他还认为，一个高度理想化的组织具备以上特征，那么该组织成员的工作行为也能达到高效。韦伯描绘了理想的官僚组织模式，为行政组织指明了一条制度化的组织准则，这是他在管理思想上的最大贡献。

系统理论把组织分为封闭系统和开放系统两种类型。封闭系统，就是单独研究组织问题，不研究社会环境因素对组织的影响，韦伯的官僚组织结构就是建立在封闭系统之上的。开放系统把组织当作一个生物或社会有机体，它通过与社会环境的互相作用来确保组织功能与环境间的平衡，现代的组织结构理论就是建立在开放系统之上。客观世界中的各种系统都是依赖于周围环境并与之相互作用的开放系统。绝对孤立系统并不客观存在。以开放系统为研究对象的结构理论对开放系统的不平衡、非线性、波动、突变等方面的现象和规律进行了广泛的研究。人们已经将其应用范围扩展到社会、经济、管理等各个领域，并在更广阔的领域进行了探索。

权变理论是由权变学派提出来的。对于企业来说，随着工作任务的变化，企业的技术特性、企业所处的外部环境的变化，组织结构也应进行相应改变。对于重复性、简单性、刚性的工作，其工作程序和效果是可预见的，应采用正式集中式的组织结构进行管理。对于复杂的、具有创造性的工作，其工作程序和效果并不可预见，应采用分权的组织结构进行管理。

流程型组织结构理论是以客户为导向，通过业务流程建立规范企业的运行秩序。企业的商业活动以及价值形式都在业务流程上进行体现，与传统组织结构形式相比较，流程型组织结构更能适应市场环境的变化。流程型的组织结构中，摒弃了传统的职能分工与专业化协作方式，而是对业务流程进行统一系统的管理其职责、权限和配置，团队成为最小的价值创造单元，不同的团队负责不同的业务流程，并形成流程之间的价值交换关系，业务流程体现其价值，然后客户与团队一起为企业创造价值。流程型组织结构在使分散的市场需求得以满足的同时，也让更多价值创造者体现出了价值，为企业带来了新的生命力，此时的企业成了一个成熟的独立个体。

关于组织设计有许多学者给出了不同的定义。有的学者认为：组织设计是指对一个组织的结构进行规划、构建、创新或再构造，以便从组织的结构上确保组织目标的有效实现。有的学者认为：组织设计是以企业的组织结构安排为核心的组织系统的整体设计工作，它是企业总体设计的重要组成部分，是有效地实现管理职能的前提条件。也有的学者认为：组织设计就是为了达到组织目标，在组织的分工类型、组织部门及其相互之间的关系，以及在组织成员之间的地位和相互协调关系方面所做出的选择。本书认为，组织设计就是规划或者构建组织的各个要素和部门，并设计这些部门、要素的结构方式，它是根据组织战略目标和组织业务流程的特点，划分管理层次，确定组织系统，选择合理的组织结构形式的过程。

从组织设计的概念可以看出，组织设计是一个动态的工作过程。它是围绕组织目标进行的一项活动并且需要不停变动以适应目标的需求。

1.3.2 组织设计的作用

搞好组织设计与组织再造工作，意义非同一般。“三个和尚没水吃”的故事已是众所周知，类似“三个臭皮匠，胜过诸葛亮”的故事也时有传闻，其实这就是组织设计的效果。从现代管理研究的最新成果看，决定一个企业是否优秀，能否长寿，不是看企业的领导人多么伟大，最重要的是看企业的组织结构是否能让平凡的员工通过不平凡的努力，创造伟大的业绩；反之则会让优秀的员工仅仅做出平凡的业绩。那么，是什么导致了这两种截然不同的组合效果呢？或者说，为什么“整体可能大于各部分的总和”，也可能相反呢？其根本的原因就在于组织结构不同，要素组合在一起的方式不同，从而造成了要素间配合或协同关系的差异。

组织设计得好，可以形成整体力量的汇聚和放大效应。否则，就容易出现“一盘散沙”，甚至造成力量相互抵消的“窝里斗”局面。也许正是基于这种效果，人们常将“组织”誉为与人、财、物三大生产要素并重的“第四大要素”。也正是在这一意义上，美国钢铁大王卡内基这样说道:“将我所有的工厂、设备、市场、资金夺去,但只要公司的人还在,组织还在,那么,四年之后我仍会是个钢铁大王。”由此,不难看出组织及组织工作的重要性。

近几年来,对于企业竞争优势的关注开始集中于组织内部结构和组织行为。有学者提出企业竞争力和竞争优势的核心不是依赖于拥有特定的组织资源或能力,这些通常可能被其他公司模仿或购买。更准确地表述是竞争优势来源于组织内部运行机制,它确保企业经营的不同方面得以协调,如它的市场范围、它的技能、资源和程序。企业可以被视为其构成要素相互依赖的系统,所有的要素都必须在市场中保持协调一致,正是这些要素复杂而模糊的互补关系及组织协调战略目标的能力和执行的程度,给了企业一些特殊的、难以完全模仿的能力,形成了组织竞争优势的来源。

现今的组织在很大程度上仍然受制于一个多世纪前产生的层级制等管理思想,以追求效率为第一目标。但当今世界的环境已经和以前大不相同,互联网的发展改变了经济发展的规律和市场结构,电子商务作为网络时代技术发展的必然结果,也使企业置身于全球市场,面临着国际竞争。顾客通过互联网可以搜索到更全面、更完善的产品价格信息,占据了市场的主动权。在电子商务时代,企业面临的是更加多变的环境、更加激烈的竞争和更加挑剔的顾客,这一切对传统的层级式组织结构形成了巨大的冲击和挑战。在电子商务环境下,企业的经营管理具有全球性、共享性、平等性、知识性、创造性、虚拟性、自主性等特征,基于电子商务的组织结构也呈现出扁平化、柔性化、虚拟化、组织运行电子化、组织边界模糊化,以及组织管理知识化的发展趋势。这就要求企业组织做出相应调整,如在层级上扁平化、信息上共享化、制度上分权化等。许多管理者已经发现过去所追求的稳定的环境和高效率的绩效目标,已经不能适应当今社会的发展,组织模式需要向学习型组织转化。

1.3.3 组织设计的程序与内容

组织设计是一个动态的工作过程,包含了众多的工作内容。需要组织设计一般有三种可能:一是新建企业需要进行组织结构设计;二是原有组织结构出现较大问题或企业战略目标发生较大变化;三是组织结构需进行局部调整。要科学地进行组织设计,就要根据组织设计的内在规律有步骤地进行,才能事半功倍。

(1)确定组织设计的基本方针和原则。这就是要根据计划的任务、目标以及外部环境和内部条件,确定设计的基本思路。其中组织目标是进行组织设计的基本出发点。任何组织都是实现其一定目标的工具,没有明确的目标,组织就失去了存在的意义。

(2)进行职能分析和职能设计。根据组织目标的要求,确定为实现组织目标所必须进行的业务管理工作项目,并按其性质适当分类,如市场研究、经营决策、产品开发、质量管理、营销管理、人员配备等。明确各类活动的范围和工作量,进行业务流程的总体设计,使总体业务流程优化,提高管理工作效率。

(3)进行企业外部跨企业的组织联系设计。这一点是指根据企业发展战略和外部环境特点,研究确定企业采取怎样的组织形式,处理产业链上下游企业之间以及横向各个经营领域企业之间的联系。研究确定企业同主要供应商、协作者以及竞争对手等各类企业采取怎样的组织形式,建立怎样的合作关系。总之,组织设计人员要深入探查思考,如何最大限度地利用社会分工体系和各种社会资源,使得本企业组织具有很强的竞争力以及适应能力。

这一步骤与前一步骤的实质相同，都是在研究解决企业及其管理的职能结构问题，因而这两个步骤密不可分，相互影响。例如，企业决定某项事业要采取虚拟公司的组织形式来推进，则企业内部的组织结构必然十分简单，因为在虚拟公司形式下，设计、生产、分销、服务等职能可进行外包，企业自身只需健全计划、协调、控制即可。

(4)设计组织结构的框架。即承担各项管理职能和业务的各个管理层次、部门、岗位及其职责。

从设计的方法来看，框架设计有两种方法：①自下而上地进行设计，即先确定企业运行所需的各个岗位和职务；然后按照一定的要求，将某些岗位和职务组合成多个相应独立的管理部门(职能处室)；再根据部门的多少和设计的幅度要求，划分出各个管理层次。②自上而下地进行设计。它的设计程序与前一种方法相反。首先，根据企业的各项基本职能和集权程度的设计原则，确定管理层次；其次，再进一步确定各管理层次应设置的部门(职能处室)；最后，将每一个部门应承担的工作分解成各个管理职务和岗位。由于职务、部门、层次相互联系、相互制约，所以在实践中一般是两种方法相结合使用，相互修正，经过多次的反复才能将最后的框架确定下来。

从设计内容来看，组织结构的框架设计可分为纵向组织结构设计和横向组织结构设计两方面。这两方面的内容将在后面各章节分别介绍。

(5)联系方式的设计。即上下管理层次之间、左右管理部门之间的协调方式和控制手段，这一步工作很重要。如果说框架设计的重点在于把整个企业的经营管理活动分解成各个组成部分，那么这一步骤就是把各个组成部分整合成一个整体，使整个组织结构能够协调一致、有效地实现企业管理的整体功能。在这一步骤中，组织设计人员需要注意组织运行中可能产生的各种矛盾、人员不适应等问题，并在相关步骤中采取有效对策加以解决。

(6)管理规范的设计。确定各项管理业务的工作程序、工作标准和管理人员应采用的管理方法等，并使之成为各管理层次、部门和人员的行为规范。这一步骤是组织结构设计的细化，为各层次及各部门人员提供行为准则，使得组织有了高度的统一性和高效性。

(7)人员配备和训练管理。根据各单位和部门所分管的业务工作的性质和对职务人员素质的要求，挑选和配备称职的职务人员及其行政负责人，并明确其职务和职称。一般来说，结构设计时先暂不考虑企业现有人员的具体情况，而是在设计实施时按设计要求的数量与质量来配备各类管理人员。

(8)各类运行制度的设计。组织结构的正常运行不仅需要一套行为规范，还需要一套良好的运行机制来保证。这一运行机制主要是绩效评价和考核制度、激励制度、人员补充和培训制度等，一系列的机制安排，可以充分调动员工的积极性与创造性，促使组织不断蓬勃发展。

(9)反馈和修正。这是一个动态的过程，即将组织结构运行中出现的各种信息反馈到前述各个环节中去，定期或不定期地对原有组织设计做出修正，使之不断完善，不断符合新的情况。

上述组织设计的程序可归纳为表 1-1。

表 1-1 组织设计的程序

设计程序	设计工作内容
①设计原则的确定	根据企业的目标和环境条件，确定组织设计的基本思路、原则与方针
②职能分析和设计	确定经营、管理职能及其结构，分解到各项管理业务和工作中去，进行管理业务的总体设计
③跨企业的组织联系设计	确定企业同产业链上下游企业之间以及横向各个经营领域企业之间的联系以及供应商、协作者、竞争对手等各类企业采取怎样的组织形式，建立怎样的合作关系
④结构的框架设计	设计各个管理层次、部门、岗位及其职责，其具体表现为企业的组织系统图
⑤联系方式的设计	使上下管理层之间、左右管理部门之间相互协调，实现企业管理的整体功能
⑥管理规范的设计	确定各项管理工作程序、工作标准及管理方法，为各层次及各部门人员提供行为准则
⑦人员配备和训练管理	根据组织设计要求，挑选和配备称职的各类管理人员
⑧运行制度的设计	设计绩效评价和考核制度、激励制度和培训制度
⑨反馈和修正	将运行中出现的各种信息反馈回去并定期或不定期地对原有组织设计做出修正

总之，一个良好的组织设计，必须要有业绩管理、权力分配和激励政策进行支撑。否则，组织结构就是空中楼阁，设计再好也无法发挥作用。因此，业绩管理系统、权力分配、激励政策是组织设计的核心支柱。

业绩管理系统是一个循环的动态系统，业绩管理系统包括绩效计划、绩效考核及绩效改进等环节，这些环节紧密相连。所以业绩管理者必须重视每个环节的工作，将所有环节有效地整合在一起，这样才能保证组织设计的有效进行。

业绩管理系统必须要有激励政策的支持。激励的方式多种多样，包括物质激励和精神激励，多样化的激励方式可激发员工工作的积极性，从而提高绩效水平。从这方面看，业绩管理系统与激励政策相辅相成，相互影响。权力分配又是业绩管理系统和激励政策能够顺利实现的保障，权力分配又是组织设计最核心的支撑体系。

1.3.4 组织设计的原则

1. 传统组织设计原则的一般缺陷

随着信息技术的发展，传统的职能型组织设计已不适应目前的社会企业发展状况。传统组织设计原则的局限性主要表现在以下几点：

(1)传统的组织设计是以制造企业为研究对象，随着产业的演进与分化，非制造企业比例越来越大。企业的性质不同，则其组织设计也与传统的组织设计不同。

(2)传统的职能制组织结构源自一个单一产品、单一技术、单一市场的企业，而目前的企业是普遍存在多种产品、多种技术和多个市场的状况，因此传统的组织设计显然不能适合现代企业的需要。

(3)传统的职能组织是在稳定的环境中诞生的，而现代企业则面临的是剧烈多变的环境。

环境的剧烈变化，必然要求企业的组织结构随之变化。传统的组织结构刚性高，而现代企业要求组织结构趋向柔性化。

(4)传统的职能组织没有创新空间。这种传统的组织解决常规的问题往往有效，但在当代，外部环境剧烈变化，非常规问题频繁出现，这就需要采用非程序化的、创新的方法进行解决。总之，传统的职能组织制约了组织的发展，不能更快地适应环境的变化。

(5)传统的职能组织结构是基于对组织成员被动服从而设定的，这种状况目前已经受到严重冲击，尤以开发与设计人员等的工作主动性与创造性对其影响重大。

(6)信息技术革命的强烈冲击。传统的组织结构设计中的机构设置和人员配备有很重要的一部分功能是为了应付信息处理。随着计算机的普及，数据的处理将更加迅速快捷，因而管理层次与管理人员的数量就会大幅下降。信息技术在监控、远距离沟通等方面对企业组织管理也产生了重大影响。总之，作为典范的职能组织模式，面对当代剧烈变化的内外环境和日益严峻的挑战，其适用空间不断萎缩。

2.现代组织设计的一般原则

1)任务目标原则

任何一个组织，都有其特定的目标，组织结构是为实现组织的目标而设置的。组织结构的调整、合并、增加、减少都应以是否对其实现目标有利为衡量标准，而不能有其他标准。任务目标原则是组织设计全部工作的出发点，也是组织设计最终的归宿点。因此，这一原则对指导组织设计有重大意义。

2)精简高效原则

精简原则是指组织结构的设计与组织目标任务相适应，根据任务设置机构，包括管理层次和部门设置的合理性。这一原则要求：

(1)管理层次。管理层次要与垂直分工的精细程度相适应，考虑管理等级之间的沟通和联络。

(2)部门划分。部门划分精细适当，要有明确的职责和足够的工作量。

(3)部门规模。每个部门的规模(即人员配备)与其任务相适应，防止人浮于事现象的产生。

一个组织整体只有结构合理，内部比例恰当，机构设置得当，这样才能有效率。如果机构重叠、臃肿，必然会人浮于事、权责不清，难以达到有效沟通和联络。精简的重点应该突出“精”，以精求简、精干高效。简而不精、势单力薄，既不符合组织建设的目的，也不利于完成组织任务。

3)分工协作原则

组织目标的实现，要靠组织全体成员共同的努力。这就要求组织必须坚持分工协作原则，把组织目标分解并落实到各个部门各层次和各个成员，这就是分工。分工不可一味追求过细或过粗，应以企业的具体情况而定。分工时尽可能按专业化的要求来设置组织结构，此外还应注意分工的经济效益。

有分工还必须有协作。为了确保组织目标的完成，组织内各部门、各岗位都必须进行协作。协作就是要规定各个部门、各层次和各岗位相互之间的关系，协调配合的方法。如果组织内各部门、各岗位不协调一致，相互间的力量就会抵消，组织的职能将受到严重削弱。在协作工作中要明确各部门之间的相互关系，找出容易发生矛盾的地方，加以协调。

4)**有控制的竞争原则**

这一原则是指在分工协作的同时,使组织内部存在一定的竞争程度。有控制的竞争强调的是部门之间的差异以及各部门为实现各自的利益奋力进取,有意识地在某些部门保持一定程度的竞争,可增强组织的活力,继而推动管理工作的改善与创新。

5)**统一指挥原则**

统一指挥原则是指组织设计必须使组织的各分系统和个人在完成任务的过程中必须服从一个上级的命令和指挥,以达到协调统一。

统一指挥原则要求指挥命令系统明确,即上下级之间的权力、责任和联系渠道必须明确,一个下级只接受来自一个上级的决策和命令,不得政出多门,上级对下级不得越级指挥。“多头领导”和“政出多门”是造成权责不清、管理混乱的主要根源。因此,组织设计要遵守以下三点要求:①任何下级只能有一个上级领导;②不允许越级指挥;③在直线-参谋制中,认清参谋的职责,其并没有直接指挥权。

6)**合理的管理幅度和管理层次原则**

合理管理幅度的原则是指在企业内部的各级管理层次上,一个指挥、监督或管理人员能够领导人员的最多数。这一原则要求确定管理人员必须分析影响幅度的直接因素与间接因素,以使主管人员能确定一个适合自己的幅度,避免主管人员的能力过剩和能力不足。如果一个人领导或监督的人员过多,会因为不能有效地管理而降低领导质量和降低被管理人员的工作效率;如果领导或监督的人员过少,又会浪费领导才能而浪费人才。一个管理人员的管理幅度受管理机构的层次高低、管理人员才能和上级领导授权程度等的影响。

一般情况下,管理机构层次越高,管理的幅度应该相对较小,而基层领导可以多领导一些下属人员。

企业以工作为中心设置管理机构,必然会联系到企业的管理层次设置问题。适当的管理层次原则要求企业管理层次的设置应该尽可能的少。因为如果企业管理层次过多,对上下级之间情况的沟通不利,各种指示情报和信息经过多层次的传达,容易造成“打折扣”。反之,不适当的减少管理层次,又会影响管理的效能。一般来说,大型企业的管理层次以3~4层、中小企业以2~3层为宜。

7)**权责对等原则**

权力和责任是同一事物的两个方面。权责对等原则是指组织中的每个部门和部门中的每个人员都有责任按照工作目标的要求保质保量地完成工作任务,同时,组织也必须委之以自主完成任务所必需的权力。

这一原则要求职权与职位、职责相对应,职责与职位、职权相对应,不允许职权程度大于或小于职责程度;职责、职权要形成规范,使各职位之间的权力责任关系清晰,指挥明确,以减少组织中的重复、抵消、推诿、扯皮、争权、卸责等权责不清的现象,提高组织的工作效率。

这一原则还要求工作人员做到人职相符,人尽其才,人得其用,用得其所,各尽所能。人职相符既是组织设计原则之一,又是领导者用人的基本原则。

8)**效率效益原则**

效率原则是衡量任何组织结构的基础,是组织结构合理协调的标志。效益则是设置组织结构的目的,规定了组织活动必须达到一个什么样的目标。效率效益是设置组织结构的最根本的准则。这一原则要求所设计的组织结构必须能实现效率运转,而组织活动的结果必须有一定的效益。

9)**弹性原则**

组织结构要富有弹性,要根据客观情况的变化实行动态管理。组织是整个社会环境的一部分,组织与社会环境的密切关系受社会政治、经济、文化等因素的制约。组织内的各个方面因素也在不断地变化着。因此,组织结构既要有相对的稳定性,不要轻易变动,又必须按照组织内部和外部条件的变化,根据长远目标做出相应地调整,使组织结构具有弹性。墨守成规、长期不变的管理结构,不符合组织结构设计的弹性原则,它抑制了职工的积极性与创造性。组织结构的弹性原则要求组织定期分析社会环境、组织内的人的因素及技术因素等的变化,对管理进行适当地调整与改进,这样才能使组织适应外部环境的变化。

3. **现代组织设计原则的新发展**

1)**人本主义原则**

从管理对象上看,企业管理分为人、物及信息,于是企业管理就具有了社会属性和自然属性两种特质。应该看到,企业不是物的堆积,而是人工的集合,是由以盈利为目的而构筑的经济性组织。企业的盈利性目的是通过对人的管理,进而支配物质资源的配置来达到的。基于这种考虑,企业管理就必然是人本管理,这种管理方式以人性为中心,按人性的基本状况进行管理。这主要是由以下两点因素造成的:①人是管理活动的主体,也是管理活动的客体。企业不是物的堆积,而是人的集合,企业的盈利性使得企业需要调动人的积极性,而这种盈利性首先是通过对人的管理来实现的。②人是社会关系的产物,是一切社会财富的创造者,是整个管理活动中最能动、最活跃的因素,是企业活力的源泉。管理主体——人——具备了管理能力,并拥有将管理知识、技能和能力付诸管理实践的权威和权力,是企业重大活动的驾驭者,企业发展方向的领航者,也是企业生机活力的制造者和决定者。人的聪明才智是潜藏在人体内部,这就需要企业重视对人的管理,发挥人的主观能动性,将人的主动性、积极性和创造性调动起来。

在组织设计时,应把组织战略目标与人的全面发展相结合。而人本管理谋求的正是人与组织真正沟通发展的管理哲学理念。

2)**顾客满意原则**

现代企业组织设计的核心原则是顾客满意原则。顾客满意为中心原则可以导出顾客需求决定企业组织结构的业务内容及方式的原则。顾客需求不同,需求模式不同,企业所提供的产品和服务则不同,这些不同导致企业业务流程不同和组织结构的不同。现代企业是把满足顾客需求放在首要位置,则组织设计必须保证业务流程的迅速高效。

3)**知识配置原则**

组织设计的目的就是保持和发展企业的核心竞争力,为这种能力的发展提供各种资源、制度和环境,而目前的时代,知识已成为高价值、高用途的资源,因此,组织设计应当对组织知识的配置予以高度重视。组织知识配置的实质是对组织中所有员工经验、知识、能力等因素的管理,实现知识共享并有效实现知识价值的转化,以促进组织知识化和组织的不断成熟和壮大。而组织知识配置的作用在于:改造企业文化;融入业务流程重组以及挖掘知识。

4)**CHORT 原则**

所谓组织设计的 CHORT 原则,是指除遵循传统的设计原则之外,现代企业组织设计还应因时、因地、因人、因物的差异而变化,即应当考虑到企业管理者与被管理者的个性原则(因人)、企业集权与分权的纵向原则和分工与协作的横向原则(因物)、企业跨区域性的规模原则(因地)、企业不同生命周期阶段的时间原则(因时)等。其具体内容包括:

(1)个性化原则(characteristic)。个性化原则的主要内容有:①组织中人的个性因素。不论是上到高层管理者还是下到基层员工,在利益、需求、价值观念和知识能力上都存在着不一致之处,组织设计应充分考虑这种差异性。②组织中物的个性因素。物之间的生产属性和社会属性不同,对生产、使用和消费的技术要求、劳动分工的程度等都不一样。因此,组织设计特别是组织流程设计更要充分考虑各个流程的特点,有的放矢,以提高效率。

(2)横向原则(horizontal)。横向组织设计主要处理组织内部的横向关系和组织外部的横向关系。组织设计的内部横向原则即要求以"分工明确、责权清晰、协调有序、配合有效"为指导原则,通过对各职能部门工作需求的准确分析,明确其职责,同时建立起有效的工作协调机制来解决上述组织运作中的问题。组织外部的横向设计主要是处理好企业与供应商、政府和社区等利益相关者的管理,这种横向设计的主要目的是获取更多的战略资源、支持和巩固自身的核心能力。

(3)纵向原则(ordinate)。组织设计的纵向原则主要是解决两个主要问题:①如何处理所有权与经营权的关系;②如何处理好企业经营管理中的集权和分权的关系。因此在设计权力分配时,应按照"集权有道、分权有序、授权有章、用权有度"为指导原则,设计出科学合理的组织机构和管理办法,从而保证管理流程运行顺畅。

(4)区域原则(regional)。不同的区域有不同的经济、生活习俗和工作生活的价值观念,因此,应根据企业组织所处区域和环境的实际情况和特点,灵活构建组织结构形式。企业组织设计的区域原则充分体现了不同区域特点对企业组织设计的影响。

(5)时间原则(time)。企业组织设计应遵循时间原则,主要是基于两点考虑:①每个企业的发展是一个过程,处于不同阶段的企业组织其规模、战略、目标、结构和集权程度都不一样,因此组织设计应随着企业周期变化而变化。②企业从一种状态过渡到另一种新的状态,需要一个时间过程,这决定了组织设计的实现也是一种过程,一个周期。

CHORT 原则体现出了理论上的完整性、系统性和实践上的可操作性。其内容体系包括五个方面,既考虑了一般因素,又照顾了特殊因素;既涉及时间因素,又论及空间区域因素;既考虑了组织内部,又强调了组织外部关系的处理;既讲了设计的一般理论,又指出了实践的操作方法。总之 CHORT 原则更加突出了对企业组织设计的科学性及其运转的艺术性。

1.4 本书的思路与框架

1.4.1 思路

自 20 世纪 90 年代以来,新技术革命特别是以互联网络为代表的信息技术的发展,使我们进入一个新的时代。在这一新的环境下,企业总体环境呈现知识化的趋势,知识成为核心的生产要素;企业技术环境中表现为信息化、数字化、网络化趋势,以计算机技术、光纤通信技术为代表的信息技术在技术领域中得到广泛应用,数字技术及互联网络的发展把世界联结成一个整体;企业经济环境表现为全球化趋势,企业市场环境中具有需求多样化与个性化的发展趋势。环境的变化对企业组织产生了重大的影响。

组织设计是个老生常谈的话题,迄今为止还没有一个人可以设计出完美的组织设计方案。本书的主题在于研究现代企业组织设计问题。本书打破常规,把企业组织设计分为职能与职务设计、企业组织制度设计、职权设计、公司治理结构设计、流程设计、人力资源规划与设计、组织文化设计等。

本书中新增了前沿知识成果，不再是传统的五种组织设计，考虑到的角度更加宽广，看待问题更加全面。

1.4.2 基本框架

本书分为上篇、中篇和下篇三个部分：上篇是“组织与组织理论”，共三章，主要介绍了企业组织、组织结构与组织设计相关理论知识以及组织理论的发展演进、组织结构类型及发展趋势等。中篇是“组织设计过程与内容”，共七章，主要介绍了组织职务与职能设计、职权设计、公司治理结构设计、组织流程设计、人力资源规划与设计、组织文化设计等。下篇是“组织的再设计”，共两章，主要介绍了影响企业组织设计的权变因素、组织变革与未来等。本书的结构框架如图 1-3 所示。

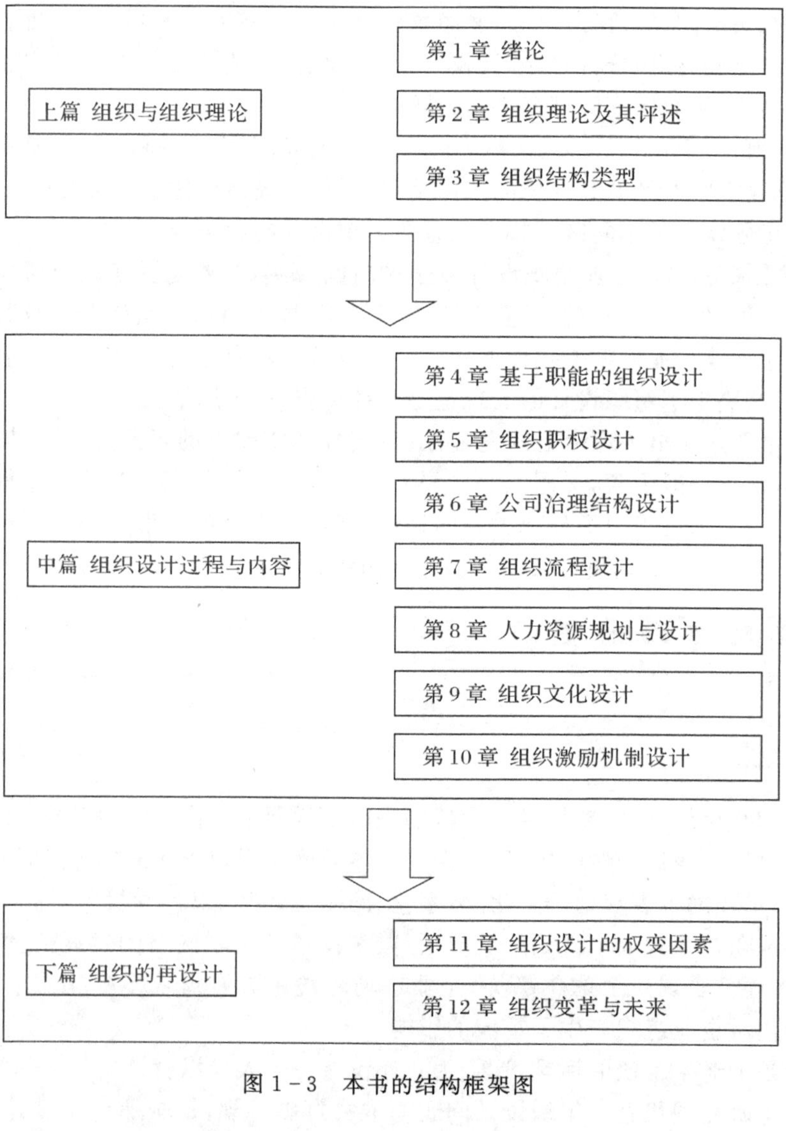

图 1-3 本书的结构框架图

本书各章开头均有本章的研究内容和关键概念，再由开篇案例引出本章的具体内容。各章的章末设计了批判性思考与讨论题、案例分析以及实操训练题，以方便读者利用所学知识来解决实际问题。最后所列参考文献可使读者拓宽阅读范围。

本章小结

企业组织是众多组织中的一个重要类型，它是由两个或更多的个人在相互影响和相互作用的情况下，为完成企业共同的目的而组合起来的一个从事经营活动的单位。它包含目标、协调、人员、职位、职责、相互关系和信息七个基本要素。

组织结构主要涉及企业部门构成、基本的岗位设置、权责关系、业务流程、管理流程及企业内部协调与控制机制等。企业组织结构是实现企业宗旨的平台，直接影响着企业内部组织行为的效果和效率，从而影响着企业宗旨的实现。

组织结构设计是一个动态的工作过程，有九大程序：设计原则的确定、职能分析和设计、跨企业的组织联系设计、结构的框架设计、联系方式的设计、管理规范的设计、人员配备和训练管理、运行制度的设计及反馈和修正。

现代企业组织结构设计的九大原则以及设计原则的新发展：人本主义原则、顾客满意原则、知识配置原则以及CHORT原则。

批判性思考与讨论题

1. 如何理解组织结构的概念及其特征？
2. 简述组织设计的程序与内容。
3. 传统组织设计原则与现代组织设计原则有何差别？
4. 如何理解CHORT原则的内容？和其他原则相比，CHORT原则有什么不同？

案例分析

施乐公司在复印机领域建立了自己的辉煌业绩。在21世纪前夕，施乐公司看起来处于世界之巅，收入增长迅猛，股价飙升，新的电脑化复印机在技术上领先于竞争对手。不到两年时间，很多人已经把施乐看成明日黄花，注定要在时间延续中凋谢。这主要是基于以下事实：

(1)竞争对手追赶上了施乐的高端数码技术，以更低的价格提供同档次的产品，导致施乐的销售额和收入大幅缩水。

(2)在21世纪的第一年施乐就亏损了3.84亿美元，后来赤字进一步扩大，债务总额高达180亿美元。

(3)股价从64美元的高位跌至不足4美元，申请联邦破产保护的恐慌弥漫。在18个月的时间里，施乐股东的财富损失了380亿美元。

(4)22000名员工失去了工作，留下的员工的士气与忠诚度也受到削弱。主要客户也被疏远了，这是因为公司的再造将销售人员置于其不熟悉的领域，并将账务搞乱了，这导致了大规模混乱和记账错误。

施乐怎么了?

这是一个组织衰落的经典故事。尽管施乐看起来是一夜之间跌至谷底,但其实最近的这些问题是与这家公司多年来的一系列错误联系在一起的。

施乐在1906年成立时是一家生产成像用的化学原料卤化盐的公司,在1959年时,其生产出了世界上第一台复印机。毫无疑问,这种914复印机是一个生钱的机器。20世纪70年代初,当914复印机停产时,它是有史以来卖得最好的工业产品。而这家公司的新名字"施乐",在字典中成为"影印"的同义词。然而,像很多赚钱的公司一样,施乐成为它自己成功的受害者。毫无疑问,领导者意识到了为保持增长,公司应该在复印机之外有所突破。但是,他们发现其他方面的突破非常困难,毕竟914复印机的毛利润率达到了70%。

施乐保罗奥托研发中心成立于1970年,以创新闻名于世。很多计算机产业中的革命性技术都诞生在这里,比如,个人电脑、图形用户界面、以太网和激光打印机。但是"复印机官僚体系",也就是被熟知的"Burox"蒙住了施乐领导人的眼睛,使得他们看不到这些创新的巨大潜力。当施乐在卖复印机这条路上蹒跚前行时,更年轻的、更小的公司却将PARC的技术开发成了赚大钱的产品和服务。一位前任的施乐经理说:"在施乐,只要股价尚可接受,除非公司出现危机,否则它就不会运转得很快。"

施乐的市场份额从95%跌到了1982年的13%。由于没有新产品可以弥补差距,公司不得不学习日本风格的技术和全面质量管理,艰难地削减成本,收回市场份额。依靠CEO戴维·科恩斯的领导力,公司重整人马并在1990年再次焕发出活力。但是,他也同时把施乐引向了未来的灾难之路。为了寻求多样化,科恩斯将公司大规模地转向了保险和金融服务业。在他1990年将权力交给保罗·阿莱尔时,施乐的资产负债表上已经有数十亿美元的保险负债了。

进入数字时代

阿莱尔很明智地采取了系统性的、有条不紊的方法将施乐从保险和金融领域解救出来。同时,他实施了成本削减和新产品引进的混合战略,使得这家笨重的公司继续前行。施乐在一系列的数字印刷和新的高速复印机上取得了成就,但是由于低估了喷墨打印机的威胁而再次犯下错误。

台式打印机,加之越来越多地使用互联网和电子邮件,大大减少了施乐复印机的销售额。人们不再需要以往那样多的复印,但是被创造和分享的文件的数量却大大增加了。阿莱尔将施乐的品牌重新塑造为"文件"公司,以此进入数字时代,他的想法是希望能够以复兴的IBM为榜样再造施乐,不仅提供"盒子"(机器),还提供完整的文件管理解决方案。

作为这个战略的一部分,阿莱尔挑选了从IBM挖过来的理查德·托曼作为自己的继任者。托曼曾是路易斯·郭士纳的左膀右臂,来到施乐后就任总裁、首席运营官,并最终成为CEO,被视为公司能够回到光辉岁月的希望所在。但仅仅13个月后,随着收入和股价的持续下滑,他被阿莱尔解雇了,但后者仍然担任董事会主席职务。

文化问题

阿莱尔和托曼互相指责对方没有成功的实施数字战略,然而,局外人却认为这次失败更多的原因还是因为施乐的失调文化:反应迟缓,一些人说在阿莱尔的领导下,公司已经完全陷入政治化的泥潭。托曼被引进本来是推动变革的,但是当他尝试去做的时候,旧势力就起来反抗了。管理层的斗争出现了这样的对垒:一方面是外来者托曼与少数的同盟者;另一方面是阿莱尔和他的内部人集团，他们熟悉施乐做事情的固有套路。由于他的知识、商战经历和强硬态度，托曼被认为有些傲慢和不易接近。他从没有对关键经理人员和员工施加过实质的影响，也没有得到过站在阿莱尔背后的董事会成员的支持。

这次失败的CEO交接显示了再造这家百年老店的巨大挑战。在托曼到来前，施乐已经在过去的将近20年里经历了多轮的重构、成本削减和再造，但是真正的变化却很小。有些人怀疑没有人能够拯救施乐，因为它的文化已经过于功能失调和政治化了。"总是存在内部人和外来者的对垒"，一个前任经理说道，"他们修剪了树枝，但是当仔细看时，他们会发现同样的那群老猴子仍然坐在树上"。

重振百年基业

2001年8月，阿莱尔将CEO的缰绳交给了安妮·玛尔卡西，一个受人欢迎的24年老兵。她最初在施乐是复印机销售员，之后顺着层级一路上升。尽管她具有内部人的身份，但玛尔卡西表示她非常希望挑战施乐的现状。自从玛尔卡西接管施乐以后，施乐的业务取得了巨大好转，这让那些充满质疑的分析家、股东和员工们惊讶万分。

她是如何做到的？没有人认为玛尔卡西能够拯救施乐，但是事实证明她是一个很强势的决策制定者。她发起了一个数十亿美元的转型计划，包括大规模成本消减和停掉几个赔钱的业务和部门，这其中就包括她之前所在的部门。她坦言公司的真实状况，包括好的、坏的和不堪面世的，她对雇员的状况也同样关注。她为雇员们提供尽可能的帮助，让雇员们看到未来的希望。很少有人知道，玛尔卡西正在努力地拯救施乐。在解聘雇员以后，她告诉人们她很抱歉，她让雇员发泄心中的不满，玛尔卡西亲自调查并处理一项有关会计欺诈的案件，坚持认为她本人的参与是非常必要的，这样可以发出对商业伦理新承诺和承担社会责任的信号。她直接要求债权人在新的管理团队做出必要改变之前不要催讨债款。

玛尔卡西将大部分生产业务外包出去，只将重点放在创新和服务上，除了致力于新产品的研发，施乐开始进入文件管理服务、IT咨询和数字印刷等高增长领域。一系列的并购使施乐公司进入了新的市场，加强了它在中小商业客户中的基础。

"我们不再生产复印机"

玛尔卡西当然也在物色合适的下一任CEO。2009年，玛尔卡西把最高职位转交给了她的副主管，乌苏拉·伯恩斯。伯恩斯成为《财富》五百强企业中第一个非洲裔美国女性管理者。同玛尔卡西一样，伯恩斯在担任CEO之前也已经在施乐工作了数十年，此间逐级晋升。在获得哥伦比亚大学的工程学硕士学位之前，伯恩斯在施乐公司只是一个实习生。正如施乐用它的复印机主导了昨日的办公室市场，伯恩斯开启了主导未来办公室市场的新篇章。施乐开始将一多半的业务转向服务，比如高速公路和桥梁的电子收费解决方案运行、保险索赔处理、客户呼叫中心管理等。施乐还运营着加利福尼亚的停车收费系统。通过使用该系统，车主可以接收到有关停车信息的电话，被告知"下一街区有一个停车场"，然后支付一定费用。这项服务使得市政能够在停车位紧张期间最大化停车收益。在曾经的招聘会上，人们对施乐展板上的新技术视而不见，而是对谷歌和IBM展板上的新技术颇感兴趣，施乐首席技术官索菲·范德布洛克对此无法忍受。为此，她在几年前立了一块新招牌，说"我们不再生产复印机了"。这引起了很多人的关注和疑问，"那你们要做什么呢？"

这家美国象征性企业在近乎倒闭的十多年之后，再一次得到了世界的认可。公司的定位是通过开展企业内容管理系统进入高德纳公司的魔力象限中的"远见者"象限，为客户提供高效的内容管理系统服务,包括现场管理和云服务解决方案。这是“完美的黎明”代替了“完美的风暴”吗？伯恩斯和她的高层管理团队深信施乐公司能够灵活应对当今的经济疲软和衰退,但是在瞬息万变的组织世界,没有什么是确定的。

资料来源:理查德·L·达夫特.组织理论与设计:第12版[M].王凤彬,译.北京:清华大学出版社,2019.

【启发思考题】

通过施乐公司奇迹般的命运解释组织理论在实际运用中的重要性。

实操训练题

任选两个你所熟悉的组织,如大学、你工作的单位或你所了解的公司,先描述两个组织的环境,并评价两个组织的结构设计标准及其设计的依据和所遵循的设计原则。

第2章　组织理论及其评述

本章的研究内容

1. 古典组织理论的代表人物及其观点
2. 新古典组织理论的代表人物及其观点
3. 法约尔跳板理论
4. 现代组织理论的主要流派及其观点
5. 西方组织理论的演进逻辑

关键概念

组织理论(organization theory)
法约尔桥(fayol bridge)
系统(system)
权变(contingency)
权力(power)
控制幅度(span of control limit)
协作系统(cooperative system)
信息沟通(communication services)
贡献(contribution)
诱因(inducement)
流程系统(process systems)
学习型组织(learning organization)

开篇案例

这是一个危险的状态:你现在很有可能还没有找到这个纷繁复杂世界的规律。也就是说,当你被动地来到一个丛林时,你没有一张实用的地图。举目四顾,路在何方?周围的每个人都在急匆匆地迈动步伐,有的人镇定从容,胜似闲庭信步;有的人汗流浃背却步履艰难;有的人在原地踏步但自己却浑然不觉;有的人像你一样,察觉到了问题却找不到答案……

在貌似杂乱无章、荆棘密布的险恶丛林中，其实存在着忽隐忽现的秘密通道！

这些纵横交错的秘密通道，就是一副清晰的丛林导游图！了解了这些秘密通道，我们就可以把握丛林游戏的规则，在其间纵横交错。

组织设计就像一个纷繁复杂的险恶丛林，纵横交错。但是，在其背后，也存在着指引你成功的清晰地图，这跟组织理论的发展和演变路径是一样的，只有把握了发展规律，才能安然地走出丛林。本章将对组织理论的历史发展及其发展趋势进行概述。

对组织的认识过程贯穿于所有人类的历史中，基于现代研究方法和产生的组织理论，也有近百年的发展历史。由于缺乏界定明确的研究对象、主流的研究方法和强有力的假设，组织研究俨然是一个组织实践、学科与范式自由进出和竞争的载体。组织理论的定义、研究范围、方法也都没有得到普遍认同。通过分析组织理论发展过程中的组织实践现象、多学科渗透现象以及组织理论总体范式结构之间的关系，对国外组织理论的发展做出综述。

组织理论的范式形成期

19 世纪中期到 20 世纪 30 年代是组织理论范式形成的阶段，主要标志性成果是 20 世纪最初十年的企业管理理论和科层制理论，以及 20 世纪 30 年代的人类关系理论。

与早期的市场和经济运行状况相适应，企业的物质生产效率构成生存竞争的主要方面，导致具有工程师背景的人在企业管理和理论创新上崭露头角，其代表包括泰勒、法约尔、慕尼等人，科学管理运动的发展存在若干的峰点，包括泰勒 1911 年提出的基于时间动作研究的科学管理原则，法约尔 1916 年提出的一般行政组织的行政角色五论和古立克 1937 年提出的行政管理理论。

科学管理运动在有效管理企业上的局限性，促使经典社会学、心理学和行为理论进入微观组织研究。这种将社会学、道德哲学和心理行为实验相结合的发展趋势，一般被归纳为人类关系学派。显然，当个人的情感、抱负、人际关系、社会背景等非完全可控因素进入组织时，经典管理理论的假设将无法自持，而封闭的组织边界也难以为继。基于此，梅奥等人发展了对工业企业内非正式的组织、控制和承诺等非理性(工具)因素和社会过程的研究。

组织理论的该发展阶段由于在理性和非理性观点、工程和社会观点、机械和人的观点、人性恶和人性善的观点、结构和过程观点上的分歧而形成了两个重要的研究范式，即经典管理学范式和人类关系范式，它们的根本目标都服务于构建行之有效的资本主义组织体系，最终实现资本的利益和权力的价值。这为以后组织理论的局部性整合提供了基础。

组织理论的范式局部整合期

20 世纪 40—70 年代石油危机是组织理论局部整合的短暂时期，现代主义者的成就在该阶段达到顶峰。该时期的成就和问题为 20 世纪 70 年代以后组织理论走向分化预设了条件。

第二次世界大战前福特制企业和科层制政府的持续发展，由大危机进一步推动的组织兼并和市场垄断，以及由反危机措施和战争所推动的国家行政膨胀，深刻改变了组织的外部环境和生存法则。权力的直接重要性越发明显。将权力视为组织的一种主要稀缺资源，认为组织是个人、组织和人类群体间权力争夺的枢纽，因而围绕权力研究组织行为。

该时期组织实践和理论的发展是由现代主义者主导的，在认识角度上是理性的面向实际问题的。这个时期组织研究的一个明显特点是专业理论研究者的崛起。赫伯特·西蒙首先在组织管理行为决策化的方面做出理论贡献，汤普森则在组织与环境的适应性上做出了理论发展和总结。

将环境在组织研究中独立出来的使命是由以塞尔兹尼克为代表的哥伦比亚大学旧制度社会学派完成的。

通常汤普森被认为是权变理论的创始人之一，即组织要针对一系列非完全可控的因素而“随机应变”，建立适应性的组织结构、设计和行为模式。

其他同期的权变理论家主要研究组织类型与环境类型之间的对应关系。他们注意到了不同类型组织对不同类型环境的特别适应性，但是这种对应性易于将组织单调化，在组织与理性模型和自然系统模型之间机械配对。

权变理论至今仍是最有影响的组织理论，此后出现的传统取向的组织理论在很大程度上没有挑战权变理论本身，而是对权变理论的细分、修正和拓展。

组织理论的范式繁荣分化期

实践的剧变往往赋予主流理论范式的对立或竞争范式以崛起甚至颠覆性的力量。20世纪70年代石油危机以来，组织理论已经不再有主流。组织理论范式繁荣的同时，也是组织理论无范式的开始。

该时期组织理论的主要特点是对于制度的分析、运用和批判，尽管出发点和终点非常不同。

(1)新制度经济学组织理论。

经济学在组织理论中的勃兴反映了企业发展的现实需要，为新的组织设计提供了理论支持。经济学在组织理论中的大发展始于新制度经济学在20世纪70年代的崛起。

交易成本理论的核心是研究组织边界的治理，即在“制造”和“购买”之间，在指令和谈判之间，在等级和市场之间的选择问题。

机构理论广泛应用信息经济学，探讨对于信息不对称和利益冲突的纠正机制。

(2)新制度社会学组织理论。

制度社会学对组织的研究则将制度的作用放在了中心的地位。在新旧制度社会学之间，制度从基本的行为限制条件上升成为行为的内生变量。

(3)新制度政治学组织理论。

政治科学中的新历史制度主义与社会学新制度主义的基本观点多有重合，研究层面主要是历史的和宏观的。

(4)非主流组织理论。

该阶段批判解释学派组织理论和后现代组织理论的兴起，反映了组织理论在认识论上的决裂性发展。

①批判学派与组织理论。以法兰克福学派为代表的批判解释学派强调现实是社会过程的产物。

②后现代组织理论。批判学派在对现代性进行批判时，仍然保持了相当理性的态度和逻辑体系，认可真实和系统的存在，而后现代的批判逻辑则与其批判客体存在一种完美的对比性——某种程度的非理性。

20世纪70年代以来组织和组织理论的发展内容丰富，难以详尽概述。该时期组织理论发展的一个共同特点是强调人类心理和认知的价值系统和信息处理机制，以及它们在超越个人层次上的社会构建的影响。

资料来源：敬乂嘉.实践、学科和范式：组织理论变迁综述[J].社会杂志，2006，26(6)：165.

组织理论是管理理论的核心内容，是研究组织结构、职能和运转以及组织中管理主体的行为，并揭示其规律性的逻辑知识体系。组织理论的演进与社会存在和管理实践的需要有密切的关系，其发展历史是一个不断扬弃的过程，也是辩证的否定过程。组织结构理论是组织理论的重要组成部分，其发展印证了组织理论发展的历史轨迹。

组织理论发展过程分为古典组织理论、新古典组织理论以及现代组织理论三大阶段。下文将详细介绍这三大阶段时期的代表人物及其主要观点。

2.1 古典组织理论

古典组织理论又称“传统的组织理论”，最早可追溯到亚当·斯密（Adam Smith），他在《国富论》中首先提出了劳动分工的原则。劳动分工原则是组织设计的一个基本原则，至今仍具有生命力。而古典组织理论的正式产生和盛行时期为19世纪末期和20世纪初期的公共行政学的早期研究时期。这个阶段形成的古典组织理论主要与当时的历史背景有关，概括起来主要有以下几点：

（1）美国的工业化进程对管理提出了新的要求。19世纪末20世纪初，美国完成了从农业国向工业国的转变，许多工厂发展成为生产多种产品的大企业，出现了巨型企业——铁路公司。在当时，这些大企业的管理还相当落后，美国的经济发展速度和企业中劳动生产率的水平远远落后于科学技术成就和经济条件所提供的可能性。为了继续发展生产力，就必须在管理方面有一个较大的突破。

（2）经济危机的出现引发了一系列的矛盾。从1873年到1907年，主要资本主义国家经历了五次世界性的经济危机，三次都是从美国开始爆发的，每次危机都使资本主义国家的生产急剧下降，大批企业破产，失业人数猛增，劳资矛盾激化。为了提高“抗危机”的能力，大企业不断出现，逐渐形成了垄断组织，管理职能的专门化的需求变得非常迫切。为此，需要建立有效的管理体制来维护资本主义的社会关系。

（3）大量外来移民的涌入，既为美国提供了劳动力，也使培训和管理企业的员工成为人们必须面对的问题。随着美国经济的快速发展，来自世界各地的大批移民纷纷涌入美国，他们大多集中在沿海的工业城市，为美国的企业提供了劳动力来源。但这些移民大多来自农村，只会干体力活，无法适应大机器生产的要求。因此迫切需要一种新的管理方法，能在较短的时间内，把这些劳动力培养成适应工业生产需要的熟练工人。

（4）工业革命以来，管理思想的积累为科学管理理论的产生提供了思想基础。阿克莱特（Arkwright）等人发明和使用了一些在当时是先进的机器，并采用科学的方法进行管理；亚当·斯密在有关工作时间和工作方法问题上已经做了初步的考察，杜平（Dupin）、巴比奇（Babich）等人又做了进一步的探讨，巴比奇还提出了进行作业研究的“观察制造业的方法”；麦卡勒姆（McCallum）和普尔（Poole）对企业的组织结构和职能控制进行了研究。汤和哈尔西对工资及收益的分配做了分析和实验。

（5）唯理主义哲学、实利主义经济学和新教伦理等思想的发展，给古典组织理论的产生奠定了坚实的思想理论基础。在19世纪末20世纪初，流行于整个资本主义世界的唯理主义哲学、实利主义经济学和新教伦理，对古典组织理论的形成产生了深刻影响。

古典组织理论的代表人物主要是泰勒、法约尔、韦伯等人。

2.1.1 泰勒的组织理论

弗莱德里克·泰勒(Fredrick W. Taylor)是美国工业发展史上的代表人物,是把管理看作科学并且强调管理者作用的第一人。泰勒出生于美国费城一个富有的律师家庭,在接受中学教育后不久进入埃克塞特市菲利普斯·埃克塞特专科学校学习。1874 年,他考入哈佛大学法律系,不久后因眼疾辍学;1875 年进入费城恩特普利斯水压工厂当模具工和机工学徒;1878 年转入费城米德维尔钢铁公司工作;从机械工人做起,历任车间管理员、小组长、工长、技师等职,在该厂一直工作到 1890 年。在此期间,泰勒通过用心观察与思考,逐渐建立起管理学的理论基础。正是由于他对管理方法和管理理论的贡献给上一世纪工业国家的发展带来了深远的影响,因而被誉为"科学管理之父",其代表作是 1911 年出版的《科学管理原理》。泰勒的研究虽然主要是在工厂、车间等场所中进行的,但他所强调的"效率"思想及其方法却对行政组织的研究有很大的影响,为了提高效率,他认真探讨了工人的操作方式和工作程序,提出了"工作定额原理""标准化原理""计件工资制"等方法。这些方法本身都突出了管理的重要性,同时也对组织理论做出了重要贡献。

1. 计划职能与执行职能分开,以确保管理任务的完成

泰勒认为在工作中应用科学的工作方法,即找出标准、制定标准然后按标准办事。而找出标准的工作应由专门的人负责,因为工人是不可能完成这一任务,所以就必须把计划职能与执行职能分开。计划职能由管理部门承担并对工人发布命令。而工人或工头从事执行职能,按既定的操作方法、工具来工作,并接受管理部门的控制和监督。

2. 实行职能管理制

泰勒提出了"职能工长制度",他认为此制度有三个优点:①每个职能工长职责单一,在短时间内可完成对其培养;②管理人员职责明确,工作效率将得到大幅提高;③工作标准与工作方法已定,工长只需进行指挥及监控即可,降低了成本。但这一制度易导致"多头领导",引起管理混乱,在实际工作中并没有得到普遍推广。但其真正的贡献是为之后职能部门的建立和鼓励职能的专业化提供了重要思路。

3. 定额管理

泰勒认为企业有必要设立一个专门制定定额的部门或机构,这样的部门不但在管理上是必要的,而且在经济上也是合算的;同时要制定出有科学依据的工人的"合理日工作量"。因为当时美国的企业大多实行经验管理,矛盾频发。一方面资本家不知道工人一天到底能干多少活,他们总嫌工人干活少,拿工资多,于是就通过延长劳动时间、增加劳动强度来加重对工人的剥削;另一方面,工人也不确切知道自己一天到底能干多少活,但总认为自己干活多,拿工资少。当资本家加重对工人的剥削时,工人就用"磨洋工"的方式消极对抗,这样就造成了恶性循环,企业的劳动生产率当然不会高,企业的精神面貌也不会好。

泰勒认为,计划部门要确立一个合理的定额,这个定额是以"第一流的工人在不损害其健康的情况下,维持较长年限的速度"为标准,这种速度不是以突击活动或持续紧张为基础,而是以工人能长期维持的正常速度为基础的。

4. 差别计件工资制

泰勒认为,在定额管理的基础上,实行差别计件工资制,使工人的贡献大小与工资高低紧密挂钩,会有许多好处:第一,有利于充分发挥个人积极性,有利于提高劳动生产率,能够真正实现“高工资和低劳动成本”。第二，由于计件工资与日工资率是经过正确观察和科学测定的，又能真正做到多劳多得，因此这种制度能更加公平地对待工人。第三，能够迅速地剔除所有低能的工人，吸收适合的工人来工作。因为只有真正好的工人，才能做到又快又准确，可以取得高工资率。泰勒认为这是实行差别计件工资制最大的优点。

为此，泰勒在总结差别计件工资制的实施情况时说：“制度(差别计件工资制)对工人士气的影响效果是显著的。当工人感觉受到公正的待遇时，就会更加英勇、更加坦率和更加诚实，他们会更加愉快地工作，在工人之间和工人与雇主之间建立互相帮助的关系。”

5. 提出例外原则

这实际上是在强调委任管理的必要性，即授权。其主要内容是把琐碎或日常事务交给下级人员处理，而自身只保留对例外、特殊的管理事务的决定权，以及对下级工作的监督权，从而把管理者的主要精力投入到更重要的事务里去。

泰勒的管理思想为组织机构中职能部门的建立、管理专业化、高层管理者的职能分工、组织效率的提高等提供了有益的启示。

2.1.2 法约尔的组织理论

亨利·法约尔(Henry Fayol)出生于法国一个中产阶级家庭，15 岁时就读于里昂一所公立中等学校，两年后经考试合格转入圣艾蒂安国立矿业学院，19 岁毕业时取得矿业工程师资格。之后，他从工程师一直做到总经理。在漫长而成绩卓著的经营生涯中，他积累了丰富的管理经验。其代表作是 1916 年出版的《工业管理和一般管理》，标志着完整的古典组织理论完成。法约尔被誉为“经营管理理论之父”。法约尔是立足于企业组织的高层管理，对企业全部活动进行的组织设计。他的主要贡献是：

(1)管理由计划、组织、指挥、协调和控制五大职能构成。

①计划就是探索未来，制订行动计划。他认为一个好的计划有以下特点：统一性、连续性、灵活性和精确性。管理人员在制定计划时，要对企业的经营状况有个整体的了解，要有积极参与的观念，高层的管理人员主要负责制订计划，而低层的管理人员主要负责执行计划。制订长期计划是非常重要的，这是法约尔对当时管理思想的一个较大贡献。

②组织就是为企业的经营提供所有必要的原料、设备、资本、人员，在获得必要的物质资源之后，就要进行社会组织活动，进行企业的所有经营活动。他认为组织设计的不同，其经营状况就会有很大的差异。法约尔强调统一指挥，反对泰勒的职能工长制，认为它违背了统一指挥的原则，容易造成管理混乱。对于组织中的管理人员，法约尔根据自己多年的管理经验提出了自己的看法：挑选人员是一个发现人员的品质和知识，以便填补组织中各级职位的过程。法约尔认为，填补的职位越高，挑选时所用的时间就越长，挑选要以人的品质为基础。

③指挥就是使其人员发挥作用。他要求指挥人员做到：透彻了解自己手下的人员；淘汰不胜任的工作人员；十分通晓约束企业和雇员的协议；做好榜样；对组织的账目定期进行检查，并使用概括的图表来促进这项工作；召开会议，把主要的助手召集起来，参加酝酿统一领导和集中力量做好工作的会议；不要在工作的细节上花费精力；要使职工保持团结一致、积极工作、勇于创新和忘我的工作精神。

④协调就是联合调动所有的活动及力量。在企业内，如果协调不好，就容易造成很多问

题，这样企业的发展就容易陷入困境，各个部位步调不一致，企业的计划就难以执行，只有它们步调都一致，各个工作才能有条不紊，有保障地进行。法约尔认为有效协调的组织一般具有如下的特征：每个部门的工作都与其他部门保持一致；企业的所有工作都按顺序进行；各个部门各个分部对自己的任务都很了解，并且相互之间的协调与协作都很好；各部门及所属各分部的计划安排经常随情况变动而调整；公开各部门领导人的会议是使工作人员保持良好状态的一种标志。总之，协调就是让事情和行动都有合适的比例。

⑤控制就是注意是否一切都按已制定的规章和下达的命令进行。控制的目的在于指出工作中的缺点和错误，以便纠正并避免重犯。对物、人、计划都可以进行控制，从管理的角度看，应确保企业有计划并且确实执行，而且更要及时地加以修正。控制可以确保企业社会组织的完整，人事一览表得到应用，指挥工作符合原则和协调会议定期举行。由于控制作用于各种性质的工作和各级工作人员，所以控制有许多不同的方法，像管理的预测、组织、指挥和协调一样，控制这一要素在执行时需要有持久的工作精神和较高的艺术。

(2)提出 14 项组织管理的一般原则，许多都是关于组织职能方面的指导原则。

①劳动分工。实行劳动的专门化，可提高雇员的效率，从而增加产出。他认为这是组织活动中必不可少的工作。

②权责相当。管理者必须拥有权力以发布命令，但权力必须与责任相当。责任和权力是相互的，凡有权力的地方就有责任，为了保证权力的正确使用必须规定责任的范围，制定奖惩的标准。

③纪律严明。雇员必须服从和尊重组织规定，领导以身作则、管理者和雇员对规章有明确理解和公平的奖惩对于保证纪律的有效性非常重要的。

④统一指挥。统一指挥是一条基本的原则，一个下属人员只应接受一个上级的命令，并向这个上级汇报自己的工作。

⑤统一领导。从事同种工作的任何部门应该由同一个管理者按一个统一的计划来加以领导。法约尔指出，统一领导和统一指挥的区别在于：人们通过统一领导来完善组织，而通过统一指挥来发挥人员的作用，统一指挥不能没有统一领导而存在，但并不来源于它。即没有统一领导，就不可能有统一指挥，但是即使有了统一领导，也不足以保证统一指挥。

⑥个人利益服从整体利益。个人和小集体的利益不能超越组织整体的利益。

⑦报酬。必须给工作和服务以公平合理的报酬，报酬方式必须符合三个条件：其一是保证报酬公平；其二是奖励努力的以激发热情；其三是不应导致超过合理限度的过多的报酬。

⑧集权。这条原则主要讨论了管理的集权与分权的问题，而影响集权与分权的主要因素是：组织规模、领导者与被领导者的个人能力和工作经验、环境的特点。总之，集权的程度应该适合于该企业的实际情况和所属环境。

⑨等级层次。表现为从最高权力机构直至低层管理人员的领导系列，上下层次之间和横向部门之间应保持灵敏的信息沟通。

⑩秩序。企业成员和物品都应各得其位、各得其用。完善的人的秩序要求让适当的人从事适当的工作，因此，要根据工作的要求和人的特点来分配工作。

⑪公平。管理者应该友善和公正地对待下属。

⑫人员稳定。减少不必要的流动，以保证所属人员能很好地完成工作。法约尔特别强调指出，这条原则对于企业管理人员来说是尤其重要的。

⑬主动性。鼓励员工发表建议和增加执行任务的自觉性和积极性。

⑭团结精神。任何分裂对企业都是非常有害的，所以要注意协作、协调、沟通、配合，甚至包括必要的妥协。

许多原则在今天的当代企业仍然普遍适用。

(3)提出了“法约尔桥”的思路，以此解决了企业组织内部管理效率的问题。法约尔认为，在管理机构中，最高一级到最低一级应该建立关系明确的职权等级系列，这既是执行权力的线路，也是信息传递的渠道。一般情况下不要轻易地违反它。但在特殊情况下，为了克服由于统一指挥而产生的信息传递延误，法约尔设计出一种“跳板”，也叫“法约尔桥”，如图 2-1 所示。

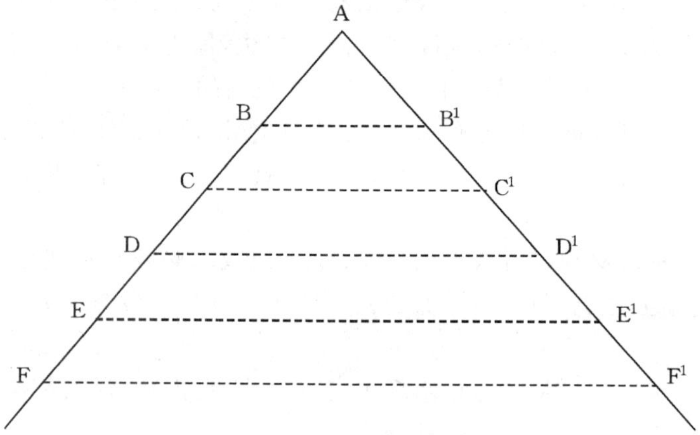

图 2-1 “法约尔桥”示意图

A 代表这个组织的最高领导，如果 E 与 E^1之间发生需要协调的问题，则 E 必须将问题向 D 报告，D 再报告 C，如此层层上报，到达 A，再经 B^1到达 E^1，然后把研究结果向 D^1报告，经层层上报，最终到 A，然后由 B 层层下达到 E，这样的往返费时误事，所以法约尔提出“跳板”原理，使 E 与 E^1之间可以直接商议解决问题，再分头上报。

法约尔对其“跳板”原则的优点总结：是简单的、迅速的、可靠的。层级原则与“跳板”原则之间会存在矛盾，因此说，“天桥”不可随意使用，否则组织整体就会面临崩溃，但如果因循守旧按部就班则只能对企业造成更大的损害。

(4)研究了企业职能机构的设置，构建了直线职能制的组织结构形式，这种组织结构类型将在之后的章节中作具体介绍。

法约尔的组织理论虽然使组织理论成为一门具有内在一致性、体系完整性的学科，但不可否认，它还只是框架性、概括性的组织学说。

2.1.3 韦伯的组织理论

马克斯·韦伯(Max Weber)是德国著名社会学家、政治学家、经济学家、哲学家，是现代最具生命力和影响力的一位思想家。韦伯最初在柏林大学开始教职生涯，并陆续在维也纳大学、慕尼黑大学等大学任教。他对于当时德国的政界影响极大，曾前往凡尔赛会议代表德国进行谈判，并且参与了魏玛共和国宪法的起草设计，与泰勒和法约尔同属一个历史时期,并且对西方古典管理理论的确立做出了杰出贡献,是公认的现代社会学和公共行政学最重要的创始人之一,被后世称为"组织理论之父"。他在组织理论方面的最大贡献是提出了"理想的行政组织体系",其代表作是《社会和经济组织的理论》等。韦伯关于组织理论的主要观点包括:

(1)韦伯设计了理想的行政组织体系。其具有三大特点:①组织内的各种职务和岗位要按照职权等级来组织,形成一个逐级分层指挥系统,各人职责明文规定;②组织成员的任用,应按照人事匹配的原则;③组织成员必须严格遵守规章制度,用规章制度来保证和巩固组织内各层次和人们之间的协调一致。

这种组织理论主张集权,明确职责,严格管理,不考虑人的心理因素。这种组织结构具有以下缺点:组织中的沟通容易被曲解,因而造成单位之间和单位与整个组织目标之间的冲突;组织不能适应环境的变化;容易压制职工的创造性和积极性。

(2)韦伯认为行政组织体系的基础是合法规定的权力,任何组织都必须有某种形式的权力作为基础才能保证组织的秩序,韦伯指出有三种类型的权力。

①合理合法的权力。它是以"合法性"为依据、以规则为基础的,其前提是在已经存在了一套等级制度的情况下,人们对确认的职务和职位所带来的权力的服从。

②传统权力。这是以古老传统的不可侵犯性和执行这种权力的人的地位的正统性为依据、以传统的信念为基础的。对这种权力的服从实际上是对这种不可侵犯的权力地位的服从。

③超凡权力。这是以对个别人的特殊的崇拜为依据,这种权力的服从是源于追随者对被崇拜者的威信或信仰的服从。

韦伯认为,只有法定权力才能作为行政组织体系的基础,其最根本的特征在于它提供了慎重的公正。原因在于:第一,管理的连续性使管理活动必须有秩序地进行。第二,以"能"为本的择人方式提供了理性基础。第三,领导者的权力并非无限,应受到约束。

(3)韦伯提出了纵向分工的分层结构模式。韦伯把行政组织体系的结构分为主要负责人、行政人员和一般工作人员。其主要内容如图 2-2 所示。

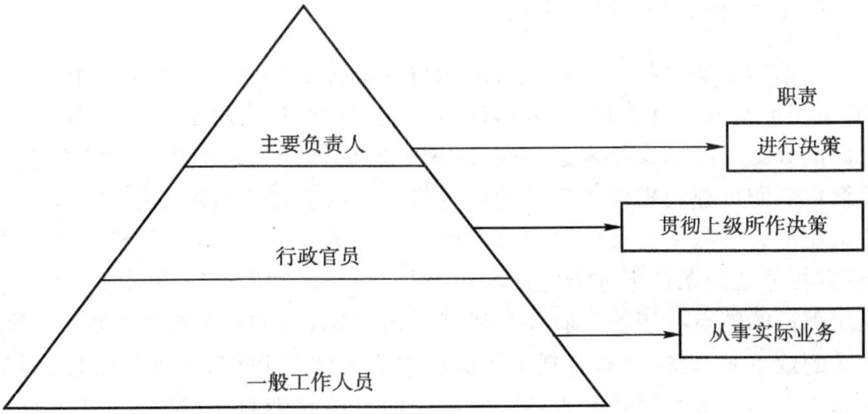

图 2-2　行政组织体系的分层结构

2.1.4 厄威克的组织理论

英国著名管理学家林德尔·福恩斯·厄威克(Lyndall Fownes Urwick)的代表作有《组织的科学原则》和《管理备要》等。其主要贡献是把科学管理理论系统化,把泰罗、法约尔等人的理论联系起来,综合出一套科学的逻辑框架。他提出了他认为适用于一切组织的八条原则:①目标原则,即所有的组织都应当表现出一个目标;②相符原则,即权力和责任必须相符;③责任原则,即上级对直属下级的工作承担绝对责任;④阶层原则,即分级管理;⑤控制幅度原则,即每个上级所管辖的相互之间有工作联系的下级不应超过5~6人;⑥专业化原则,即每个人的工作应限制为单一职能;⑦协调原则,即保持组织及其运行的平衡;⑧明确性原则,即对于每项工作都有明确的规定。厄威克认为,这些原则反映出了管理的普遍性。

厄威克强调组织设计论有两个课题:第一,决定从事经营的各个成员的职务;第二,决定这些职务之间的相互关系。在组织设计方面,厄威克有两大主要关注点:一是控制幅度问题,二是参谋组织与直线组织的关系问题。

在控制幅度的研究上,他强调分析控制幅度,必须注意下属之间是否存在工作上的联系。如果工作上没有联系,控制幅度可以大一些;如果工作上联系紧密,必须互相协调才能运行,则控制幅度较小。厄威克认为除了"专业参谋"以外,还必须增加一种"一般参谋",以便帮助直线主管人员承担指挥、控制和协调这些管理职责。这种一般参谋不同于专业参谋,其职能不限于提供建议,而是扩展到拟定和传达命令、追踪和监控作业的进行情况,并协助领导人对专业参谋进行工作协调。同专业参谋的最大区别是,一般参谋并不从事专业性质的工作,而是从事直线指挥性质的工作,尤其是协调工作。但是,这种一般参谋只是作为上级的代表来行使直线权力的。这一论证,实际上是把科学管理时期埃默森(Emerson)提出的参谋组织设置、泰罗提出的职能化组织变革,以及法约尔对命令统一原则的强调融合为一体,使直线组织与职能组织、直线组织与参谋组织这两种组织设计思路实现整合,由此形成了后来影响最为广泛的"直线—职能(参谋)组织"结构模式。

2.1.5 对古典组织理论的评价

古典组织理论的主要贡献在于第一次运用科学的方法将组织问题系统化、理论化与科学化,对以后的组织理论发展有着深远影响,许多基本理论原理沿用至今。古典组织理论主要是针对组织内部的分工与活动安排来进行研究,这一理论体系为组织内部分工的合理化与活动安排以及组织内部制度建设提供了良好的理论指导。所有古典组织理论的共同出发点都是为了提高企业组织的管理效率。其中关于分工的观点主要是:在大规模组织中由于存在很多参与者,所以只有在分工的条件下才能完成组织目标,在分工时尽可能地细分,才能提高效率。

古典组织理论的特点在于把人看作是机器的附属物,强调的是等级、命令和服从,并且用一种封闭模式的观点来对待组织,忽视了人的因素和环境的作用;追求科学性,并努力发现能够适合于一切组织的一般性原则和方法。它在当时的时代背景下,适应了开发合理组织的时代要求,把正式组织合理化了,为现代社会基本秩序的形成做出了重要贡献。

随着社会的发展,人的因素在组织管理中日益重要,这就对人的重视提出了新的要求。在这一背景下,新古典组织理论应运而生。

2.2 新古典组织理论

新古典组织理论又称“行为科学组织理论”。新古典理论的提法是在对早期组织理论进行分析比较的基础上提出来的。这一时期主要理论有：以埃尔顿·梅奥(Elton Mayo)为代表的人际关系组织理论；切斯特·巴纳德(Chester Barnard)为代表的组织平衡理论和以赫伯特·西蒙(Herbert Simon)为代表的决策过程组织理论。

2.2.1 人际关系组织理论

人际关系组织理论的代表人物埃尔顿·梅奥出生在澳大利亚阿德莱德，20 岁时在澳大利亚阿德莱德大学取得逻辑学和哲学硕士学位，应聘至昆士兰大学讲授逻辑学、伦理学和哲学，后赴苏格兰爱丁堡研究精神病理学，对精神上的不正常现象进行分析，从而成为澳大利亚心理疗法的创始人。

1922 年在洛克菲勒基金会的资助下，梅奥移居美国，在宾夕法尼亚大学沃顿商学院任教。期间，梅奥从心理学角度解释产业工人的行为，认为影响因素是多重的，没有一个单独的要素能够起决定性作用，这成为他后来将组织归纳为社会系统的理论基础。1923 年，梅奥在费城附近一家纺织厂就车间工作条件对工人的流动率、生产率的影响进行实验研究。1926 年，他进入哈佛大学工商管理学院专事工业研究，之后一直在哈佛大学工作直到退休。其代表著作有《组织中的人》和《管理和士气》等。

1924—1932 年梅奥主持了在美国西方电器公司霍桑工厂进行的长达九年的实验研究——霍桑试验，真正揭开了作为组织中的人的行为研究的序幕。这一研究结果表明了工人不是被动的、孤立的个体，他们的行为不仅仅受工资的刺激，影响生产效率的最重要因素不是待遇和工作条件，而是工作中的人际关系。据此，梅奥提出了自己的观点：

(1)工人是“社会人”而非“经济人”。“经济人”即人们工作是为了单纯追求物质和金钱。但是梅奥认为，人们的行为并不单纯出自追求金钱的动机，还有社会方面的、心理方面的需要，即追求人与人之间的友情、安全感、归属感和受人尊敬等。因此，不能单纯从物质条件着眼，而必须从社会心理方面考虑合理的组织与管理，按照“社会人”来对待员工。

(2)企业中存在着非正式组织。他认为企业中除正式组织外还有非正式组织的存在，非正式组织中有自己的核心人物和领袖，有大家共同遵循的观念、价值标准、行为准则和道德规范。非正式组织对正式组织来讲，具有正反两方面的功能。正面功能主要体现在：容易促进工作的完成；可通过非正式组织的关系使得组织更加稳定以及可提高组织成员的士气。其负面功能主要体现为：当组织目标与非正式组织目标发生矛盾时，会阻碍组织目标的实现；如果管理人员只是根据效率逻辑来管理，而忽略工人的感情逻辑，必然会引起冲突，最终影响企业生产效率的提高和目标的实现。因此，管理者必须重视非正式组织的作用。

(3)新的领导能力在于提高工人的满意度。在决定劳动生产率的诸因素中，置于首位的因素是工人的满意度，职工的满意度越高，其士气就越高，从而产生效率就越高。高的满意度来源于工人个人需求的有效满足，不仅包括物质需求，还包括精神需求。

1933 年，梅奥将霍桑实验的结果整理成文，以《工业文明中的人的问题》为题正式发表，标志着从人际关系角度阐述组织理论的新学说的诞生。

人际关系学说第一次把管理研究的重点从以工作和“物”为中心转移到以人为中心上来，不仅在理论上对古典管理理论作了修正和补充，开辟了管理研究的新理论，还为现代行为科学的发展奠定了基础，而且对管理实践产生了深远的影响。

2.2.2 组织平衡理论

组织平衡理论的代表人物切斯特·巴纳德(Chester I. Barnard)将社会学概念用于分析经理人员的职能和工作过程，提出了一套组织的理论，建立了现代组织理论的基本框架。他早先的思想属于行为组织学派，认为人是组织和管理最原初的起点，组织是为人实现自己的意愿服务的，人不应该异化为组织的工具；人应是一个物质的、生物的和社会的因素的结合体，而不仅仅是一个被动的管理对象；人只能在一定的环境条件下实现自己的个人意志，行使自己的选择权。巴纳德后续的研究超越了行为组织理论只限于封闭的组织内部讨论问题的局限性，把组织视作一个开放的系统，进而揭示了组织的本质规律。1938 年，巴纳德出版了被誉为美国现代管理科学经典之作的《经理人员的职能》一书。1948 年，巴纳德又出版了另一部重要的管理学著作《组织与管理》。巴纳德的这些著作为建立和发展现代管理学做出了重要贡献，也使巴纳德成为社会系统学派的创始人。

巴纳德提出组织是一个有意识地对人的活动或力量进行协调的体系，是一种协作系统。他认为组织有三个基本要素：共同的目标、合作的意愿以及信息的沟通。信息沟通是基础，是连接前两个要素的纽带。没有信息的沟通，共同目标难以被组织成员了解，即使有合作的意愿也难以达到预期结果。为此，巴纳德对信息的沟通提出了以下基本原则：①信息沟通必须使得每个组织成员都明确自己的职责与自身所处的地位；②每个成员都有一个正式的信息联系渠道；③信息联系的渠道要直接迅捷；④经理人员是信息联系的中转站，经理人员必须称职并有配备的助手；⑤信息路线不能中断；⑥每一个信息联系都必须是有权威的。

巴纳德还认为：①贡献和诱因的平衡是组织存在和发展的条件。“贡献”是有助于实现组织目的的个人活动；诱因是组织为满足个人的目的和动机提供的激励。如果诱因小于贡献，组织成员就会丧失积极性，企业组织就不能继续发展。所以，贡献和诱因的平衡就是组织的平衡。②组织的对内平衡。组织的对内平衡是指有效地分配诱因，确保给各个成员的诱因和贡献的平衡，从而保持成员协作积极性这种激励过程。诱因应包括经济的与非经济的两类，有差别地分配诱因的原则对保持组织声誉和群体意识是不可缺少的。③组织的对外平衡。组织的对外平衡是指组织通过外部环境保持平衡，以提高组织效力的过程。它主要包括组织分系统与其相关的各个分系统之间的平衡和协作系统与外部环境的平衡两个方面的平衡。组织效力实现的是组织与环境之间的平衡，即对外平衡，组织效率实现的是贡献和诱因的平衡，即对内平衡。组织效率和组织效力互相影响，相辅相成。为了保持组织的对外平衡，必须使组织适应外部环境的变化，重视经营目的和经营战略的决策。④权威来自下属的接受。巴纳德从信息传递出发，认为权威来自下属的接受。下属接受才具有权威，下属的接受程度决定了权威的影响力。由此他提出了著名的权威接受理论，进而分析论证了组织中不加怀疑无条件接受权威的领域——无差别区。从此，“权威来自下属而不是来自上级”就成为管理学的教义之一。

总之，巴纳德的观点是组织并不是独立于环境而存在的。巴纳德的组织平衡理论被认为是管理思想发展史上具有里程碑意义的思想。

2.2.3 决策学派的组织理论

决策组织理论的代表人物是赫伯特·西蒙(Herbent Simon)。以西蒙为代表的决策行为研究者将组织的研究焦点由对制度、法治、结构等静态层面的研究转向对决策过程的动态研究,成为行为组织理论的重要流派。

西蒙是美国心理学家、管理学家和社会科学家,经济组织决策管理大师,他在管理学、组织行为学、政治学、心理学和计算机科学方面都有很深的造诣。西蒙所倡导的决策理论以社会系统理论为基础,吸收了古典组织理论、行为科学和计算机科学等的内容,成为一门新兴边缘学科。西蒙因其从行为科学的角度探讨决策理论,取得了令人瞩目的成就,成为决策理论学派的创始人。也正是由于他对经济组织内决策过程所进行的开拓性研究,瑞典皇家科学院向他颁发了1978年的诺贝尔经济学奖。

西蒙认为,组织是一个决策系统,有效的组织应以正确的决策为基础。西蒙的决策理论,不仅适用于经济组织,而且适用于一切正式组织机构的决策,特别适用于行政组织。他的决策组织理论的主要观点包括:

(1)组织首先是一个决策过程。他认为,决策充满组织管理过程,是组织的中心因素。

(2)提出了组织影响论。即研究组织如何影响个人的决策行为,影响决策行为的因素有:权威、组织认同、信息沟通、培训、效率。

(3)提出了组织目标论。组织的目标就是追求决策的合理性,而合理性取决于为实现某一目的而合理选择的手段;奉行满意的决策原则。

(4)发展了巴纳德的组织平衡理论。他认为组织是由人组成的集体平衡。一方面,组织要为个人根据其贡献提供一定报酬,另一方面组织成员同时又必须对组织做出贡献。

(5)提出了组织设计论。他认为组织设计要有利于组织决策和为决策所必需的信息传递、信息处理工作;要进行合理的组织设计,应当建立组织的目标体系、进行分工、确立组织的工作中心、进行组织的权力配置。

2.2.4 新古典组织理论的评价

新古典组织理论的特点是在集权与分权的关系上,相对地主张分权,使组织成员能更多地参与决策以提高积极性;从组织形式看,倾向于扁平形的组织结构,主张部门化;强调社会效益,尤其是组织成员的满意度;强调非正式的因素,如社会性因素或心理因素;重视组织与环境的联系,但这种思想并不成熟。

新古典组织理论是以古典组织理论为基础的,以组织中人的问题为中心,从动态的角度研究人的行为对于组织的影响及其相互关系。他们承认等级制的存在,研究权力关系和权威问题,追求组织效率和工作效率的提高。但是新古典组织理论忽视了组织的正式结构、法规及环境的作用,对人的看法也过于简单,片面强调人的社会性因素,而忽略了人的其他需求。

2.3 现代组织理论

20世纪50年代以来,组织理论进入百花齐放、百家争鸣的时代,涌现出许多新颖的研究视角和理论流派,如经验主义学派的组织理论、系统权变组织结构理论、环境决定组织结构理论、新组织结构学派的组织理论。这些理论是对古典组织理论的补充与完善。在这一时期，企业的市场竞争加剧，企业之间合作范围扩大，人员流动的频率加快，企业组织也必须随着市场环境变化而变革，从而出现了现代组织理论。

现代组织理论一个很重要的特征是突破了传统组织理论只注重研究组织内部建设管理的局限，把组织理论的视野引向组织与外部环境组成的生态系统中，将组织的建设、发展与组织所处的环境系统更加紧密地联系在一起，借助系统论、博弈论、生态论等多学科工具研究组织的生存、发展及消亡问题。因此，现代组织理论也由诸多流派构成。

2.3.1 经验主义学派的组织理论

经验主义学派是以总结企业管理的实践经验为主要任务，从中概括出理论和原则，向西方大企业的经理提供管理企业的成功经验和科学方法，其代表人物有彼得·F. 德鲁克(Peter F. Drucker)、欧内斯特·戴尔(Ernest Dale)、艾尔弗雷德·P. 斯隆(Alfred P. Sloan)等。

彼得·德鲁克原籍奥地利，是美国的管理学家和管理咨询人员，也是当代国际著名管理大师。他早年受的教育是法律，1929 年成为英国一家国际性银行的报纸通讯员和经济学家，1937 年移居美国。开始他在一家美国企业集团做经济学者，后来担任美国通用汽车公司、克莱斯勒公司、国际商用机器公司等大企业顾问。他在 1942—1949 年担任本宁顿学院政治和哲学教授，1950—1972 年任纽约大学工商研究院管理学教授，1972 年后成为纽约大学高级教授。1945 年他创办了德鲁克管理咨询公司，自任董事长。他的著作颇丰，并且有很大的影响。其代表作有《管理实践》(1954 年)、《有效管理者》(1966 年)、《管理：任务、责任和实践》(1973 年)、《动荡时代中的管理》(1980 年)等。

欧内斯特·戴尔是美国管理学家，并担任美国和国际性的一些大公司的董事和顾问，是欧内斯特·戴尔协会的主席。其主要代表作有《公司组织结构的计划和发展》(1952 年)、《伟大的组织者》(1960 年)、《组织中的参谋工作》(1960 年与厄威克合著)等。

艾尔弗雷德·斯隆是美国的高级经理人员，曾长期担任美国通用汽车公司的总经理和董事长。他是事业部管理体制的首创人之一。他在 1921—1922 年期间就提出了一种叫"集中政策控制下的分散经营"组织机构模式，这是事业部的雏形。他的最大贡献是设计出一种组织模式，使集权和分权在当时的条件下得到较好的平衡。在他的领导下，通用汽车公司迅速发展并成为世界上最大的汽车公司。

他们在组织理论方面的主要观点有：

(1)德鲁克将组织结构概括为五种基本类型：集权的职能制结构、分权的联邦式结构、模拟性分权结构、矩阵结构以及系统结构。职能制结构和矩阵结构是以工作和任务为中心的组织设计，分权的联邦式结构和模拟性分权结构是以成果为中心的组织设计，而系统结构是以关系为中心的组织设计。

(2)提出了目标管理方法。目标管理方法最早是由德鲁克在 1956 年出版的《管理的实践》一书中提出来的。它的基本思想是把古典管理理论以工作为中心和行为科学理论以人为中心的管理方法结合起来，由上下级共同制定组织整体目标、部门目标以及每一个人的目标，形成从上到下的目标体系，在目标实现过程中，实行自我控制，并将考核和奖惩与目标的实现程度联系起来。从而保证在完成组织目标的同时，使个人的需要得到满足。

(3)提出组织结构的任何工作应从目标和战略出发，战略决定结构。组织是有机的，并且每一个企业或机构都有各自的特点，结构是实现一个机构各种目标的一种手段，因此有关结构的任何工作都应从目标和战略出发。组织结构不是自己形成的，组织结构的设计是需要进行思考、分析和系统研究。组织结构的设计并不是第一步，而是最后一步。

(4)提出了组织结构设计的七条原则。

①明确性。即组织中的任何一个管理部门，任何一个人都应该有明确的职责和任务。

②经济性。即用最低限度的人力和物力来保证组织目标的实现。

③远景方向。组织结构应引导每个管理部门和每个员工的远景，使其为取得整个企业的成绩而做出努力。

④理解本身的任务和其目的的任务。个人的任务应与组织整体的任务相适应。

⑤决策科学性。组织结构必须能使组织做出准确的决策并能把这些决策转化为工作上的成就。

⑥稳定性和适应性。即在动荡的环境下，能对未来进行不断地规划，但是要做到稳定而不僵化。

⑦永存性和自我更新。一个良好的组织结构，必须能够从内部产生未来的领导者，能够在每一层次上培养和考察每一个人担任更高一级职位的能力。

经验主义学派由于强调经验而无法形成有效的原理和原则，无法形成统一完整的理论体系，管理者可以依靠自己的经验，而初学者则无所适从。同时，过去所依赖的经验未必能运用到将来的管理中去。

2.3.2 系统权变组织结构理论

20世纪60年代初，系统学派和权变学派的组织结构理论开始出现，其代表人物有弗里蒙特·E.卡斯特(Fremont E. Kast)和詹姆斯·E.罗森茨维克(James E. Rosenzwig)等人。他们主张用系统和权变的观点来考察组织结构，把组织看作是一个开放、动态的社会技术系统，认为管理者必须根据情况的变化不断调整组织结构，不存在普遍适用的最好的组织结构设计。

卡斯特和罗森茨维克指出无论是生物系统还是社会系统都必须具有持续的投入、转换和产出循环，企业组织从社会环境中输入人、财、物、信息等资源，经过生产过程的转换，企业将这些投入转化为产品或服务输出到社会环境中，企业组织作为开放系统处于其环境的持续性相互作用之中，并达到动态平衡。

这一理论的核心就是力图研究组织的各子系统内部和各子系统之间的相互关系，以及组织和它最初的环境之间的联系，并确定这种变数的关系类型和结构类型。它强调在管理中要根据组织所处的内外部条件随机而变，针对不同的具体条件寻求不同的最合适的管理模式、方案或方法。权变理论把环境对管理的作用具体化，并使管理理论与管理实践紧密地结合起来，考虑有关环境的变数与相应的管理观念和技术之间的关系，使采用的管理观念和技术能有效地达到目标。

大卫·西克森(DavidHickson)和德里克·S.皮尤(Derek S. Pugh)也进行了类似的研究。他们认为较小的企业在组织结构上的差异主要取决于技术的复杂程度，大型企业的组织结构在技术上的因素影响较小。

唐·赫里格尔(Don Hellriegel)和约翰·W.斯洛坎姆(John W. Slocum)综合了外部环境和技术两个因素，把企业分为四个模式，并指出其相应的组织结构形式。

(1)企业外部环境变化快、内部各种产品之间工艺技术差别大,其组织设计一般按产品划分为各个事业部,各事业部内部整体化程度高,而各事业部之间的联系较弱。

(2)企业外部环境变化快、内部各种产品之间工艺技术差别大,但产品品种多,其组织设计一般采用矩阵组织结构。

(3)企业外部环境较为稳定、产品品种简单、工艺技术较稳定,其组织结构一般为直线参谋组织结构。

(4)企业外部环境稳定且产品单一,一般组织设计采用高度集权式的组织结构。

保罗·R.劳伦斯(Paul R. Lawrence)和杰伊·W.洛希(Jay W. Lorsch)研究了环境对管理组织结构的影响,他们指出环境因素不但影响着管理组织结构设置,而且组织内部各个部门的结构也会因各自面临的不同环境而有所不同。他们把组织结构分成差异化结构和一体化结构两大类。差异化的结构就是指一个组织内的各个部门具有不同的管理组织结构。组织面临的环境越不稳定,其内部各部门之间结构的差异化程度就越大。当一个组织下属各个部门都有自己相对独立的市场和生产设备等,而且又不需要部门之间合作的情况下,就可以运用差异化的结构。一体化的组织结构就是组织的各个部门有共同的目标,而各个部门具有较高程度的相互依赖关系,应采用共同合作的结构形式。当处于不稳定、动荡环境中时,企业需要高层的管理者运用各种方法来协调内部的各种活动,以形成统一的整体,一体化的结构在这种环境下是有效的组织形式。

2.3.3 环境决定组织结构理论

自19世纪70年代中期以来,呈现出几个新的以社会学为基础的组织结构理论:迈耶尔(Meyer)、罗万(Rowan)和祖克尔(Zucker)的制度理论;汉南(Hannan)和弗瑞曼(Freeman)的总体生态理论;阿尔瑞契(Arrich)、奥利·普费弗(Oliver·Pfeiffer)的资源依赖理论等。这三个理论范式的一个共同观点认为,组织环境是组织结构的主要决定力量,而不是管理者主导了组织结构的变革。

1. 制度组织理论

1977年,祖克尔首先提出制度组织理论的基本思想,主要代表人物还有迈耶尔、罗万、斯科特(Scott)、波威尔(Powell)等人。制度组织理论对组织环境作了重新的界定,核心思想是用组织的社会背景和制度环境的同态性来解释组织结构的变化,特征是通过规则和规定的精心安排,其间的单个组织要想获得环境的技术和认可,它必须服从这些规则和规定。制度组织理论认为,组织结构在很大程度上不是由更好实现工作任务的需要决定的,而是由更广范围内的制度环境的预期和要求决定的。组织通过建立一种与实际上怎样完成工作没有关系的表面组织结构来顺从或显得顺从,从而获得对自己有支配权力的组织和社会的批准和继续支持。因此,是外来的权力关系而不是完成任务的要求决定了组织结构的选择,所选择的组织结构并不一定能有效和更有效地完成组织的任务。

2. 总体生态组织理论

总体生态理论的核心观点是“选择那些引起与环境有良好适应关系的组织形式,淘汰那些与环境没有良好适应关系或适应性程度较低的组织形式”。总体生态理论是从总体和个体两个层面上理解组织的含义,组织就有总体组织和单个组织之分。总体组织由单个组织构成,若干单个组织构成一个总体组织。这一区分的重大意义在于,单个组织构成一个总体组织,尽管单个组织有成功,也有失败,单个组织最终一定会消亡,但总体组织可以通过对众多的单个组织的合理安排,使总体组织持续存在下去。从组织整体的角度来说,组织形式的变革实际上并不是现存组织调节和改变的结果,而是新的组织形式代替旧的组织形式的结果。

3. 资源依赖组织理论

资源依赖组织理论认为,组织对外部资源有依赖性,因而力求通过许多手段去控制这些资源,组织有维持独立的倾向。资源依赖组织理论强调组织从环境中获取资源功能的重要性。资源依赖模式的前提是:决策是在组织内部发生的,决策处理的是组织面临的环境,是在组织的内部政治氛围中进行的。该模式的另一个重要方面是,组织企图积极地面对环境,希望按照自己的优势来控制环境,而不是被动地作为环境力量的接受者。所以组织决策者可以通过一定的战略选择来调整其内部结构和过程以及与环境的关系,这时组织可追求的两个目标是:①提高对资源的控制力,最小化对其他组织的依赖性;②提高对资源的控制力,最大化其他组织对自己的依赖性。资源依赖理论的实质是把组织看作是环境关系中的一个积极的参与者而不是被动的接受者。资源的获得是组织的一项主要活动。

以上这些理论认为组织环境是组织结构的主要决定力量,侧重研究组织与环境之间的关系,为了适应这种关系,组织结构形式变得更加灵活,以团队为模块的工作单元、临时工作小组、网络型组织等扁平网络型组织得到迅速的发展。实践证明这种灵活多变的组织结构形式,可以使企业获取更多的信息,更加适应激烈的竞争环境。

2.3.4 新组织结构学派的组织理论

新组织结构学派是组织理论的集大成者,该学派的特点是全面吸收各学派关于组织结构方面的学说和主要成果,进而系统地对组织结构的各个方面进行深入的研究。加拿大著名组织学家亨利·明兹伯格(HenryMintzberg)是新组织结构学派的主要代表人物,他提出的组织理论被普遍认为是对组织理论的杰出贡献。其主要代表作是 1979 年出版的《组织结构的建设》以及 1983 年出版的《卓有成效的组织》。亨利·明兹伯格关于组织结构的理论观点主要有:

(1)提出了组织结构的五种协调机制:相互调整、直接监督、工作过程标准化、成果标准化、技能标准化。他认为这五种协调机制的出现有一个发展过程。当企业规模较小时,彼此的协调可以采用相互调整的方式。当企业规模扩大时,就需要有一个上级进行协调,即直接监督方式。在企业规模进一步扩大时,企业就要实行标准化的协调方式。当企业规模变得更大,组织工作更为复杂时,工作过程难以实行标准化,则只能实行技能标准化,从投入方面加以控制,如果这一方式也难以实行,则又要采用相互调整的方式。这种认识的实质是人们在组织内进行劳动分工和协调方式的总和。

(2)提出了组织结构的五个基本构成部分:工作核心层、战略高层、直线中层、技术专家结构、辅助人员。

①工作核心层。该层由该组织的基层部门组成,直接从事生产和服务。

②战略高层。该层对组织全面负责,以保证组织目标的实现。

③直线中层。该层由各部门的中层直线经理或领导干部构成,是连接工作核心层和战略高层的桥梁。

④技术专家结构。该层由组织中的职能人员组成,他们运用自己的专业知识和技能来协助上述三个部分,提高效率和效益。

⑤辅助人员。他们不直接同组织的生产或经营发生联系，而是以自己的活动去支持上述四个部分，保证工作的正常运行。

这些基本构成部分在组织中所占的比例、地位和组合方式也往往不同。

(3)提出了组织结构的五种流程系统：正式的权力系统、规章制度的流程系统、非正式的流程系统、工作群体流程系统、特殊决策流程系统。

①正式的权力系统，即行政指挥系统，这是最常见的一种组织流程系统。

②规章制度的流程系统表明了生产活动、信息传递活动和决策活动的流程。规章制度化的流程具体可分为作业工作流程、制度规定的控制流程以及制度规定的职能工作流程。制度规定的控制流程是一种纵向流程，而制度规定的职能工作流程是横向的关系。

③非正式的流程系统，即组织成员间灵活的相互联系和交流而形成的组织流程系统。成员之间的交流不仅包括信息交流，还包括感情上的交流，是对规章制度流程的补充。

④工作群体流程系统，即小集团和沟通网之间的交往关系而形成的组织流程系统。常有工作上的联系或有共同爱好的人，往往有不拘形式的沟通，形成一个沟通网或小集团。

⑤特殊决策流程系统，即由于组织特殊的非程序决策而引起的工作上的联系或人际交往的流程系统。这种流程依据每次决策的性质和情况而定。

(4)提出了组织结构的五种类型：简单结构、机械性行政结构、职业性行政结构、分部式结构、特别小组。每一种类型都有各自的特点。

①简单结构。它的基本特点是分工粗，管理层次少，协调手段一般是直接监督的方式。小型企业是典型的这种结构。

②机械性行政结构。其特点是专业化程度高，行为正规化、制度化，决策权比较集中。

③职业性行政结构。其特点是在纵向和横向都高度分权，正规化、制度化都很高。高度分权主要是因为其作业具有高度的技术性与职业性，难以用标准化的方法控制其工作过程或成果。

④分部式结构。其特点是实行有限的纵向分权，实行成果标准化的控制手段。企业里实行的事业部组织结构就是这种典型结构。

⑤特别小组。其特点是结构具有高度的柔性，很少有正规化、制度化的规章制度，组织成员都是具有高度水平的专家。矩阵结构、项目小组属于典型的这种类型。

新组织结构学派的组织理论的优点首先是根据企业规模和复杂程度来选择企业的组织协调机制，其次提出企业基本的组织结构框架、基本流程和类型，对于企业组织结构设计有实践的指导作用。其不足之处主要是它分析的是一种普遍性的、共性的企业组织结构，没有针对特性因素分析企业组织结构。

2.3.5 其他组织理论

1. 组织发展理论

组织发展理论由当代杰出的组织理论、领导理论大师沃伦·G. 本尼斯(Warren G. Bennis)于20世纪60年代提出的。其有关的重要著作是1969年出版的《组织发展》。本尼斯认为组织必须完成两项互相关联的任务：一个是协调组织成员的活动和维持内部系统的运转，经由某种复杂的社会过程使其成员适应组织的目标，而组织也适应成员的个人目标；另一个是适应外部环境，要与周围环境进行交流和交换，称之为“外适应”或“适应”。本尼斯认为未来的组织结构将是有机-适应型组织，会具有下列特征：①临时性，组织将变成适应性极强的、迅速变化的临时性系统；②围绕着有待解决的各种问题设置机构；③解决工作问题要依靠由各方面专业人员组织的群体；④组织内部的工作协调有赖于处在各个工作群体之间交叉重叠部分的人员，他们身兼数职，同时属于两个以上的群体；⑤工作群体的构成是有机的，而不是机械的，谁能解决工作问题谁就发挥领导作用，无论他预定的正式角色是什么。在有机-适应型组织里，由于工作任务变得更有意义，更具有专业性，也更令人满足，专业人员能得到更多的激励，从而导致组织目标和个人目标的吻合，从根本上解决内部协调问题。

2. 利克特的“重叠群体”模型和“连结针角色”理论

利克特(Likert)的观点主要有：一是组织是由互相关联、发生重叠关系的群体组成的系统；二是这些互相关联、发生重叠关系的群体是由同处于几个群体重叠处的个人来连接的，这个人，利克特把他叫做“联结针角色”。其核心是如何有效地管理企业的人力资源。这种新型管理系统通常具有以下特征：①组织的环境系统。组织的环境系统由较大系统、同样大小的系统以及较小的系统三个部分组成。较大系统是指与组织从事同样活动的其他组织的总合或整个社会；同样大小的系统是指与组织处于同一水平的其他组织或团体；较小的系统是指组织中的正式群体和非正式群体。②“联结针角色”以及多层重叠的群体。利克特认为承担“联结针”的人，既是本单位的领导人，又是上级组织的成员，在组织中起承上启下的作用。同时，整个组织同环境之间也需要依靠在组织与环境之间占有重要地位的关键人物来起“联结针”的作用，使组织与环境较好地互相协调。重叠群体模型打破了过去组织理论中严格分工的“人-职-位”观念，在强化管理人员的联络功能方面具有重要意义。

3. 卡恩的重叠角色组模型

卡恩(Kahn)认为每一个人在正式组织中都占有一个“职位”，由此就产生了“角色认知”与“角色期望”。假如把一个执行组织角色的人称为“中心人物”，而与其协同工作的人(如上级、下级、同事或组织之外的人)就组成以此为中心的“角色组”，这样，整个组织就可以看成是由许多重叠相连的“角色组”构成的，因而可以通过角色冲突、角色不明、角色负担过重等维度去研究组织中多种因素的依存关系。

4. 信息加工理论

信息加工理论是基于心理学产生的，组织的信息加工理论对组织做了三个主要的假设：第一，组织是开放式的系统，面临的是外部环境的不确定性和内部工作相关任务的不确定性。第二，考虑到不确定性的不同来源，组织结构的一个基本功能是创建最合适的工作单元的配置，即组织成为信息加工的系统。第三，强调组织中亚单元和组织各部门的重要性。信息加工理论的观点包括：①组织亚单元的任务随着不确定性程度的不同而有所不同；②随着工作相关的不确定性的增长，对更大信息量的需求也在增长，同时对信息加工能力的需求也在增长；③不同的组织结构有着不同的有效信息加工的能力；④如果在信息加工对组织的要求与组织之间的信息加工能力之间有很好的匹配，则一个组织就能更有效地工作。

信息加工理论关注的是环境的不确定性，外部和内部的与信息加工的交界面。

5. 学习型组织理论

学习型组织理论是以美国麻省理工学院教授彼得·M. 圣吉(Peter M. Senger)为代表的西方学者提出来的。其代表作是1990出版的《第五项修炼》，该书得到了管理界很高的评价，从而形成了理论与实践相结合的较为系统的学习型组织理论。

学习型组织(learning organization)就是在组织中,人们不断地扩展自己的能力,以创造出他们真正想要的结果。这里培养崭新的扩展型思维模式,激情在这里释放,人们一直学着如何共同学习。圣吉提出了创建学习型组织的五个条件,他将系统思考定义为"第五项修炼",因为他相信在学习和转化的过程中系统思考是关键的手段。这五个条件简单定义如下:①系统思考。将系统各组成部分看作是相互联系又相互作用的一个概念框架。②自我超越。对个人愿景,优异和终身学习的认同过程。③分享愿景。将个人想实现的有关未来的图景与大家一起分享。④团队学习。集体学习的过程,"两人智慧胜一人"的理念。⑤心智模式。影响个人和组织的观点与行为的根深蒂固的假设。

五个条件共同造就了学习型组织,可以把这个以系统理论为基础的模型比喻为 DNA 或全息图。每一部分多是复杂的模型系统,并且整体大于各部分之总和。

2.3.6 现代组织理论的评价及研究的新方法

现代组织理论把着眼点由组织内部转移到环境,并由组织被动适应环境的观点转变到影响环境。现代组织理论的主要特征是:

(1)领导人的首要作用在于塑造和管理好组织中有共同价值观的人,强调不拘一格的个人创造精神,强调组织战略。

(2)对人的基本需求看法是:人们需要生活有意义,人们需要懂得有节制。

(3)不把组织的表面结构作为分析对象,而是把组织中人的行为作为分析的对象。

(4)不把操作作为主要认识对象,而是把决策作为主要认识对象。

(5)领导不应建立在权力基础上,而应建立在领导和被领导相互影响的基础上。

(6)注重沟通。

总之,现代组织理论从更深的层次研究了组织,比之前的理论更为全面、更为系统。在有关组织的立场上,现代组织理论同古典组织理论和新古典组织理论存在根本的区别,主要表现在研究组织的方法上的新突破。

1. 组织比较研究

通过组织间的比较研究,发现组织间存在的共性和差异,从而提高组织学的理论化程度。这种研究还促进了有关组织改革方面的研究,从而推动了权变理论的发展。以前的组织理论研究主要局限在企业组织和一小部分政府组织。从 20 世纪 50 年代开始,组织研究的对象种类大大扩大了。这种扩大使人们认识到根据组织所处的不同情况进行不同研究的必要性,这就促进了组织比较研究。组织比较研究主要有同类组织之间的比较、不同类型组织之间的比较、不同文化圈组织之间的比较等。

2. 发展理论

从 20 世纪 60 年代开始,发展概念流行于西方社会科学领域,如发展行政学等。受这种文化影响,组织理论也致力于通过有意识地改革促进组织发展方面的研究。发展理论主要研究关于组织改革的过程和战略,从而使组织学具有了浓厚的实用科学性质。

3. 管理科学

管理科学强调组织的经济和技术方面,强调包括数学和统计学在内的科学方法,强调系统论方法和计算机技术,并为克服不确定性而制定合理的方案。把管理科学方法应用于组织学,从而使组织研究在方法上强调组织的经济和技术方面。这种研究的目的在于要达到组织效率的极大化。

4. 行为科学

这是一个把重点放在组织中的人及其心理，并重视经验研究的方法。行为科学不仅研究人际关系，还研究职务对人的行为的影响等。行为科学强调以人为中心的改革方法，重视人际关系和满足人的需要，并主张民主参与的改革措施。这种立场影响了关于组织结构的研究方法，从而促进了与官僚制不同的或相反的组织改革研究。

5. 行动理论

这是具有反实证科学倾向的理论。这一理论认为，社会科学的研究对象与自然科学的研究对象完全不同，它研究的是人及其行动。因此，在说明人的行动的时候，必须考虑行动者对其行动所赋予的意义。这种对行动所赋予的意义，受社会诸多因素的影响。所以，这一理论认为不能接受实证主义理论。

6. 系统方法

系统方法是今天的社会科学所广泛接受的观点。这里所说的系统，是能与环境超系统划分明确界限的一个有组织的，并由两个或两个以上相互依存的部分、成分或分系统所组成的整个单位。这一方法的基本观点是：整体大于部分之和。也就是说整体的功能取决于各部分的功能之和以及由各组成部分之间的结构而产生的整体突现效应。还有一个很重要的观点，就是把组织看作是一个开放的系统。系统和环境在信息和能量及资源方面进行不断交换，即组织把这些输入的信息、能量、资源等转化成某种组织产品，并把它输出到环境中去。正因为这样，这一方法认为组织是一个动态的过程。根据系统观点而提出的有关概念有：多种组织目标、组织境界或边界、组织环境、投入与产出、组织结构、等级层次、反馈等。这一方法为组织研究提供了整体的或宏观的方法论基础。

7. 权变方法

这种方法首先是由行为科学家莫尔斯(Morse)和洛希提出来的。这一观点一开始强调的是环境、工作、员工三者之间密切的配合关系。它不仅强调了工作和人的差异，而且还强调有效的组织管理必须在这三个因素之间形成很好的结合。后来这一研究立场扩大到组织的其他研究领域，如权变领导研究方法。权变观点的基本设想是在组织与其环境之间以及在各分系统之间都应有一致性。管理的主要任务是寻求最大的一致性。组织与其环境以及内部组织设计之间的和谐将导致提高效能、效率和参与者的满足感。这种观点的基本命题是，根本不存在适合于一切情况的、唯一正确的组织设计和管理方法，或者像古典组织理论所主张的那些普遍适用于组织设计和管理方面的原理原则。这种观点不仅重视组织与环境的关系，还强调组织内各部分之间的关系，以及影响这种关系的诸如工作性质、员工的需要和条件、权力和地位等多种权变因素。也就是说，这种观点所要揭示的是适合于具体情况的组织设计和管理方法。

但这并不是说权变观点是在强调无法把握的具体情况。实际上，权变分析可以使我们对这些变量之间的关系模式得出几个一般性结论。也就是说，权变观点要揭示的是通过弄清在某一问题上的几个重要变量之间的稳定关系，提供理解和解决这一问题的一般框架。

2.4 西方组织理论的演进逻辑

恩格斯(Engels)指出:“历史从哪里开始,思想进程也应当从哪里开始,而思想进程的进一步发展不过是历史过程在抽象的、理论上前后一贯的形式上的反映;这种反映是经过修正的,然而是按照现实的历史过程本身的规律修正的,这时,每一个要素可以在它完全成熟而具有典型性的发展点上加以考察”。我们在研究组织理论的时候,就不得不从它的历史开始研究。诚如雷恩(Rayon)所言:“让我们翻开历史以便为将来做好准备。”

历史唯物主义认为,社会存在决定社会意识,正如马克思(Marx)所说“不是人们的意识决定人们的存在,是人们的社会存在决定人们的意识”,任何一门社会科学都有其产生和发展的历史过程,都是源于社会实践而随着社会实践的发展而发展的。而组织理论的演进也总是与外在的社会环境和内在的运作效率及管理实践密切相关,它的发展也是一个连续的过程。

古典组织理论的核心就是组织结构合理化,它着重研究组织结构的设计、组织运行的基本原则和组织管理中的基本职能。虽然古典组织结构理论在进行工作中更精确、更迅速、更高效,但是随着人的因素在组织管理中的日益重要,其缺点也日益显现,这就需要在管理中对人的重视提出了新的要求。所以在这一背景下,行为科学时期的组织理论应用产生。

行为科学时期的组织理论其实是对古典组织理论的补充和完善。在 20 世纪 20 年代至 40 年代制约组织进一步提高效率的是动力问题,同时由于 1929 年经济危机的爆发,促使人们对归属感的需求日益迫切,于是前一时期被忽略的人的因素被提到了日程。这一时期组织理论最大的贡献就是充分重视人的情感和心理需要,这样就解决了组织的动力结构的问题。虽然行为科学组织结构理论注意到了被古典组织结构理论忽视的非正式组织问题,但是他对个人情感和心理的过分强调却使它走向与古典组织结构理论相反的另一个极端,即忽视正式组织的存在,缺乏对理性和经济因素的研究。

不论是古典组织理论还是行为科学时期的组织理论,他们的研究重点都放在管理对象上,忽视了对管理者的研究。他们把组织看成一个封闭的系统,没有考虑到环境对组织的影响,不能全面透彻研究组织理论的全貌。所以随着科学技术的蓬勃发展和生产的社会化程度的日益提高,一种以系统论为主的组织理论就呼之欲出了。

20 世纪中叶,以系统论为指导的现代组织理论逐步登上了历史舞台。现代组织理论把组织看成一个开放的系统,它不仅从组织内部来分析组织各分系统的特点及其相互关系外,尤其着重研究组织与外部环境的相互作用,他把着眼点由组织内部转移到外部环境,并由组织被动适应环境的观点转变到影响环境。系统权变组织结构理论在一定程度上综合了古典组织结构理论和行为科学组织结构理论的观点,它既看到了人的因素,又重视结构的作用,它将这二者结合起来,试图重新设计组织。环境决定组织结构理论认为组织的外部环境决定组织结构的变革。虽然这两种组织结构理论在组织环境的复杂性进一步提高和变动性更加剧烈的情况下,更能适应管理的需要,但是也应该看到它没有考虑到管理者在组织结构变革中的积极作用。

上述的三个阶段是组织理论从形成到至今的历史演进过程。这个历史演进的过程是社会发展的结果,是管理实践的需要,也是社会化大生产和专业化分工的产物。虽然各个阶段研究的角度、方法、内容不尽相同,但研究的问题却大致相同。并且在这三个阶段中间有些过渡性或交叉性的派别，有些理论提出的较早而受人重视较晚，而有些理论虽被代替，但某些内容至今仍被人们所用。

通过对组织理论的发展阶段和演进过程的回顾与分析，我们可以清楚地看到，组织理论来源于实践，服务于实践的辩证过程是认识与实践相统一的发展过程，是继承与发展的扬弃过程，也是辩证的否定的过程。随着时间的推移，组织理论发展的内在逻辑和规律也会不断延续。

本章小结

组织理论发展过程分为古典组织理论、新古典组织理论以及现代组织理论三大阶段。古典组织理论代表人物泰勒提出计划职能与执行职能分开、实行职能管理制以及例外原则三大主张。法约尔立足于企业组织的高层管理，对企业全部活动进行了组织设计。他认为管理由计划、组织、指挥、协调和控制五大职能构成，并从组织职能角度提出了管理的14条基本原则以及"跳板"原理和职能机构的设置。韦伯设计了理想的行政组织体系。新古典组织理论时期主要是梅奥的人际关系组织理论、巴纳德的组织平衡理论以及西蒙的决策过程组织理论。现代组织理论时期主要有经验主义学派、系统权变学派、环境决定理论、新组织结构学派的组织理论等。

批判性思考与讨论题

1. 法约尔的14项管理原则是什么？
2. 简述韦伯的行政组织理论。
3. 古典组织理论的学者们提出了企业组织的基本模式，这些模式对现在的企业还适用吗？
4. 你如何看待新古典组织理论时期的组织理论？这些理论都有何特点？
5. 比较新古典组织理论与现代组织理论的异同点，你认为今后的组织理论将会有何新的特点？

案例分析

"员工也是上帝"是人性化管理理念的本质体现。现代西方企业管理学家近期提出了一个颇具新意的观点，员工对人性化管理的需求导致企业有两个"上帝"：一个是顾客，另一个是员工。美国罗森布鲁斯旅游公司更是标新立异，独树一帜，大胆提出了"员工第一，顾客第二"的口号，并将其确定为企业的宗旨付诸实践，使该公司在十余年时间内便跻身于世界三大旅游公司之列。西方人已经意识到员工的重要性，意识到员工队伍的稳定与否、创造性大小、素质高低、凝聚力强弱深刻影响着企业的效益和发展。对于企业来说，员工队伍的稳定可以说是效益稳定的一块基石。频繁的进进出出导致实际上付出最大机会成本的还是企业，或者说，员工有可能找到一家适合自己发展的企业，而企业如果不内在地包含重视员工的理念，那就永远也不会拥有真正属于自己的员工。员工需要激励，这种激励一方面当然是精神上的，但物质激励在现实工作中往往能发挥更直接的作用。企业有时过高地估计了员工的思想境界，认为员工提出福利待遇方面的要求是过分的，这无疑是戴着“老眼镜”在看新问题。

摆正了企业与员工的位置，才有人性化管理可言。人性化管理最起码的要求就是要将人当人看。先有将员工当人看，才有将员工当上帝看。管理者如果在一般员工面前缺乏平等意识，不给予员工关怀、理解，不让员工参与企业的管理，而是对员工不屑一顾，这种企业就会缺乏凝聚力，缺少形成合力的基础。当然，说管理者与一般员工的平等并非要求二者什么都一样，重要的是要有平等意识，要尊重员工，将员工当回事。

对员工最好的奖赏莫过于重用员工。独具慧眼的领导者往往不是等到员工具备各种能力时才去用他，而是只要他具备基本素质，就给他职位、责任、压力，让他在管理实践中磨炼，在磨炼中展示各种潜能、提高管理技能。在人才干出惊天动地的事情之前，他们多与常人相差无几，但一有合适的机会，他们就会一鸣惊人。所以领导者如何发现人才、使用人才，不仅影响到个人成长，更关系到组织的发展。不能否认，错用一个员工的负面影响是巨大的。对于企业而言，如果员工感受不到管理机制的规范性与合理性，看不到自己的发展前途，那这个企业也就毫无发展前景而言。这种企业如果不加以全面改造或彻底修整，就会陷入重重危机而难以自拔。

不可忽视的是，员工多能默默奉献，企业却不能只将员工当“奶牛”。只有企业视员工为上帝，员工才会视企业为家园。

人性化管理的方法

情感化管理就是要注重人的内心世界，根据情感的可塑性、倾向性和稳定性等特征进行管理，其核心是激发员工的积极性，消除员工的消极情感。

民主化管理就是让员工参与决策。企业家在做出涉及员工的决定时，如果不让经理以外的其他人参与，就会损伤他们的自尊心，引起他们的激烈反对。如果能让其他人参与决策，即听取他们的意见，那么非但不会挫伤他们的自尊心，反而还会提高他们的士气，被征求意见的人多一些，员工的士气就会高一些。民主化管理就是要求企业家集思广益。办企业必须集中多数人的智慧，全员经营，否则不会取得真正的成功。要真正做到管理的民主化，还需要建立一种企业与员工的关联机制，让员工持有一定的股份便是较好的方法之一。

自我管理可以说是民主管理的进一步发展，其大意是员工根据企业的发展战略和目标，自主制定计划、实施控制、实现目标，即“自己管理自己”。它可以把个人意志和企业的统一意志结合起来，从而使每个人心情舒畅地为企业做奉献。

文化管理是人性化管理的最高层次，它通过企业文化培育、管理文化模式的推进，使员工形成共同的价值观和共同的行为规范。文化管理充分发挥文化覆盖人的心理、生理、现状与历史的作用，把以人为中心的管理思想全面地显示出来。文化是一套由一定的集体共享的理想、价值观和行为准则形成的，使个人行为能为集体所接受的共同标准、规范、模式的整合。

沃尔玛的成功有很多理由，其管理的人性化是成功的助推力。

理念和行动上：客户第一、员工第二、领导者第三

沃尔玛是全球最大的私人雇主，但从不把员工当作“雇员”来看待，而是视为“合伙人”和“同事”。领导者和员工及顾客之间呈倒金字塔的关系：顾客居首，员工居中，领导者则居于底层。“接触顾客的是第一线的员工，而不是坐在办公室里的官僚。”员工直接与顾客接触，其工作质量至关重要。领导者要给予员工足够的指导、关心和支援，让员工更好地服务顾客。在沃尔玛，员工包括总裁佩戴的工牌都标明“我们的同事创造非凡”，下属对上级直呼其名，以营造上下平等、随意亲切的氛围，大家只是分工不同。

领导者要在待人接物的所有方面都关注人的因素，必须了解员工的为人及其家庭，还有他们的困难和希望，尊重和赞赏他们，表现出对他们的关心，这样才能帮助他们成长和发展。美国《华尔街日报》曾报道，山姆·沃尔顿有一次在凌晨两点半结束工作，途经公司的一个发货中心时和一些刚从装卸码头回来的工人聊了一会儿，事后他为工人改善了沐浴设施，员工们深受感动。

沃尔玛在关心员工的利益方面有详尽的实施方案。公司将“员工是合伙人”这一概念具体化为三个互相补充的计划：利润分享计划、员工持股计划和损耗奖励计划。1971年，沃尔玛开始实施第一个计划，保证每个在沃尔玛公司工作1年以上以及每年至少工作1000小时的员工都有资格分享公司的利润。沃尔玛运用一个与利润增长相关的公式，把每个有资格的员工的工资按一定百分比放入这个计划，离开公司时员工可以取走这个份额的现金或相应的股票。沃尔玛还让员工通过工资扣除的方式，以低于市值15%的价格购买公司的股票。现在，沃尔玛80%以上的员工借助这两个计划拥有了公司的股票。另外，沃尔玛还对有效控制损耗的分店进行奖励，此举使得沃尔玛的损耗率降至零售业平均水平的一半。

实行门户开放，让员工参与管理

门户开放是指在任何时间、地点，任何员工都可以口头或书面形式与管理人员乃至总裁沟通，提出自己的建议和关心的事情，包括投诉受到的不公平待遇，而不必担心受到报复。若他的上级本身即是问题的源头或员工对答复不满意，还可以向公司任何级别的管理层人员汇报。门户开放政策保证员工有机会表达意见，对于可行的建议，公司会积极采纳并实施。任何管理层人员如有借门户开放政策实施打击、报复等行为，都将受到相应的纪律处分甚至被解雇。

沃尔玛与员工之间的沟通方式不拘一格，从一般面谈到公司股东会议乃至卫星系统都有。沃尔玛非常愿意让所有员工共同掌握公司的业务指标，每一件有关公司的事都可以公开。任何一家分店都会公布该店的利润、进货、销售和减价情况，并且不只是向经理及其助理公布，还向每个员工包括计时工和兼职雇员公布各种资讯，以鼓励他们取得更好的业绩。沃尔玛认为，员工了解其业务的进展情况是让他们最大限度地干好本职工作的重要途径，它使员工产生责任感和参与感，意识到自己的工作在公司中的重要性，觉得自己得到了公司的尊重和信任。

用人不拘一格，即使不是员工也是顾客

沃尔玛给每一位应聘人员提供相等的就业机会，并为每位员工提供良好的工作环境、完善的薪酬福利计划和广阔的职业发展空间。在一般零售企业中，没有数年以上工作经验的人很难被提升为经理；在沃尔玛，哪怕是新人，经过6个月的训练后如果表现良好、具有管理好员工和商品销售的潜力，公司也会给予一试身手的机会，做经理助理或去协助开设新店等。干得不错的，就会有机会单独管理一家分店。沃尔玛的经理人员大多产生于公司的管理培训计划，是通过公司内部提拔起来的。沃尔玛还设立离职面谈制度，确保每一位离职员工离职前有机会与公司管理层坦诚交流和沟通，从而了解到每一位员工离职的真实原因，以制定相应的人力资源挽留政策，将员工流失率降到最低，也让离职员工成为公司的一名顾客。公司设有专业人员负责员工关系工作，受理投诉，听取员工意见，为员工排忧解难。

培训就是交流，培训就是认同

沃尔玛常用交叉培训的方式，让不同部门的员工交叉上岗（国内称轮岗），在实际岗位培训学习，以获得更多的职业技能和经验。让员工掌握多种技能具有不可低估的优势。当员工一人能做多种工作时，工作团队的灵活性和适应性就会大为提高。当有人度假、生病或任务临时改变时，随时有人可以接替工作。新店开业时新招聘员工常会因经验不足而无法提高工作效率，让老员工支援则可避免这样的问题。

注重加强员工对整体工作运行的认识，多进行技能培训，保持员工工作的高质高效，防止了因工作单调乏味而造成的人员流动，也有利于不同部门的员工能够从不同角度考虑其他部门的实际情况，降低不必要的内耗。例如，让采购部门的员工进入销售部门、销售部门的员工到采购部门工作，既能丰富其工作能力，又能强化其全局观念，有利于人才脱颖而出。

资料来源：郑世林．成功企业的人性化管理：以沃尔玛为例[J]．时代经贸，2012(19)：65－67．

【启发思考题】

1．如何理解"客户第一、员工第二、领导者第三"？

2．古典组织理论与行为组织理论在对待员工方面有何区别？

实操训练题

在我国企业管理发展史上，对企业组织结构变革的指导，曾犯过"一刀切""一个模子"的毛病，你认为其理论上的根源何在？

第3章 组织结构类型

本章的研究内容

1. 常见组织结构的类型、特点及优缺点
2. 数字化时代组织形态发展趋势
3. 传统组织结构面临的挑战
4. 数字化时代组织模式的一般特征

关键概念

直线制结构(line structure)
职能制结构(functional structure)
直线职能制结构(line-functional structure)
事业部制结构(divisional structure)
模拟分权制(simulated decentralization)
超事业部组织结构(super division organizational structure)
矩阵制组织结构(matrix organizational structure)
立体多维型结构(solid-multidimensional structure)
流程型组织结构(process-oriented organizational structure)
虚拟组织(virtual organization)
网络型组织结构(network organizational structure)
三叶草组织结构(shamrock organizational structure)
核心功能型组织结构(core-functional structure)
拓扑网络型组织结构(topology network structure)

开篇案例

联想被一些业内人士冠以"组织重组狂魔"的称号,这源于联想每年都进行架构调整,且调整的幅度相当大。下文复盘一下联想最近几年组织架构调整,联想可以称得上是组织架构调整的"活教材"。

2001年4月,联想的战略被确立为以互联网为核心,组织机构也随之调整,按业务划分,公司成立了六大业务平台:消费IT、手持设备、信息服务、企业IT、IT服务、部件/合同制造,各业务平台分别有各自的销售渠道和运营系统。

2004年2月,联想架构重组,联想核心业务被确认为PC及相关产品(笔记本、服务器、外部设备等),此外重点发展的业务包括移动通信设备业务、IT服务、网络产品、软件外包等。

2005年5月,联想并购了IBM的PC事业部之后,新架构变成国际业务和国内业务"双运营中心"。同年10月,经过两个阶段的"分步整合",联想逐步形成全球范围内集权的"一体化架构"。

2009年3月,联想宣布调整新架构,成立成熟市场与新兴市场两大业务集团,取代原本以地理位置划分的全球三大区。同时,联想按照产品结构成立新的Think产品集团及Idea产品集团。

2012年1月,联想架构不再按照成熟市场和新兴市场分类,而是将联想集团全球业务划分为四个大区,分别是中国市场、北美区、EMEA市场(欧洲-中东-非洲)和亚太-拉美市场。

2013年1月,联想架构收缩为两大业务集团:Lenovo业务集团和Think业务集团。

2014年1月,联想将Lenovo和Think两大品牌改为以产品划分,分别为计算机、移动、企业及云服务四大相对独立的业务。

2015年3月,联想将业务收缩为"三大引擎":个人电脑业务、企业级业务和移动业务。同年6月,联想高层人事变动,刘军不再担任移动业务集团总裁,由陈旭东接任。

2016年3月,联想宣布业务模式从以产品为中心向以用户为中心进行转变,设立了四个业务集团:个人电脑与智能设备集团(PC&SD)、移动业务集团(MBG)、数据中心业务集团(DCG)、联想创投集团(LCIG)。

2017年5月,联想中国区重组,成立个人电脑及智能设备集团(PCSD)和数据中心业务集团(DCG)。之前离开的刘军回归联想,领导中国平台及中国区PCSD业务,陈旭东离开。

2018年5月,联想在原有的四大业务集团基础上,将原个人电脑和智能设备业务集团(PCSD)与移动业务集团(MBG)合并成全新的智能设备业务集团(IDG),与原数据中心业务集团(DCG)协同。

2019年1月,联想中国区进行组织架构调整,以用户为中心,在渠道、营销、客户关系、服务等方面推动了诸多变革,成立相应的大客户事业部、中小企业事业部、消费者事业部。

这些变化的背后,是联想寻求新增长点的焦虑,也是一个老牌企业在适应快速变化的时代与行业时的自我调整,进一步地,联想的组织架构调整为联想的可持续性发展奠定了重要的基础。

由此可见,组织结构是企业组织的重要组成部分,企业组织的结构设计对于企业的战略发展至关重要。

3.1 常见组织结构类型

组织结构随着组织内外部要素的变化而变化,处于不同时期、具有不同特点的企业具有不同的组织结构。组织结构的形式多种多样,常见的组织结构形式包括以下几种。

3.1.1 直线制结构

直线制结构(line structure)是上级领导者直接而全面地管理下属组织的一种组织结构形式,是最早使用也是最为简单的一种结构,是一种集权式的组织结构形式,又称"军队式"结构。

其特点是：组织中各种职位是按垂直系统直线排列的，各级行政领导人执行统一指挥和管理职能，不设专门的职能机构。直线制结构如图 3－1 所示。

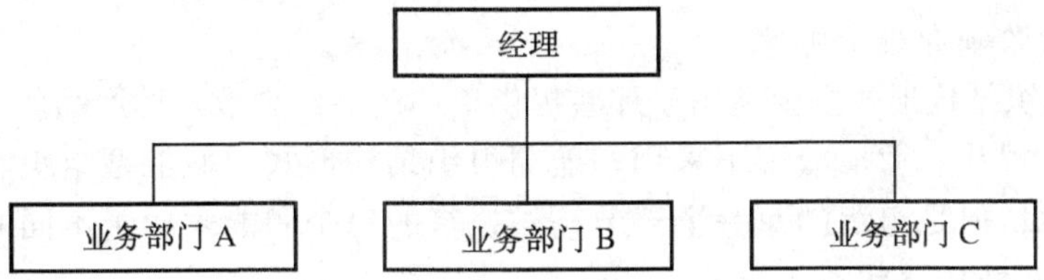

图 3－1　直线制结构示意图

直线制结构优点是：设置机构简单、权责分明、信息传递便捷、决策迅速、便于统一指挥集中管理。

直线制结构缺点是：缺乏横向的协调关系，没有职能机构当领导的助手，容易产生忙乱现象；各层领导机构实行综合管理，无专业化分工，不利于提高专业管理水平；当企业规模扩大时，管理工作复杂化，领导者势必因经验、精力不及而顾此失彼，难以进行有效的管理。

所以，直线制结构适合于企业规模不大，职工人数不多，生产和管理工作都比较简单的情况，如专卖店或便利店等组织。

3.1.2　职能制结构

职能制结构（functional structure）又称分职制或分部制。泰勒首先提出："在整个管理领域中，必须废除军队式的组织而代之以'职能式'的组织。"职能制结构指行政组织同一层级横向划分为若干个部门，每个部门业务性质和基本职能相同，但互不隶属、相互分工合作的组织体制。职能制组织结构形式是按专业分工设置管理职能部门，各部门在其业务范围内有权向下级发布命令；每一级组织既服从上级直线部门的指挥，也听从上级职能部门的指挥。即它既有直线部门，又有职能部门；且职能部门拥有直线指挥权。职能制结构如图 3－2 所示。

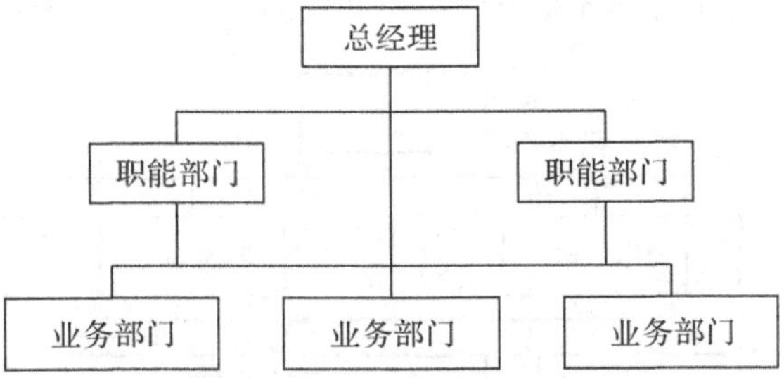

图 3－2　职能制结构示意图

职能制组织结构形式的优点是：能充分发挥职能机构专业管理的作用，利于业务专精，思考周密，提高管理水平，减轻直线领导人员的工作负担；将同类业务划归同一部门，责任确定，利于建立有效的工作秩序，防止顾此失彼和互相推诿，能适应现代化工业企业生产技术比较复杂和管理工作比较精细的特点。

职能制组织结构形式的缺点是：妨碍了统一指挥的原则，在组织内部容易形成"多头领导"，不利于明确划分各级行政直线部门和职能部门的权责，从而影响工作的正常进行，容易造成纪律松弛，生产管理秩序混乱。不便于行政组织间各部门的整体协作，容易形成部门间各自为政的现象，使行政领导难于协调。

所以，这种组织结构形式主要适用于那些提供单一产品或少数几种产品的中小型企业组织。

然而现实中，现代企业一般都不采用职能制组织结构形式。职能型组织和线性组织一样，存在各级管理等级，但是组织的每一个环节按被执行的每个职能隶属于不同的领导者，因而这种组织的特点是多种从属状态。

3.1.3 直线职能制结构

该结构起源于20世纪初法约尔在一家法国煤矿担任总经理时所建立的组织结构形式，故又称"法约尔模型"。直线职能制(line-functional structure)结构也叫生产区域制或直线参谋制，它是在直线制和职能制的基础上，取长补短，吸取这两种形式的优点而建立起来的。即在直线制组织统一指挥的原则下，增加了参谋机构。取长补短的确切含义是指直线职能组织结构模式既保留了直线制组织结构模式的集权特征，同时又吸收了职能制组织结构模式的职能部门化的优点。直线职能制组织结构是现实中运用最为广泛的一种组织形态。目前，我国绝大多数企业都采用这种组织结构形式。

1. 直线职能制结构的特点

(1)企业的第二级机构按不同职能实行专业分工。例如，按照生产、销售、开发等职能来划分部门和设置机构。

(2)实行直线-参谋制。整个管理系统划分为两大类机构和人员。一类是直线指挥机构和人员，对其直属下级有发号施令的权力；另一类为参谋机构和人员，其职责是为同级直线指挥人员出谋划策，对下级单位不能发号施令，而是起业务上的指导、监督和服务的作用。

(3)企业管理权力高度集中。各二级单位只是一个职能部门，不具有独立法人资格，没有对外经营权，企业经营决策和管理权力高度集中于企业高层组织。

(4)整个企业统负盈亏。各二级单位当然也要进行经济核算，其业绩要接受企业考核，但一般只是成本(费用)中心。公司总部才是投资中心和利润中心。直线职能制结构如图3-3所示。

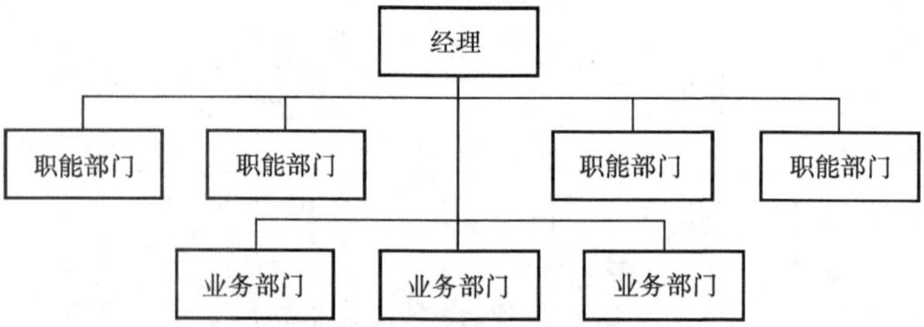

图3-3 直线职能制结构示意图

2. 直线职能制结构的优缺点

这种结构模式的主要优点是：

(1)由于按职能划分部门，其职责容易明确规定。

(2)每一个管理人员都固定地归属于一个职能机构,专门从事某一项职能工作,在此基础上建立起来的部门间联系能够长期不变,这就使整个组织系统有较高的稳定性。

(3)各部门和各类人员实行专业分工,有利于管理人员重视并能熟练掌握本职工作的技能,有利于强化专业管理,以弥补领导人员在专业管理知识和能力方面的不足,协助领导人员决策,提高工作效率。

(4)管理权力高度集中,便于最高领导层对整个企业实施严格的控制。

该结构亦存在明显的缺点,主要是:

(1)横向协调差。高度的专业化分工以及稳定性使各职能部门的眼界比较狭窄,它们往往片面强调本部门工作的重要性,希望提高本部门在组织中的地位,十分重视维护本部门的利益,特别注意致力于提高本部门的工作成绩。所有这些容易导致各部门主要关心部门目标,常常站在部门立场上考虑和处理问题,而不把企业当成一个整体来看待,不太关心企业的共同目标。因此,容易产生本位主义、分散主义,造成许多摩擦和内耗,使各部门之间的横向协调比较困难。

(2)适应性差。由于人们主要关心自己狭窄的专业工作,这不仅使部门之间的横向协调困难,而且妨碍相互间的信息沟通,高层决策在执行中也往往因狭隘的部门观点与利益而被曲解,或者受阻于部门隔阂而难以贯彻。这样,整个组织系统就不能对外部环境的变化及时做出反应,适应性较差。

(3)企业领导负担重。在职能型结构条件下,部门之间的横向协调只有企业高层领导才能解决,加之经营决策权又集中在他们手中,企业高层领导的工作负担就十分繁重,难免顾此失彼,也容易陷入行政事务之中,无暇深入研究和妥善解决生产经营的重大问题。

(4)不利于培养素质全面的、能够经营整个企业的管理人才。这是因为各部门的主管人员属于专业职能人员,工作本身限制着他们扩展自己的知识、技能和经验,而且养成了注重部门工作与目标的思维方式和行为习惯,使得他们难以胜任也不适合担任对企业全面负责的高层领导工作。

在各种企业中,集权的职能型结构主要适用于中小型的、产品品种比较单一、生产技术发展变化较慢、外部环境比较稳定的企业。具备以上特征的企业,其经营管理相对简单,部门较少,横向协调的难度小,对适应性的要求较低,因而职能型结构的缺点不突出,而优点却能得到较为充分的发挥。所以,尽管这种结构形式存在先天不足,但只要符合上述条件,仍然是有生命力的一种组织形式。

3.1.4 事业部制结构

事业部制结构(divisional structure)又称联邦分权制,是继集权的职能型结构模式之后而出现的一种组织结构形式。事业部制结构是将企业划分为若干事业群,每一个事业群建立自己的经营管理机构与队伍,独立核算,自负盈亏。即一个公司按地区或按产品类别分成若干个事业部,从产品的设计、原料采购、成本核算、产品制造,一直到产品销售,均由事业部及所属工厂负责,实行单独核算、独立经营,公司总部只保留人事决策、预算控制和监督大权,并通过利润等指标对事业部进行控制。

事业部制结构最早起源于美国通用汽车公司,20 世纪 20 年代通用汽车公司合并收购了许多小公司,企业规模急剧扩大,产品种类和经营项目增多,而内部管理却很难理顺。当时担任通用汽车公司常务副总经理的斯隆参考杜邦化学公司的经验，以事业部制的形式于 1924 年完成了对原有组织的改组，使通用汽车公司的整顿和发展获得了很大的成功，成为实行事业部制的典型，因而事业部制又称“斯隆模型”。

1. 事业部制结构的特点

(1)专业化分工是按照企业的产出将业务活动组合起来，成立专门的生产经营部门。

(2)实行分权化管理。按照“统一政策，分散经营”的原则，处理公司同各事业部之间的关系。事业部虽然不具有独立法人资格，只是公司直接领导下的一个生产经营部门，但它具有较大的生产经营权限，在公司统一政策的领导下，负责某项产品（或地区）的生产、销售等全部活动，基本上相当于一个完整的企业。

(3)事业部是一个利润责任中心。各事业部都实行独立核算、自负盈亏。这就是说，实行事业部制，则意味着把市场机制引入到企业内部，各事业部间的经济往来将遵循等价交换原则，结成商品货币关系。例如发生半成品供应或劳务往来，要按市场价格或公司内部核算价格来结算。这样，公司内部便形成了一个由三种责任中心构成的完整的管理体制：公司总部是投资中心；在其统一领导下的事业部是利润中心；事业部所属工厂是成本（费用）中心。

(4)层级制管理。尽管事业部有分权色彩，但在事业部内部仍采用直线职能制结构，从总体上看，仍属于等级制组织。其结构模式如图 3-4 所示。

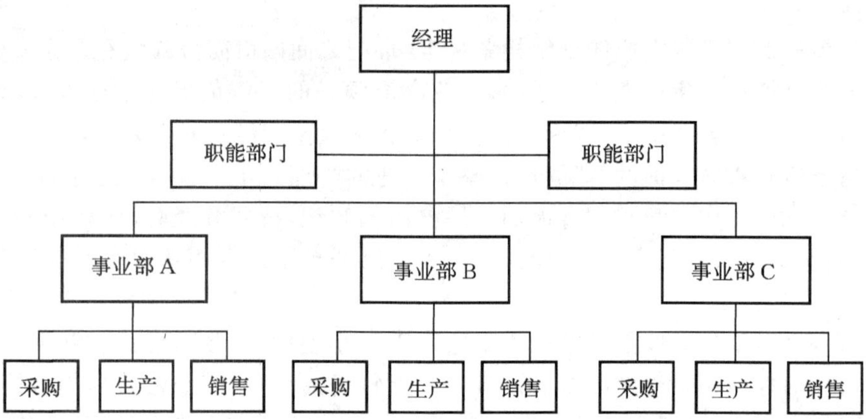

图 3-4　事业部制结构示意图

2. 事业部分类

事业部一般可分为产品事业部和区域事业部。产品事业部主要是以企业所生产的产品为基础，将生产某一产品有关的活动，完全置于同一产品部门内，再在产品部门内细分职能部门，进行生产该产品的工作。这种结构形态，在设计中往往将一些共用的职能集中，由上级委派以辅导各产品部门，做到资源共享。区域事业部顾名思义是按地理位置不同而划分的。其原则是把某个地区或区域内的业务工作集中起来，委派一位经理来主管其事。

产品事业部的优点是：①有利于采用专业化设备，并能使个人的技术和专业化知识得到最大限度的发挥；②每一个产品部都是一个利润中心，部门经理承担利润责任，这有利于总经理评价各部门的政绩；③在同一产品部门内有关的职能活动协调比较容易，比完全采用职能部门管理来得更有弹性；④容易适应企业的扩展与业务多元化要求。

产品事业部的缺点是:①需要更多的具有全面管理才能的人才,而这类人才往往不易得到;②每一个产品分部都有一定的独立权力,高层管理人员有时会难以控制;③对总部的各职能部门,例如人事、财务等,产品分部往往不会善加利用,以至总部一些服务不能获得充分利用。

区域事业部的优点是:①责任到区域,每一个区域都是一个利润中心,每一个区域部门的主管都要负责该地区的业务盈亏;②放权到区域,每一个区域有其特殊的市场需求与问题,总部放手让区域人员处理,会比较妥善、实际;③有利于地区内部协调;④对区域内顾客比较了解,有利于服务与沟通;⑤每一个区域主管,都要担负一切管理职能的活动,这对培养通才管理人员大有好处。

区域事业部的缺点是:①随着地区的增加,需要更多具有全面管理能力的人员,而这类人员往往不易得到;②每一个区域都是一个相对独立的单位,加上时间、空间上的限制,往往是“天高皇帝远”,总部难以控制;③由于总部与各区域是天各一方,难以维持集中的经济服务工作。

3. 事业部制结构的优缺点

事业部制结构的优点主要有:

(1)可以使高层主管摆脱日常行政事务和直接管理具体经营工作的繁杂事务,集中力量研究和制定企业发展的各种经营战略和经营方针,而把最大限度的管理权限下放到各事业部,使他们能够依据企业的经营目标、政策和制度,完全自主经营,充分发挥各自的积极性和主动性,从而提高企业的整体效益。

(2)由于事业部自成系统,独立经营,相当于一个完整的企业,所以管理者要经受企业高层管理者面临的各种考验,显然这有利于培养综合管理人才,为企业的未来发展储备干部。

(3)各事业部规划自己的未来发展,灵活自主地适应市场变化,因此,可以提高各事业部对市场竞争环境的敏捷适应性,所以,这种组织结构既有高度的稳定性,又有良好的适应性而且还能充分发挥分权组织的优点。

(4)各事业部与消费者的沟通协调渠道短,可以真正了解顾客的需要。

(5)各事业部门之间可以有比较有竞争,由此而增强企业活力,促进企业的全面发展。

(6)各事业部自主经营、责任明确,使得目标管理和自我控制能有效地进行,在这样的条件下,高层领导的管理幅度便可以适当扩大。

(7)如果按产品划分事业部,便于组织专业化生产,形成经济规模,采用专用设备,并能使个人的技术和专业知识在生产和销售领域得到最大限度的发挥,因而有利于提高劳动生产率和企业经济效益。

当然,事业部制结构也并非十全十美,也还存在一些缺点:

(1)各事业部均设有相应的职能部门,容易造成管理层次和管理人员较多以及机构重叠,造成管理成本上升。在经济低速成长时期,这个缺点就显得比较突出。

(2)由于各事业部利益的独立性,容易滋长本位主义。

(3)事业部之间如果不能有效地沟通,容易出现一些问题。如著名的惠普公司拥有较多的事业部,但由于事业部之间缺少协调,有时软件事业部生产的程序和商业计算机事业部生产的计算机不兼容。

(4)对公司总部的管理工作要求较高,否则容易发生失控。

所以事业部制结构适合那些经营规模大、生产经营业务多样化、市场环境差异大、要求具有较强适应性的企业采用。

3.1.5 模拟分权制组织结构

模拟分权制(simulated decentralization)是一种介于直线职能制和事业部制之间的结构形式。由于企业的规模庞大,以致高层管理者感到采用其他组织形态都不容易管理,这时就出现了模拟分权组织结构形式。模拟就是要模拟事业部制的独立经营、单独核算,而不是真正的事业部,实际上是一个个"生产单位"。这些生产单位有自己的职能机构,享有尽可能大的自主权,负有"模拟性"的盈亏责任,目的是要调动他们的生产经营积极性,达到改善企业生产经营管理的目的。但这些生产单位没有自己独立的外部市场,这也是与事业部的差别所在。如图3-5所示。

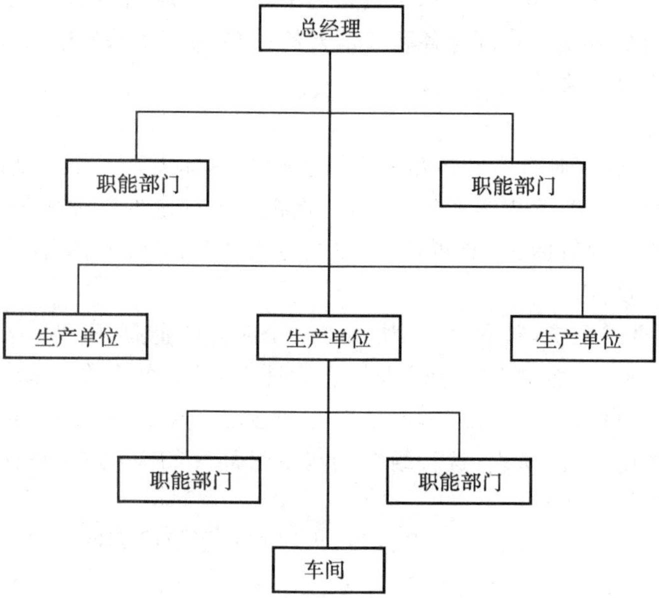

图3-5 模拟分权制组织结构示意图

模拟分权制的优点:除了调动各生产单位的积极性外,就是解决企业规模过大不易管理的问题。高层管理人员将部分权力分给生产单位,减少了自己的行政事务,从而把精力集中到战略问题上来。分权提高了下属部门管理者的责任心,促进权责的结合,提高组织的绩效。其缺点是:不易为模拟的生产单位明确任务,造成考核上的困难;各生产单位领导人不易了解企业的全貌,在信息沟通和决策权力方面也存在着明显的缺陷。

一般而言,模拟分权制组织适用于化学工业与材料工业领域;此外,电子信息工业也可以采用模拟分权化形式,IBM就可以看作是该领域中一个典型的模拟分权化组织的案例。对模拟分权组织而言,雇员的高度自律是必要的。

3.1.6 子公司制分权型结构

1. 子公司制组织结构的特点

子公司制是一种较为彻底的分权型组织形式。虽然母公司是子公司的持股公司,但子公司在法律上是完全独立的企业,拥有自己的一整套生产经营管理机构,自主经营、自负盈亏。

因此，母公司的行政机构比较简单，不直接负责子公司的任何决策。它掌握各子公司的经济效益状况，以便做出增加或减少投资的决定。对于子公司的控制，母公司主要是凭借股权，以及在董事会经营决策中发挥作用，并通过董事会任免子公司的总经理，由总经理来贯彻实施董事会的决策，最终实现母公司的战略意图。

实行跨行业多种经营的大型公司，由于各行业之间在生产技术和经营管理上差别很大，必须保证从事不同行业生产经营的各单位具有足够的独立性，能够根据行业特点开展各项业务活动。因此，适合采用子公司分权型，借以扩大经营范围，减少投资风险，发挥子公司的创造性，提高各项事业的成功率。

2. 子公司与母公司的相互关系

母公司是指拥有另一公司一定比例以上的股份或通过协议方式能够对另一公司实行实际控制的公司。子公司是指一定比例以上的股份被另一公司拥有或通过协议方式受到另一公司实际控制的公司。

子公司受母公司的实际控制。所谓实际控制，是指母公司对子公司的一切重大事项拥有实际上的决定权，其中尤为重要的是能够决定子公司董事会的组成。在未经他人同意的情况下，母公司自己就可以通过行使权力而任命董事会的多名董事。某些信托机构虽然拥有公司的大量股份，但并不参与对公司事务的实际控制，因而不属于母公司。

母公司与子公司之间的控制关系是基于股权的占有或控制协议。根据股东大会多数表决原则，拥有股份越多，越能够取得对公司事务的决定权。因此，一家公司如果拥有了另一家公司 50%以上的股份，就必然能够对该公司实行控制。但实际上由于股份的分散，只要拥有一定比例以上的股份，就能够获得股东大会表决权的多数，取得控制的地位。除了股份控制方式，通过订立某些特殊契约或协议而使某一公司处于另一公司的支配之下，也可以形成母公司、子公司的关系。

母公司、子公司各为独立的法人。虽然子公司处于受母公司实际控制的地位，许多方面都要受到母公司的管理，有的甚至类似母公司的分支机构，但法律上，子公司仍是具有法人地位的独立公司，它有自己的公司名称和公司章程，并以自己的名义进行经营活动，其财产与母公司的财产彼此独立，有各自的资产负债表。在财产责任上，子公司和母公司也各以自己所有财产为限承担各自的财产责任，互不连带。但是，母公司只要通过较少的资本就可以利用子公司的资本购买别的公司，组建起金字塔形的公司集团模式。

3.1.7 其他组织结构

1. 超事业部组织结构

超事业部组织结构（super division organizational structure）也称为执行部结构，是指在事业部制的基础上，在总公司最高领导和各事业部之间增加了一级管理机构，称为执行事业部或超事业部。负责统辖和协调所属各事业部的活动，使管理体制在分权的基础上又适当再度集中。超事业部制的优点是：可以更好地协调各事业部之间的关系，甚至可以同时利用若干个事业部的力量开发新产品；减轻公司总部的工作负荷；通过超事业部强化了对各事业部的统一领导和有效管理。但增加了需要配备的人员和支付的各项费用。因此，超事业部制这种组织结构形式，对规模很大的公司尤为适宜。其结构模式如图 3-6 所示。

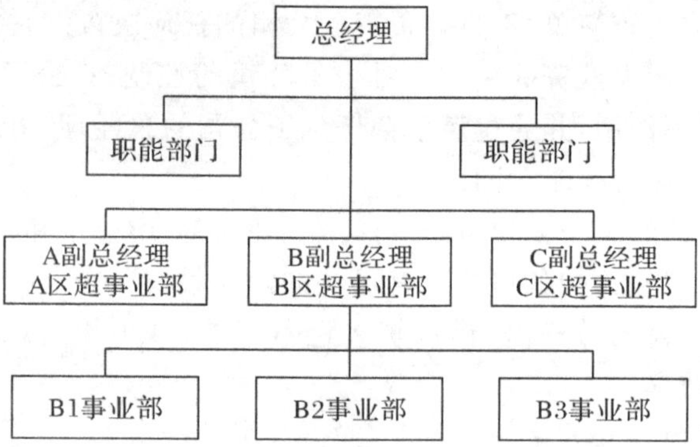

图 3-6 超事业部组织结构示意图

20 世纪 70 年代中期，出现了事业部制的变种——超事业部制。其原因在于随着大企业的迅速扩张，事业部越来越多，以通用电气公司(GE)而言，自 50 年代初期共分为 20 个事业部，到 1967 年便膨胀到 50 多个，这使得组织的协调成本加大；而美国 70 年代的经济停滞，更加剧了企业的困难。于是从 1971 年开始，通用电气在最高领导和事业部之间设立了 5 个“超事业部”(执行部)，统辖协调所属事业部活动，由副总经理负责；事业部日常事务决策，向执行部报告，以加强协调。1978 年 1 月这种体制正式确立，其后一些大企业也相继采用类似结构，它反映了 20 世纪 70 年代大企业的集权倾向。

2. 委员会制组织结构

委员会制是相对于单一等级制的概念，是委员会的成员以同等的地位参与合议并做出决策的制度。委员会制不同于在单一制组织结构下通过委任权力或集体讨论得出合意的制度。在单一制等级体制下，也可以通过委任或讨论而达到合意的决定。委员会制组织结构是将交叉职能部门的人组织在一起解决问题的一种组织结构。这些不同经验、不同背景的人聚集在一起，跨越职能界限处理问题。

委员会制一般是在公共行政组织，尤其是在政府机构中产生。其原因在于，现代的政府机构还承担着与立法机构和司法机构密切相关的职能。要履行这种职能，需要很强的专业知识，而且这些组织所要处理的，往往是那些要慎重对待的问题。另外，庞大的政府机构和专业化了的组织机构所要处理的社会问题的复杂性，也需要组成委员会制组织结构并予以处理。当然，像一人一票的企业董事会也具有委员会制的性质。

委员会制的优点：

(1)由专家或具有多种背景的人来参加委员会，可以做出合理而高质量的决策。

(2)在决策中可以弥补个人的不足，并做出更慎重的决策。

(3)因为有利益关系的任何部门都可以参加，可以提高对决策的信任程度，从而提高对决策的支持度，同时增大对所做出的决策被采纳或被接受的可能性。

(4)可以保持政策的连续性和稳定性。因为，委员会的成员一般不会全部被更换，即使有一部分委员被替换，也可以保持政策的连续性和稳定性。

(5)由于分散权力，可以防止独裁及专断。

(6)由于参加委员会的人基本上是各部门或各种利益的代表，这样就有利于促进各部门之间的调整。

(7)通过参与来调动积极性。参与制订计划或决策的人通常在接受和执行其任务时更积极。

(8)委员会制有助于传递和共享信息。委员之间对共同问题的讨论和交流,不仅有利于交流信息,而且可以对信息做出不同的解释,从而更有利于澄清问题。

委员会制的缺点:

(1)由于在委员会的成员之间要达成共识需要花费不少时间,所以难以做出迅速而及时的决定。

(2)在委员会体制的运行上常常发生低效率,即在时间、精力、经费等方面容易造成浪费。

(3)由于把责任分散在各委员那里,这就容易造成不负责任或推卸责任的现象。

(4)如果委员会拥有独立权限,有可能阻碍整个组织或整个体制的整合。

(5)由于缺乏强有力的领导人,所以容易议而不决。

(6)因委员会具有利益代表性质,有可能受到各种利益团体的影响。

(7)由于各委员之间往往只有让步才能做出决策,因此所做出的决策很可能带有浓厚的妥协性质。

(8)有可能产生少数人的专制。由于委员会往往难以达到完全一致的决定,因此少数委员的地位就会得到强化。这些人不仅对其他大多数委员有可能实行有违于建立委员会宗旨的专制,而且也可能进行宗派性的联合。

为了成功地运行委员会制度,应该满足如下要求:明确职权;保持委员会的适当规模,因为委员会规模增大,会使委员之间的关系成倍地复杂化;必须精心挑选委员会的会议主席和委员;精心选择会议的主要议题;保留会议记录,以免责任不清;尽量讲究效率等。

3.2 数字化时代组织形态发展趋势

3.2.1 传统组织结构面临的挑战

在知识经济时代,随着交通、通信、网络技术的飞速发展,组织的生存环境发生了根本性改变,传统时空观念下的组织设计与"地球村"时代的生存环境格格不入,人与人之间的距离在缩短,国与国之间的边界变得越来越模糊。传统型组织内部纵横交织的"组织边界"(垂直、水平、外部、地理四个边界),阻隔了组织内外部的沟通与协作,对加快市场反应速度十分不利。在这种情况下,扁平化组织、多功能团队、流程再造、学习型组织、虚拟组织、战略联盟、网络组织等概念纷至沓来,从不同角度阐述新环境下组织结构的变革,新的组织结构共同的特点就是组织边界的模糊化和可渗透性,理论界将其统称为无边界组织。

互联网将全球绝大多数国家、组织、民众联系在一起,共同编织起一张前所未见的"网"。企业的竞争已经不再是在单一的区域内进行,而是以全球作为竞争的舞台;企业将在全球范围内配置资源,寻找市场,按照产品和地区的税收差异和金融风险来配置资本,依据不同地区的技术发展特点来设置技术研发中心,依据不同地区的经营需要合理地开发和利用人力资源等。因此,企业内外部环境由稳定变为极具变化性和不可预测,实业界和理论界迫切需要新的组织形式来变革企业组织,以快速地满足顾客的需求,使工作弹性化,整合各种资源以及不断创新,从而提高组织的综合竞争力和适应能力。

3C因素，即消费者(customer)、变化(change)、竞争(compete)成为组织必须把握的发展因素。目前生产者与消费者的力量对比发生了改变，使过去的卖方市场逐渐转变为买方市场。同时，消费者越来越容易掌握产品的价格、质量、功能等信息，变得越来越挑剔、越来越理性。因此，争取客户、稳定客户成为企业组织必须把握好的现实问题。其次，信息技术的高速发展推动了经济全球化，市场交易成本大大降低，产品创新越来越容易，产品的更新周期越来越短，变化越来越快。“大马不死”的时代已经过去。用英特尔前总裁格鲁夫(Grove)的话来说，“当今世界唯一不变的就是‘变化’”。企业如果不能主动适应变化的环境，将很快被淘汰。再次，企业组织面临的竞争越来越激烈，也体现在：企业组织所面临的环境是多变的而非稳定的，企业组织能够提供的产品或服务是短期的而非长期的，企业组织的上下游厂商是有竞争性的而非依附性的。在这种情况下，企业组织单打独斗闯天下变得越来越难，组织之间的合作与竞争变得更加复杂多变，基于时间的竞争考虑越来越成为组织决策的首要因素。

3.2.2 数字化时代组织模式的一般特征

(1)跨部门、跨职能的工作团队成为企业新型组织结构的基本构成单元，替代了科层组织的专业化职能部门。工作团队是由一小群技能互补的成员组成，针对特定的工作任务或业务流程而产生的，具有监督、激励、约束等职能的工作团队。跨职能的工作团队直接面向工作任务，实施自我管理；团队中的成员以工作团队的形式参与工作；组织则成为众多工作团队的集合体；各工作团队通过网络来实现相互之间的协调和联系。这种工作团队具有高度的动态性。

(2)企业新型组织结构是基于IT应用而趋于分散化、网络化的扁平型组织结构。高效的IT平台是组织扁平化的重要条件。在信息时代，组织的主要功能是充分发挥组织内外部资源的价值，其运行的关键在于组织目标的确定。正确地制定组织目标依赖于拥有丰富的知识和信息。由于知识、信息的分散性，组织中的决策权也必须分散，因而导致了组织结构的分散化。组织的管理者为使组织的资源发挥最大的价值和将资源信息快速、准确地提供给组织中的各个成员，并使成员能够迅速地调动所需资源，需要用信息网络将组织成员连接起来，这就构成了组织结构的网络化。

(3)企业新型组织结构具有为适应与生存而学习的创新能力。通过学习，提高组织结构的柔性，让组织具有快速的市场的反应速度、高效的输出能力和灵活的资源外取能力，使企业在“超竞争”的市场环境下以更频繁的遭遇攻击和主动攻击，即竞争互动，来逐渐地取代传统的竞争活动；争取“创造性毁灭”或称“自新自灭”的竞争战略主动地创造一连串的短期竞争优势来延展企业的持续优势。

(4)企业新型组织结构是体现业务流程再造基本思想，对科层组织进行网络化改造的一种基于流程的组织结构。它以业务流程为主干，以职能服务为辅助，应用IT平台来支持团队之间、业务流程之间的整合和协同工作；它的控制是由经营过程和管理过程两个紧密集成的过程所决定的。企业新型组织结构则要求对这两个过程在时间上同步地实施集成化控制，以实现组织控制灵活性的最大化。

(5)企业新型组织结构在授权、决策、激励、角色等诸多方面都作了大的调整:①在企业新型组织结构中,权力不再授予单位的个人,而是授给能够完成特定功能的工作团队,企业的决策权力向基层转移并分散化。②在权力结构方面,高层管理人员“规模向下适化”;共享的授权与决策替代了传统的方法授权,高层管理更多地参与制定、沟通和不断地强化组织的边界及其价值系统;职能交叉的中层管理负责战略的研制开发,执行以及网络化的协作与创新;基层自我管理的工作团队则管理局部的业务及产品质量。③在激励与奖赏方面,实施基于团队激励的共享激励系统;维持团队中每个人的责任与义务。④在角色、技能与专长方面,重新定义基于团队的工作角色;增加工作的分析、知识内容;要求各级人员有较深厚的理论基础、较宽广的技能范围并具有信息的加工、处理能力;在专长发展方面,拓展工作领域,鼓励人才的横向流动以代替传统的纵向流动。

3.2.3 矩阵制组织结构

矩阵制组织结构(matrix organizational structure)是 20 世纪 50 年代美国创立的一种组织结构形式,其首先应用于国防工业企业,以后扩展到其他工业部门和一些公用事业单位。矩阵制组织形式是在直线职能制垂直形态组织系统的基础上,再增加一种横向的领导系统。矩阵制组织结构是把按职能划分的部门和按产品(或项目、服务等)划分的部门结合起来组成一个矩阵,是同一名员工既同原职能部门保持组织与业务上的联系,又参加产品或项目小组的工作的一种结构,矩阵组织也可以称之为非长期固定性组织。

1. 矩阵制组织结构的特点

这种组织结构的最大特征就是为了完成一项任务,可组织一个专门的产品或者项目小组负责该任务的开发、生产等工作。小组的成员一般是从各个职能部门抽调而组成的,所以一个员工有两个领导,传统的职能制结构遵循的是“一个下级一个上级”的管理原则,矩阵结构则突破了这一传统原则。

各个职能部门是固定的组织机构,而产品或者项目小组是临时组建的,当该项任务完成以后,小组便可以解散,各成员返回原来所在的职能部门。待有了新的任务,可重新组建类似的小组。欧洲一家中等规模的塑料模型公司,就是采用了矩阵组织结构来为几百家大汽车制造厂提供塑料模型。该公司在组织上设置有模型设计、制造、销售和顾客服务等职能部门,但尽管模型的设计和制造需要高度的技术,实际工作的开展都不是按职能原则进行的,而是按项目小组来组合所需要的人员和技能。

值得注意的是,产品或者项目小组的工作过程不是把任务从一个部门转到另一个部门来进行,而是通过不断地组建专门小组来完成任务。每个小组都有专门的负责人,他们直接对组织的领导者负责。在这种组织结构下,既有按职能部门划分的垂直管理体系,又有按产品或者项目划分的横向管理体系,形成了一个纵横交错的组织结构模型,横向和纵向的职权具有平衡对等性。这种结构形式一般适用于较大规模的组织,组织的外部环境变化比较频繁,组织内部各部门间的依存度较高,需要进行大量的横向和纵向的沟通与协调,而且一般具有不止一种的产品品种。其结构如图 3-7 所示。

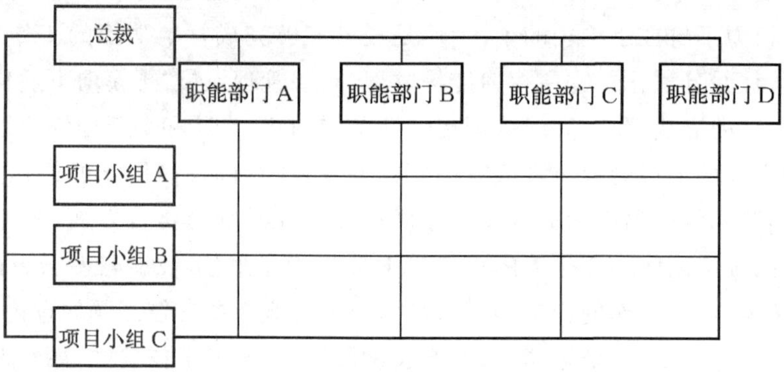

图3-7 矩阵制组织结构示意图

2.矩阵制组织结构的优缺点

矩阵制结构的优点是：

(1)便于组织内部的沟通和协调，且容易适应组织外部的环境变化，它能使人力、设备等资源在不同的产品、服务之间灵活分配。

(2)加强了横向联系，专业设备和人员得到了充分利用，同时也给员工提供了获得专业技能和一般管理两方面知识的平台。

(3)促进各种专业人员互相帮助、互相激发、相得益彰，克服了直线职能结构中各部门互相脱节的现象。

(4)由于这种结构是根据项目组织的，任务清楚、目的明确，各方面有专长的人都是有备而来，因此在新的工作小组里，能沟通、融合，能把自己的工作与整体工作联系在一起，有利于攻克难关。

矩阵制结构的缺点是：

(1)一些员工要接受双重的命令，而有时这些命令可能是相互矛盾和冲突的，加上纵向和横向权力不平衡的矛盾，会造成员工的无所适从，不利于工作的顺利进行，从而降低工作的效率。

(2)矩阵制组织结构有时迫使管理者花费大量的时间开会讨论问题，可能会导致管理成本提高。

(3)项目负责人的责任大于权力，因为参加项目的人员都来自不同部门，隶属关系仍在原单位，所以项目负责人对他们管理困难，没有足够的激励手段与惩治手段，这种人员上的双重管理是矩阵结构的先天缺陷。

(4)由于项目组成人员来自各个职能部门，当任务完成以后，仍要回原单位，因而容易产生临时观念，导致员工缺乏责任心，对工作有一定影响。

(5)组织中的信息和权力等资源一旦不能共享，项目经理与职能经理之间势必会为争取有限的资源或因权力不平衡而发生矛盾，这样容易导致政策的混乱和矛盾。

为避免员工接受双重命令可能带来的矛盾和冲突，在组织的管理实践中，人们发现强调其中一种权力的矩阵结构(如职能制矩阵或者项目制矩阵)比平衡的矩阵结构具有更高的效率。在职能制矩阵中，职能主管拥有主要的权力，项目经理负责协调生产活动，而在项目制矩阵中，项目经理负有主要责任，职能经理负责安排人员及必要的支持。

矩阵制结构的适用条件：

(1)存在跨产品线共享稀缺资源的压力。这类组织通常只有中等的规模，拥有中等数量的产品线，这些产品线之间存在人力与设备灵活调用和共享的压力。但是，组织的规模还没有达到这样的程度，使组织能给每一条生产线配备专职的工程师。这样，工程师只能以临时调配的方式被指派到产品生产线或项目组中。

(2)环境压力使组织需要提供两方面或更多方面的关键产出。这种两方面的压力意味着组织需要在职能和产品双重职权线上保持权力的平衡，而双重职权结构正是维持这种平衡所需的。

(3)组织的环境领域不仅复杂，而且充满不确定性。外界的频繁变化和部门之间的高度依存要求组织无论在纵向还是横向上都具有较高的协调和信息处理能力。

因此，矩阵结构适用于一些重大攻关项目。企业可用来完成涉及面广的、临时性的、复杂的重大工程项目或管理改革任务。特别适用于以开发与实验为主的单位，例如科学研究院所，尤其是应用性研究单位等。

3.2.4 立体多维型结构

立体多维型结构(solid-multidimensional structure)是职能制组织结构、矩阵制组织结构和事业部制组织结构的综合发展。它是为了适应新形势的发展需要而产生的组织结构形式。立体多维型结构就是一个企业的组织结构包括三类以上的管理机构，主要包括：①按产品或服务项目划分的事业部，是产品利润中心；②按职能划分的参谋机构，是专业成本中心；③按地区划分的管理机构，是地区利润中心。这样，企业内部的一个员工可能同时受到来自三个不同方面的部门或者组织的领导，每一部门或组织领导都不能单独做出决定，而必须由三方代表，通过共同的协调才能采取行动。其组织结构如图 3-8 所示。

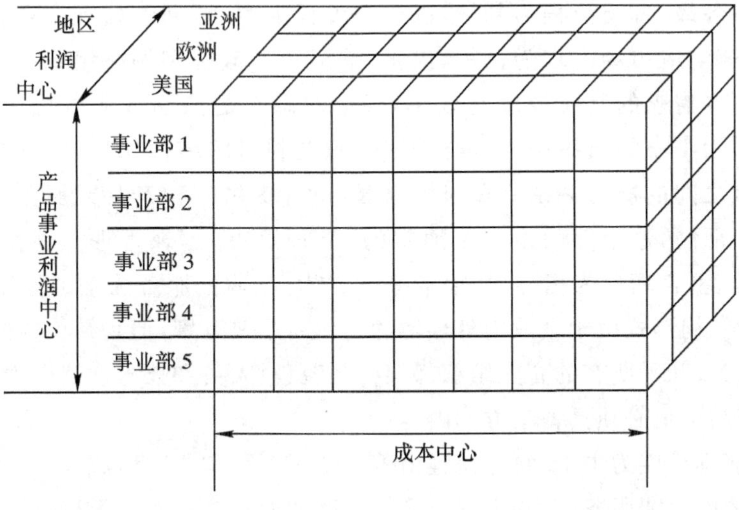

图 3-8 立体多维型结构示意图

通过多维立体组织结构，可使这三方面的机构协调一致，紧密配合，为实现组织的总目标服务。但是它的成功实现的前提是：必须在集团内部有效地建立起决策、管理与制约、激励机制，并配置完善而高效的网络体系。该结构的优点包括：

(1)在分权的基础上，确保职能目标的实现。

(2)能最大限度地满足顾客的需求。

(3)促使人力资源在多种产品线之间灵活的共享。

(4)可以适应不确定性环境中频繁变化和复杂决策的需要。

(5)多维立体型组织能够促使各部门从组织整体的角度来考虑问题，从而减少了产品、职能和地区各部门之间的矛盾。即使三者间有摩擦，也比较容易统一和协调。

(6)有利于形成群策群力、信息共享、共同决策的协作关系。

立体多维型结构的缺点包括：

(1)导致员工面临三重职权关系，容易产生无所适从和混乱感。

(2)意味着员工需要有良好的人际技能并接受高强度的训练。

(3)耗费时间，需要频繁开会协调及讨论冲突解决方案。

(4)需要做出很大努力来维持权力的平衡。

(5)导致部门间横向协调差。

立体多维型组织结构适用于体制健全的跨国或跨地区的规模庞大的企业集团。最适合于拥有多种产品线的大规模的跨国企业。

3.2.5 流程型组织结构

流程型组织(process-oriented organizational structure)就是以组织的各种流程为基础规划部门职责、设置部门、决定人员的分工，在此基础上建立和完善组织的各项机能。流程型组织强调以企业各级、各类流程为基础，以核心流程为中心，动态梳理企业各种流程及其关系，围绕如何快速响应市场需求为目标，优化、重组企业流程和调整组织架构。流程型组织是为了提高对顾客需求的反应速度与效率，降低对顾客的产品或服务供应成本，因此而建立的以业务流程为中心的组织结构。与传统的职能制组织结构相比，流程型组织结构更加强调组织各要素之间的横向关系。在组织内部，所有提供一种产品或服务所需要的职能人员安排在同一个部门，这个部门由一个通常的“流程负责人”来管理。简而言之，流程型组织结构是以系统、整合理论为指导，按照业务流程为主、职能服务为辅的原则设计的。

流程型组织结构形式由于企业内外环境的变化而千差万别，但是结构的内涵却是一致的。佩帕德和罗兰认为，几乎所有的企业组织都架构在流程、人员和技术这三个主要基座上。因此基于流程的组织结构也必须具备三方面内容：

(1)组织以流程维度为主干，每一流程由若干个子流程和团队组成。

(2)设计必要的职能服务中心，以保障流程团队和业务流程的有效运行。

(3)团队之间、业务流程之间及其与职能中心之间的整合和协同工作需要信息技术的支持。其组织结构如图 3-9 所示。

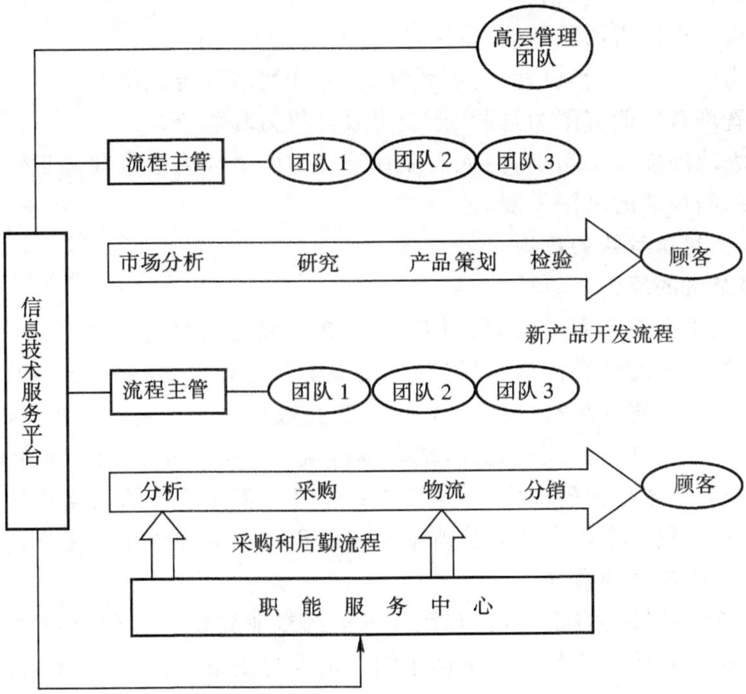

图3-9 流程型组织结构示意图

1. 流程型组织结构的特点

(1)流程取代职能成为整个组织的重心,组织强调职能部门之间的沟通、信息的交换和整合。它是以业务流程为主干,以职能服务中心为辅助的一种扁平化的组织。

(2)以市场和顾客为导向。流程最终是为了满足顾客需求服务的,顾客的需求决定了流程的形式和内容,顾客的需求整合了各职能部门使之有共同的目标。所以流程型组织把顾客的需求作为战略的出发点和归宿。

(3)流程团队。它打破原有的职能边界,将员工以流程为中心组合起来直接面对顾客,团队具有充分的自主权,能够对市场的变化做出迅速反应。

(4)灵活多变。流程型组织具有高度的柔性,运用先进的信息技术判断市场的最新变化,迅速调整流程团队,使得企业在激烈的竞争中获得商业先机。

2. 流程型组织结构的优缺点

流程型组织结构的优点包括:

(1)促进组织对顾客的变化做出灵活而快速的反应。

(2)将员工的注意力转向顾客生产和提供价值。

(3)每个员工都对组织目标负有宽广的认识。

(4)促进员工注重团队工作和合作。

(5)通过提供分享负责、制定决策及对结果负责人的机会提高员工的生活质量。

(6)流程团队代替了传统的职能部门,有效消除了部门间的摩擦,降低了管理费用和管理成本,减少了无效劳动。

流程型组织结构的缺点包括：

(1)确定核心流程较为困难。

(2)要求对组织文化、工作设计、管理哲学、信息和奖酬系统做出变革。

(3)传统的管理者可能有阻力，因为他们得放弃权力和职权。

(4)需要极大地加强员工培训，使他们能在流程型团队环境中有效地工作。

(5)可能会制约技能的纵深发展。

3. 建立流程型组织结构的原则

1)遵循循序渐进的原则

其主要表现在以下三个方面：①利用 IT 手段建立良好的信息共享平台，实现信息从以往的纵向传播转向纵横向的结合传播，以信息为动力实现企业资源的整合。②要实现企业管理思想的转变。企业必须树立具有个性的管理思想，打破以条块分割的职能管理思想，实现整体流程的再造和管理。③具备系统的观点，把握整体流程的最优化原则。企业在流程再造的过程中，必须追求企业整体流程最优化，不是要求每个环节都是最优的。④充分发挥个人在群体中的主观能动性的原则。企业应该充分调动员工的积极性支持企业的变革。

2)吸纳全体组织成员的参与

企业往往会聘请外部的咨询人员，利用其丰富的专业知识和客观公正的立场来设计和推动方案实施。但是最好的办法是吸纳全体组织成员参与变革，以获得大多数人的支持，减少抵制，使员工自觉地改变工作方式、行为规范和价值观。

3)权变选择转型方案

在组织比较保守的情况下，组织的变革往往是因为外界环境发生了巨大变化，迫使组织不得不采取相应的措施来进行改进，此时的变革方式往往是被动应变式、强制式、自上而下。反之，一个忧患意识很强的组织，其变革方式往往是主动思变式、民主式等。企业应该根据组织的战略和所处的组织发展阶段等实际情况，选择最适宜自己的组织转型方案。

3.2.6 虚拟组织

虚拟组织(virtual organization)是指两个以上的独立实体为最大限度地实现组织目标，充分利用信息技术手段，整合社会上可以利用的各种资源，在一段时间内结成的动态联盟。虚拟组织不具有法人资格，也没有固定的组织层级和内部命令系统，而是一种开放的组织结构。目前，这种组织形态主要存在于企业组织中。

传统组织结构的设计总是力求职能部门的“全面化”，企业也总是力求“大而全，小而全”的模式，无论是直线职能制，还是事业部制或矩阵制组织结构，无论企业规模大小，也无论企业在某项功能上的优势如何，企业内的各种具体执行功能，诸如研究、开发、设计、生产、销售等都是以实体性功能组织而存在的。这些实体性功能组织作为企业大系统中的相对独立的单元，往往难以对市场变化做出快速而有效的反应。当今企业要想具备竞争力，必须要有快速而强大的研发能力，有随市场变化而变化的生产和制造能力，有广泛而完善的销售网络，有庞大的资金力量，有能够生产出满足顾客需求的质量保证能力和管理能力等，只有集上述各种功能优势于一体的企业才能具有强大的市场竞争能力。事实上，大多数企业是某一项或少数几项比较突出、具有竞争优势，而其他功能则并不具备竞争优势，甚至处于劣势，尤其是对创业企业和创业者来讲，更是如此。为此，企业在资源有限的条件下，为了取得最大竞争优势，可仅保留企业中最关键、最具竞争优势的功能，而将其他功能虚拟化。虚拟组织结构如图3－10所示。

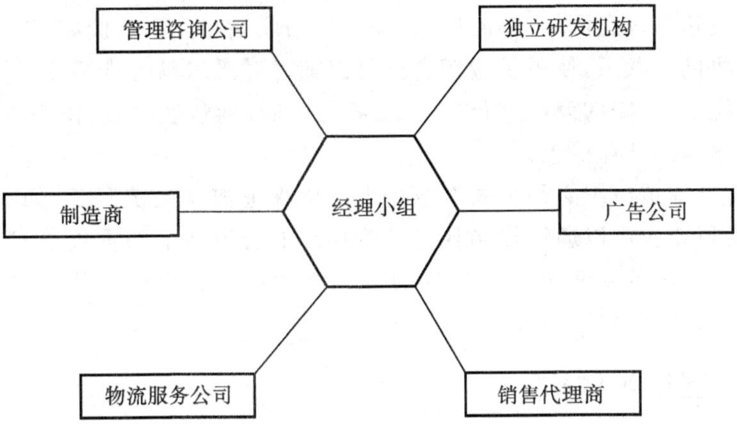

图3－10　虚拟组织结构示意图

虚拟化了的功能可借助各种外力进行弥补，并迅速实现资源重组，以便在竞争中最有效地对市场变化做出快速反应。组织结构的虚拟化同网络化相比，其突出特点在于虚拟化是针对企业的某项虚拟功能而言的，是功能的虚拟化。虚拟化组织结构实质上指企业在组织上突破了有形的界限，虽有研发、设计、制造、销售、财务等功能，但企业内部没有执行这些功能的实体性功能组织。企业可以以各种方式借用外力，去实现上述虚拟功能，实现内部资源优势与外部资源优势的整合，以避免由于某一功能弱化或缺失而影响企业的发展。例如，一个企业可以仅拥有技术配方，至于生产场地和设备可以从外部闲置企业借用，销售网络也可以从外部借用，这样完全可以在竞争中取胜。虚拟化组织结构以某项产品或项目为纽带，以合同形式连接而成，可以是长期的，也可以是短期的，一旦项目完成或利益不再，虚拟化组织即告解体。随着市场的变化，又可组织新的虚拟组织，以求对市场变化以最低的成本做出最灵敏的反应，还可以减少因投资失误而造成的不可逆转的损失。虚拟组织的特点如下：

(1)企业边界模糊。虚拟组织不是法律意义上完整的经济实体，不具备独立的法人资格。一些具有不同资源及优势的企业为了共同的利益或目标走到一起，通过缔结联盟组成虚拟组织，这些企业可能是供应商，可能是顾客，也可能是同业中的竞争对手。比如苹果公司与富士康公司之间，你中有我，我中有你。

(2)动态性。虚拟组织是一个以机会为基础的各种核心能力的统一体，这些核心能力分散在许多实际组织中，被用来使各种类型的组织部分或全部结合起来以抓住机会。虚拟组织能动态地集合和利用资源，从而保持技术领先。它快速有效地利用信息技术和网络技术，各成员企业以及各个环节的员工都能参与技术创新的研究和实施工作，从而维持技术领先地位。当机会消失后，虚拟组织就解散。所以，虚拟组织可能存在几个月或者几十年。因此，虚拟组织具有较大的适应性，在内部组织结构、规章制度等方面具有灵活性。

虚拟组织可能是临时性的，也可能是长期性的。虚拟组织正是以这种动态的结构、灵活的方式来适应市场的快速变化的。如IBM曾经与日本理光公司联营销售其计算机，与日本钢铁公司共同开发系统设计，与富士银行共同推销其财务管理系统，从而通过多种虚拟联盟的形式实现跨行业的合作，使其在日本市场上取得了营业额高达90亿美元的业绩。

(3)以发达的网络为基础。虚拟组织的出现不是偶然的，是网络时代发展的必然产物。成员企业往往通过发达的信息网络、物流网络、契约网络联系在一起。例如，沃尔玛与供应商、销售商之间的计算机网络联系，使得供应商自己可以随时对沃尔玛的货架进行补充，而沃尔玛通过“交叉入库”系统，对入库的商品进行选择、替换，并向商店快速分发，销售商的产品出售信息能及时反馈到沃尔玛的计算机上。

(4)高杠杆性。虚拟组织必须提高专业化水平以保证控制关键资源，如专利权、营销通路或研发能力等，使得企业可以通过控制具有垄断特点的价值链上的重要阶段来控制整个价值链必需的全部环节。这可以使企业以较少的资源撬动更多的资源为其所用，达到“四两拨千斤”的效果。

3.2.7 网络型组织结构

在强调“全面质量管理”和“顾客快速反应”的今天，许多企业采用网络组织结构来弥补传统组织的缺陷。网络型组织结构(network organizational structure)也称N型组织，在结构上有一个很小的中心小组，周围则围绕众多独立的创新经营单位。这些经营单位有紧密的纵向与横向的联系，并由中心小组进行协调，从而形成一种网络。网络组织强调突破内部的部门界限或边界，自由传播和交流信息，克服传统组织的权力和等级层次障碍。

1.网络组织存在的基础

网络组织的存在是以如下诸因素在相互支持中实现了运转为基础的。

(1)独特的能力。其指该组织通过以新颖的方式把资源结合起来进行创新和调整，从而维持其优越性的能力。

(2)责任。人们必须通过合作完成任务，并同时分担责任。网络组织广泛运用职能交叉的自我管理的团体。

(3)沟通。各种渠道的网络都在内部(有关员工、群体、部门等)和外部(其他组织、利益相关者)之间使用。焦点在于横向的沟通，而并非垂直的沟通。为了做出决策，信息必须广泛分享，公开的沟通是通用法则。

(4)信息技术。典型的信息技术包括电子邮件、特定的决策软件、移动电话、传真、电话会议、局域网等，信息技术在网络的内部化和外部化过程中给雇员提供帮助。

(5)态度规定。员工之间是相互依赖的关系，因此他们是合作者而不是竞争者。他们都应该表现出相互支援的行为和高度的信任态度，互相倾听，互相帮助，在冲突时采取必要的妥协。

(6)组织文化。组织的层次尽可能少，每个单位在组织内部几乎都是平等的。

(7)平衡的观点。各个团体、部门都不独立存在，他们把自己看作是实现组织共同目标的一分子。每个人或每个部门都要依赖于别人控制的资源，要通过适当的方式寻找双赢的资源分配方法。

2.网络型组织结构的优缺点

网络型组织结构是一种新的组织结构形式，它的特点是：①公司作为一个小型的中心组织，以合同为基础，依靠其他商业组织进行开发、制造、营销或其他关键业务等经营活动的结构。②流程管理模式，即由上而下的静态分割的职能管理转变到诸多以过程为主线的流程管理。③充分利用外部人力资源。管理者根据市场信息和自身的人力资源状况与外部人力资源优势互补，为同一个目标用网络把这些人组合在一起共同完成，一旦目标完成，这种协助关系也随之结束。总之，网络组织具有很强的动态性、开放性和学习性等一系列重要特征。

网络型组织结构的优点是：①组织结构简单精练，由于组织中的大多数活动都实现了外包，而这些活动更多地靠电子商务来协调处理，组织结构可以进一步扁平化，效率也更高了；②实行外包后，降低管理成本，提高管理效益；③使公司能集中精力，发挥特长，具有高度的灵活性和较强的应变能力，可以更好地结合市场需求来整合各项资源，而且容易操作；④简化了机构和管理层次，实现了企业充分授权式的管理；⑤实现了更大范围内供应链与销售环节的整合。

网络型组织结构的缺点是：①中心公司不易对各承包公司进行控制，即可控性差；②由于组织的有效运作是通过与独立的供应商之间的广泛而密切的合作来实现的，因此存在着很大的风险性，一旦组织所依存的外部资源出现问题，组织将陷入非常被动的境地；③外部合作组织都是临时的，一旦某一合作单位拒绝且不可替代，组织将面临解体的危险；④网络组织要求有较高的组织文化以保持组织的凝聚力，但由于项目是临时的，员工随时都有被解雇的可能，因而员工对组织的忠诚度也比较低。

3.2.8 C型组织结构

C型组织是伴随着互联网的迅猛发展而产生的一种以公开源文件为基本特征、没有正式的组织结构和边界、由遍布全球的依靠共同的兴趣结合在一起的参与者所组成的松散而又高效的新型组织形式。

C型组织结构的特点：①没有正式的组织边界；②追求更高目标的强有力的团队文化；③所引进的工作没有物资报酬——产品供免费使用；④没有商业秘密——所有工作都是在互联网上公开进行的；⑤职能方式经济有效(通过互联网)；⑥项目最初源自于兴趣，而不是基于市场调研；⑦免费公布产品的源文件。

C型组织结构的优点：①由于大量参与者(尤其是外围参与者)不需支付报酬，开发成本大大降低；②用户的参与使得C型组织可以更有效地获得市场反馈；③C型组织能比其他组织形式更快地适应条件和环境的变化；④在高速发展的环境中采用C型组织比其他形式往往更成功。

C型组织可能会在以下情况中产生：①人力资源成为企业的关键资源；②生产信息产品和服务(再生产成本为零或接近于零，其他人使用该产品的成本也几乎是零)；③产生于某项技术和服务的开发早期阶段(在其他组织还未定型之前)；④由那些对所参与的工作有强制判断力的个人组成。

例如，咨询服务业和软件产业就非常适用C型组织结构。但典型的C型组织在我国尚未真正出现，然而从一些国产软件的开发过程中已依稀可见其雏形。如一些证券分析软件和网络电话软件的开发应用过程就具有C型组织的部分特征。随着我国信息产业包括软件开发业，信息服务业的迅猛发展，C型组织一定会因其独特的优势而被广泛采用并发挥越来越大的作用。

3.2.9 三叶草组织结构

三叶草组织结构(shamrock organizational structure)是由英国的管理学家查尔斯·汉迪(Charles Handy)提出的。他用三叶草的三片叶子比喻现代企业应具备的组织结构形式,这是一种以基本管理人员和员工为核心,以外部合同工人和兼职工人为补充的组织结构形式。在这种组织结构中,第一片叶子代表从事核心业务经营的核心员工,他们受过良好的专业化培训,拥有企业建立竞争优势所需要的核心技能、信息和智慧。第二片叶子是由与企业建立长期合同关系的组织或个人组成的边缘性结构。第三片叶子代表具有很大弹性的劳动力,如兼职工、临时工和非全日制劳动力。他们不断更换企业,以便把成本和承担的义务降到最低限度。西方经济发达国家中大型企业在用工制度上的一种趋势是减少长期雇佣的固定工数量,增加"随叫随到"的临时工数量。汉迪认为,尽管弹性劳动力在企业中的工作处于相对次要的地位,但仍是企业取得成功所必不可少的力量。因此,企业不能把他们完全视为外围人员,而要通过给予他们某种地位和权利,提高他们自发参与企业活动的热情。

3.2.10 E型组织结构

E型组织结构就是由客户、供应商、生产厂家、资金渠道、行业协会、标准制定机构和管制机构等各方面组成的一个协作群体,类似于一个生物群体。这个群体是建立在"共同进化"基础上的自组织系统,成员之间所做的贡献具有互补性,相互完善是"进化"的动力。以3COM公司为例,它生产的掌上领航员不仅为自身赢得了巨额利润,更重要的是它导致了一个生态网络的产生。现在许多小公司都在为这种机器编写应用软件。IBM等公司则通过转售协议用自己的销售队伍来销售"领航员"。这个系统是"E型"的、灵活的,因为它形成了一个跨越多行业的盟友群落,由于其成员在多个系统中拥有利益,从而它能够通过活动与关系的调整来使自己处于最佳位置,各个成员的结构也是E型的,是对外开放的,当新的行业和市场出现时,它能把适当级别上的适当人员集合起来以建立一种新的优势。

E型结构与现行组织结构有两个主要的不同点:①对于公司感兴趣的每个商业生态系统而言,E型结构有助于解决各种各样的生态领导问题。E型结构自觉地领导盟友群落。②由于E型企业在多个生态系统中都拥有利益,所以它能协调自己在各生态系统中的活动,并参加面临不同发展挑战的生态系统。

3.2.11 核心功能型组织结构

核心功能型组织结构(Core-functional structure)是一种新型组织结构形式,是企业在分散经营与联合经营,整体化经营与专业化经营,多元化经营与专门化经营的动态平衡过程中,实现组织功能的转换,形成组织的核心能力以发挥组织的核心功能,依据核心功能构成组织单元。

在企业外部,组织之间通过各自核心业务的关联而形成网络式的协作经营体系,交易方式是采用市场手段的市场行为。在企业内部,核心功能组织单元之间形成各显神通,优势互补,协同经营。以管理为基础的内部市场体系,交易方式是采用内部市场行为。核心功能组织之间,通过建立风险-回报合作经营机制,合作双方依据为对方承担的目标实现的程度共担风险或共同分享利润，使合作紧密有序。这既能发挥出各自核心功能，增强组织的核心竞争力，又能产生整合与规模效益，其运行机制是组织内部各组织单元之间、组织外部各企业之间，通过培育核心能力，关注核心业务，集中力量，实现协同决策、协作经营、共享资源、共获成果、共担风险。

核心功能型组织结构具有扁平化、网络化、柔性化、集团化、精干化的特征。其功能是优化资源配置、信息机制配置资源、组织与环境的协调与协作。这种组织结构对信息机制有很高的要求，具体包括信息共享、信息与权力分离、纵横可跨越传递、人-机网络一体化、信息流与物流以及资金流等的融合。

3.2.12 W 型组织结构

W 型组织结构是运用于知识型企业的一种组织结构形式。在这种组织中，企业的管理人员提供支持性服务，原有的直线高级转变成一种支持性机构，线性管理人员的职能不再是发号施令，而是清除障碍、开发资源、开展研究并提供咨询。因此，线性管理人员转变成了参谋人员，每个成员都是特定网络中的一个节点，成员之间因工作任务的变化，随时组成工作团队或工作小组。如图 3－11 所示。

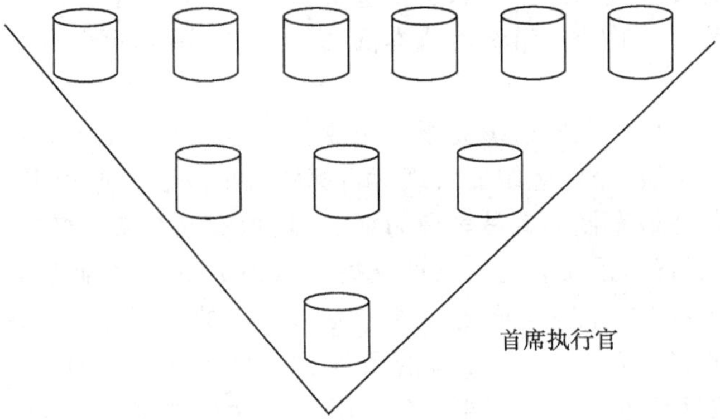

图 3－11 W 型组织结构示意图

3.2.13 联网组织结构

联网组织，即组织的凝结机制是组织协定而不是决策和指挥的组织，假定组织中两家企业 A 与 B 要发生业务联系，若是在联网组织中 A 与 B 可以遵循组织协定直接发生沟通。而若是在层级组织中，A 与 B 要经过小总部、大总部才能发生联系。显然，层级组织的反应要比联网迟钝得多。如图 3－12 所示。

联网组织这一概念的提出隐含着一种新的思想，就是在知识经济时代企业集团组织的建立或形成不再纯粹维系于资产依附的主从关系，而更为倾向性地维系于在协定约束下的利益共同关系。从这样的机制和形成考虑，联网组织在多个方面更适应知识经济时代的要求。

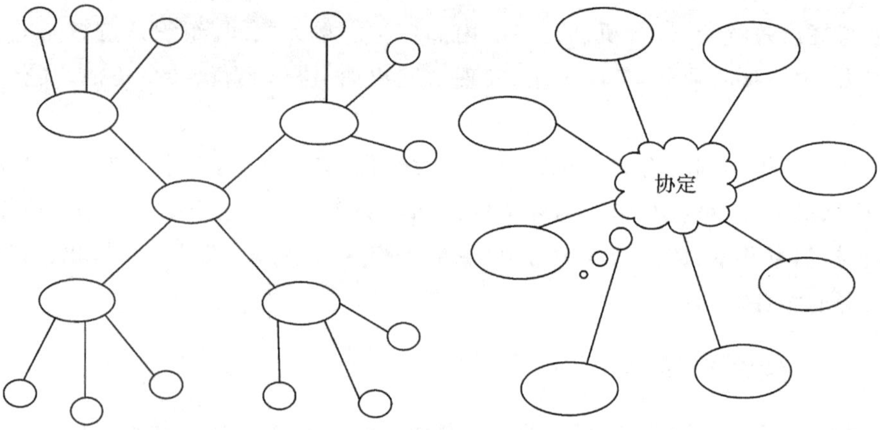

图 3-12　层级组织与联网组织示意图

首先,联网组织在解决产业分工的多元素与专精这一矛盾方面更加有效。在知识经济时代,企业需要专精,如果不专精就必将被淘汰。可是一专精,市场在变,机会在变,如果不找到办法适当地增加多元素,具备多元的条件,就会被挤压生存空间,在响应变化方面不再具有优势。因此,联网组织这种模式用虚拟团队实现整合,通过公认的标准协定凝结,形成互为支撑的组织,达到共同的利益。其建立组织的成本低,而组织效率高,可以有效地解决既要多元、又要专精的矛盾。

其次,在新的经济条件下联网组织克服了企业在组织发展上的有形能力不足。按传统的思维方式,企业组织的发展,企业组织要实现对目标资源的整合是要付出代价或需要具备物资条件的,这些代价或条件最直接的就是表现为钱,或是投资或是资产转换等。总之,在企业规模的扩张或组织的发展背后是要有物资条件支撑。但物资条件因为其有形也就有限,从而对组织的边界和发展的速度也就有了限定。这种有形能力的不足尤其表现在对知识、信息、品牌、人才等无形资源的整合方面,成为在新的条件和环境下实现企业组织发展的严重制约。而联网组织却能克服这样的矛盾,联网组织运用的是无形的条件或能力来实现对资源(包括有形和无形)的整合,这种无形条件和能力就是组织协定,不需要非得进行物资交换,或不需要非得表现为钱的投入,只需要能够达成共识并拥有共同的利益,大家就可以走到一起并形成组织。

3.2.14　拓扑网络型组织结构

拓扑网络型组织结构(topology network structure),是指一种基于 Internet 的网络型企业组织结构。这种企业的组织是由精干的中心管理机构和外包的、以合同为基础的外部企业组织机构所组成,而这些外部企业组织机构又分别是各种独立进行研发、制造、销售、服务或其他关键业务经营活动的组织,且这些外部企业组织也分别是独立的网络型组织。

拓扑网络型组织结构的特点主要表现在两个方面:①以传统的组织结构形式来看,上述外部企业组织机构可以看成是拓扑网络型企业组织的内部职能机构,但同时又是其外部独立的对等经济实体;②由于 Internet 的连接,所有的拓扑网络型企业组织加起来又构成了一个大网络,而这个大网络事实上可以看成是企业市场一体化的组织。

与传统外包式企业组织相比较而言，拓扑网络型企业组织结构是网络型的，边界是相对模糊的，多种多样的协作与外包完全代替了传统企业的诸多功能。也就是说，外包的范围更大，已经由传统的生活服务、物业管理、仓储运输服务、部件制造、分销，扩散到了研发、整机生产、IT管理，甚至于资产管理、人力资源管理等。相对于传统的企业组织，基于Internet的拓扑网络型企业组织的特征主要是结构具有开放性、无边界或半边界性，组织结构趋于扁平化或水平化、网络化，强调技能至上和柔性度，每个单元相互依存。

3.2.15 协调密集型组织结构

协调密集型组织结构是指一种以信息为核心，以信息技术为主线进行组织内部之间的沟通并以协调组织关系为中心的新型的组织形式。其主要特点是：

(1)以协调企业组织之间的关系为核心开展组织工作。瞬息万变的外部环境以及以时间、信息为主战场的当代竞争要求企业与其他组织之间有良好的沟通与协调。协调密集型组织结构可以加强企业组织之间的依赖程度，大幅度降低企业组织的协调费用和交易费用，真正实现组织的动态平衡，提高组织对环境的适应能力。

(2)以信任和非授权为基础的组织之间的新型关系将成为协调密集型组织结构的协调机制。信息技术可以使企业通过有效的"依赖性管理"，对即将出现的竞争压力做出反应。"依赖性管理"是建立在企业组织之间完全信任和非授权基础之上的，这就需要我们对当前的组织理论、市场理论及其管理理论进行重新评价。

(3)以信息传递为核心建立企业内部网络型组织，从而使得组织结构的扁平化成为可能。"倒金字塔"型组织结构更体现出组织结构中人员的进一步平等：没有高高在上的领导者，只有虚心倾听、塔尖在下的聆听者；一切以信息为核心，一切以工作为核心；不再过多地反映领导与被领导的关系，而是反映出信息的流动方向。

(4)以信息技术为核心的企业组织决策机制和控制系统，可以使组织的每个人都可能成为其管理层次中决策的参与者和控制者。组织中的每一点(个体的人)均可成为组织的中心。根据需要，每个人都可以在自己的工作范围内，召集相关部门和人员(无论是所谓的"上级"还是"下级")讨论某一问题，并最终做出决策。同样，组织中的每一点，也都是组织控制系统中的一环：既是被控制者，也是控制者。

(5)共同目标的实现是企业组织激励的唯一重要源泉，它构成了协调密集型组织结构激励机制的主体。协调密集型组织结构对人员素质要求很高，人的管理是实现组织目标的首要问题。其他激励因素只有在次要的时空范围内发挥一定的作用。只有如此，企业组织内部的信息沟通才能及时、到位，企业组织之间的协调才能稳定、和谐。

本章小结

组织结构基本形式包括：直线组织结构、职能制结构、直线职能型结构、事业部制结构、模拟分权制组织结构、子公司制分权型结构及其他组织结构等。这些组织结构都是根据所处的时代背景而提出的，有着各自的优缺点。

数字化时代组织形态发展趋势包括：矩阵制组织结构、立体多维型结构、流程型结构、虚拟组织、网络型结构、C型组织、三叶草组织结构、E型组织结构、核心功能型组织、W型组织、联网组织、拓扑网络型组织以及协调密集型组织结构。这些组织结构都有各自独特的结构特点，但也有着共性。

企业的组织结构从来就没有固定不变或适用于一切“放之四海而皆准”的最佳模式，关键是要选择适合自己的组织结构模式。

批判性思考与讨论题

1. 常见的组织结构形式有哪几种类型？各自的优缺点是什么？
2. 以你所见，常见的组织结构形式有什么共性？
3. 传统组织结构将面临怎样的挑战？
4. 数字化时代组织形态的发展出现了哪些新的变化？这些新型的组织结构形式各有哪些特点及优缺点？
5. 你怎样看待网络型组织结构？
6. 数字化时代组织模式的一般特征有哪些？

案例分析

2016 年 4 月 13 日晚间消息，百度董事长兼首席执行官李彦宏通过内部邮件宣布，自即日起，百度将成立“百度搜索公司”，搜索业务群组总经理向海龙出任新公司总裁，向李彦宏汇报。

百度搜索公司下辖搜索业务群组(SSG)、移动服务事业群组(MSG)、糯米事业部。向海龙同时兼任搜索业务群组总经理、公司副总裁，MSG 总经理李明远转向向海龙汇报，副总裁曾良继续担任糯米事业部总经理，向向海龙汇报。

此次调整之后，李彦宏将把更多的时间和精力放在互联网金融、无人车、人工智能等创新业务上，同时更多地从战略层面关注内容生态、服务生态、金融生态的布局和建设。

近年来，百度进行了几次业务架构调整：2015 年 2 月，调整为移动服务事业群组、搜索业务群组及新兴业务群组(EBG)；2015 年 12 月，宣布组建金融服务事业群组(FSG)。

据悉，百度此次组织结构重组不会改变股权结构。

成立百度搜索公司后，百度旗下的经营单位变成百度搜索公司、新兴业务群组和金融服务事业群组。

对于此次调整的原因，李彦宏解释称：“多年积累的人工智能，特别是深度学习方面的技术，正逐步在我们进入的各个领域发挥出无可替代的作用。互联网金融服务、无人车、开放云……一系列新业务的诞生，标志着我们开启了新的征程，在更广阔的领域开疆扩土。”也就是说，百度将在原有以搜索为核心业务的事业群组外，利用人工智能和深度学习，在其他领域进行开拓。

实际上，百度此举类似谷歌在 2015 年做出的结构调整。

2015 年 8 月，谷歌宣布进行内部组织结构调整，正式成立母公司 Alphabet，时任公司首席执行官的拉里・佩奇出任母公司 Alphabet 的首席执行官。谷歌成为 Alphabet 旗下子公司，主要专注于搜索相关的主营业务，原高级副总裁桑达尔・皮猜出任谷歌公司首席执行官。

对比而言，百度虽然并没有造一个母公司，但实际上采用了跟谷歌类似的结构调整方法。

对于谷歌的调整，佩奇当时解释称，重组公司的主要目的是扩大管理范围，独立运营一些并不非常相关的业务。

不过，创新工场董事长李开复则对谷歌结构调整有进一步解读。这位谷歌前大中华区总裁于2018年2月带领中国创业者对硅谷包括谷歌在内的重要公司进行了为期半个月的考察，并和谷歌首席执行官皮猜进行了交流。在评价谷歌的结构调整时，他向新浪科技评论称：谷歌这么做看起来是要造一个"机器大脑"出来，原先搜索获得的搜索数据，通过"机器大脑"的人工智能和深度学习神经网络的相关计算，可以应用到各个垂直领域，比如医药健康、金融股票等。

而百度方面，在人工智能和深度学习领域虽然不能全方位与谷歌相提并论，但就人工智能所需要的计算能力和大数据，百度也有自己的优势。

现百度首席科学家吴恩达曾多次公开阐释自己从谷歌"跳槽"百度的原因：如果把人工智能和深度学习比作发射火箭，那么大数据是其中必备的燃料，而来自中国的百度在这方面享有优势，有利于自己未来的研究。

目前，百度人工智能方面的突破主要集中在语音和无人车两方面。语音方面获得了麻省理工学院(MIT)颁发的年度奖项，无人车方面则顺利完成了首次路测，并成立了自动驾驶事业部。该事业部负责人、百度高级副总裁王劲在接受采访时表示，人工智能在百度不仅应用于无人车方面，而且已经开始尝试与金融投资等进行结合。在成立百安保险时，李彦宏还表示百度进军保险金融行业的优势在于大数据和人工智能，这些优势能够让保险更"精准"。这一说法也得到合作方安联保险的认可，其负责人表示，百安保险是一次"技术"和"保险"领域的强强联合。

值得一提的是，2016年2月，百度刚进行了组织结构调整，新成立了金融服务事业群组。当时有评论称，该调整是为了突出金融业务，对标阿里巴巴的蚂蚁金服。

以下为李彦宏内部邮件全文：

各位百度同学，大家好！

一直以来，百度都以"让人们最平等便捷地获取信息，找到所求"作为自己的使命，在"连接人与信息"和"连接人与服务"方向上不断探索、力求为用户提供更好的产品与服务。过去三年多时间，在所有同学的共同努力下，我们成功实现了从个人电脑搜索到移动搜索的转型，并在O2O领域有了长足的进展，在市场上站稳了脚跟。多年积累的人工智能，特别是深度学习方面的技术，正逐步在我们进入的各个领域发挥出无可替代的作用。互联网金融服务、无人车、开放云……一系列新业务的诞生，标志着我们开启了新的征程，在更广阔的领域开疆扩土。我们的创新步伐不会停止，同时我们也需要更强大的搜索业务作为快速前行的坚实基础。2016年以来，公司层面反复强调协同创新，资源整合，集中力量办大事，为了实现内容生态和服务生态的双繁荣，集团公司决定整合SSG和MSG，组建新的百度搜索公司。即日起，任命公司高级副总裁向海龙为百度搜索公司总裁，下辖SSG、MSG、糯米事业部。海龙同时兼任SSG总经理，公司副总裁、MSG总经理李明远转向海龙汇报，副总裁曾良继续担任糯米事业部总经理，向海龙汇报。海龙继续向我汇报。

在与海龙密切配合的同时，我会把更多的时间和精力放在互联网金融、无人车、人工智能等创新业务上，同时更多地从战略层面关注内容生态、服务生态、金融生态的布局和建设。

明远是百度自己培养起来的年轻管理者，带领MSG在移动转型路上做出了很大的贡献。希望明远在未来能够与海龙紧密合作，在更具挑战的战场上敢拼敢打，做出更大的成绩。

期待我们大家团结一致，再接再厉，在百度未来的道路上开拓进取，为实现“让人们平等、便捷地获取信息，找到所求”这一使命，贡献重要力量！

【启发思考题】

1. 百度为何要频繁调整组织结构？
2. 有没有一种单一的组织结构适合百度？

实操训练题

一个有1500人的股份有限公司，部门划分按照职能和性质分为五大类：生产运作部门类（其中又分为物流部、品质部、设备工程部、生产部，又设有3个分厂）；市场营销部门类（其中又分为国内市场部、销售部、国际市场部、项目部、客房服务部）；技术开发部门类（其中又分为产品开发部、新材料研发中心）；行政管理部门类（其中又分为总经理办公室即行政部、人力资源部、总务部、电脑部、审计部、采购中心）；财务管理部门类即财务部。在董事会之下设立秘书室，另外在外地按地域设计了一个部门：在生产运作部门类下设河南分公司和湖北分公司；在市场营销部门类设了深圳、厦门、成都、北京、济南、上海、沈阳销售分公司，以及香港地区销售分公司与美国销售分公司。根据上述描述绘制组织结构图。

中 篇

组织设计过程与内容»

第 4 章　基于职能的组织设计

本章的研究内容

1. 职务设计的原则及方法
2. 职能设计的内容及职能设计的方法
3. 管理幅度与管理层次的关系、影响因素
4. 管理幅度与管理层次设计的方法
5. 高耸型结构与扁平型结构的特点
6. 部门划分原则、方法以及组合方式

关键概念

职务设计(job design)
职务专业化(job specialization)
职务轮换制(job rotation)
职务丰富化(job enrichment)
职务扩大化(job enlargement)
职能设计(function design)
管理幅度(management span)
管理层次(management tier)
部门设计(department design)
职能组合(functional grouping)
事业部组合(divisional grouping)

开篇案例

在管理实践中,经常面临的一个问题就是要合理安排新老业务的组织关系。企业往往需要培育新的创意、新的业务,这样才能维持企业的持续增长。然而,新的创意、新的业务由于其价值尚未得到验证,往往具有很大的风险。这样在争取企业投资资金、人才和组织承诺时,新创意、新业务往往难以吸引企业组织高层管理者的足够关注。为了使新的创意不致遭到压抑,

传统的建议就是将新旧业务分开，剥离出以新业务为中心的独立部门，如美国航空公司剥离Sabre（订票和信息系统）、西门子公司剥离Infineon（半导体生产商）等。通过新旧业务的分离，减少新旧业务之间的摩擦，保护新业务。尽管新旧业务的分割有助于企业实现增长和业绩目标，但是也会产生很多问题：第一，新业务的识别和选择的任务由企业组织的高层管理者负责，这就要求企业的CEO必须能够敏捷地识别尚处萌芽状态的创意，并能够把它与其他创意和企业资源结合起来，建立适当的组织形式，在新旧业务之间做到不偏不倚。这样高层管理者的信息负担越来越大，往往造成新创意的选择失败或新创意过早被扼杀。如苹果公司耗费投资开发Newton个人数字处理，就以失败告终。失败的原因有人归咎于公司当时的CEO对该项目支持过早、热情过度。第二，有些新业务是从传统业务中发展起来的，当管理层想要将新业务分离出来形成新的组织单位时，传统业务单位往往会抱怨无法分得新业务成功的利益，因此不配合新业务的剥离。第三，业务分离形成新的组织界限，限制了信息流、思想流的交换，甚至导致信息和思想的遗失。第四，有些创意项目夹在现有业务单位之间，或者横跨各业务单元，所以谁都不是这些业务的自然拥有者。所以，往往在新业务分离之前，许多好的创意就已经流失。如何安排新旧业务的组织关系，使之既保持新业务的健康成长，又使新旧业务合理组合、共同发展，这是许多企业共同面临的管理问题。

诺基亚公司也面临了同样的问题。诺基亚公司根据其主要业务下设两大部门：全球最大的移动电话生产商“诺基亚移动电话（NMP）公司”和“诺基亚网络公司（Net）”，两者分别是全球最大的移动电话生产商和主要的移动电话与固定电话网络设备生产商。另外设立了诺基亚研究中心，主要负责以上两个业务群的基本研发业务。1998年，诺基亚建立了诺基亚风险业务组织（NVO），测试、开发有潜力在4～5年内产生5亿～10亿美元收益的业务创意。该业务组织的目的是寻找新的增长机遇，这些新的增长机遇一方面超出现有组织的范畴，另一方面符合公司的整体远景。

那么，诺基亚公司该如何解决以上新旧业务的组织关系中存在的问题呢？又如何通过组织设计实现新老业务的紧密联系？

首先，诺基亚公司规定了诺基亚风险业务组织的任务：

①寻找外部的创意。

②处理内部的创意（诺基亚的员工中80%的人的工作和创新有关，因此诺基亚的许多创意是在现有业务群内部产生的。风险组织只处理超越公司现有技术范围或需要跨越业务单位并有可能创造新市场的项目建议。公司现有业务范围内的投资和收购活动是由各业务群做出的）。

③出售或剥离、退出不符合公司总体规划的业务，并按同样原则评估风险业务组织中开发的创意型业务。如诺基亚有一项从事健康服务的事业单位，该单位开发了一项以电信为基础的治疗糖尿病等疾病的技术，1998年该业务单位从诺基亚移动电话公司总部转移到诺基亚风险业务组织，一年后出售，因为诺基亚认为买主可以为该业务创造更多价值。

④新创意的试验、检验、开发。

其次，诺基亚明确了诺基亚风险业务组织与其他组织的关系：诺基亚风险业务组织受诺基亚风险投资委员会的监管，该委员会由来自诺基亚风险业务组织、诺基亚研究中心和主要业务单位的人员组成。该委员会决定如何结合来自不同渠道的创意，是否将这些创意作为新业务，新业务如何纳入总公司组织架构内。

最后，诺基亚规定了风险业务组织的工作程序：

①诺基亚风险业务组织寻找内、外部创意。

②诺基亚风险业务组织将特别有潜力的创意传递给诺基亚风险投资委员会，并由其决定该创意是否为公司的新业务。

③诺基亚风险业务组织组建项目小组对新业务进行试验、检验和开发。组建项目小组的方法是：在公司内部完善发布组建项目小组的招聘信息，并允许项目成员带着自己的创意进入风险业务组织。如诺基亚网络通信（NIC）是诺基亚有史以来最大的创意项目，该项目是由一群工程师发起，这些工程师后来调到诺基亚风险业务组织，并组建了项目小组，把他们在诺基亚研究中心开发的无线应用协议（WAP）技术进行产业化。这样的业务程序形成了鼓励全公司创新的机制，因为，如果你有好的创意，就可能通过诺基亚风险业务组织得到顺利实施。

④一旦开发的风险业务能够自立，就将该业务转移到和现有业务类似的运营环境之下。然而，该项新业务是否保持独立组建新的业务组织单位，还是和现有业务组织整合起来，决策的依据是这些业务实体之间能够产生合力，还是彼此不相容。

⑤一旦风险事业开发完毕，业务转移，项目小组的工作人员就会回到主流业务。除了少数经理以外，诺基亚风险业务组织没有永久性的员工。

显然，诺基亚公司通过灵活的组织设计，使诺基亚风险业务组织不是为自己而存在，而是为诺基亚而存在，因为根据该组织的机制设计，由风险组织开发出来的业务最终要交托给其他的业务组织去进一步发展，这样较好地平衡了新旧事业的关系，使企业能够产生很多通道，让创意、人才、资金汇集到一起，创造欣欣向荣的新事业，保持企业的高增长。

资料来源：欧高敦. 管理变革[M]. 北京：生活·读书·新知三联书店，2001.

4.1 职务设计

职务设计（job design）又称为岗位设计，是在工作任务细分的基础上，给员工分配所要完成的任务，并规定员工的责任和职责。岗位设计的科学性直接决定人力资源管理工作的有效性，决定人力资源的管理工作作用的发挥。管理人员在职务设计时，应有意识地为提高员工的积极性而改变职务设计。

4.1.1 职务设计的原则

在职务设计中必须坚持以下原则：

1. 效率原则

职务设计应使工作活动具有更高的输出效率，能有效地改进、提高工作效率。良好的职务设计，使组织成员更好地明确工作职责与分工范畴，形成良好的工作协调与合作关系，提高组织活动的有序性、均衡性与连续性，创建符合员工个体特性的工作活动模式，促进员工能力的充分发挥。工作的简单化与适度专业化是提高工作效率最有效的法宝。工作的简单化与适度专业化设计有助于员工较快地提高工作的熟练程度，迅速掌握工作方法、积累工作经验，有助于发挥劳动特长。

2. 工作生活质量原则

职务设计应符合员工对工作生活质量的要求。工作生活质量体现了员工与工作中各方面之间的关系,反映了员工生理与心理需要在工作中得到满足的程度。工作生活质量的提高,可使员工对工作产生更为满意与向往的心情,增强归属感,并由此形成良好的组织气氛,提高组织的活动效能。工作生活质量要素包括:工作的挑战性和吸引力,工作的自主性与自由度,工作的多样化与丰富化,合理的工作负荷与节奏,安全舒适的工作环境,工作中个人需要与个性特点的满足,上级与下属、平级人员之间的良好工作关系等。

3. 系统化设计原则

职务设计是一项复杂的系统工程,职务设计应充分考虑工作中各个方面的影响,包括组织体系、工艺技术、管理方式、工作者、工作环境等。努力寻求各方面因素的最佳结合,使之在工作系统中构成良好的协调关系。科学的、系统化的职务设计是保证企业的社会、经济效益稳步提高的重要手段。

4.1.2 职务设计应注意的问题

为了保证职务设计的顺利进行,在职务设计中应注意以下问题:

1. 依据具体情况,合理选择职务设计模式

职务设计的方法途径很多,效用不一。在职务设计时,应根据企业的性质、技术类型、企业文化传统、人员素质与工作态度等情况,选择合适的方法,特别要注重对现有工作状况进行准确的诊断,根据所出现的问题与诊断结果,选择具体对策,有针对性地进行职务设计,避免生搬硬套其他组织的职务设计模式。

2. 分阶段实施,逐步推进

由于职务设计使原有的工作结构和劳动组织有较大变化,因此,需从系统的、全局的观点出发,对整个工作系统做出合理的安排与计划。职务设计要从小到大,先试点后推广。这样可以消除人员的顾虑,使他们有充分的心理准备;也有利于管理部门取得经验,更好地改进职务设计。

3. 上下齐心,共同合作

职务设计应由组织的高层管理者直接发起和指挥,由职务设计专家协调各项工作,注意吸收一线员工参与,上下齐心,协力做好这项工作。这样有利于提高职务设计的质量与可接受度,使新的工作体系更符合员工的需要与实际工作的要求。

4. 加强员工培训,提高员工素质

一般来说,新工作体系将对工作人员提出更多、更高的工作技能与知识要求。因此,在职务设计过程中要让有关人员及时接受培训,使他们了解、适应新的工作和环境。培训主要包括工作技能知识、工作方式、工作态度和工作关系等方面的内容。培训对象除一线员工外,也包括部门管理人员。一线员工的培训重点可放在新技能、新方法的掌握方面,管理人员的培训重点应放在新的管理思想和工作作风方面,特别是在新工作体系增强了员工工作自主性后,要防止管理人员因担心职权的削弱而产生的抵触情绪。许多时候,人们往往把注意力集中于工作的具体设计上,轻视了教育与培训工作,其结果导致员工不能顺利地从原有工作过渡到新设计的工作中来,进而造成职务设计的失败。

4.1.3 职务设计的方法

职务设计的方法概括起来有以下几种：

1. **职务专业化**(job specialization)

职务专业化盛行于20世纪上半叶，它是以亚当·斯密的分工理论和弗雷德里克·泰勒的科学管理理论为前提而出现的。职务专业化就是将工作进行细分，使其专业化，这样员工承担的工作往往是范围狭小和极其有限的，如建筑施工中的监工、电工、木工、装修工等。职务专业化有利于员工专业技能的纵深发展。但是长期从事单调的工作，容易引起员工的不满情绪，导致组织效率下降。职务专业化是职务设计的最基本的方法，在对企业基层职务设计中普遍采用。

2. **职务轮换制**(job rotation)

为了暂时解决和缓和工人的不满情绪，可实行职务轮换制。职务轮换制是指工作任务的暂时性变化。这一方法，使员工的活动得以多样化，拓展了员工的工作领域，使员工获得新的技能，为员工在企业的进一步发展奠定了基础。

实际中有两种类型的职务轮换：纵向的和横向的。纵向职务轮换指的是升职和降职。横向的职务轮换可以有计划地予以实施，如制定培训规划，让员工在一个岗位上从事两三个月时间的活动，然后再调到另一个岗位，以此作为培训手段。但通常所指的工作轮换是横向职务轮换，一般针对进入单位的新员工(如刚分配的大学生)和在工作中表现出色并予以提拔的员工。但是职务轮换制只是一种权宜之计，并不能从根本上解决员工的不满情绪。

3. **职务丰富化**(job enrichment)

伴随着管理理论基础的发展和完善，继梅奥人际关系学说之后，20世纪40年代马斯洛的需求层次理论、50年代赫茨伯格的双因素理论等激励理论相继提出，可见满足员工需求成为职务设计的主导因素。职务丰富化又称为垂直职务承载，它充实了工作内容，增加了职务深度，使职务设计更具有挑战性、成熟感、责任感和自主性，从而提高了员工的满意度和工作积极性，有利地改善了职务专业化的弊端，但是职务丰富化在某些单位并没有提高劳动生产率。

职务丰富化的具体办法包括：改变领导的控制程度，提高员工的自主性和独立性；赋予员工更多的责任，使员工拥有对工作更多的支配权；提供员工培训的机会，以满足他们个人发展的需要等。

4. **职务扩大化**(job enlargement)

职务扩大化是指增加工作的范围，为员工提供更多的工作种类。相对于职务丰富化来说，它主要是指员工的职务范围增大，是工作范围的水平扩展，因此又称为水平职务承载。职务扩大化赋予员工更多的工作自主权，例如做出决策和更多的控制权。

4.2 职能设计

4.2.1 职能设计的内容

职能设计(function design)是指企业的经营职能和管理职能的设计，是结构设计的一个重要组成部分。企业作为一个经营单位，要根据其战略任务设计经营、管理职能。如果企业的某些职能不合理或不健全，就需要进行调整，对其弱化、取消或者强化、增设。

通过职能设计可以设定企业必需的各项职能，明确其中的关键职能，并将这些职能层层分解，确定企业各项具体的管理业务和工作。

职能设计的主要内容包括：

(1)基本职能设计，即以国内外先进的同类企业作为参考，根据组织设计的有关权变因素，如环境、战略、规模等特点加以调整，确定本企业应具备的基本职能。

(2)关键职能设计，即根据企业的目标和战略，在众多的基本职能中找出一两个对实现企业战略起关键作用的职能，以便在职能设计中突出关键职能的作用，把它置于企业组织框架的中心地位，以保证关键职能对企业战略的促进作用。

(3)职能分解，即将确定的基本职能和关键职能逐步细化为二级职能、三级职能等，为各个管理层次、部门、管理职务及岗位规定相应的职能。在职能分解过程中，要注意确定各职能之间的分工及其联系和制约的关系，避免职能重叠和脱节。

对于众多的老企业而言，职能设计表现为职能调整，即对企业实际执行的管理职能进行调查、描述和分析(企业现有文件中规定的职能同企业实际执行的职能往往有相当大的差距)，然后根据有关权变因素做出职能的调整。职能调整主要是有的职能需要新增或强化，有的职能需要取消或弱化，原确定的关键职能需要改变，对重叠或脱节的职能进行调整。

4.2.2 职能设计的方法

1. 职能结构分析

职能结构分析是进行职能设计的前提，科学的职能设计必须以科学的职能结构分析为基础。对于目前的中国大多数企业来讲，可以从以下三点进行职能结构分析。

1)三线比例结构分析

所谓三线比例结构是指企业中有限的人员、资金和资源在三线部门中的分配情况。通俗的说法，一线是指企业的生产经营部门，如工厂的生产车间，宾馆的客房、餐厅等直接进行生产经营活动的部门；二线是指技术后方部门，如工厂的机器修理维护部门，它们为生产经营部门提供技术服务，创造生产条件；三线是指后勤部门，如食堂、房管部门，为企业全体人员提供后勤保障服务。

如果比例结构分布不合理，就会造成企业的总体效益低下、士气低迷、发展缓慢，甚至最终走向破产。对企业一、二、三线的比例结构可以从以下两个方面加以分析。

(1)三线人、财、物的比重。传统的国有企业常常是一种“三三制”的比例结构，就是一、二、三线在人、财、物的比重上各占三分之一。在这种比例结构中，技术后方和后勤部门比重太大，造成很大的资源浪费，而生产经营部门却往往人手不足，财政拮据。因此应该减少组织在二线和三线的资源比重，向一线生产经营部门倾斜。

(2)各部门员工的工作压力与待遇情况的对比。上述分析仅仅停留在表面数据上，还应该进行更为深入的分析，比如各部门员工的工作饱和度如何、人员的配备是否合适、待遇是否与工作相匹配，以及工作环境和员工士气等。

如果没有足够的精力和时间，那么只对员工的工作压力和待遇情况两个方面进行重点对比就足够了。

2)一线生产经营职能比例结构分析

一线生产经营部门主要包括技术开发、生产制造和市场营销三个部门,其比例结构亦即企业的人、财、物等资源在这些部门的分配状况。一线部门是最重要的部门,分析并调整好一线职能的比例结构是整个组织职能设计的重中之重,应该做到以下三点:

(1)各部门人、财、物的比重。与分析三线的比例结构一样,人、财、物在各部门的比重是否恰当是最基本的分析。不同的是,一线生产经营各部门的资源分配比例在传统上一般不是“三三制”的结构,而常常是“两头小、中间大”的“纺锤型”。

这种结构是国内企业的传统模式,其具体表现是技术开发能力小,营销能力小,而生产制造能力却很大。企业有限的资金和人力主要用于购买设备、建厂房、招聘生产人员,这样生产能力虽然不断提高,但效益却始终比较小。原因是产品制造这个环节投入虽多,但附加值相对较小。因此,现在成功的企业其一线职能的比例结构多数是“两头大、中间小”的“哑铃型”结构。

(2)各部门员工的工作压力与待遇情况的对比。上述分析仅仅是就企业的一般情况而言的,要想得出科学的结论,同样必须深入各部门的内部,考察员工的工作压力及待遇情况等细节问题,进行一一对比。这样才能发现问题,并采取有针对性的积极措施。

(3)与同行业或相关行业的对比。“他山之石,可以攻玉”,与所处环境中同行业特别是那些成功的企业进行对比也是不可缺少的一个分析步骤。

3)资本经营的比例结构分析

这方面的分析主要是针对大型企业乃至企业集团而言的。随着企业规模不断扩大,经营领域不断拓宽,企业往往会向资本经营的方向发展。

资本经营可以大大加快企业的发展速度。在这方面的结构分析看似简单,但具体操作却相当复杂。

(1)分析资本经营的现状。其主要是看组织的规模、经营状况、管理经验等是否能胜任资本经营,即资本经营的效果如何。另外还要对企业资源在产品经营和资本经营方面各自的分配情况加以分析,得出具体的比例数据。

(2)分析资本经营的形式和类型。资本经营有多种形式,但基本类型有两种:产品经营和资本经营混合型、单纯资本经营型。企业要分析组织所采用的类型和形式,以及在各方面的资源分配情况。

总之,职能结构分析工作相当复杂,具体操作中务必注意两点:一是微观调查研究和宏观分析把握,也就是说,在调查数据的时候要从微观入手,务求细致精确;二是在分析数据的时候又必须站得高一点,从大处着眼。

2.企业组织的基本职能设计

(1)根据行业特点确定是否需要增加新的基本职能、细化某些基本职能、简化某些职能,或强化某些基本职能。如进行农产品加工的轻工企业是否有必要扶持建立原料生产基地,电力企业是否有必要设立销售职能,专业医疗设备企业是否要强化销售职能等。

(2)根据企业技术实力的强弱调整职能。一般情况下,技术实力弱的企业应强化经营决策职能,特别是有关产品和技术选择方面的决策职能,健全并强化人力资源开发职能,加强技术引进和技术协作职能,消化吸收先进技术。技术实力强的企业应健全并不断强化营销与销售职能,健全战略联盟、协作经营职能,加强研发队伍建设,加强研发项目管理,搞好自主开发等。

(3)按外部环境特点设计和调整职能。如随着企业竞争的深化,大众消费品企业应加强公关职能,树立企业的良好形象,提高企业知名度和信誉;随着社会环境保护意识的加强,化工企业的环保职能则需加强;随着客户分化的加强,企业的销售部门可能需要不断细化针对客户的销售职能。

3. 企业组织的关键职能设计

企业各项基本职能虽然都是实现企业目标所不可缺少的,但由于重要性不同,有必要区分为关键职能和非关键职能。德鲁克曾把组织结构比喻为建筑物,各项基本职能如同建筑物中的各种构件,而关键职能就好比是建筑物中承担负荷最大的那部分构件。因此任何公司都应将关键职能放在企业组织结构的中心地位。哪项基本职能应成为组织的关键职能由企业的经营战略决定。战略不同,关键职能不同。关键职能确定后,应成立由总经理为首的相应职能领导委员会,关键职能的部门在公司人员配备和奖金分配上应处于优先地位,并有权协调相关部门的配合工作。

4. 职能分解

职能分解是将已确定的基本职能和关键职能逐步分解、细化为独立的、可操作的具体业务活动。职能分解有利于各项职能得到执行和落实,并为后续的其他组织设计工作提供前提条件,如横向部门划分和组合、纵向集权和分权、规章制度中部门和岗位责任制的制定、各项职务的设计等。

职能分解的最终结果应使业务活动具有一定的独立性,而不能将性质不同的业务活动混合在一起,并保持业务活动的可操作性,避免重复和脱节。组织设计中职能分解常与岗位职责设置相统一。

4.3 管理幅度与管理层次设计

4.3.1 管理幅度与管理层次的概念

所谓管理幅度(management span),又称管理宽度或管理跨度,它是指一名领导能够直接而有效地管理的下属人员的个数。例如,厂长直接领导多少名副厂长;副厂长直接领导多少名科长或车间主任;车间主任直接领导多少名班组长;班组长直接领导多少名工人;等等。上级直接领导的下级人员多,称为管理幅度大或跨度宽;反之,则称为管理幅度小或跨度窄。从形式上看,管理幅度仅仅表示了一名领导人直接领导的下级人员的人数,但由于这些下级人员都承担着某个部门或某个方面的管理业务。所以,管理幅度的大小,实际上意味着上级领导人直接控制和协调的业务活动量的多少。

所谓管理层次(management tier),又称组织层次,它是描述企业纵向结构特征的一个概念。如果从构成企业纵向结构的各级管理组织来定义,管理层次是指从企业最高一级管理组织到最低一级管理组织的各个组织等级,每一个组织等级即为一个管理层次。如果从构成企业纵向结构的各级领导职务来定义,管理层次就是从最高一级领导职务到最低一级领导职务的各个职务等级。企业有多少个领导职务等级,就有多少级管理层次。管理层次从表面上看,只是组织结构的层次数量,但其实质是组织内部纵向分工的表现形式,各个层次将担负不同的管理职能。

4.3.2 管理幅度与管理层次的关系

管理幅度与管理层次之间的关系十分密切。首先,它们具有反比例的数量关系。同样规模的企业,加大管理幅度,管理层次就少;反之,管理层次就多。其次,管理幅度与管理层次之间存在相互制约的关系,其中起主导作用的是管理幅度。所谓起主导作用,就是管理幅度决定管理层次;反过来说,管理层次的多少取决于管理幅度的大小。这是由管理幅度的有限性所决定的。同时也应看到管理层次对管理幅度亦存在一定的反向制约作用。之所以存在这种反向制约关系,原因是管理层次与管理幅度相比,具有较高的稳定性。一个组织不可能也不应该频繁地改变管理层次,因而一旦根据管理幅度的要求设立了若干管理层次,只要在一定期间内,企业的管理幅度没有发生全局性的且比较大的变化,管理层次就不宜改变,这就要求管理幅度在一定程度上要服从既定的管理层次。

4.3.3 管理幅度设计

1.影响管理幅度设计的因素

对于决定管理幅度大小的各种因素,从理论上加以抽象概括,可以归结为上下级关系的复杂程度。这就是说,上下级关系越复杂,管理幅度应该越小;反之,管理幅度就越大。衡量上下级关系复杂程度的标志有三个:

(1)关系的数量。如果撇开上下级关系的具体内容,那么,关系数量的多少和复杂程度成正比,数量越少则关系越简单,数量越多则关系越复杂。

(2)相互接触的频率。它和上下级关系的复杂程度也是成正比的。接触的频率越高,复杂程度就越高;反之,复杂程度则越低。

(3)相互接触所需花费的时间。上下级关系复杂程度之所以影响管理幅度,原因在于复杂程度高则要求领导者付出更多的精力,即劳动。所以,关系的数量及其频率的高低固然可以反映劳动耗费的多少,但有时是不准确的。例如,每次联系所处理的问题都极为简单、容易,尽管关系的数量大、频率高,领导者也能轻松地完成自己的任务。因此,与关系数量及频率相比,上下级接触所需花费的时间,是衡量关系复杂程度的更重要的标志。需要花费的时间越多,表明上下级关系越复杂,领导者为实现有效领导所需付出的劳动就越多,管理幅度的扩展就越会受到强有力的制约。

具体来说,企业组织对管理幅度的确定,应当考虑以下几方面的因素:

(1)管理方式。管理者持 X 理论还是 Y 理论,直接决定着管理幅度的大小。如果实行 Y 理论,推行相应的管理方式,则可极大地提高下级的工作能力,管理幅度自然得以加大;若管理者实行 X 理论管理方式,结果必然相反。

(2)职权的授予。如果管理者把职权明确地授予下级,让他们执行某一项具体的任务,那么能够胜任的下级无须占用管理者过多的时间和精力就能按要求完成任务,如此减少管理者与下级交往频率和时间将使管理幅度得以拓宽。反之,如果授权不当,则必定耗用管理者大量的时间去监督和指导下级的活动。

(3)人员的培训。下级所受的培训越好,管理者处理上下级关系所需要的时间和接触的频率就越少。训练有素、能力不凡的下级出现失职的概率下降,从而要求管理者对其指导和咨询的时间也同样减少。因此,对于经过正规、全面培训的下级,管理幅度可相应地加宽。与此同时,受过良好教育的专业技术人员,如工程师、设计师等无须过多的监督,管理幅度相对更为宽大。

(4)工作的性质。企业在决定管理幅度时,要分析工作性质的差异,包括工作的重要性、工作的变化性以及下级人员工作的相似性。如果工作很重要,管理幅度应当窄些,而对于不太重要的工作,管理幅度则可以宽些;如果属于复杂、多变、富于创造性的工作,管理幅度窄些为好,而对于例行性的工作,管理幅度则可以宽些;如果下属人员的工作具有相似性,管理幅度可以宽些,而对于下属人员的非相似的工作,则管理幅度应当窄些。

(5)空间分布。随着市场经济的发展,企业的规模和市场范围日益扩大,在空间分布上也呈现出不断发散的趋势。在目前的技术条件下,下属单位和人员不在同一地区,会增加上级管理工作的难度和复杂性。因此,在设计管理幅度时,还必须考虑下属单位或人员在空间分布上的相似性。特别是对那些地区性公司、全国性公司和跨国公司来说,这一点尤为重要。一般下属空间分布的相似性小,即相互之间的距离远,社会经济文化环境差异大,管理幅度就不宜过宽;反之,下属空间分布的相似性大,则有利于管理幅度的扩大。但我们也应注意到,随着信息技术的迅猛发展,上下级之间可以借助于现代通信手段保持密切联系,及时有效地解决有关问题,大大减少了跨地区管理的难度,这也为进一步拓宽管理幅度提供了技术条件。

(6)控制的客观性。下级的工作一般是由计划规定并依据计划来实施控制的。如果计划规定明确,控制标准客观化程度高,不但下级容易理解和执行,而且易于管理者及时发现偏差,从而采取相应措施;那么管理者就可以避免将许多时间耗费在亲临现场观察和控制上,自然管理幅度就可以适当放宽。倘若控制标准客观性差,那么一切就大相径庭。

除了以上几点外,还有其他一些因素。广义地说,凡是影响上下级之间关系的因素都会对管理幅度产生作用。各种因素在不同企业、不同时期的影响力是有很大不同的,在设计管理幅度时,必须进行具体的分析。

2. **管理幅度设计的方法**

目前,确定管理幅度的方法并不多,常用的有以下两种:

1)经验统计法

这种方法是通过对不同类型企业的管理幅度进行抽样调查,以调查所得的统计数据为参照,再结合企业的具体情况去确定管理幅度。美国管理学家E.戴尔(E. Dell)曾调查100家大型企业,其最高经营层的管理幅度从1～24人不等,中位数在8～9人。另一次在41家中型企业所作的相同调查,中位数是6～7人。

经验统计法简便易行,但有明显的局限性。这是因为它缺少对影响特定企业管理幅度诸因素的具体分析,特别是定量分析,只是简单地搬用其他企业的管理幅度标准,因而主观判断的成分很大,提出的管理幅度建议数难免与特定企业的实际条件不符,出现较大的误差。

2)变量测定法

这种方法是把影响管理幅度的各种因素作为变量,采用定性分析与定量分析相结合的做法来确定管理幅度的一种方法。其具体步骤如下:

首先,确定影响管理幅度的主要变量。由于企业的具体情况差别很大,影响管理幅度的若干主要变量可能有所不同,因而需要从多种因素中选择,并确定对特定企业影响较大的主要变量。例如,美国洛克希德公司与航天公司通过研究分析与验证,把以下 6 个变量作为主要变量,即职能的相似性、地区的相近性、职能的复杂性、指导与控制的工作量、协调工作量及计划工作量。

其次,确定各变量对上级领导人工作负荷的影响程度。为了定量反映各个变量对上级领导人工作负荷的影响程度,首先要按照每个变量本身的差异程度将其划分为若干个等级,如洛克希德公司把每个变量分成 5 个等级;然后根据处在不同等级上的变量对上级工作负荷的影响程度,分别给予相应的权数。权数越大,则表示这个等级上的变量对管理幅度的影响越大。洛克希德公司对上述 6 个变量所确定的权数如表 4 - 1 所示。

表 4 - 1 管理幅度各变量对主管工作负荷量的影响程度表

变量	等级				
	1	2	3	4	5
职能相似性	完全一致 1	基本相似 2	相似 3	存在差别 4	根本不同 5
地区相近性	都在一起 1	同在一幢大楼里 2	在同一企业的不同大楼里 3	在同一地区但不在同一厂区 4	在不同地区 5
职能复杂性	简单重复 2	常规工作 4	有些复杂 6	复杂多变 8	高度复杂多变 10
指导与控制工作量	最少的监督、指导 3	有限的监督、指导 6	适当的监督、指导 9	经常、持续监督、指导 12	始终严格控制、指导 15
协调工作量	同别人联系极少 2	关系仅限于确定的项目 4	易于控制的适当关系 6	相当紧密的关系 8	紧密、广泛而又不重复的关系 10
计划工作量	规模与复杂性都很小 2	规模与复杂性有限 4	中等规模和复杂性 6	要求相当高但只有广泛的政策指导 8	要求极高,范围与政策都不明确 10

资料来源:吴培良.组织理论与设计[M].北京:中国人民大学出版社,1998.

由表 4 - 1 可以看出,各个不同等级的变量对管理幅度的影响程度用权数来表示,最低是 1,最高是 15。这些权数是洛克希德公司对中层一级管理和部门主任一级中 150 个实例进行分析而得出的,并且还和若干在声誉和绩效方面堪称管理得法的公司所采用的计量标准核对过,因而具有相当的科学性。这个实例告诉我们,权数应该通过实验资料,经过反复研究和比较分析来确定,以尽量减少主观评价的不精确成分。

再次，确定各变量对管理幅度总的影响程度。运用上一步得到的权数表，对照企业各变量的实际情况，确定该企业各变量应取的权数，再将其加总而得到一个总数值，然后根据主管人员拥有的助理人数及其工作内容，对这个总数值加以修正，即得到决定管理幅度大小的总权数。这个总权数越大，意味着领导者的工作负荷越重，管理幅度就应越小。

修正总数值时，系数一般取 0～1 之间的小数。如果主管人员拥有的助理人数越多，系数就越小。例如，有 1 位助手的主管人员的系数为 0.9，有 2 位助手的为 0.8，以此类推。助手的工作内容也影响修正系数。如配备有分担一部分主管工作的直线助理，采用系数 0.7；在计划和控制方面的参谋助理可用 0.75 或 0.85 的系数。

最后，确定具体的管理幅度。将计算出来的主管人员的总权数同管理幅度的标准值相比较，就可以判断企业目前的实际幅度是高于还是低于标准值，也可以为新机构的管理幅度提出建议人数。至此，管理幅度的分析与计算即告完成。

管理幅度的标准值是以那些被公认为组织与管理得法，并具有较大幅度的企业为实例，经过统计分析而提出的。表 4－2 就是洛克希德公司所采用的标准值。

表 4－2　管理幅度的标准值

影响幅度诸变量的权数总和	建议的标准幅度人数/人
40～42	4～5
37～39	4～6
34～36	4～7
31～33	5～8
28～30	6～9
25～27	7～10
22～24	8～11

资料来源：吴培良．组织理论与设计[M]．北京：中国人民大学出版社，1998．

变量测定法同经验统计法相比，由于它全面考虑了影响特定企业管理幅度的主要因素，并进行了定量分析，而不是简单地搬用其他企业的标准，所以，它所规定的管理幅度更为科学、合理。当然，也不可否认，变量测定法在选择主要变量、确定各个变量的影响程度时，设计人员的主观评价仍在起一定作用，这就难免产生一定误差。

4.3.4　管理层次设计

1．组织层次的基本分工

企业内部的组织层次，实际上又是垂直的组织分工，因此部门化并不是企业内部唯一的组织分工。部门分工与层次分工分别属于企业组织分工的两个不同侧面。组织层次的分工，着重表现出在一定限度内自上而下地行使权力、利用资源以及明确管理职能的过程。组织中各个层次都承担着一定的管理职能，但是由于组织层次的不同，各个层次管理者职能的重点有所不同。这里我们把组织层次大致分为基层、中层和高层来说明。

(1)基层组织的管理者主要是承担控制职能。具体来说，就是依据企业确定的计划任务及组织目标，在上一层管理者的指挥下，分配生产任务，安排作业进度，协调下属人员的业务工作。

(2)中层组织管理者主要是起着承上启下的职能作用，负责把企业总任务转化为本层次的具体计划，安排本层次的职权关系，传达并执行高层组织管理者的决定，衡量和控制基层组织的工作绩效。中层组织的管理者，既是管理者，又是被管理者。他们还存在着平行的专业分工。每个管理者都要完成各自分管的任务，而这些任务又是平行地相互联系着的一系列活动。

(3)高层组织的管理者主要是起着决策性的职能作用，特别重要的是提出企业总任务，制定企业发展规划，决定企业组织结构的总框架。因为高层组织的管理者可以通过中层组织的管理者来协调整个企业组织的大量具体业务活动，所以他们的主要精力集中在研究有关企业整体战略的重要决策上。

2. 管理层次的影响因素

从组织整体的角度来看，除了管理幅度是影响管理层次的重要因素外，还必须考虑以下几方面的因素：

1)组织规模

在生产规模大、技术复杂的大型企业中，由于管理业务的复杂性，企业纵向职能分工应细一些，管理层次要多一些。反之，如果企业规模较小、技术简单，就可实行集中管理，通常只要设置经营决策层、专业管理层和作业管理层三个层次就可以了。

2)内部沟通

各个层次之间的信息沟通是组织运行所必不可少的。如果企业内部的信息沟通有效程度高，便可以缩短企业上下的距离，使企业最高领导能够迅速而有效地获取来自基层的各种信息，也使企业基层组织能够准确快速地获得来自高层的各种信息，这样自然就可以减少管理层次。

3)组织变革

组织不是一成不变的，必须根据内外部条件进行适时的变革。变革速度慢，即企业的内部政策和各项措施比较稳定，组织成员对此也较为熟悉，能够妥善处理各类问题，因此企业只要设置较少的管理层次就行了；反之，如果组织变革的速度快、频率高，政策措施经常变动，就需要加强管理工作，导致管理层次的增加。

4)组织效率

达到较高的组织效率是组织工作的目标。如果管理层次太少，使管理者下属人数超过其有效管理幅度，就必然降低组织效率；反之，如果管理层次过多，工作的复杂性和费用将大大增加，也会降低组织效率。所以，管理层次的多少要以提高组织效率为目标来确定。

3. 管理层次设计的方法

1)根据企业纵向职能分工，确定基本的管理层次

企业纵向职能分工有不同类型，例如，品种多样化、各有独立的市场、市场变化又较快的大型企业或实行跨行业多种经营的大型集团公司，适合在统一的战略与政策之下分散经营，这样，总公司与分公司(或子公司)无疑是两个大的管理层次。总公司内部有由高层领导组成的战略决策层和由职能部门构成的专业管理层；分公司(或子公司)一般又分为经营决策层、专业管理层和作业管理层。整个企业从总体上说，共有五个基本的管理层次。

品种单一、市场比较稳定的企业，适合集中经营。其中，规模较小、技术较简单的企业，通常只要设置经营决策层、专业管理层和作业管理层三个层次就可以了；而那些生产规模大、技术复杂的大企业，管理层次就会多一些，其下属二级单位除作业管理层外，也可能需要设置专业管理层。

2)按照有效管理幅度推算具体的管理层次

假设某企业共有职工900人,有三个基本管理层次。中高层的管理幅度为5～8人,基层是10～15人。据此推算管理层次的过程如表4-3所示。

表4-3　按照管理幅度推算管理层次的过程

管理层次	能够有效管理的人数/人	
	最少	最多
第一层	5	8
第二层	5×5=25	8×8=64
第三层	25×5=125	64×15=960
第四层	125×10=1250	……

由表4-3可看出,当计算到第三层时,如果按照较大的幅度,能够有效管理的人数已达960人,该企业现有职工900人,正处在这个范围之内,故设三个层次即可;但若按较小的幅度计算,则需四个管理层次。两个计算结果不一致,要通过下一步工作进行选择。

3)按照提高组织效率的要求确定具体的管理层次

前面根据各种变量确定管理幅度时,实际上已经考虑到提高组织效率的要求,但其侧重点是防止领导者的管理幅度过大而降低效率,这是不够的。因为影响效率的还有下属人员的积极性和完成任务的能力。所以,确定具体的管理层次,应将这两方面结合起来通盘考虑。对于下属来说,高效率的组织应该是:下级有明确而充分的职权,能够参与决策,了解集体的目标;能够提供安全与地位,每个人都有发展的机会;能够依靠小集体的团结与协作,完成所承担的工作任务;等等。

就上面的例子而言,如果设置较多的层次,即四层,那么主管人员的职务将增多,主管人员与其下属组成的集体相对较小;而设置三个层次,情况则相反。它们对于提高组织效率各有利弊,组织设计人员要根据企业的实际条件加以权衡,看看哪个方案更能满足提高组织效率的要求,以决定取舍。假定设置四个管理层次,由于中高层主管职务增多,增加了人们的晋升机会,从而有利于满足人们的成就感,产生激励作用;由于集体较小,易于保持团结,有更多的参与管理的条件,并易于统一思想而减少决策时间;虽然集体较小,各种特长的人员可能配备不齐,但该企业管理工作不复杂,不会束缚下级的手脚。因而,总的来看是利多弊少,这样就可以确定设置四个管理层次;否则,就应采用三个层次的方案。

4)按照组织的不同部分的特点,对管理层次作局部调整

以上所确定的管理层次是就整个企业而言的。如果企业的个别组织单位有特殊情况,还应对其层次作局部调整。例如,科研和技术开发部门,若层次多、主管人员多,不利于发挥技术人员的创造性,就可以适当减少层次。有的生产单位技术复杂,生产节奏快,人员素质又较低,需要加强控制,在这样的条件下,适当增加层次则是必要的。

4.高耸型结构与扁平型结构

1)两种结构类型的优缺点比较

20世纪60年代,注重标准化产品和"可替代技能"的管理自然地引导着企业内自上而下的权力流。包括工人在内的所有人都相信,只有那些能够管理整个企业的人才是等级制中的高层人员,因为只有他们才了解整个公司,只有他们才能把所有分散的工作统一起来,这就是

传统等级制的企业组织结构。

20世纪80年代，组织内外的工作变得越来越复杂，产品也变得很复杂，部件分散在各地，变化的速度也提高了，这使许多决策制定的局部化非常必要。自动化使机器能够做一些简单的工作，而把那些精细的工作留给人来做。以数据和规则为基础的决策正逐渐由软件来完成，因此企业计划者角色的重要性大为降低。由于过程的复杂性，综合了所有技能的团队而不是个人开始更多地执行这种过程，这样传统的等级制组织结构开始扁平化，出现了扁平型的组织结构。两种结构类型的优缺点比较如表4-4所示。

表4-4 两种结构类型的优缺点比较

比较项目	高耸型	优点(√)缺点(×)	扁平型	优点(√)缺点(×)
管理跨度	窄	1.管理者有足够的时间和精力对下属进行深入具体的领导(√) 2.一般不需要副手(√)	宽	1.管理者没有足够的时间和精力对下属进行深入具体的领导(×) 2.有时需要副职，可能造成不便(×) 3.管理者乐于分权，有利于锻炼下属(√)
管理层次	多	1.能为下属提供更多的晋升机会(√) 2.管理费用高(×) 3.信息传达慢，且易失真(×) 4.高层领导容易脱离群众，形成官僚主义作风(×)	少	1.下属的晋升空间较小(×) 2.管理费用低(√) 3.信息传递速度快、失真少(√) 4.便于高层领导了解下情(√)
集体规模	小	1.易于团结一致(√) 2.便于员工参与决策，决策容易达成一致，速度快(√) 3.各类专门人才不够齐全，不利于解决复杂问题(×)	大	1.协调一致比较困难(×) 2.不利于员工参与决策(×) 3.有利于解决较复杂的问题(√)

2)**两种结构类型的择优选择**

通过比较可以看出，两种类型各有千秋，不能简单地说孰优孰劣。所以要想做出正确的选择，关键是认清各自的适用条件，然后针对自身情况选用适宜的类型，才能扬长避短，各尽其用。

从两种类型的比较已经基本可以看出其适用条件了，如表4-5所示。

表4-5 两种结构类型的适用条件

结构类型	适用条件
高耸型结构	1.企业人员素质(包括管理者和被管理者)不是很高 2.管理工作较复杂，不易规范化 3.技术水平不高，不易机械化、自动化
扁平型结构	1.企业人员素质较高 2.管理工作较简单、规范 3.技术水平较高，机械化、自动化的程度也较高

除了以上的分析，要选出适合自身特点的类型，更重要的是要对自身的特点加以分析。

(1)以权变的观点择优选用。必须明确，只有最符合企业实际需要的结构类型，才是最优的类型。即使对看似相同的企业，也要认真分析其具体情况。比如，同样是劳动密集型的企业，一家生产高级手工艺品的企业和一家棉纺厂可能会有很大差别。从员工的劳动技能、产品质量的要求等来看，前者可能更宜于采用扁平结构，而后者则应该实行严密的等级制组织结构，因为前者更需要充分发挥员工的创造性，后者则应该加强管理、统一指挥。

(2)不同部门可以选用不同类型。企业内部的各部门同样是各有特点的，也应该根据其自身特点采用相应的类型。一般来讲，高层管理人员素质较高，可以尽量减少管理层次，采用扁平结构，这样能够充分发挥管理者的积极性；而基层的生产作业连续不断，发现问题必须立即解决，所以要求管理工作要及时、细致、深入、具体，因此往往要求适当增加管理层次。另外，工作内容不同对结构的要求也不一样，比如研发部门需要员工发挥主动性和积极性，要适当减少层次；而生产部门则常常需要加强管理，适当增加层次。所以这些都要具体情况具体分析，不可一概而论。减少管理层次必须以管理幅度的有效性为前提，不可盲目赶潮流。从实际出发，具体问题具体分析，才能获得良好的设计方案。

4.4 部门设计

部门设计(department design)就是确定企业管理部门的设置及其职权配置。进行部门设计，实质是进行管理业务的组合，即按照一定的方式，遵循一定的指导原则，将实现企业目标所需开展的各种各样的管理业务加以科学分类和合理组合，分别设置相应的部门来承担，并授予该部门从事这些管理业务所必需的各种职权。

4.4.1 部门划分的原则

部门化本身不是目的，而仅仅是达到目的的一种手段。每种部门化方法都有其优缺点，所以在实际运用中，每个组织都应根据自己的特定条件，选择能取得最佳效果的划分方法。应该指出的是，划分方法的选择不是唯一的，并不一定要求各个层次的业务部门整齐划一。在很多的情况下，常常采用混合的方法来划分部门，即在一个组织内或同一组织层次上采用两种或两种以上的划分方法。现实中并不存在最好的部门划分模式，也没有能够确定最佳部门化模式的固定原则。但是在选择最适宜的部门化模式时，确实需要一些有用的指导性原则。

(1)充分运用专业化的优点，进行合理的分工。但是也不能过分强调专业化部门，使其无限制地增多。一般来说，部门越多，费用越高，而且部门的增多会使组织的协调手段更为复杂、协调的费用更为昂贵。组织结构要求精简，部门必须力求量少，但这也要以保证实现组织目标为前提。

(2)力求管理与协调的便利。例如，制造业企业的装配部门，根据需要可以设在销售部门之下。百货公司中某一商品的进货与销售也不妨由一位主管来负责，使得满足顾客需要与进货能随时统一起来。

(3)保持各部门之间的平衡。企业组织中各部门职务的指派应达到平衡，避免忙闲不均、工作量分摊不均。有相互制约关系的部门应该分设，如检查职务就要与业务部门分开，这样就可以避免检查人员的偏袒，真正发挥检查的作用。

(4)对部门化工作保持足够的重视,随业务的需要而及时增减。在一定时期划分的部门,没有永久性的“商标”,其增设和撤销应随业务工作而定。

4.4.2 部门划分的方法

对部门划分的方法可从两个方面来分析。

1. 从组织总体的部门设计来划分

从组织总体的部门设计来看,组织部门设计的方法可以分为自上而下划分、自下而上划分和按照业务流程划分三种方法。

1)自上而下的划分

以高层管理人员为出发点,把企业各项工作依次进行分解和细化,按照已经确定的管理层次确定各部门(如职能处室),依次设计下一级的部门(如职能科室),这样每项工作都落实到各部门,有利于组织目标的达成。传统企业大多采取这种方法设计部门。例如,总经理下设技术开发部,技术开发部再将职能细分,形成低层的产品设计处、工艺技术处、技术情报处、试验车间。

2)自下而上的划分

这是自上而下的逆流程。先将企业的任务进行分解,按照任务确定企业运行所需要的成员;然后按照一定的要求,将各成员组织起来,设置部门(如科室或部处);再将各部门按一定的要求进行组合,设置更高一级的部门。例如,产品设计处、工艺技术处、技术情报处、试验车间这几个技术部门组合起来,由技术开发部负责。技术开发部与销售部、经营部、生产部组合起来,由它的上级负责。新型企业大多数采取这一方式进行部门划分。

3)以业务流程为中心进行划分

哈默指出:“业务流程是把一个或多个输入转化为对顾客有价值的输出的活动。”最古老的流程思想可以追溯到泰勒的科学管理。泰勒首先倡导对工作流程进行系统分析,这种思想成为工业工程的主要思想。在工业工程领域,制造工作被分为设计、加工、装配和测试四种活动。管理学大师德鲁克对此曾有高度的评价,他认为:“科学管理的出现开创了运用知识来研究工作流程的先河。”根据流程来设计部门也是部门设计的主要方法。传统的业务流程设计部门和今天我们大力提倡的流程管理有很大的不同。传统的流程设计方法,是按照工作流程设计部门,各个部门负责做好自己职能范围内所应完成的任务,然后将其交给流程链条上的下一部门。这样,整体任务按照流程分解为各个独立的部门。这种划分方法突出了流程,但仍是以职能分工为主导。

2. 针对具体部门的划分

由于企业之间存在很大的差别,因此针对具体部门的划分,通常包括以下方法:

1)按职能划分部门

按职能划分部门,其实质就是按管理业务活动的性质与技能相似性,把全部管理业务活动分类。例如,在制造业企业中,把一切同产品生产制造相关的活动划归生产部门;一切同市场营销有关的活动(包括推销和营销)划归销售部门;一切涉及增补、选拔和培训人员的活动纳入人事部门;一切与资金筹措、保管和支出有关的活动分配给财务部门;等等。按职能划分部门和工作的结果,使传统的直线制组织演变为职能制组织。

2)按产品划分部门

在开展多种经营的大中型企业中,按产品或产品线划分部门的方法日益盛行。采用这种方法进行部门划分的企业,原来大多是按功能划分部门的。随着企业的成长,各部门主管都会碰到规模扩大所带来的管理工作越来越重，而保持有效的管理幅度又限制了他们增添直属下级管理人员的问题，于是想出了按产品划分部门的办法。像美国通用汽车公司、杜邦公司和福特汽车公司等，都先后按这种部门化方法进行了管理组织改组。按产品划分部门的办法同样可以在部门内部得到应用。例如，通用汽车公司的凯迪拉克分部就是按汽车的型号规格划分生产厂家；百货公司中的采购人员通常被分派去采购某一种物品；批发企业中的销售部也常按纺织品、家具和电子产品等来细分部门；在商业银行中，对于其投资业务也可以划分为证券投资、房地产投资及信托投资等。

3)按地区划分部门

对于一个地理范围分布较广的组织，按地区进行部门化是十分重要的。美国电话电报公司在早期都是按地区设立分公司，如中南贝尔公司、新英格兰贝尔公司、太平洋贝尔公司、山地贝尔公司等。该公司在1984年进行组织结构改组后，新组建的7个贝尔公司继续保留了按地区设置的做法。许多跨国公司经营业务遍布海外各国，也经常采用按地区划分部门的办法设置组织。

4)按顾客划分部门

顾客部门化越来越受到重视，它是基于顾客需求的一种划分方法，即按组织服务的对象类型来划分部门。这种划分能够满足顾客特殊的而又多样化的需求。但是这一部门与其他部门的协调极为困难。从制造业企业来看，在组织中按顾客划分部门可以采取如下几种形式：

(1)各分部负责制造并销售产品给其确定的顾客。例如，IBM公司有一段时间就设立了单独一个分部——“联邦机构分部”，作为公司四大分部之一，专门为美国联邦政府各机关及防务系统供应特定货品。按这种形式设立的分部同按产品或地区设立的分部一样，可以成为真实的利润中心。所不同的是，按顾客设立的部门由于产品需求数量随不同顾客及不同时期发生变化，所以，存在各分部业务量不均及设备和专业技术人员利用不足的问题。

(2)各分部负责销售产品给其本身的顾客，但集中由一个分部为其他分部制造产品。在这种部门化方式下，无产品制造功能的部门通常按模拟利润中心运作，只有包含制造功能的分部可以成为真实的利润中心。这种部门划分方式存在着分摊制造成本以及生产与销售之间协调的问题。

(3)各分部只负责销售产品给其本身的顾客，产品的销售统一由一个单独的生产部负责。在通常情况下，按顾客类别设置的分部是作为模拟利润中心，而生产部则是成本中心；在采用内部转移价格进行独立核算的情形下，各分部均成为模拟利润中心。这里需要说明的是，采取模拟利润中心体制，需要很好地解决各部门间的内部转移价格制定的合理性问题。

4.4.3 部门的组合方式

组织中的各个部门必须通过一定的方式有机地组合在一起才能够发挥最大的效能，从而有效实现组织的最终目标。不同的组合方式对企业和员工有着不同的影响。常见的部门组合方式有以下四种：

1)职能组合(functional grouping)

职能组合是按照职能将提供相似知识或技术的人员组织起来。例如，职能制结构和直线职能制结构就是按照职能部门划分方法形成的部门组合方式。职能制组合方式适用于中小企业和产品品种比较单一的企业。

2)事业部组合(divisional grouping)

事业部组合是以职能组合为基础,按照公司的产品、地区或者顾客来组织公司各部门。其主要适用于规模较大、产品品种较为多样化的企业。例如,方正集团有电子媒体事业部,百事集团有百事可乐事业部等。在事业部中,所有的职能人员组合在同一个管理者之下,而事业部的内部还可以按照职能再进行内部组合,事业部就好比一个中小型企业。所以事业部组合特别适用于多种经营的大型企业集团。

3)区域组合

区域组合指的是将组织中的人员等资源组合起来为某特定区域的顾客提供服务。例如,许多跨国公司可能会成立诸如太平洋分部、欧洲分部、北美分部等区域部门专门为该地区的客户提供服务;国内某些企业也可能成立华北分部、华东分部、西南分部等为该地区提供专门服务的机构。区域组合常见于地理分布特别广的企业组织,例如跨国公司等企业,也可以用于部门内部的组合,尤其是销售部门,因为业务的需要,经常采用区域组合的方式。

4)混合式组合

事实上很少有哪家企业是单纯采用一种组合方式的。采用两种以上组合方式的称之为混合式组合。前几种组合方式实际上已经提到混合式组合,比如有的企业整体上采用职能组合,但销售是面向全国的,需要在各地区设立销售网点,所以销售部门就采用了区域组合的方式;再比如有些企业根据产品的不同成立各个事业部,但事业部内部可能需要采用职能组合,还有可能在某些职能上(例如销售)采用区域组合。

总之,不同的工作内容、不同的报告关系以及不同的组合方式,就会形成不同的组织结构。没有哪种组织结构是最完美的,企业应根据自身情况寻求最适合的组织结构类型。

本章小结

职务设计是在工作任务细分的基础上,给员工分配所要完成的任务,并规定员工的责任和职责。在职务设计时应遵循效率原则、工作生活质量原则以及系统化设计原则。设计的具体方法有职务专业化、职务轮换制、职务丰富化和职务扩大化四种方法。岗位设计的科学性直接决定人力资源管理工作的有效性,决定人力资源的管理工作作用的发挥。

职能设计是指企业的经营职能和管理职能的设计,是结构设计的一个重要组成部分,其主要内容包括基本职能设计、关键职能设计以及职能分解。职能设计的方法包括职能结构分析、企业组织的基本职能设计、企业组织的关键职能设计以及职能分解。

管理幅度是指一名领导能够直接而有效地管理的下属人员的个数。管理幅度的设计受到诸多因素的影响,设计的方法主要是经验统计法和变量测定法。管理层次是指从企业最高一级管理组织到最低一级管理组织的各个组织等级。管理层次的设计可以根据企业纵向职能分工、有效管理幅度推算具体的管理层次;按照提高组织效率的要求确定具体的管理层次;按照组织的不同部分的特点对管理层次作局部调整。

部门设计就是确定企业管理部门的设置及其职权配置。组织部门设计的方法可以分为自上而下划分、自下而上划分和按照业务流程划分三种。然而只有把组织中的各个部门有机地组合在一起,才能够发挥最大的效能,其组合方式有职能组合、事业部组合、区域组合、混合式组合四类。

批判性思考与讨论题

1. 职务设计应遵循哪些原则？其方法有哪些？

2. 组织职能设计的内容是什么？包括哪些方法？

3. 管理幅度设计有哪些方法？在设计时应考虑哪些因素？

4. 管理者可以采用哪些方式进行部门划分？包括哪些组合方式？我国企业部门设计一般采用哪种组合方式？

5. 简述管理幅度与管理层次之间的关系。

案例分析

2019年12月10日，以“壮丽70年文化新传承”为主题的第十四届全国交通运输文化建设高峰会在石家庄隆重举行。会议首先对2019年度全国交通运输文化建设优秀成果进行了表彰，随后便开始宣布获奖情况，只听见主持人掷地有声地念道：“恭喜龙骧巴士公司荣获‘全国交通运输文化建设卓越单位’、龙骧橘子洲公司荣获‘全国交通运输文化建设优秀单位’两项重量级荣誉”，话音刚落，场下便响起雷鸣般的掌声。

一家市级的混合所有制公交公司，却赢得了全行业的认可，作为在龙骧巴士主持工作几十年的老公交人，赵智勇感慨万千，不禁想起龙骧巴士从建立初期的濒临破产变为现在的连续盈利15年、从曾经的政令不通到现在基于信息技术系统的高效沟通，龙骧巴士一路走来的变革历程也开始在脑海中慢慢浮现……

百年龙骧

湖南龙骧交通发展集团有限责任公司（以下简称龙骧集团）1921年成立，拥有近百年经营历史，是长沙市委、市政府直管的大型企业，湖南省交通运输行业的龙头企业，中国道路运输一级企业，交通运输部重点联系道路运输企业。2005年初，长沙市政府在对长沙市公共交通总公司完成资产清算、重组的基础上，将所属分公司及其他附属资产打包成5个“资产包”进行有限邀标。湖南龙骧交通发展集团有限责任公司斥资1.38亿元竞标获得了2.5个资产包，接手了长沙市公共交通总公司二、六、七公司，公用客车厂，长沙长江客车有限公司以及技工学校的经营权，并与二、六、七公司，公用客车厂和长沙长江客车有限公司组建了“湖南龙骧巴士有限责任公司”。

随着企业的不断发展，龙骧巴士的组织结构也在不断地调整，如图4-1所示。最初是沿用原长沙公交的组织结构，各部门权责清晰，决策命令由最高层领导直接下达，集权程度较高。为了活下来，企业不断地进行组织结构变革，其中大幅调整有两次。在2005年进行了第一次重大组织结构改革，将“三级管理、二级核算压缩为二级管理、一级核算”，启动了组织结构扁平化的进程。第二次组织结构重大变革是在2017年，提出将组织架构划分成前台和后台，前台为智能运营管控中心，后台为经营管理中心，将管理模式创新为更加高效、保真、扁平的“一级管理、一级核算”，并力图实现“一级分配”。

公司规模也由改制之初的27条线路、709台车、员工3809人，发展到2020年6月拥有两个业务板块、五家控股公司、两家参股公司。其中公司业务板块：龙骧巴士拥有营运线路67条，营运大巴车辆1415台（其中纯电动汽车997台）、员工人数2867人；龙凤龙骧拥有营运线

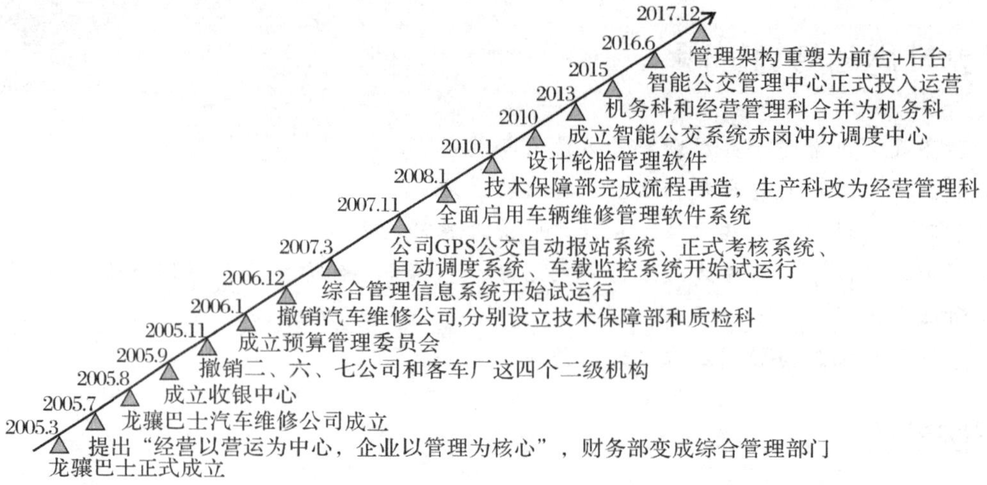
2017.12
2016.6
管理架构重塑为前台+后台
2015
智能公交管理中心正式投入运营
2013
机务科和经营管理科合并为机务科
2010
成立智能公交系统赤岗冲分调度中心
2010.1
设计轮胎管理软件
2008.1
技术保障部完成流程再造，生产科改为经营管理科
2007.11
全面启用车辆维修管理软件系统
2007.3
公司GPS公交自动报站系统、正式考核系统、
自动调度系统、车载监控系统开始试运行
2006.12
综合管理信息系统开始试运行
2006.1
撤销汽车维修公司,分别设立技术保障部和质检科
2005.11
成立预算管理委员会
2005.9
撤销二、六、七公司和客车厂这四个二级机构
2005.8
成立收银中心
2005.7
龙骧巴士汽车维修公司成立
2005.3
提出“经营以营运为中心，企业以管理为核心”，财务部变成综合管理部门
龙骧巴士正式成立

图 4－1　龙骧巴士组织结构调整图

路4条、营运大巴车辆52台、出租车200台。旅游业务板块：拥有观光电瓶车75辆、观光小火车24列（其中纯电动观光小火车14列）、纯电动旅游大巴5辆；拥有两条客运航线，审批运力客位数1250个；在运船舶13艘，客位数690个。时至今日，龙骧巴士已占据长沙公交市场的半壁江山，并朝着“创新龙骧、文明龙骧、繁荣龙骧、和谐龙骧”大步迈进。

寒冬机遇

2005年长沙公交市场化之后，长沙市公交市场形成了以湖南龙骧巴士、湖南巴士及众旺、万众、嘉年华、红光、三叶、恒通、凯程等七家民营巴士为核心，形成了两大带七小的格局。逐步形成的非良性竞争所带来的一系列问题开始暴露，有人用“五个难”来形容长沙市公交行业的困境：资源优化难、服务提升难、管理规范难、监管到位难、乘客满意难。公交企业在经济性与公益性之间，承受着难以承受的煎熬，承载着难以承载的责任。

从中国整体公交行业来看，公交行业投资门槛低、经营主体多、生产分散，加之道路资源的开放性以及交通需求多样性和不均衡性等复杂因素，城市地面公交市场失灵现象较为突出。与伦敦、巴黎等国际“公交都市”相比，我国城市公共交通服务仍旧存在运营管理水平和服务质量较低等问题。城市公共交通运输企业一般都是典型的国有企业，或具有强烈的行政色彩化公司，拥有十分典型的传统组织管理模式，在组织管理模式越来越难以与当前经济社会发展形势匹配的局面下，公共交通运输企业面临外部私营客运公司的竞争，内部公司利润不断下降，乃至亏损，需要政府补贴。

近年来，城市公交行业改革开放的步伐进一步加快，城市公交企业生存和发展面临新的机遇。党的十九大明确优先发展城市公共交通的战略地位，肯定公共交通推进城市持续发展的关键作用。2016年，交通运输部提出“围绕规划引领、智能公交及互联网＋、快速通勤、绿色出行、城市交通综合管理等主题开展公交都市建设，推动城市公共交通优先发展战略全面落实”。要转危为机，把握机遇，应对挑战，取得发展，城市公交企业必须审时度势，从企业组织结构层面深入改革创新，挖掘新的增长点，理顺运营体制和机制，打造符合企业战略发展的内优外强的新型组织机构。

浴火重生

1. 困境之中求出路

龙骧巴士刚成立便立刻组织了一个以赵智勇为首的筹备小组，力求把龙骧巴士成立前期以及成立初期的各项工作做好。2005年4月5日，筹备小组的第一次会议在老公交总公司的一个俱乐部的一间30平方米的房子里进行。会议刚开始，赵智勇便直奔主题："我们都在公交行业待了多年时间，我也是从公交驾驶员一路走到现在，国企发展过程中的种种兴衰我也看在眼里。龙骧巴士从国企改制而来，发展情况不佳，公司注册资本3000万，当年亏损却高达2000多万，长此以往只有死路一条，我目前的想法就是要让龙骧巴士融入市场发展的大环境并顺利活下来，今天开会便是要讨论出一个对策。"

话音刚落，时任长沙公交总公司营运处处长的张劲语重心长地说道："要讨论对策那得先分析形势，目前龙骧巴士处于内忧外患之中。对内，龙骧巴士接手的资产包80%左右都是不良资产，企业内部线路资源差、冗员多，资产本身就存在很大的问题。此外，由于组织结构存在问题，企业内部信息传递受阻、政令不通的现象成为常态。企业经营不善再加上沉重的历史包袱自然就将企业的财务拖垮。对外，目前长沙市公交行业市场面临多重困境，整个市场环境也不景气。而且，政府、社会、乘客对公交服务的意见成堆，难有好评。"正当大家为目前的情形而感到忧心时，时任长沙公交总公司营运处总调度的李曙光不紧不慢地说道："我们目前也不完全是险境，听闻国务院总理做出重要批示，要求各地贯彻'公交优先'的战略，在建设部出台的《关于优先发展城市公共交通的意见》中，提出扶持城市公交的五大措施：一是提供对政支持；二是规范补贴制度；三是调整客运票价；四是实行用地划拨；五是加大科研投入。"

李曙光的话似乎让赵智勇想起了什么，只见赵智勇若有所思地说道："机遇面前，我们穷则思变，既然龙骧巴士目前的状况是有问题的，那要活下来就得改变现状抓住机遇，进行改革才是龙骧的出路。要改革必须从组织的根基入手，目前龙骧巴士组织结构臃肿，组织各项权限高度集中，公司高层领导可以通过直线型的权限关系对整个公司进行严格控制，但公司经营需要通过6到8级的纵向权力关系来协调、控制和反馈，基层人员的工作主动性不高、积极性受限，公司内部决策的速度缓慢、决策质量差，影响公司对环境的适应性和应变性。继续使用原组织结构将导致对内管理效率低、对外经营不灵活，要发展必须先瘦身，将组织结构进行压缩精简，轻装上阵才有赢的可能。"

2. 管理核算降层级

赵智勇此前一直在原长沙公交集团任职，对企业内的情况十分了解，企业应该如何改，他一直在思考，并且在筹备小组的一次会议中跟大家谈了组织机构设置的想法："企业目前层级过多导致政令不通，所以首先得降层级，经过认真考虑之后，我认为可将'三级管理、二级核算'压缩为'二级管理、一级核算'。将中间的二级机构撤销，构建一个高效、扁平、保真的管理架构。"具体组织结构变化如图4-2所示。

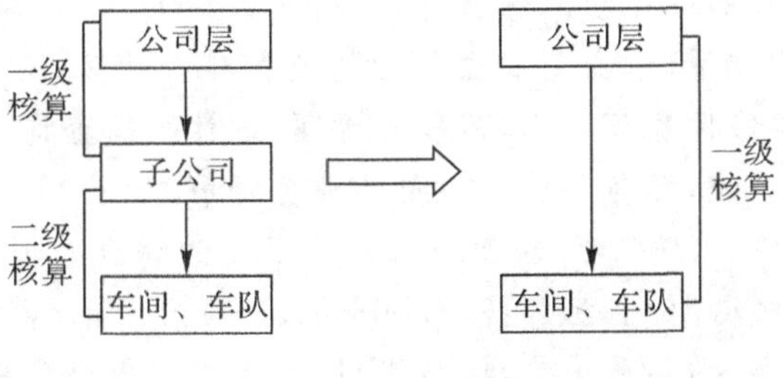

图4-2　2005年组织结构变化图

虽然有不少人对此提议点头表示赞同，但是人力资源部部长却满脸忧思，他沉默了一会儿说道："这个改革方式对企业发展固然是十分有利的，但是改革的过程却可能会比较困难。毕竟集团公司接收资产包的时候承诺过二级结构不撤并，这些人的待遇不变，此次组织结构重大调整，必然会涉及多人的经济利益，最重要的是结构调整引起的人员精简，可能会引起轩然大波，因为这是直接端掉人家的饭碗啊！"话音刚落，全场变得异常安静。考虑许久之后，赵智勇坚定地回应说："端掉人家饭碗，是件得罪人的大事，但得罪人的事总要有人来干。继续吃大锅饭是肯定不行的，一定要变，一切以企业利益为重，我是企业的操盘手，我有责任挑起这副重担。"听完赵总一席话，大家均对赵总的果断和勇敢表示佩服。

提议一经通过，便马上着手进行变革。首先，考虑到企业分散资金风险大，而且收银工序多、分布广，原公司各自为战时日已久，各有一套管理模式，集中起来难度不小，为了应对这个问题，公司在 2005 年 9 月成立了收银中心，业务关系全部归口于公司财务部管理，由财务部分派核算员到每个车间进行核算，真正向一级核算靠拢。然后，在 2005 年 11 月撤销了原长沙市公共交通总公司二、六、七公司和客车厂四个二级机构，同时决定实行公开竞聘上岗的选聘机制，按企业新的需求对机构和管理岗位重新设计和整合，原来 385 名管理干部精简为 178 名，员工必须按照"合适的时间、合适的岗位、合适的人选"重新竞聘上岗，实施了企业的第一次管理架构重塑。

3. 股权改革助落实

公司经过五年的发展后，政令不通的问题得到了解决，但是每个月的生产讲评会上赵总却发现员工的工作积极性不高，新型组织结构难以落到实处，这又该如何处理呢？在一次去龙骧集团的调研过程中，赵总被龙骧集团改制过程激发了灵感，便突然顿悟：让管理团队在经营管理中更具有创新性和主动性，让管理团队与公司形成利益共同体，进行股份制改革是必由之路。于是，龙骧巴士开始进行股份制改革。经赵总回忆："改造后的公司股份 49% 由龙骧巴士管理团队持有，51% 由龙骧集团持有，完善了法人治理结构，对于后续升职的经营层员工，在企业没有增资扩股的情况下则是通过履职保证金的方式给员工发放红利，实现了管理团队与公司的风险共担和利益共享。如此一来，当每个月财务部根据财务数据在生产讲评会上对各部门提出尖锐的修改意见时，即使各部门内心有所抵触，但是出于对自身利益的保护也会选择接纳建议进行自身的完善，从而促进新型组织结构的落实。"

为实现"不想死，还想活，还想活得更好"这一目标，企业在 2005 年组织结构重大调整之后也陆续根据企业发展情况进行组织结构的微调，同时也开发出各种管理系统为组织结构变革的落实提供技术支撑。2006 年，企业成立了预算管理委员会，年底，撤销龙骧巴士初建时成立的维修公司，改为企业内部的一个技术保障部，运行一段时间后，发现质检工作如果由技术保障部承担难以发挥监督的作用，故立刻成立单独的质检科。从 2006 年起，公司陆续推出办公自动化、营运数据采集、维修保养管理、库房物资管理、统计数据查询、人力资源管理、视频监控管理、智能调度等 8 个子系统，涵盖了公司主要的业务流程，为公司实现"精细化管理，低成本运营"目标提供了技术保障。2007 年，由财务部牵头研发的综合管理信息系统开始试运行，开始逐渐向"管理以财务为核心"的目标靠拢。2008 年，全面启用车辆维修管理软件系统。2010 年，技术保障部进行流程再造，将原生产科、技术科、物供中心整合为经营管理科、机务科、物供科，同年，设计轮胎管理软件。2013 年，公司启用智能调度系统。2014 年，机务科与经营管理科出现业务冲突，故将机务科与经营管理科合并为机务科。2016 年 6 月 1 日起，公司所有线路实现集中智能调度。2017 年 6 月 1 日,公司全新管理机构——智能公交管控中心正式挂牌运营。信息平台的建立不仅让各级管理人员都能通过对这些细节数据的分析达到精细化管理的目的,而且让数据的传递变得及时、迅速,每个员工都工作得一目了然。

创新图强

1. 发展过程遇瓶颈

将“三级管理、两级核算”压缩为“二级管理、一级核算”仅仅是将管理层级和核算程序简化了,随着企业规模的不断扩大,这种组织结构也开始无法胜任。在 2017 年 10 月份的生产讲评会上,赵智勇总经理按照惯例,让参会人员进行自省,既包括对自身的反省也包括对企业的反省。这一次,财务顾问李慧玲抢先发言:“第一,未来长沙市地铁 1 号线开通运营,1、2 号线实现换乘,覆盖南北、东西两大客流走向区域。地铁巨大的客运量给公交带来了极大的竞争,另外其他两家公交公司的新线开通将乘客分流,还有日趋多样化的交通出行方式给了市民更多的选择,导致企业从 2016 年开始经营业绩呈断崖式下降。第二,二级管理组织结构框架下赋予了部门一把手更大的权力,从而有更强的职位优越感,导致部门之间的壁垒越来越严重,部门之间的合作协调问题也开始凸显。第三,企业为进行经营多元化,开始实施深蓝计划,但是现有的组织结构却难以满足多元化战略的需求。在这一情况下我们不得不反思企业管理结构是否能更为扁平,优化岗位设置,从而有效应对激烈竞争?”

经营信息管理中心的负责人回应道:“从信息技术方面而言,让组织结构更为扁平,信息传递更为迅速是可以实现的。企业内部形成的各项信息系统,其所组成的一个巨大的数据池可以供各个部门使用,从而能够将部门之间的沟通渠道打通。”说完,赵总打开面前的话筒,提问道:“既然我们有这个条件,那我们要如何去改呢? 如何将组织结构进行更深层次的扁平化以改善目前的处境?”这一问题把在场人员都问住了,见大家都默不作声,赵总继续说道:“既然大家都没有想法的话,那就成立一个组织架构改革小组来专门做这个事情。”

2. 部室上下去边界

2017 年底,经过深思熟虑和精心策划,以赵总牵头的组织架构改革工作小组制定了公司管理架构调整方案,随后把方案分发给各部门负责人,要求在年会期间进行讨论。调整方案的具体内容主要是:企业各部室按生产要素划分为前台和后台,与营运生产组织相关联的要素全部集合到智能运营管控中心形成前台,把服务、支撑营运生产组织相关联的要素全部归集到经营管理中心,形成后台,公司全新架构由前台与后台构成。取消全部原有科室、部室,消除部科室上下级的“楼板”,打通部门之间的“隔板”,拓展岗位的业务边界,最大限度整合管理资源,激活人的潜能。企业以业务为核心,前后台实行业务经理领导下的业务主办负责制,管理重心下移、前置,突出现场管理,重视管理现场,力求减少信息传递环节,使管理直接、高效。具体岗位的设置随业务流程的优化、信息化的应用及个人业务素质的提升而灵活调整,力求结构高效运行。将管理模式创新为更加高效、保真、扁平的“一级管理、一级核算”,并力图实现“一级分配”。具体组织结构如图 4－3 所示。

年会一开始,有人便气冲冲地说:“把车间和车队相关要素整并为前台,其他大部室整并为后台,这是伤筋动骨的大变革啊,企业现在处于经营特殊时期,需要求稳,这样大改对企业来说风险太大,弄不好会让企业一蹶不振。”见状,此次改革方案受影响比较大的生产经营部和技术保障部也开始表示不满,由于改革会导致其职位不稳、利益受损,所以情绪比较激动,甚至到后来部门之间开始出现言语冲突,比如“你是不是对我有什么不满”“你是不是有什么企图”……

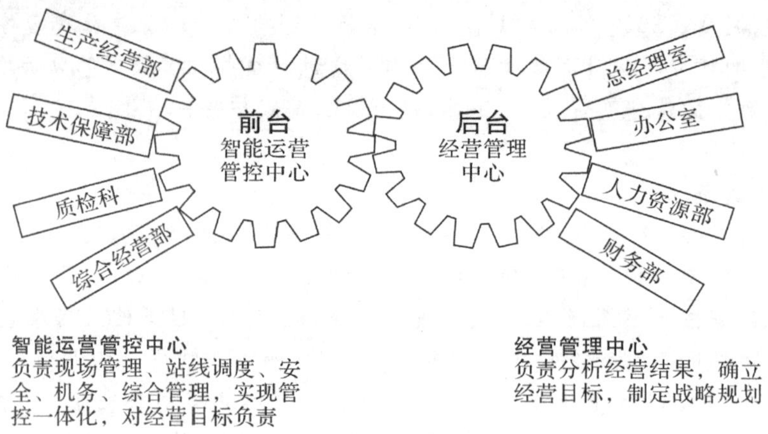

图 4-3 第二次重大改革后组织结构图

面对这一混乱的情形，赵总便站出来维持秩序，他语重心长地说道："之所以改，就是因为企业结构存在问题，导致企业现在面对外部竞争时处于弱势地位，如果因为企业经营不善就不敢改、不去改，那和等死有何区别。另外，我们之所以改，就是为了让企业发展得更好，自己职位带来的优越感与企业的发展前途相比，哪个更重要你们应该心里都清楚，作为公司的股东应该站在企业的角度去考虑而不是只想着自己的那一点蝇头小利。"说完，刚刚几位虽然心有不满但还是默默地低下了头。

3. 业务权力再下放

改革后的企业不再有科长、部长，取而代之的是业务主办，每一项业务设置一个主办，如人力资源主办，其主要是对人力资源相关业务进行安排，业务成员在完成业务任务时有任何资源或人员需求可上报主办，由业务主办从企业内部各处召集所需资源，对本业务提供支持。但是这样一来企业内的业务仍然是日常业务，为跳出常规业务，促进企业创新发展，组织架构改革小组决定对业务主办制进行再一次的完善。

一个月过后，改革小组便把各业务主办召集起来进行讨论。小组组长首先介绍方案："本方案的主要目的是鼓励企业全体员工自发申请业务，成立项目小组，业务不分性质，一切以是否有利于企业降低成本、提高效率为标准，匹配企业内部的需求，主要是为了丰富企业内的业务内容和范围。项目申请成功的员工便成为项目负责人，项目遵循的是首问负责制，在业务进行过程中，项目负责人可以根据需要直接支配企业内的资源，业务权力直接下放到项目负责人手中，即使是原直属上司此刻也要任项目负责人差遣，业务的结果也由项目负责人全权负责。"听完组长的介绍，各主办意识到这不仅对企业发展有利，更有助于激发员工的思考能力和工作积极性，于是这一方案得到一致通过。

4. 克服阻力现成效

尽管方案顺利通过，但是在实施过程中还是出现了一些小问题。比如，某一天上午，赵总刚到办公室，人力资源部部长便敲开了办公室的门，满脸愁容地对赵总说道："赵总，组织结构改革为前后台，部分岗位被撤销，人员也有大幅缩减，这些人怎么办呢？有的在企业工作了十来年，企业是他们唯一的收入来源，而且每个人背后都代表了一个家庭，这些人的去处需要尽快处理啊！"赵总在决定改革之时也预料到会出现类似的问题，其实也早有了解决方案，便回答道："这些员工跟随企业十几年，工作技能比较单一，我们可以在企业内部对他们进行岗位分流，比如让原来洗车的员工担任客服。在招聘方面每年除招聘一些高学历的知识分子之外就不要再有其他方面的人员补充了，让员工达到退休年龄来逐渐缩减内部人员数量。最后，我也清楚在改革之后员工的观念还停留在原职位上，这还需要你们部门多下点功夫帮助员工观念转变，尽快接纳并全力落实新型组织结构。”

改革过程中出现的小插曲丝毫不影响改革的最终效果，在组织架构改革工作小组提交的组织结构改革反馈意见中写道：“此次前、后台的管理架构一方面大幅减少了员工数量，比如技术保障部由原来的15人减为现在的7～8人，大大降低了人工成本。另一方面，人员减少使得不同部室能够集中到一个大的办公厅进行日常办公，当一线司机按下事件警报器时，办公大厅的调度席和数据分析中心都能迅速收到警报信号，并立即聚集到一起进行会议讨论，分析事件原因并确定对策，大大加快信息传递速度并提升解决问题的效率。龙骧巴士组织结构变革一直受到龙骧集团领导的高度重视，领导们此前特意到企业进行调研，黄阳董事长还对此次变革给予了高度肯定”。

铿锵前行

湖南龙骧巴士有限责任公司自组建以来，大刀阔斧抓改革，聚精会神谋发展，持之以恒求创新。一路走来，龙骧巴士基本实现了将企业文化、预算管理、运营管理、成本管控、绩效考核等综合管理融为一体的初衷目标，创建了独具特色的智能公交管控体系，实现了公交行业的创新管理。不断扁平化的组织结构不仅让龙骧巴士走出困境，更让企业经济效益大幅增长，实现连续十五年盈利，迅速成长为长沙公交行业的骨干企业。

龙骧巴士团队不断从困境中走出来，在风雨中蜕变，在今天这样困难的公交运营环境下，如何在地铁的包围中解决营收成本问题？如何培养和锻炼后续经营管理人才？龙骧巴士作为一支思维创新型和标杆型的团队，一定能再一次实现经营管理上的认知升级。浴火重生的湖南龙骧巴士曾见证了长沙公交昨日的灿烂，“破茧成蝶”的湖南龙骧巴士必将谱写长沙公交明天的辉煌！2020年6月8日，长沙市政府召开专题会议，研究长沙新一轮公交体制改革工作，下一步，长沙将现有的三家企业整合成一家混合所有制企业，龙骧巴士作为其中一员将扮演什么样的角色，其在完成了从垂直到水平的转变后又将走向何方……

资料来源：中国管理案例共享中心案例库。

【启发思考题】

高层结构与扁平结构各有何特点？为什么在当今时代企业组织纵向层次结构呈现扁平化的趋势？

实操训练题

1. 某小型电器公司，共有员工100人左右，技术和管理都比较简单。假定高层的管理幅度为6～9人，基层为10～15人，请为这家公司设计管理层次，并从组织效率的角度来说明理由。

2. 一般来说，我国企业在基层大多采用扁平结构。比如，一个200人左右，机械化水平中等的车间，一般分为车间主任和班组长两个管理层次。而多数日本企业则相反，同样规模的车间里往往有工场长、挂长、作业长和工长4个层次。实际的结果是日本企业虽然管理费用要高一些，但效率要远远高于中国企业。请结合所讲内容，分析我国企业效率低的原因。

第5章　组织职权设计

本章的研究内容

1. 职权的定义、特征及其分类
2. 职权、职责与权力的区别
3. 集权与分权的含义
4. 组织职权设计的要求、方法
5. 集权与分权的优缺点、原则、标志及其影响因素
6. 组织授权的定义、基本原则、好处及其授权的方法

关键概念

职权(authority)
直线职权(line authority)
参谋职权(staff authority)
职能职权(functional authority)
集权(centralization)
分权(decentralization)
授权(authorization)

开篇案例

2008年12月4日，约翰早早夹着公文包跨入了沈阳泰古百货公司。总经理办公室位于三楼办公区一个封闭、独立的区域，在约翰上任前的两年里，这间办公室已经四易其主，最长的任职有10个月，不同的总经理留给沈阳泰古百货不同的工作风格、工作模式及管理规定。

第一个向他报到的是行政部经理鲁宾，简短的寒暄后，鲁宾把各部门经理例行公事地分别带到约翰办公室进行引见。从会面的交谈中和大家的表情中，约翰感受到大家对工作存在一种淡漠和无奈。三个月的了解使他坚信，沈阳泰古百货是一家很有潜质的百货商场，在商圈选择、品牌定位、入驻店铺、装修布局等关键的硬件环境方面近乎完美，不知为何开业至今业绩一直不理想。他觉得问题应该出自内部，他意识到他应该尽快进入角色，必须马上向大家传导积

极的情绪,鼓舞士气,使大家振奋起来。所以他决定下午的周例会正常召开,在会上他要表达这一情感,他要首先赢得下属的信赖和响应。

约翰其人、公司其事

约翰曾供职于百货业中的知名高端百货集团——美西百货,他不但具有十多年的百货业从业经验,而且不乏带领团队完成全新项目独立操盘的成功经历,在经营业绩、团队建设、组织管理、市场营销等方面都成绩不俗、颇有建树,这些也为他多次赢得老东家美西百货的嘉奖和行业的良好口碑。达到事业高峰的约翰,被视为百货行业的顶尖人才,受到多家百货集团的青睐,自信干练、春风得意的约翰将面临他人生的又一次攀升,加入百货行业的顶级集团——泰古百货。2008 年 9 月,约翰正式加盟泰古百货集团,第一份工作是担任沈阳泰古百货总经理,在接任之前他为自己争取了 3 个月的独立考察期。考察范围涵盖了沈阳泰古百货的市场定位、客户选择、商圈圈定、业态组合、品牌策略、竞争信息等,这些都将对沈阳泰古百货营运状况产生深远影响。在经过 3 个月的充分调研和准备后,约翰于 2008 年 12 月满怀信心地踏入了沈阳泰古百货的大门。

沈阳泰古百货成立于 2006 年 6 月,主营国际高端奢侈品牌。沈阳泰古百货是香港泰古集团在内地开设的一家全资子公司。香港泰古集团于 1980 年创建,目前集团拥有多个世界知名品牌的专营权。同时,其经营的迪生钟表珠宝店亦以售卖世界顶级名牌腕表及珠宝首饰而声名显赫。泰古集团公司选择在沈阳设立子公司,一是考虑沈阳的投资环境相对宽松,经济发展速度快,居民购买力和消费档次不断提升;二是通过市场调查发现,沈阳百货商场虽然很多,诸如沈阳新世界、沈阳商业城、中兴百货等,但主要经营中低档商品,即使有一些国际品牌,也存在着花色品种单一、销售地点分散的问题。因此得出的结论是:在沈阳投资设立一家专门经营国际高端产品的百货公司,将顾客群锁定在对国际高端品牌认可度和忠诚度高、有购买欲望和购买力的高薪阶层,将会商机无限。

沈阳泰古百货公司目前组织架构及部门经理以上任职人员如图 5-1 所示。

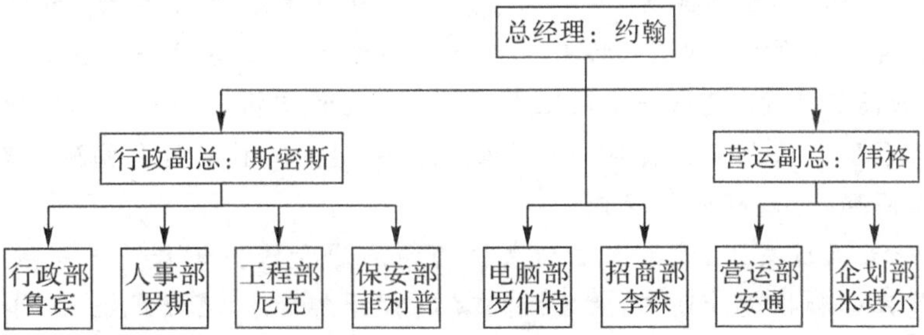

图 5-1 沈阳泰古百货公司组织架构及人员安排

沈阳泰古百货于 2006 年 6 月进驻沈阳并进入招商阶段,当时各大媒体争相报道。泰古百货作为国际高端百货的代表进入沈阳,是对沈阳奢侈品消费能力的一种绝对认同及国际性的抬升,招商工作进展得非常顺利。2007 年 3 月 25 日泰古百货进入试营业阶段,许多商铺在商场试营业阶段开始进驻,与商场签署的合约期为两年。转眼两年过去了,2009 年 3 月末大部分的商铺合约即将到期,是否续约?许多店铺仍然处于观望中。此时,沈阳泰古百货已经意识到后续招商的重要性。

气氛冷漠的首次高层见面会议

下午2点,行政副总斯密斯便召集部门经理以上人员召开了约翰到任后的第一次高层会议。

会议由行政副总斯密斯主持。约翰首先做了一下自我介绍,然后是各部门负责人依次进行一周工作汇报,大家的发言都很简短,大都是总部对各部门的要求和本部门对总部任务的落实情况。约翰感觉各部门好像都在把总部的要求通报给他,不但部门间没有任何交流和思想碰撞,也没有征询他意见的味道。也许自己第一天来,大家还不了解自己,这是可以理解的,约翰随后便开始了自己最擅长的即兴演讲,以鼓舞士气。除了新来不久的电脑部经理罗伯特有所表情不时回应外,其他部门负责人都面无表情、眼神黯淡,俨然是个局外人。面对此情此景,约翰不得不"草草收场",觉得自己还是操之过急,应该循序渐进开展工作为好。

死气沉沉的工作氛围

这已经是约翰参加的到任后第三个周例会了,他很确切地知道管理团队中的每个人都应该了解自己的高效、灵活和创新的工作风格了,他也不时在与部门经理谈话中渗透给他们,但这些好像没有丝毫作用,大家工作仍然保持着原来的工作轨迹,死气沉沉的工作氛围让约翰感到压抑和气愤,他觉得应该触动一下大家了。在各部门经理例行汇报后,约翰对人事部提出的一项总部责令处罚员工违纪通报提出质疑:第一,为何已经提出要处罚的事情到目前还没有执行;第二,公司已经成立两年有余,员工手册也已经下发近两年,而为何处罚流程目前仍未确定。

在听完人事部经理罗斯的汇报后,约翰发表了自己的意见。

"这是我第三次与大家召开周例会了,关于会要怎么开,我觉得有必要强调一下。因为开会是有成本的,时间就是金钱;开会就是要集思广益,就是要发挥团队决策的优势,会议不是走过场,更不是搞形式。我们要通过会议听取大家的意见和建议,提高我们的工作效率和改进我们的工作方法。我想重复一下我的工作原则——尽职尽责、勇于担当。我最不愿看到因为个人的原因影响到部门的工作,乃至其他部门的工作。各位都是很有经验的,希望发挥你们的专长。泰古百货是一个国际性的品牌,不要与当地的小百货商店相比,年限、历史、区域性都不能相比。沈阳泰古百货也在拓展业务,将来企业会回报给在座的各位一个很好的平台。我们为了一个目标:经营高级百货,提供一流的服务,收到一流的回报,希望大家尽职尽责,各部门的工作要上一个新台阶。请大家在会后一周内制定本部门的工作目标和推进计划报给我。在工作中如果有什么问题,可以随时找我谈。"

然而,时间一天天过去了,没有人主动来找约翰沟通和汇报工作。一周后,约翰收到了各部门报来的工作目标和推进计划书,他发现内容没有什么新意,墨守成规,工作目标不明晰,推进计划也只是简单的时间罗列,没有具体的措施和落实责任人,涉及部门交叉的工作职责,各部门都避而不谈。看了这些报告,约翰陷入了沉思。

混乱的公司内部管理

2008年12月19日,约翰收到了香港总部总裁签发的"商户撤柜/退场流程"的电邮,便询问行政副总斯密斯:"商场已经开业两年多,为什么商户撤柜流程才签批出来?"斯密斯回答道:"最近商场有商铺要撤柜一直没处理。"约翰认为这些工作流程应该事先制定出来,写入公司规范化管理手册中,不能等到实际发生了再临时请示汇报。

12月27日早,约翰收到营运部一封紧急电子邮件,内容为:已撤柜商铺暂存于沈阳泰古百货库房的近30万元的商品丢失。约翰立即召集行政副总斯密斯、保安部经理菲利普及相关人员召开紧急会议，磋商和处理这一恶性事件。约翰准备事态平稳后再形成报告上报总部，然而总部在没有和他进行任何沟通的情况下，于当日晚6点便就此事给出了如下的处理结果：沈阳泰古百货保安经理、主管及26日当班保安领班给予严重错误记过处理，扣发当月工资，同时要求约翰就此事尽快做出解释。

约翰对此事感到非常被动，也非常生气。作为总经理，按照工作流程，应该由下属向他汇报，他了解情况后再向总部汇报。而情况正相反，总部已经了解清楚并下达了处理意见，而他还蒙在鼓里。

接连不断的人事危机

一波未平，一波又起。在商场出现物品丢失的同时，沈阳泰古百货接到了几位已经离职的员工在劳动仲裁处对沈阳泰古百货提出仲裁的申请，原因是沈阳泰古百货未对这些员工任职期间的加班工作支付应有的劳动报酬。总部得知此事后，对人事经理非常不满，认为是由于人事经理没有合理安排员工的工作时间，进而导致如此多的加班情况出现。并指示：对起诉不提供任何形式的赔偿，他们申请仲裁的理由不成立，请人事经理进行解释和出庭抗辩。人事经理罗斯与集团公司法务部已经就连续不断的员工起诉多次出席了法庭抗辩，已经被搞得焦头烂额，又受到总部的无端指责，感到很委屈。因为加班安排是由各部门根据工作需要提出申请，经公司分管行政副总批准的，并非人事经理职责所及。

2008年12月下旬，行政部、保安部、人事部及工程部等各部门经理联合向暂驻于沈阳泰古百货的集团营运及行政董事凯西就行政副总斯密斯过去一年多的工作提出投诉。营运及行政董事凯西分别与各部门经理谈话，并明确表示她需要时间解决这个事情，一定会给大家一个公平的交代。她要求部门经理与行政副总进行工作电邮沟通时要抄送给她。此时，约翰已经到职就任。此后的一段时间内，各部门负责人与行政副总的电邮沟通开始了。电邮中的工作推诿、批评、抱怨之词随处可见。2008年12月29日，总部集团总裁签发了一份文件直接发至沈阳泰古百货各部负责人，内容为沈阳泰古百货各部门负责人的工作能力令人怀疑，不配合行政副总的工作。不久，公司以终止合同的理由令保安部经理离职，但在通知保安部经理离职前，约翰并未接到任何通知，只是要他通知保安部经理办理离职手续。没过几天，约翰又收到总部的通知，让人事经理办理离职手续。行政部经理鲁宾也听到同事的询问，是否她也会离职。鲁宾未做正面回答，只是说："总部根本不了解这边的实际情况，仅凭一家之言就辞退人员，这样怎么能稳定人心、留住人才呢？公司现在想辞职的人员很多，我也只是时间早晚的问题"。沈阳泰古百货公司人员流动汇总如表5-1所示。

表5-1 沈阳泰古百货公司人员流动汇总表(编制总数量:135人)

时间段	总经理		部门经理		部门职员	
	入职	离职	入职	离职	入职	离职
2006.3—2007.12	2	1	8	0	126	13
2008.1—2008.5	1	1	2	2	26	26
2008.6—2008.12	1	1	3	3	35	35
2009.1—2009.5	1	0	2	3	37	37

举步维艰的营销活动

一年一度的圣诞节正在临近,沈阳各大商场开始呈现出欢乐喜庆的节日气氛,各类重磅级的促销方案也已闪亮登场。泰古百货商场的布置活动也已经开始,但此布置方案均为总部的企划总监远程遥控。约翰在就职后就开始着手做圣诞节的促销方案,他相信凭借自己多年来在圣诞节营销方面积累的丰富经验,这次一定能够获得成功,从而树立自己在员工心目中的威信和形象。12月19日上午,正当他召集企划部研究最终促销方案并准备公开发布信息时,总部就此事的指示及最终方案已经发至沈阳企划部并要求其遵照执行。约翰在看到总部方案时,觉得自己的很多思路和构想都没有体现在方案中,于是问企划经理米琪尔,总部在确定方案时是否会考虑沈阳方面的意见及建议,企划经理米琪尔缄口未答。直到12月23日约翰才召开商场圣诞促销活动部门协调会,按照总部的方案做了分工和布置。约翰与总部圣诞节营销方案对比如表5-2所示。

表5-2　约翰与总部圣诞节营销方案对比

序号	约翰	总部
1	结合中国人迎接春节的传统心理布置卖场并突出喜气与高贵	简单进行布置,以棕红配黑色为主色调,以体现简洁不简单的理念
2	以增加会员积分倍数及加大赠品等级的力度等方式为促销主题,例如购买一定金额时可获赠相对应的现金购物券	与以往一样正常积分及礼品赠送,同时直接以折扣方式促销
3	在沈阳当地主打报纸上以整版半通栏的方式宣传及DM发放	店内广播及商铺内DM提示
4	联合商场一楼合同中注明不参加商场整体促销的商铺以形成泰古百货整体规模效应的促销格局	无须考虑合同中注明不参加商场整体促销的商铺
5	因春节期间很多顾客存在外出旅游情况,所以促销周期从圣诞节前期至正月十五止	与约翰想法大致相同

为了配合此次节日促销,泰古百货内的三家珠宝商铺决定利用发送短信的方式对其VIP客户进行宣传。但三家珠宝商提出的短信发送时间各不相同,而三家所发短信的VIP名单中有一部分是相同的。约翰召集相关部门协调此事,电脑部经理提出:频繁发送内容类似的短信给相同的VIP客户,很可能会引起顾客的不满并最终影响泰古百货的高端形象。行政经理鲁宾建议:三家珠宝商以“泰古百货珠宝节”为主题,在相同的时间段内统一进行促销活动,这样既不必因频繁发送短信而引起顾客投诉,也会借此打造泰古百货固有的节日。约翰对两人的建议表示赞同,并要求企划部遵照执行,但企划经理立即委婉地回复:这个事项已经由香港总部的企划总监决定并报总裁获得批准。约翰立即与香港总部的企划总监就此事进行沟通,但企划总监明确回复此事已经由总裁批准,无法更改。最后,约翰带着满脸怒气离开了会议室。

正如电脑部经理所预料的,在发出短信的几日便收到许多顾客的投诉,事由是连续几天收到相似的短信,已经快成了垃圾短信。顾客表示:如再收到此类短信,将到中国移动客服部投诉并撤出VIP网络。电脑部经理在获知此事后再次建议约翰停止类似短信的发送。约翰万般无奈地说:按照总裁的指示做吧,顾客想投诉就投诉,想撤出VIP网络就撤出吧,公司因此收到的投诉还少吗?出现问题让总部解决去吧。随后约翰眉头紧锁,一言不发。客户/顾客投诉情况如表5-3所示。

表5-3 客户/顾客投诉情况

时间段	顾客		客户	
	投诉次数	解决次数	投诉次数	解决次数
2006.3—2007.12	5	5	3	3
2008.1—2008.5	10	7	6	4
2008.6—2008.12	15	10	15	11
2009.1—2009.5	17	15	25	20

应接不暇的外部危机

2009年3月10日,一名面带怒气的顾客来到泰古百货一家国际知名的钟表店内,向服务台工作人员反映他在1年半前买的价值7.6万元的劳力士手表的内盘有三颗钻石脱落了,顾客提出更换一块新的手表或者全额退款的要求。商铺的店长向顾客解释道:需要将这块表送至劳力士表在中国的服务中心去检测钻石脱落的具体原因。顾客认为:既然是在钟表商店铺购买的商品,该商铺本身就应具备一定的检测能力,出现问题之后便将顾客推至劳力士表服务中心,这是不负责任的体现。而实际上国际名牌的表商有这样的行规:经销商无权将表在无品牌商指定的维修处进行开壳处理或维修。所以根据经销商与品牌商的协议约定,钟表商只能将表转至劳力士中国维修服务中心,检验是人为原因还是产品质量问题才能决定后续处理方案。该顾客对服务人员的回复很不满意,于是向消费者协会投诉。3月11日消协代表到钟表店商铺协调此事,消协代表离开时留下一句话:如果钟表商店铺肯出一些经费,消协将帮助协调解决这次投诉。约翰在得知此事后,凭着自己过去十几年的从业经验,他立即召集营运副总起草申请给总部,申请报告的核心内容包括:消协虽然不是官方机构但却是消费者公认的组织,在消费者心目中具有很强的影响力。消协本应行使公平、公正、公开透明的职责,但因为受商业利益的驱使,消协在处理投诉事件时通常会根据自身利益考虑而有失公允。因此建议公司进行危机公关,即出资至消协,由协会出面解决这个问题。总部对约翰提出的申请方案进行了讨论,但最终因百货公司与钟表商店铺是同一集团旗下的各自独立核算的企业,均不愿意承担这项费用导致建议不被采纳。约翰得到的指示是:不得出资进行危机公关。3月12日沈阳主要报纸就此事进行了报道,篇幅几近半篇。当日总部就此媒体报道立即召开紧急电话会议。经过近2小时的讨论仍未得出结论,最终是继续观望顾客的举动。几天后,泰古百货收到法院就该顾客起诉的传票。

泰古百货招商部多次接到店铺电话咨询"劳力士表"事件媒体曝光事宜,焦点是泰古百货应对突发事件的危机管理能力,咨询者多是有意向与公司签署招商合约的客户,因为他们认为这是百货公司整体运营能力的一种综合体现。许多商户认为:如果再发生类似情况,而百货公司不能拿出快速有效的应对处理预案的话,将直接影响到商铺的声誉和销售业绩。在"劳力士表"事件没有得到很好处理前,他们不会考虑续签合约的事。招商部向约翰反映,原本决定近日签约的客户已经正式通知延缓几天再行决定是否进入泰古百货。约翰将此信息反映给香港总部,以等待下一步的指示。客户进驻/撤出统计如表5-4所示。

表5-4 客户进驻/撤出统计表(总数:67家)

时间段	进驻	撤出
2006.3—2007.12	67	4
2008.1—2008.5	5	11
2008.6—2008.12	8	15
2009.1—2009.5	10	15

何去何从?约翰在思考

在约翰入驻沈阳泰古百货4个月以后,各部门经理经常听到约翰最常说的几句话便是:"是否此事已经由总部批准?是否总部又有新的指示?如果没有那就请示一下,请示完照办就是了。"各部门也已经恢复到约翰之前几任老总的办事习惯:一切按照总部的指示行事,完成后知会沈阳老总。约翰有时觉得这样也挺好,自己虽然没有什么决策权和领导者权威,但也不需要承担相应的责任和风险,福利待遇也很可观,如此悠哉何乐而不为呢?

转眼,日历翻到了2009年5月4日,刚好是约翰到任半年的日子。约翰翻开工作记录簿的第一页,上面写着自己上任第一天制定的工作目标,包括团队建设、流程再造、新开发大客户计划、员工培养提升计划、销售额增长率、顾客满意度目标值等,每项目标都附着具体实施步骤和计划进程表,这些都是约翰经过深思熟虑后确立的,凝聚了约翰的心血,寄托着约翰的梦想,泰古百货本该是他梦想开始的地方。看到这些,约翰感到从未有过的失落和心痛,他觉得是该认真考虑一下了,是将这些目标和梦想付之一炬,得过且过;还是重整旗鼓,从头再来?

约翰能否拿出行之有效的解决方案和应对措施,为泰古百货公司重新注入活力,在百货业再塑高端品牌形象呢?该何去何从,约翰陷入了深深的思考……

资料来源:中国管理案例共享中心案例库。

5.1 职权方式设计

5.1.1 职权的定义

职权(authority)是指赋予某个正式职位的合法权力。显然,这种权力来自管理者在企业中的正式职位,离开了职位,也就失去了相应的职权。同时,职权也基于对管理者施加影响的合法性的承认,如果被管理者不认可或不接受管理者的影响,职权便没有了效力。

"职权只有被接受才有效力。"巴纳德认为,管理者的指令(组织职权的一种行使方式)只有满足四个条件,企业的员工才愿意接受。这四个条件如下:①员工能够理解而且确实领会了指令的含义;②员工认为这个指令与他已接受的企业总体发展目标没有冲突;③员工相信该指令与其个人利益没有矛盾;④员工具有遵守该指令的能力。

5.1.2 职权、职责及权力

同职权共存的是职责,职责是企业内某项职位应该承担的责任,任何职位上的责任与权力应是对等的、统一的。职权具有多种行使方式,如命令、规范、说服、奖励、惩罚、授权等。在企业内，最基本的信息沟通方式就是通过职权来实现的。通过职权的运用，使下级按上级指令行事，上级得到及时反馈的信息，做出合理的决策，进行有效的控制。

组织职权是一种权力，但是它的内涵要小于权力。权力是指组织中的部门或个人影响他人实现某种目的、做某件事情的能力。它可以存在于两个人或更多人之间，可以在纵向和横向上使用，并不仅仅局限于企业的所有者或管理者。一个企业的所有员工都可能因为其知识、技巧及所控制的资源而拥有更大的权力。例如，销售部门的普通人员也拥有权力，因为他们掌握并控制着与客户的关系；甚至在行政办公室管复印机的人也可以拥有权力，因为他能够减缓或加快工作的速度。

在现代企业组织中，知识加上对日常事务的亲自参与，便很容易形成权力。这样，那些拥有关键性技能的企业员工就可以为自己获得一个稳固、实用的权力基础。因此，企业中的任何人都可以运用权力达到希望的目标，如同级之间、下级对上级的建议权、说服权等。但组织职权是某个职位的权力，离开了职位，其职权也就消失了。因此可以说，组织职权是组织中各部门、各职位在职责范围内决定事务、支配和影响他人或者集体行为的权力。这就是企业组织职权和一般权力的本质区别。

一般而言，企业中的管理者凭借其职权或权力，为企业中的员工制定并推行规则。正式职权作为权力的一种，经常与组织结构和管理层次联系在一起，但职权和权力这两个名词常常相互交织。管理者如何能够有效地运用其职权取决于他的理解力，而权力的实质内容就是向他人施加影响的能力。

5.1.3 集权与分权的含义

集权(centralization)与分权(decentralization)实际上是一个现象的两种表现，都是权力集中或委任程度的表现。当然，权力的委任并不意味着放弃权力。虽然这种委任包含着多种形态，但委任权力至少保留最终决定权。在委任权力的问题上，最重要的是委任决策权。而且，这一问题还包括政策执行以后在评价权限上的委任程度。

1. 集权程度与计划变动率

哈格(Harge)和艾肯(Aiken)认为，集权程度越高，计划变动率就越低；相反，分权程度越高，计划变动的可能性就越大。

扎尔特曼(Zartman)等人认为，由于集权限制了信息沟通渠道，从而减少了组织必需的信息量，因而阻碍新计划的立案。但是，在组织改革的实施阶段，集权能够减少冲突和角色的模糊性，所以对组织变动起着有利作用。

2. 集权与组织规模

布劳(Blough)和斯科因赫尔(Scheinher)的研究表明，如果其他条件相同，组织规模的扩大会降低集权程度或提高分权程度。这主要是由于组织规模扩大后会增加业务量，所以不能不把一部分业务委任给其他部门和下级。

但是，也要考虑如下情况，即组织规模的扩大要求提高规范化程度，这是整合组织所必要的。因而，规范化程度和集权程度一般是相互促进的关系。所以，组织规模的扩大也要求提高集权程度。

由此看来，组织规模扩大是增强还是减弱集权程度，要看具体情况。但不论怎样，不能否认组织规模与集权程度之间存在密切关系。

5.1.4 职权的特征

与一般权力相比，职权的特征表现为以下几点：

(1)它总是与某一具体的职位相联系，而不是仅仅因为管理者的个人特性或品格。

(2)职权必须为下级所接受，这就有了一个下属必须认为职权具有合法性的前提，下属才服从这个管理者所发出的指令或要求。一个成功的管理者在行使职权时，会善于运用职权的合法性，他更多是出于组织成员的整体利益考虑，而不只是为了夸大自我。

(3)职权是通过纵向层次自上而下流动的，存在于正式的命令中。拥有高层职位的人就比低层职位的人拥有更大的职权。职权在企业组织中流动时，上级与下级管理者之间还需要学会不滥用职权。组织职权很容易制度化，当一个管理者出于对下级或员工的考虑，不停地放松、变更程序时，员工往往会觉得管理者软弱优柔，而不是灵活富有弹性，特别是管理者本人视规则如儿戏时，职权使用的效果将大打折扣。

5.1.5 职权的分类

依据不同的标准，企业组织的职权可以划分为多种类型。以下主要从作用和层次两方面进行划分。

1.按作用划分为直线职权、参谋职权、职能职权

在组织中主要有三种职权对组织活动进行协调，即直线职权(line authority)、参谋职权(staff authority)和职能职权(functional authority)。它们的合理配置，对于充分发挥每一种职权的作用，明晰组织内各单位、部门之间的权责关系具有非常重要的作用，是组织结构正常运行的有力保障。

(1)直线职权是指某个职位或部门所拥有的权力，包括决策、发布命令等，就是通常所说的指挥权。每一管理层的负责人都具有这种职权，只不过大小、范围不同而已。例如，总经理对部门经理、部门经理对业务人员都有直线职权，这样就形成了一个权力线，称之为指挥链或指挥系统。在权力线中，权力的指向由上到下，像金字塔一样。

(2)参谋职权是指那些向直线管理者提供建议和服务的个人或团体所拥有的职权，是某个职位或部门所拥有的辅助性权力，包括提供咨询、建议等。参谋职权的概念由来已久，源于军事系统。参谋的形式有个人及专业团队之分，前者是参谋人员，是一个独立的机构或部门，也就是一般所说的智囊团或顾问班子。

(3)职能职权是指参谋人员或某部门的主管人员所拥有的原属直线主管的那部分权力。在纯粹参谋的情形下，参谋人员所具有的仅仅是辅助性职权，并无指挥权。随着管理活动的日益复杂，主管人员仅依靠参谋的建议还很难做出最后的决定，为了改善和提高管理效率，主管人员就可能将职权关系做某些变动，把一部分原属自己的直线职权授予参谋人员或某个部门的主管人员，这便产生了职能职权。

1)正确运用参谋职权

设置参谋职权能够适应管理活动需要多种专业知识的要求。然而在实践中，直线与参谋的矛盾往往是组织缺乏效率的原因之一。考察这些低效率的组织活动，通常可以发现两种不同的倾向：或者虽然保持了命令的统一性，但参谋作用不能充分发挥；或者参谋作用发挥失当，破坏了统一指挥的原则。因此，在实际工作中，如何正确发挥参谋职权的作用成为组织管理工作的一个重点。

要正确发挥参谋职权的作用，首先，要理顺直线和参谋的关系，双方要相互尊重，充分认识到对方的重要作用，共同合作；其次，授予参谋必要的职能职权，但一般是在要求专业知识较多的领域里授予职能职权，而且要限制其使用范围；再次，要向参谋人员提供必要的信息，参谋人员只有掌握了充分的信息才能辅助直线人员顺利开展工作；最后，实行必要的强制参谋制度。直线主管在制定重要决策和计划之前，必须征询有关参谋部门和人员的意见，没有权力省略这一程序。这样才能调动参谋的积极性，充分发挥其应有的作用。

2)恰当使用职能职权

职能职权对于组织是必要的，它有利于减轻直线主管的工作负荷，加快信息传递和处理，提高工作效率，有利于组织对外政策的一致性；同时，它的范围是有限的，只限于参谋部门和人员的某些业务活动。

要恰当地运用职能职权，首先，将其用于真正需要的业务活动上。一般情况下，职能职权涉及的业务活动主要有两方面：一是组织需要统一处理对外关系的业务活动，例如组织为用户服务的统一标准、处理公共关系的统一政策等；二是组织内部必须统一政策、协调一致的业务活动。其次，充分发挥监督、考核的作用。对各部门及人员的监督、考核主要通过职能部门组织实施。最后，适当限制职能职权的使用。职能职权的运用常限于“如何做”“何时做”等方面的问题。职能职权不应越过直线主管下属的第一级组织机构，例如在事业部组织结构中，总部所属的人力资源职能管理部门，虽拥有一定的职能职权，但往往只伸展到事业部经理这一级，这样做的目的是把职能职权尽可能地集中在关系最为接近的机构，以保证与直线指挥的统一。

2. 按层次划分为经营决策权、专业管理权、作业管理权

从层次上看，职权一般由高层的经营决策权、中层的专业管理权以及基层的作业管理权三个部分组成。将这三个组成部分联结起来，使之成为上下衔接、贯穿到底的纵向系统，靠的是决策权在各个层次的合理配置。由于决策权贯穿着职权的纵向结构，这就需要正确处理决策权的集中与分散的关系，包括从总体上确定企业决策权集中化或分散化的关系，以及决策权的具体配置。集权与分权的设计工作是职权设计的一项基本内容。

5.2 组织职权设计的方法

5.2.1 职权设计的要求

职权设计应该保证企业组织内部管理指挥的集中统一。破坏这种统一性，出现多头领导、多头指挥，下级将无所适从，管理将不可避免地产生混乱，而且还会削弱下级对本部门工作的责任感，挫伤他们的积极性。因此，职权设计应符合以下要求：

(1)实行首脑负责制。企业及其每一个部门都必须也只能确定一个人负总责并进行全权指挥。

(2)正职领导副职。企业及其各个部门的正职同副职的关系，不是共同分工负责的关系，而是上下级的领导关系，由正职确定副职分工管理的范围并授予其相应的权力。

(3)直接上级是唯一的。每个部门和每个人都只接受一个直接上级的领导，并仅对该上级负责和报告工作，其他上级领导的指令对该部门和个人是无效的，只能通过该部门和个人的直接上级去实现自己的工作意图。

(4)一级管理一级,从企业最高领导起,按照领导与被领导的关系,逐级委任职权。在工作中,实行逐级指挥和逐级负责。

5.2.2 组织集权的原因

(1)组织的历史。如果组织是在自身较小规模的基础上逐渐发展起来,而且在发展过程中没有其他组织的加入,集权倾向可能更为明显。因为组织规模较小时,大部分决策都是由最高主管(层)直接制定和组织实施的。决策权的使用可能成为习惯,一旦失去这些权力,主管便可能产生失去对“自己的组织”的控制的感觉。因此,即使事业不断发展,规模不断扩大,最高主管或最高管理层仍然愿意保留不应集中的大部分权力。

(2)领导的个性。权力是赋予一定职位的管理人员的,它是地位的象征。权力的运用可以证实、保证并提高其使用者在组织中的地位。组织中个性较强和自信的领导者往往喜欢所辖部门完全按照自己的意志来运行,集中控制权力则是保证个人意志绝对被服从的先决条件。当然,集中地使用权力,统一地使用和协调本部门的各种力量,创造比较明显的工作成绩,也是提高自己在组织中的地位、增加升迁机会的重要途径。

(3)政策的统一与行政的效率。从积极方面来看,集权化倾向的普遍存在有时也是为了获得它的贡献。集权至少可以带来两个方面的好处:一是可以保证组织总体政策的统一性;二是可以保证决策执行的效率。集中的权力制定出组织各单位必须执行的政策,可以使整个组织统一认识,统一行动,统一处理对内、对外的各种问题,从而防止政出多门、互相矛盾;同时,集权体制下,决策的制定可能是一个缓慢的过程,但任何问题一经决策,便可借助高度集中的行政指挥体系,使多个层次“闻风而动”,迅速组织实施。

5.2.3 组织分权的原因

(1)高程度的分权鼓励专业化管理者的发展。组织分权能够使管理者有机会进行重要决策,从而使他们获得了技术、在公司中得到了提升、发展了个人专长以及提高了业务能力。

(2)高程度的分权能够促进组织内的竞争氛围,激励管理者在竞争环境中做出贡献。在一个竞争的环境中,管理者在销售、降低成本以及员工发展等方面展开竞争,这对组织的整体业绩而言都是一个积极因素。但如果一个管理者的成功建立在另一个管理者的失败上,那么竞争环境也能促使破坏性行为的发生。然而,不论结果是积极的或是破坏性的,只有在个体具有权力去做那些能够使他们获胜的事情时,才会形成明显的竞争环境。

(3)高程度的分权能够使管理者拥有更多的自主性。这种自主性能够催生管理创造性,对组织和管理者的发展与适应具有促进作用。正如我们知道的,能够有参与设置组织目标的机会本身可能就是积极的激励因素。目标设置的一个必要条件就是要有权力进行决策。很多组织,不论大小,都选择了遵循分权的政策。

5.2.4 集权与分权的优缺点

集权的优点:

(1)有利于统一领导和指挥,加强对中下层组织的控制。

(2)有利于资源的合理分配,以保证有限资源的重点需求。

(3)有利于增强对外竞争力,以避免内耗。

集权的缺点：

(1)限制中下层管理人员的主动性和创造性。

(2)加重了高层领导的工作负担。

(3)不利于全面管理人才的培养。

分权的优点：

(1)有利于调动下级单位的生产经营积极性。

(2)有利于适应市场的快速变化。

(3)有利于使企业的高层领导摆脱日常生产经营业务，集中精力参与企业发展战略的制定和资本经营。

分权的缺点：

(1)容易产生偏离企业整体目标的本位主义倾向。

(2)不利于分权单位之间的横向协调和沟通。

(3)不利于企业整体效益的提高。

5.2.5 集权与分权相结合的原则

从以上集权与分权优缺点的比较看出，集权与分权虽然是矛盾的，但又是互补的。绝对的分权与集权都是不存在的，只有二者很好地结合起来，企业才能得以生存和发展。

任何企业进行高层与中下层之间的权责分工，都应保持必要的集权，也要有必要的分权，使二者形成符合本企业具体条件的平衡状态，哪一方面都不可过度膨胀。这就是集权与分权相结合的原则。

组织设计之所以把集权与分权相结合作为一项基本原则用来指导层次设计，原因如下：

1.集权与分权相结合是企业存在的基本条件

世界上任何企业，从来没有，也不可能实行绝对集权或绝对分权。绝对集权，就是把全部管理权力都集中在企业最高领导者手中，这意味着在其之下，既没有主管人员，也不存在管理层次，分工与协作被一笔勾销，更无所谓组织结构。绝对分权则走向另一个极端，把管理权力全部下放，让各单位完全自主地进行生产经营，其结果在企业最高领导者的身份将不复存在，作为一个整体的企业也将消失。所以，集权与分权都只能是相对的，只有很好地结合起来，企业才能存在。

2.集权与分权相结合是企业保持统一性和灵活性的客观要求

在社会化大生产和市场经济条件下，企业内部的集权与分权，体现着由这种客观条件所产生的不同管理要求。集权体现的是企业统一性的要求，即只有实行必要的集权，才能实现生产经营的统一领导与指挥，实现对人、财、物等各种经营资源的统一调配，保证各单位围绕企业的统一目标而一致行动。在实行必要的集权的同时，保持一定程度的分权，体现的是增强企业灵活性和适应性的要求。它有利于发挥企业各单位的主动性和创造性，使其能够根据复杂多变的实际情况，迅速而正确地做出决策。所以，只有将集权和分权结合起来，才能适应社会化大生产和市场经济对企业管理提出的客观要求，提高企业经济效益。

3. 集权与分权相结合是保证二者互相取长补短的基本结构形式

集权与分权各有利弊，只有结合起来，才能扬己之长、补己之短。就集权而言，它有利于统一领导和指挥，加强对中下层组织的控制，这对于贯彻落实企业经营战略，合理利用企业经营资源，提高企业整体效益，具有重要意义。但是集权也会限制中下层管理人员的主动性和创造性，加重高层领导的工作负荷，还会影响全面型管理人才的培养。实行分权，好处是能够克服集权的上述缺点，然而这又容易产生偏离企业整体目标的本位主义倾向，使各分权单位之间的协调发生困难，结果有损于企业整体效益的提高。因此，只有建立集权与分权相结合的权力结构，才能使二者扬长避短，获得相辅相成的良好效果。

5.2.6 集权与分权程度不同的标志

虽然集权与分权相结合是适用于各种企业的普遍原则，但由于受企业内部和外部多种因素的影响，条件不同的企业，其集权与分权的程度是有区别的。

1. 不同类型决策的集中情况

企业决策有战略决策、管理决策和作业决策之分。集权程度高的，则是把这三种决策，特别是战略思想的提出和战略决策的制定，以及人事、财务、采购、生产、营销等基本职能方面的管理决策都集中到公司总部，由高层管理班子和有关职能部门负责，基层单位只享有部分作业决策权；如果企业将管理决策权下放，分权程度就增高；如果继续把一部分战略决策权也下放，分权程度将进一步扩大。

2. 做出最终决策的集中程度

若下级组织做出的所有决策，只有在其职责范围之内，都不必经上级批准即可生效，则表明分权程度高；当其做出决策，只有向上级报告之后才能实施，分权程度就低一些；如果决策前就必须向上级请示，分权程度则更低一些。就整个企业来说，做出最终决策所必须参加的高层管理人员和部门越多，权力就越分散；反之，集权程度就越高。

3. 规章制度对于决策的控制

规章制度是人们行为的规范，对管理人员和生产工人起着约束作用。如果企业各层次的规章制度很多，对各项工作都有详细而具体的规定，要求严格执行，那么人们灵活处理问题的自由度就越小，集权程度就比较高；反之，虽有规章制度，但内容较少，对工作程序、方法、要求等规定得比较原则，工作起来自由度较大，则意味着分权程度较高。

5.2.7 集权与分权的影响因素

集权和分权是企业组织设计和管理中的一个重大的原则问题，最近几十年来，组织学家们对此做了大量的探讨和论述。在一个组织中，职权的绝对集中意味着没有下属主管人员，因而也就没有组织结构，因此，“某种程度的职权分散是所有组织的特征”。当然，也不可能存在职权的绝对分散，因为如果组织把它所有的职权都委托出去，那么它就失去了存在的价值，组织也就不复存在了。

那么，到底一个组织是集权好还是分权好？显然不可一概而论，只能具体情况具体分析。影响集权与分权程度的主要因素如表 5－5 所示。

表 5-5 影响集权与分权程度的主要因素

因素	适合集权的情况	适合分权的情况
经营活动性质和环境条件	经营活动常规化，环境比较稳定	经营活动灵活和创新性高，环境不稳定
组织规模和空间分布	规模较小，空间分布集中	规模较大，空间较分散
决策的重要性	重要性高，涉及较高的费用支出或影响面较大	重要性较低，影响面不大
管理者和员工的素质	人员素质较低	人员素质普遍偏高
领导风格	自信独裁的领导者	民主型的领导者

综合以上分析可以看出，不同行业和企业的内外部条件不同，集权与分权相结合的情况便应该有所差别；同一企业内部，单位有大有小、情况各异，也应区别对待，而且，同一企业处于不同发展时期，集权与分权的程度也会随之发生变化，不能因循守旧。

5.3 组织授权

管理职权分散化的基本手段是把组织的管理职权向下授予，即授权（authorization）。企业中没有哪个人能够把实现组织目标的所有必要的工作承担下来，同样，也没有哪个人能够实施组织发展的一切决策权限，因此必须授权。授权的主要目的是使组织工作成为可能性。授权就是上级把一个组织中的决策权限授予下属。授权的全过程包括确定预期的成果、委派任务、授予实现这些任务所需的职权，以及行使职责使下属实现这些任务。在实践中，这一过程不可能是分裂的，因为期望他人实现目标而不授予职权，或者不了解将要取得什么最终成果而授予职权，都是毫无意义的。此外，由于职责不可能授予他人，上级只有行使职责将职权授予下级，以使他们负起实现组织所赋予的任务的责任。

5.3.1 组织授权的基本原则

要使组织授权卓有成效，必须遵循以下原则：

1.按照预期成果授权的原则

职权的目的在于给管理人员提供一种管理手段，以便协助他们去实现企业目标。因此，对下属授权就应该确信其有达到预期成果的能力。按照预期成果授权，首先是要清楚组织的预期成果，其次是要清楚实现预期成果所需要的职权。总之，就是要确定目标、编制计划、下达计划与目标并使下属了解它，以及为符合这些目标与计划而设置职位。

2.职能界限的原则

企业组织专业化原则要求管理业务工作必须分类，通过部门化促进组织目标的实现。相应，每一个专业部门和人员应该拥有使其业务工作与整体组织协调的职权。这就提出了职权分散中的职能原则，即职务和部门的预期成果、所从事的业务工作、所授予的职权，以及职权和信息交流与其职位的关系等越是有明确的界限，个人的责任就越是能充分地促进企业目标的实现。要划清职能界限，必须了解部门的预期成果，确定目标和计划。

3. 等级原则

组织授权首先涉及一系列自上而下的直接的职权关系，即从直线方面应该层层授权，而一般不能绕过等级序列授权。从企业最高主管到各级下属职务的职权系统越明确，认真负责的决策和信息沟通就越有效。明确等级原则对于适当地发挥组织作用是必要的，下级必须了解授予他的职权范围，超出其权限的问题就应该向上级请示。

4. 职权-管理层次原则

职能界限原则加上等级原则就构成职权-管理层次原则。在某一个组织层次上职权的存在显然是为了在企业权限范围内做出某种决策。因此就推导出职权-管理层次的原则，即为了维持预期的授权，要求各级管理者在个人的职权权限的范围内做出决策，而不应提交给组织结构中的上一级。换句话说，各级主管人员应该按照被授予的职权做出他那一级的决策，只有超出他的职权界限的问题才可以提交给上级。如果上级希望做出有效的授权以减轻其某些决策的负担，那么他们就必须保证做到授权明确而且使下属了解职权，切忌代替下属做决策。否则就不可能做到真正的授权和达到减轻工作负担的目的。

5. 统一指挥的原则

这是组织的基本原则，也是授权的基本原则。越是单线领导，在发布的指示中相互冲突的问题就越少，个人对成果的责任感就越强。由两名以上的上级给一个下级授权，很可能产生职权与职责的矛盾，因为不同的上级的职责是不同的，由同一个人来执行是困难的。多头指挥容易造成混乱、推诿责任、缺少效率等。

6. 职责绝对性原则

由于职责作为一种应该承担的义务是不可能授予别人的，所以，即使上级通过授权也不可能逃避他对下级的业务工作授权与委派任务的职责。同样，下级对上级的负责也是绝对的，一旦他们接受了委派就有义务去贯彻执行，而上级也不能逃避组织下属业务工作的职责。

7. 职务和职责同等性原则

职权是执行任务时的决定权，职责是完成任务的义务，所以，在逻辑上的必然结果就是这两者应该相符合，即职责不应该大于也不应该小于所授的职权，必须权责相等。如果职责大于职权，职责就无法履行；若小于职权，而容易出现滥用职权的后果。

5.3.2 授权的好处

“权力不是打人的棍棒。”在现代领导活动中，适当的授权，不论对于管理者和下属还是整个管理活动，都是非常必要的。任何一个成功的管理者都离不开有效授权。有效授权，对于促进管理工作的高效化，具有极大的促进作用。

1. 授权使领导者从烦琐的事务中解脱出来，有利于领导者腾出时间和精力顾大局、抓大事

领导者事无巨细、事必躬亲，必然会影响工作效率和决策的科学性，能否抓好主要矛盾，抓好关键是成功领导者与失败领导者的一个显著标志。现代管理学者认为，为了有效地发挥领导者的功能，高层领导者授权范围应占分内工作的60％～80％，中层领导应占50％～75％，基层领导应占35％～50％。

2. 授权是贯彻分层领导原则的需要

只有授权，才能贯彻分层领导的原则，实行科学领导。领导者如能建立合理的权力层次系列，并正确处理各层次之间的关系，精心设计职位，再根据职位任职授权，实行分层领导就能实

现。分层领导一方面提高了工作效率，另一方面也有助于建立权责明确的授权体系。

3.授权能提高下级工作的满足感

授权的结果便是下发完成指派工作的任务，这就有利于增强下级的责任心和荣誉感，激发他们的工作热情，奋发进取，增长才干。许多行为科学家研究指出，大多数下级都愿意承担责任，这意味着受到重视，精神也会因之而获得安慰，并由此带来工作上的满足。授权可以提高下级的工作效率。授权使得下级参与领导事务，获得了更多地发挥和表现自己才能的机会，心理得到了满足，自然会竭尽所能来处理工作，防止其职责不明而出现推诿扯皮、争功诿过的现象，进而提高工作效率。

4.授权有利于发挥他人的专长，弥补管理者自身才能的不足

例如，对技术性很强的工作，领导者不太熟悉，就可以授权技术内行的下级去管理。如果自己不具有这方面的知识和能力，硬要不懂装懂的话，在工作中就会处处被动。因此，授权给专业人才，让他们最大限度地发挥才干，效果将会好得多。

5.授权可以沟通上下级之间的关系，增进下级的归属感

在授权过程中，通过意见交流，会使上下级感情变得融洽，增加下级的参与感、认同感，从而更加增强下级的责任感。授权还会使上下级之间的关系变成合作共事、互相支持的关系。

6.授权有助于建立学习型组织

当前时代，是知识爆炸的时代，没有任何一种知识是常新的。同样，没有任何一个组织是永远先进的，因此需要不断地变革和创新。在企业中，通过授权，使得每个员工都能独立自主地去发现问题、解决问题，这也是一个不断学习的过程，每个员工都是学习者，向实践学习，向先进的理论学习，而组织也因为如此才具有了活力，具有了不断进取创新的源泉，从而成为一个学习型的团队。

7.授权有助于“共同愿景”的形成

一个指挥者手中有了权力，未必就能搞好管理，因为权力的有效行使需要上上下下的配合，只有上下协调统一，才能管理得井井有条。有效授权后，员工在权力激励下，能激发出较大的热情，从而有助于工作的完成。而每个员工的工作又是整体工作、总体策划的一部分。所以，当员工被充分授予权力时，就是在逐步构建企业的共同愿景。这一切为人本管理的实施与目标实现创造了条件。

5.3.3 授权的艺术

授权也是一种行使职权的艺术。适当的授权不仅能使管理者从纷繁事务困扰中解脱出来，集中精力处理重大问题、抓全局，还可以调动下级的积极性、主动性和创造性，增强下级的信任感和责任感，从而可以充分发挥下属的专长，补救管理者自身的不足，更能发挥管理者的专长。管理者从“事必躬亲”中解放出来，下放一些权力，实际的意义正在于更好地、更全面地行使权力。

授权的范围很广，有用人之权、做事之权等。对于管理者来讲，如果授权过分，就等于放弃权力；如果授权不足，管理者仍会被杂乱事务所困扰，下级就会事事谨慎、样样请示、事事报告。所以，管理者要有效授权就要正确掌握授权的艺术，必须做到以下几点：

1.善于接受意见

因为对于同一问题，下属与上级的决策不可能是完全相同的。懂得如何授权的上级必然

会让下属在职权范围内充分发挥创造性，不仅欢迎下属提意见，还会帮助下属按他们的独创性去完成任务。

2. **愿意让下属放手去做**

有效的授权，必须真正地把决策权下放给下属。在企业规模较大或管理工作较复杂时，上级就必须向下授权。即使上级此时还有指导下属决策的艰巨任务，也得清楚地认识到授权后就要由下属来决策，决不能包办代替。否则，上级就可能因小失大，把精力放在了小事上。如果各级主管人员都能够集中注意力于对企业实现目标最有利的任务上，而把其他任务分配给下属，那么他对企业的贡献一定会更大。

3. **允许别人犯错**

授权以后就指望下属完全正确地行使职权是不可行的，因为任何人都会犯错误。所以应该允许下属犯错误，错误的代价就是在人员培训中所付出的学费。当然，上级应避免下级犯严重的或重复性的错误，通过指导、监督和检查来尽力保证下级在执行职权时选择正确的行为方式。

4. **信任下级**

"疑人不用，用人不疑"，就是说一旦选择了授权的对象，就不应该去猜疑其品质、能力了，否则就不应授权。授权意味着上下级双方彼此的信任态度，上级除了信任下级以外别无选择。上级可能由于认为下属的锻炼不够、还不善于处理人事问题、判断力还不够等，而推迟授权。这种考虑似乎是正确的，但是真正有效的办法是，要么训练下属，要么挑选别的人来承担这一职责。推迟授权就意味着上级自己承担着职权，势必影响他的正常的工作秩序，影响组织目标的完成。

5. **授权明确、完整**

不明确的授权、部分的授权、与预期成果不一致的授权、假的授权都会破坏组织工作的正常进行，阻碍组织目标的有效实现。所以应当尽可能地避免。为了使授权明确、完整，应该按预期的成果授权，合理地挑选人员，保持信息沟通渠道的畅通建立适当的控制工作，把绩效和报酬结合起来等。

6. **建立和利用广泛的控制制度**

尽管职权可以授予，但是上级工作完成得好坏的职责是不能让别人分担的，上级在授权以后，应设立有效的控制标准，以便控制监督下级有效地运用职权。控制标准的基础是企业的目标、政策和计划，有了适当的控制标准，上级可以更大胆地授权和信任下属，使授权效果更佳。

5.3.4 授权的方法

任何企业或组织都有自身的发展目标，这些目标的实现绝不是管理者个人所能完成的。管理者只有将组织的总目标进行必要的分解，由组织内部的各个管理层次及部门的所属成员各分担一部分，并相应地赋予他们一定的责任和权力，才能使下属齐心协力，共同奋斗，努力实现组织的总目标。那么，管理者应该按照何种方法进行授权，才可以避免授权的盲目性和授权失当的现象发生呢？

1. **充分授权法**

管理者在充分授权时，应允许下级决定行动的方案，并将完成任务所必须的人、财、物等权力完全交给下属，并且允许他们自己创造条件，克服困难，完成任务。充分授权能够极大地发挥下属的积极性、主动性和创造性,并能减轻主管不必要的工作负担。

2. 不充分授权法

凡是在具体工作不符合充分授权的条件下,管理者应采用不充分授权的方法。在实行不充分授权时,应当要求下属就重要性较高的工作,在进行深入细致的调查研究的基础上,提出解决问题的全部可能的方案,或提出一整套完整的行动计划,经过上级的选择审核后,批准执行这种方案,并将执行中的部分权力授予下属。采用不充分授权时,上级和下属双方应当在方案执行之前,就有关事项达成明确的规定,以此统一认识,保证授权的有效性和反馈性。

3. 弹性授权法

管理者面对复杂的工作任务或对下属的能力、水平没有充分把握,或环境条件多变时,采用弹性授权法。在运用这种方法时,要掌握授权的范围和时间,并依据实际需要对授给下属的权力予以变动。例如,实行单项授权,即把解决某一特定问题的权力授予某人,随着问题的解决,将权力收回。或者实行定时授权,即在一定时期内将权力授给某人,到期后,权力即刻收回。

4. 制约授权法

管理者管理幅度大,任务繁重,无足够的精力实施充分授权,即可采用制约授权的方法。制约授权是在授权之后,下属个人之间或组织之间的相互制约的一种授权方式。制约授权法是管理者将某项任务的职权分解成两个若干部分并分别授权,使它们之间相互制约、互相牵制的作用有效地防止工作中出现疏漏。

5. 逐步授权法

管理者要做到能动授权,就要在授权前对下级进行严格考核,全面了解下级成员的德才和能力等情况。但是当管理者对下属的能力、特点等不完全了解,或者对完成某项工作所需的权力无先例可参考时,就应采取见机行事、逐步授权的方法。如先用"代理"职务等非授权形式,使用一段时间,以便对下级进行深入考察。当下属符合授权的条件时,领导者才授予他们必要的权力。这种稳妥的授权方法,并非要权责脱节,而是要最终使两者吻合和达到权责相称。

按照何种方法授权,取决于当时的综合情况和工作的急缓程度,这需要管理者因时因地的考虑。但无论何种情况,管理者授权之后,同样要对授权承担最终责任。

本章小结

职权是指赋予某个正式职位的合法权力。同职权共存的是职责,职责是企业内某项职位应该承担的责任,任何职位上的责任与权力应是对等的、统一的。组织职权是一种权力,但是它的内涵要小于权力。

在职权设计时应注意集权与分权的关系,集权与分权虽然是矛盾的,但又是互补的。绝对的分权与集权都是不存在的,两者只有结合起来,企业才能存在。集权和分权是企业组织设计和管理中的一个重大的原则问题,它受诸多因素的影响,如企业规模、管理水平、产品结构及生产技术特点、环境条件及经营战略等因素。

管理职权分散化的基本手段是把组织的管理职权向下授予,即授权,授权的全过程包括确定预期的成果、委派任务、授予实现这些任务所需的职权,以及行使职责使下属实现这些任务。在实践中,这一过程不可能是分裂的,因为期望他人实现目标而不授予职权,或者不了解将要取得什么最终成果而授予职权，都是毫无意义的。授权有五种方法：充分授权法、不充分授权法、弹性授权法、制约授权法以及逐步授权法。

批判性思考与讨论题

1. 什么是职权？职权有哪些类型？
2. 一个拥有正式职权的人是否可能没有真正的权力？试讨论。
3. 组织设计为什么必须坚持集权与分权相结合的原则？
4. 影响集权与分权程度的主要因素有哪些？
5. 集权与分权有何优缺点？在组织设计时应如何合理分配？
6. 组织管理者如何进行有效授权？

案例分析

美的在1968年创办时不过是生产塑料瓶盖的乡镇企业，在1981年切入风扇业时才开始进入白电经营领域，并正式使用"美的"品牌。1985年，美的成立空调设备厂后不断开发家电产品，进入了诸如暖风机、电饭煲、电机等新的家电领域。在产品线大量增加的同时，员工队伍迅速扩大，销售区域也更广泛。但是，在当时实行的直线职能部制中，公司统一负责所有各类产品的研发、生产和销售，各项业务经营中的决策权、指挥权和资源调配权都集中于高层领导。由于高度集权，企业高层管理者将相当多的精力放在经营管理上，整个集团的长远战略规划薄弱。同时，中层管理人员既不负责企业政策的制定，又不负责政策的执行，只起"上传下达"的作用，既影响了他们的积极性，也易造成企业对市场反应灵敏性的降低以及经营决策的失误和及时性差等问题。1990年到1994年期间，美的空调销售居于全国第3的排名，但到了1996年，美的经营业绩首次出现大幅下滑，空调销售排名下跌到了第7位。

以董事长、总裁何享健为首的美的高层经过调研和反复论证，最终决定通过放权的方式导入事业部制。1997年1月，空调业务从总体业务中分离，成立了空调事业部。7月份，风扇事业部应运而生。不久还成立了电饭煲、电机和小家电事业部。后来在运行中发现，风扇与电饭煲这两类产品的销售和服务网络具有很强的兼容性和互补性。为优化资源配置，美的在1999年下半年将风扇事业部和电饭煲事业部重组为美的小家电事业一部，原来的小家电事业部相应更名为小家电事业二部。随着公司业务的发展，新上马的饮水机、微波炉又和风扇、电饭煲一起组成了家庭电器事业部，直至2002年的拆分。这样按照经营的产品不同，美的逐步建立起了包括空调、家庭电器、压缩机、电机、厨具5个事业部的组织体系。各个事业部在集团统一领导下，拥有自己的产品和独立的市场，享有很大的经营自主权。从机构上说，每个事业部由多家企业构成，各事业部管理层设有市场、服务、计划、财务、经营管理五大职能模块。事业部制的建立，使美的集团总部从日常管理中解脱出来，集中抓总体战略决策、人事以及市场协调等工作。

国内一些企业在实行了事业部制后，往往因为分权不当而造成经营无序、混乱，当时的万宝公司就是前车之鉴。与当时很多不得不在"一抓就死"和"一放就乱"这一两难选择面前不断徘徊的企业不同，美的集团创始人何享健深信"对一个组织来说，群策群力的效果永远高于领导者的亲力亲为”。他认为，放权是组织规模扩大后的必然结果，高明的领导者既要舍得也要懂得把权力释放出去。于是，美的在1997年构建了事业部制组织框架后，就开始进行分权制度的建设。

何享健不仅对规模已发展到拥有30亿元销售收入和空调、风扇、电饭煲等五大类1000多种产品的美的实行分权体制的必要性有着清晰的认识，还在推行事业部制过程中不断尝试和调整什么样的权要“集”，什么样的权要“分”。现在已经广为人知的十六字诀“集权有道、分权有序、授权有章、用权有度”，就是何享健对美的推行事业部制的原则的总结。所谓“集权有道、分权有序”，就是指企业领导人在集中关键权力的同时，要有程序、有步骤地考虑放权。但对于授权给什么人、这个人具体拥有什么权力、操作范围有多大、流程是什么样的，何享健强调应该“有章可循”。这种对于权力的制衡，既能防止权力过度集中，又能杜绝放权后的权力滥用和失控。

何享健认为，在外界竞争环境快速变化的情况下，只有把决策权放在最早也是最直接接触信息的地方，才能带来真正高效的执行力。与此同时，他也强调，企业分权需要具备一些必要的条件：一是要有一支高素质的经理人队伍，能够独立担当重任；二是企业的文化氛围的认同；三是企业原有的制度比较健全、规范；四是监督机制非常强势。他说：“具备了这些条件，就不用怕分权。能走得到哪里去呢？总会有限度的。”

为了确保“授权有章、用权有度”，美的订立了70多页的《分权手册》，上面不但明确规定了美的集团和事业部之间的定位和权限划分，还事无巨细地阐明了整个美的经营管理流程中的所有重要决策权的归属，为“美的”的分权提供了制度化的保障。这样，从何享健本人开始，各层管理者每个人都清楚自己的权力边界，明白什么时候该自己作出决策，什么时候该收放权力，用影响而不是控制来保障分权的成功。而论其权力边界划定的出发点，一句话概括，就是“让下属用10%的失误率，换来个人能力的100%的提升”。

按照《分权手册》的规定，美的事业部的总经理享有很大的自由度。刚开始实行时，有些事业部负责人都有点不适应，觉得手中的权力大到令人不敢相信。一日，有一位总经理需要审批一个几千万元的生产计划项目，虽然在授权范围内，但由于数目过大，出于谨慎，他还是去找何享健请示。何总给他的答复很简单：这在你的权限范围内，你自己拿主意！更让这位总经理没有想到的是，往后随着事业部规模的扩大，他的权限还在继续增大，几个亿的资金在他们手里流进流出也是司空见惯的事情。因为按照《分权手册》的规定，随着业务规模的扩大，事业部总经理手里的资金审批权也不断放开。

但是，事业部的权力并不是没有边界的。在一些不属于事业部权限的方面，事业部总经理也不能擅自决定。比如，事业部总经理可以决定1000万营销计划，但是10万元的投资项目都要经过集团审批。可以说，美的分权制度的另一面就是把最核心的重要决策权保留在集团总部。美的各个事业领域的投资就是由集团统一管理的，事业部每一年都要提前上报投资规划，由集团企划投资部根据一年的投资规划做统一安排。而且，美的集团还在总部设立了资源管理中心，由它控制集团的资产，并对利润和资金进行集中管理。投资权力的下放并不等于削弱集团的投资调控能力。

权力的背面是责任。美的集团事业部在得到边界范围之内的授权的同时，也承担着巨大的经营责任，万一业绩不佳，整个内阁要一起引咎辞职。通常，年初的时候事业部的总经理要和集团总部签定责任状，确定当年应该完成的业绩指标，年终，则根据这样的指标来考核。为加强管理控制，美的订立了集团-事业部分权手册、经营信息报送规范、月度经营汇报会、年度/半年度经营总结会、高层经营管理人才述职质询会，以及项目投资、财务管理、审计监督（包括财务、制度、流程、离任等审计）等制度和流程，并实行严格的责任追究机制。

为了确保集团赖以形成张弛有度的责权结构的《分权手册》具有适时性、有效性，美的集团通常每半年就对相关制度进行一次分析和调整，这是美的对待"制度条款"的惯例。其调整的原则是：去粗取精，把一些不合理的项目加以调整或删除，并且着眼于进一步推动分权的简化和向下。像美的微波炉事业部的总经理，过去可能每年要审批200多项内容，而随着事业部业务渐渐迈入正轨，他所需要直接审批的项目就只有七八十条了。不断向下推动分权的结果，使美的应对环境变化的能力大大增强。比如，在某个家电大卖场里，竞争厂家刚打出降价的标识，美的空调的销售人员可以在两分钟后也定出相应的优惠价格进行促销。根据美的《分权手册》，每个终端的营销人员都在一定范围内享有定价权，这相当于把战地司令指挥中心拆分成无数个小指挥部安放在战地的最前沿。

分权的事业部制的实施，使美的集团经营绩效获得飞速的改进和提高。1998年，美的空调产销100多万台，比上年增长80%；风扇产销1000多万台，居全球销量榜首；电饭煲产销也稳居行业首位。1998年美的销售总额达50亿元，1999年达80亿元，2000年突破百亿大关，达到105亿元，2001年达143亿元，是1997年的4倍多。1997年至2001年间，美的空调销售连续5年跻身国内市场前三名，牢牢占据着第一阵营的位置。

自从建立事业部制以来，美的管理体制一直处在调整中。在通过分权明确集团总部与产品专业化的业务经营单位之间的权责关系后，随着海外市场的拓展，生产经营过程各环节之间的协调也日趋复杂。2000年后，美的开始全面推行"事业部的公司化改造"，使事业部内部的部门按二级子公司模式来运作。继小家电事业部的试点后，2001年8月，美的在空调事业部下也成立了国内营销本部、海外营销本部和制造本部。按照"公司化"运作的设想，营销本部作为制造本部属下各个生产厂及子公司的"顾客"，与制造环节之间的关系由单纯的产销关系转变成买卖关系。而在将销售环节问题交由两大营销本部全权负责后，制造质量和设备质量造成的损失则由生产厂承担。美的认为，这样推行事业部管理下的二级子公司运作模式，将会使事业部的运作全面进入"市场经营"和"顾客服务"状态中。

在各个产品专业化经营的事业部内进行产销关系调整的基础上，2002年，美的也将经营管理、人力资源、研究等职能相对集中到事业部层面统一管理。以招聘工作为例，原来各二级子公司可以自行招聘人员，报事业部备案，现在则将招聘统一由事业部来进行。研发方面，基础研究的模块保留在事业部的研发部，而对应于各项目开发的部分则放到属下的相应部门，如研发家用空调的项目组放到制造本部，研发出口空调的项目组则放到海外营销本部。而伴随着机构的调整，权力的放或收以及相应的责任和利益也处于转换与变局中。

事业部制运行了四五年后，美的集团的销售额高速增长。在经营规模迅速扩大的同时，美的开始出现"大企业病"。其突出表现是，由于各事业部过分追求规模和销售业绩，以致出现了扩张冲动、机构臃肿、效率下降、管理不到位等。特别是2001—2002年，美的"就像一头生病的大象，行走困难"。在"大企业病"最为严重的2002年，美的增长速度只有5%，是上市以来最低水平。美的日用家电集团副总裁王振曾这样讲述他当年犯的一个错误，"2001年我负责海外市场，发展很快就有些贪大求全，我做了几千万元的预算，打算在国外打广告做市场推广，幸亏被老总否决了。没有产品、技术、服务做后盾，几千万元投在海外做品牌还不等于白扔？"一位离职员工2002年给何享健写了一封信，指出了美的“大企业病”的12条症状，如事业部各自为战、有些项目盲目投资、资源浪费严重，等等。何享健收到信后，要求在集团内展开讨论，发动员工查找身边的“病症”，根除“大企业病”。经过充分查找病源后，何享健提出要对美的集团实施经营结构、管理结构、市场结构和区域结构的战略性调整。

2002年6月开始，美的进行了自1997年以来最大的一次组织变革。在这场大整合中，所有涉及被调整的人员约占被调整部门人员总数的1/3。其中，美的电器股份公司本部精简成5个部门，人员精简至120人，减少了40多人，职能部门只保留部长、经理、业务人员3个层次，比以前精简了两个层次。拥有六大产品系列十几种产品、员工达1000多人、年产量3000万多台、销售额为40亿元规模的家庭电器事业部，在被分拆为电饭煲、风扇、饮水机、微波炉四个事业部的同时，通过“瘦身”运动，调整分流出去300多人。通过一年多的整治，美的“大企业病”逐渐得到解决，投资冲动和内耗问题通过制度强化缓解了，企业重新步入健康快速发展的轨道。销售额数据显示，2004年美的销售额高达330亿元，比2003年同比增幅89%，2005年销售额456亿元。

但是，在分权的事业部体制下，各事业部就如同在参加一场没有终点的赛马比赛，每个事业部都争相成为跑得最快的那匹赛马，而无暇顾及其他更重要的东西。跟无数市场化公司一样，美的考核下属各业务单位的最重要的标准就是业绩。在此导向下，各事业部的职业经理人只能拼足功夫，运用各种能运用的优势促进销售业绩的增长。“业绩说话”“销售为王”是他们经营管理工作的核心理念。至于如何用好这些优势，如何实现品牌增值、避免贬值，却没有得到这些事业部管理者的重视。事实上，美的品牌虽然划归美的电器上市公司所有，但是集团旗下可以享用美的品牌的产品品类有数百上千，在“销售为王”的经营理念之下，产品质量退居次要地位，更谈不上品牌的保护和增值了。

另一方面，虽然美的集团还未出现严重的“山头主义”“诸侯文化”，但已经显现了这样的情况：几乎每个事业部都有自己的亚文化，而且很突出，很强势。更突出的，不但制冷家电和日用电器两个二级集团之间难以进行人员的互换，各事业部之间的人员调动也出现了一定的难度。由于事业部之间的沟通、协调存在障碍，参加一次广交会往往要用几个月时间去准备，协调会议要开上十几次、二十次。许多事业部为了各自业务的快速发展，耗费大量资源来建设自己的专卖店，这不仅导致了集团资源的重复配置，更为严重的是，它们还拒绝集团其他事业部的产品进入自己的渠道。

早在2005年底的总结会上，何享健就意识到这一系列问题的严重性，指出1997年开始实行的事业部制在某种程度上已经成为美的现在的包袱。他认为，美的现在的问题不是解决如何发展，而是要解决如何持续发展的问题。业界的评论也道明，对于追求销售业绩的事业部来说，发展热情和积极性过高，容易引发事业部经理人的眼光短视、急功近利。美的职业经理人急于求成的心态，加上美的集团对业绩的高要求，以及各事业部职业经理人所拥有的过大和分散的权力，是导致各种“门”事件发生的主要原因。很显然，在过去10年来对美的集团飞速发展起了重要促进作用的事业部分权制度，现在已成为美的集团的一大制度短板。

面对这种状况，作为董事局主席兼CEO的何享健很清楚，美的要甩掉这个包袱，对集团的权力分配进行重新规划和调整，将先前独立运作的各事业部从分散的状态集中统一起来。不过，他也强调，要在保持现有事业部制的基础上进行控制，而不是完全推倒重来。

资料来源：中国管理案例共享中心案例库。

【启发思考题】

1. 如何理解美的十六字诀“集权有道、分权有序、授权有章、用权有度”？

2. 从美的事业部制的演进过程与权力的“放-收”之道，分析集权与分权各自的优缺点是什么？

3. 通过本案例，你认为有效授权的原则是什么？

实操训练题

职权系统表的设计是职权设计的一个重要内容，包括横坐标、纵坐标和具体的职权描述三部分。下面是某企业的职权系统表的一部分(见表5-6)，请参照此表，结合实际企业的具体情况，绘制职权系统表。

表5-6 某企业部分职权系统表

业务内容	部门经理	参谋经理	分部经理	总经理	董事长
(一)人事					
1. 雇用新员工	有权批准	人事经理参与	月薪超过5000元的职工由本级批准	月薪超过7000元的职工由本级批准	月薪超过10000元的职工由本级批准
2. 员工晋升	有权批准	人事经理参与	有权批准	月薪超过7000元的职工由本级批准	月薪超过10000元的职工由本级批准
……	……	……	……	……	……
(二)生产经营					
1. 研发计划	有权批准		研发主任批准	有权批准新产品系列的研发	
2. 原料采购	有权批准	超过50000元由相关副总经理批准	有权批准	超过100000元由本级批准	
……	……	……	……	……	……

第 6 章　公司治理结构设计

本章的研究内容

1. 企业制度的演进过程
2. 现代企业制度的种类、特征以及制定的基本要求
3. 公司治理结构体系及其构成
4. 公司治理结构中的权力制衡
5. 人力资本的激励与约束机制的建立
6. 国内外公司治理结构的比较研究

关键概念

现代企业制度(modern enterprise system)
公司治理结构(corporate governance)
股东(shareholders)
人力资本(human capital)
激励机制(motivation mechanism)
企业文化(enterprise culture)
约束(constraints)
单层制(the unitary board system)
双层制(a two-tier board)

开篇案例

2017 年 5 月 6 日，山东 HT 股份有限公司(以下简称“HT”)副董事长办公室传出一声叹息，副董事长李力收到通知：山东华水集团拟将其二级子公司山东华水投资有限公司持有 HT30%的股权在山东产权交易中心挂牌转让。这一通知正式宣告了 HT 和华水集团为期一年的“混改”坎坷之路即将走到终点。本应是民营企业摆脱“融资难、拿项目难”的困境，国有方为进一步整合资源促成的合作，为何仅仅维持了一年就不欢而散？究竟是什么阻碍了双方的携手并进？事情还要从 HT 的发展瓶颈说起。

1. **靠上大树还是披上枷锁?**

1)“这棵大树好乘凉”

HT成立于1996年12月,公司主要从事净水处理、污水处理设备的研发、生产及其相关工程的承揽。公司创始人李力为20世纪80年代的机械设计专业硕士研究生,曾任职于长春某工科院校,1992年下海经商创办HT。公司成立20年来,李力将一个仅有两名员工的个体小作坊发展为净水、污水处理行业内赫赫有名的龙头企业。HT先后获得国家计算机信息系统集成资质证书、山东省著名商标、山东省守合同重信用企业、AAA信用等级企业等荣誉,拥有50余项国家专利、近10项软件著作权证书,是山东省内极具成长性的高新技术民营企业。

近年来,随着市场竞争的日益激烈,作为民营企业的HT想在水务市场上分一杯羹已经愈加不易。此外,面临行业技术飞速发展的挑战,HT亦急需充足资金进行技术革新。“拿项目难、融资难”成为公司面临的两大难题,正在HT急于突破之际,国企华水集团映入眼帘:一方面,在市场份额上,华水集团作为省管一级国有独资企业,在全省乃至全国都拥有大量市场资源,如能与其合作,进一步获得市场份额,单是华水集团的市场资源就足以令HT生存无忧。另一方面,作为资金雄厚的国有企业,华水集团能给HT提供充分的资金和银行担保,解决HT的资金难题。

2)“一切都好商量”

通过熟人引荐,李力与华水集团高层会晤,表明了合作意向。华水集团考虑到HT的技术优势以及其作为产业链上游,对华水集团产业链具有整合价值。更为重要的是,与民营企业“混改”也符合国家对国有企业混合所有制改革的要求,华水对李力的提议颇为动心。

然而,在随后的调查中,华水集团却发现HT手中有两颗“烫手的山芋”:一是HT位于庆县的污水处理项目,正处于对疆宇集团进行转让的过程中,存在着疆宇集团不按时履约付款的风险;二是HT位于岳县的污水处理项目,竣工日期也早已超过了与疆宇集团签订项目转让协议时所约定的日期,同样面临着履约风险。另外,HT初始股东的入股资本中有部分无形资产未在公司名下,HT坏账准备计提方式及其坚持采取市场法对股权进行评估的做法也遭到了华水集团的质疑。

华水集团随之在最初的磋商中提出持股比例50%以上的要求,这对于一手将企业带大的创始人李力来说难以接受,但为了获取企业生存和发展的资金,李力十分希望能促成这次“混改”,于是他详细地陈述了HT的科技优势与未来发展前景,并拍着胸脯向华水集团高层担保:“庆县、岳县的项目我们一定会尽快处理好,不会对公司产生影响,一切都好商量!”数轮谈判后,华水集团终于在持股比例上做出让步,李力这才松了口气。

经过长达一年马拉松似的谈判,双方在股权比例、股权评估方法、污水厂项目处理以及无形资产等方面达成一致,HT与华水集团全资子公司山东华水控股集团有限公司(以下简称“华水控股”)于2016年5月份签署了增资扩股协议。协议规定,华水控股持有HT30%的股权,成为公司第一大股东,HT应于2016年12月31日前将庆县立泉污水处理有限公司、岳县湘泉污水处理有限公司出售并处置完毕,并尽快将无形资产划归到HT公司名下,股权评估方式采用华水集团坚持的收益法。

“混改”后,股东大会选举华水控股董事长王某担任公司的董事长,HT原董事长李力退居公司副董事长之位。公司董事会由5人组成,HT原股东提名3人,华水控股提名2人,并通过公司章程的形式约定董事会做出决议必须经由全体董事的2/3及以上同意。监事会成员由

3人组成，监事会主席由华水控股提名，其他两名监事会成员中，1名由HT提名，另外1名由HT职工代表大会民主选举产生。

双方签署正式协议之前，HT聘请了券商、律所、会所三大中介机构启动了新三板挂牌暨创业板上市启动仪式，有志大展宏图。李力对公司的未来发展信心满满，以为今后便可背靠大树好乘凉。谁知事与愿违，“混改”伊始便出现了新的摩擦，种种矛盾纷至沓来。

2. 矛盾频生，到底是谁的错？

1)“能不能尽量和以前一样？”

“什么？这个月工资还没发？”李力放下人力资源部主管打来的电话，便向华水控股任命的财务总监老张的办公室走去。老张不紧不慢地放下手中的茶杯：“李董，总部的批文还没下来，这工资也不是我想发就能发的嘛。”李力深知“混改”以来，华水控股完全按国企的方式管理公司，HT的大事小情都要向华水控股提交申请，华水控股的每个部门都根据其职能向HT发号施令，繁杂的审批流程使HT要提交的文件成倍增长，办事效率却大打折扣。对此，员工们已经颇有微词。而此次打破公司一直以来的每月5号必发工资的传统，更会引起不满。李力强压着愤怒与委屈商量道：“我知道王董掌管集团上百家公司，日理万机，但还是希望能跟总部商量商量，咱们平时的管理能不能尽量和以前一样？”“这个嘛，有机会我会说的，但是李董，今时不同往日，咱们一切还是得按当初约定的来，是吧？”李力只好默默地走出了财务总监办公室。

2)“以后这公司还是我们说了算”

2017年2月，公司在招商银行的贷款到期，因暂时不能还清该笔款项，急需重新续贷。而此时HT才发现公司授信已过期，需要重新提报资料。经过一番曲折，HT的授信额度获得批准，银行随即提供了一份贷款清单，其中一份重要文件是董事会关于同意贷款的决议。而华水控股却不同意公司的贷款事宜，HT多次与其沟通无果。

副董事长李力的办公室里，HT的高层们正紧急商讨着贷款事宜。而此时来自华水控股的王董事长照例缺席，王董事长不在HT办公已是“混改”后的常态。有人提议在征得银行意见后召开股东大会，由股东大会做出决议。公司董事会秘书查阅公司法及公司章程后，对李力建议说：“可以由公司两名监事主持召开股东大会，但是必须要先召开监事会取得监事会同意。”但此时火烧眉毛的李力已经等不了那么多了：“平时的事情都好说，这次拿不到贷款，谁来救我们？马上就开股东大会！再在董事会里加两个我们的人进去，以后这公司还是我们说了算！”董秘无奈之下只好以董事会的名义于2017年3月27日下发了临时股东大会会议通知。临时股东大会共有两个议案，第一个议案为“审议修改公司章程第一百零八条的议案”，该议案内容为公司董事会成员由5人修改为7人；第二个议案为“关于提名张某某等两人为公司第二届董事会董事的议案”。

2017年3月30日，山东华水投资有限公司（以下简称“华水投资”）向公司及股东、董事会秘书发送了“关于制止公司董事会秘书擅自发送召开临时股东大会会议通知的函”及“律师函”，两份函件均表示董事长在未知情、未主持召开股东大会的情况下，个别人以董事会的名义组织召开股东大会，违反了公司法和公司章程有关规定，对李力擅自下发召开临时股东大会的通知表示谴责与不满。至此，临时股东大会的召开以失败告终。

3)“早知今日何必当初”

一波未平，一波又起。2017年4月7日，办公室内愁眉紧锁的李力再次收到华水投资发来的律师函。律师函中陈述了当初签订增资扩股协议时华水控股与HT原股东代表的约定：

原股东应于2016年12月31日前将庆县立泉污水处理有限公司、岳县湘泉污水处理有限公司出售并处置完毕。但截至2017年3月31日，HT原股东仍未履行约定的责任和义务，存在重大违约行为。更为严重的是，由于HT原股东在向疆宇集团出售岳县湘泉污水处理有限公司股权时与对方产生争议，未能及时处理，致使疆宇集团向山东省高院提起诉讼，要求解除已签订的项目转让协议，并返还已支付款项并支付利息损失及违约金7479.16万元。华水投资发来的律师函中提道："HT应于2017年4月15日前履行完增资扩股协议中的责任和义务，并妥善处理好与疆宇集团的诉讼，确保不会因此给HT正常生产经营造成影响。否则通过法律途径追索HT原股东的违约行为及相关损失。"李力想起"混改"之时拍着胸脯对华水保证会处理好污水厂项目，却终究未能如期实现。不禁长叹："早知如此何必当初啊！"

3.无言的结局

自2017年4月初诉讼开始，HT投入了大量的人力、财力。诉讼对公司的战略发展、生产经营以及声誉都造成了相当大的损失。与此同时，HT公司账户、子公司股权的冻结，也严重影响了日常生产经营活动。雪上加霜的是，因双方合作不甚顺畅，华水投资对HT进行了审计评估，拟将其持有HT30%的国有股权在山东产权交易中心挂牌转让。至此，HT与华水集团的混改之路已是山穷水尽，前景渺茫……

资料来源：中国管理案例共享中心案例库。

6.1 企业制度的演进与现代企业制度

6.1.1 企业制度的法律形式

按照企业组建时财产的法律形式可将企业划分为非公司制企业和公司制企业。非公司制企业包括个人业主制企业与合伙制企业；公司制企业则主要有有限责任公司和股份有限公司等。

1.个人业主制企业

个人业主制企业又称个体企业，也就是我国现在的个体户和私营企业。这种企业是业主个人出资兴办，由业主自己直接经营的。业主享有企业的全部经营所得，同时对企业的债务有无限清偿责任。即如果经营失败，出现资不抵债的情况，业主要用自己的家庭财产来抵偿。业主制企业一般规模很小、结构简单，几乎没有任何内部管理机构。

1)个人业主制企业的优点

(1)建立和歇业程序简单，产权可以自由转让。

(2)经营方式灵活，决策迅速，制约因素少。

(3)经营运作的保密性强。

(4)利润独享，因而能够精打细算。

2)个人业主制企业的缺点

(1)财力有限，难以筹集到大量资金从事资金密集型的事业。

(2)企业经营状况依赖于业主个人素质，外人难以替代。

因此，此类企业有零售商业、注册医师(律师、会计师)、家庭农场等。美国此类企业数约占企业总数的75%。由于其规模小，发展余地有限，所以在整个国民经济中不具备支配地位。

2.合伙制企业

当业主制企业需要扩大时,业主之间便出现“合伙”的情况。合伙制企业是由两个或两个以上出资人共同出资兴办、联合经营,共同对企业的债务负无限清偿责任的企业。这种企业通常以“合伙契约”的形式确立各自的收益分成和亏损责任。

1)合伙制企业的优点

(1)扩大了资金来源与信用能力。由于众多合伙人共筹资金,筹资能力有所提高。合伙人共负偿债责任,减少了债权人的风险,从而提高了企业的信用能力。

(2)提高了经营水平与决策能力。合伙企业业主的人数多,可集思广益,其经营管理水平与决策能力自然优于个人业主制企业。

2)合伙制企业的缺点

(1)稳定性较差。每当部分合伙人更换时,都必须重新谈判并建立全新的合伙关系,而谈判和新型人际关系的建立都很复杂,此时很容易造成企业夭折。

(2)易造成决策的延误或失误。合伙人都有权代表企业从事经营活动,重大决策需要所有合伙人的参与,如果意见分歧,势必造成决策的延误或失误,影响企业的有效经营。

这类企业适合于广告事务所、股票经纪业、小型商店等。

无论是业主制还是合伙制,都有一个共同的特征,那就是企业是所有者的延伸,在法律上作为业主(或合伙人)的自然人要以其连带的家庭财产承担法律责任和清偿债务的责任。因而,一般把这两类企业统称为自然人企业。

公司制企业兴起比较晚,形式也多种多样,有的适应经济环境变化而流传下来,发展成为市场经济国家中现代企业的重要形式,如有限责任公司和股份有限公司;有的经过尝试后,发现效果不够理想而放弃,如无限责任公司、两合公司、股份无限公司、股份两合公司等。

3.有限责任公司

法律规定,有限责任公司是指由两个以上股东共同出资设立,每个股东仅以其认缴的出资额对公司承担有限责任,公司以其全部资产对其债务承担责任的企业法人。

有限责任公司的特征有以下几点:

(1)股东人数较少。各国法律一般对股东人数的上限都做了规定,如日本和美国某些州的《公司法》规定有限公司人数不得超过30人,英国和法国规定不得超过50人,我国规定股东数最多不得超过50人。

(2)股权买卖受限制。该类公司不对外公开发行股票,股东的出资额由股东协商确定,资本无须等额股份,股单只能作为股东在公司中享有权益的凭证,不能自由买卖。股东出让股权时,一般要征得其他股东的同意,而且老股东具有优先认购权。

(3)人合性强。由于股东人数少,股东身份也比较稳定,因此股东之间的关系相对紧密,容易统一意志和组织管理,并且绝大多数股东直接参与公司的经营管理,管理者能够保持较高的责任心。

(4)公司信用程度不高。有限公司成立、歇业,甚至解散的程序比较简单,内部机构设置灵活,同时无须向公众公开账目。正因如此,其筹集资金范围和规模较小,难以适应大规模生产经营活动的需要,只适合于中小企业。此类企业数量大,但资本总额与股份有限公司相差甚远,因而其经济地位相对较弱。

4. **股份有限公司**

股份有限公司在德国和日本称股份公司，在英法系国家叫作公众公司。它是把全部资本分为等额股份，并通过发行股票筹集资金，由若干个负有限责任的股东按一定的法律程序组建的企业法人。公司以其全部资产对公司承担债权债务。

股份有限公司的特征有以下几点：

(1)发行股票集资，股东人数的下限受到限制。如日本法律规定其股东最低人数为 7 人，德国规定不得少于 5 人。我国规定应当有 2 人以上 200 人以下为发起人。股东可以是自然人，也可以是法人。

(2)股权平等。股东按持股比例享受权利和承担义务。

(3)股份依法自由转让。股东可以通过买卖股票随时让渡股份。

(4)定期公布经过审计的财务报告。为了保护投资者的利益，股份公司必须在每个财务年度终了时公布公司的年度报告，包括董事会的年度报告、公司损益表和资产负债表。

(5)绝大多数股东不直接参与企业的日常经营管理，而是通过股东大会对董事会、监事会、经理人员分层委托授权，建立法人治理结构来完成对企业的经营管理。

有限责任公司和股份有限公司的一个重要共同点，就是股东的有限责任，即公司对债务的清偿是用公司的财产来实施，股东只对公司负有以出资额为限的出资责任。

公司制企业有别于非公司制企业的显著特点是，公司产权商品化、市场化、货币化和证券化。出资人虽然不得撤资退股，但由于法人财产权或股东的股权都可以在市场上变卖与转让，使其产权多元化与股权分散化。这不仅保证了公司资产的独立性和完整性，以及公司经营的持续性；同时，有利于企业在公平竞争条件下，优化资源配置，促进资源合理流动。所以，我国现代企业制度的建立，其核心就是公司制度的建立。

6.1.2 现代企业制度的建立

1. **传统企业制度及其主要问题**

我国传统企业制度是在计划经济体制的框架下形成的，反映了下述特征和问题。

1)传统企业制度的特征

(1)以国家为主体的产权制度，财产所有权、经营管理权、宏观调控权、行政管理权统属于国家，而企业不是具有独立产权的经济实体，只是单纯的生产单位。

(2)企业具有经济、行政、社会职能，无所不管，无所不包，企业越大，包袱越重。企业设置非经营部门，相当一部分人、财、物花费于非生产经营性活动方面。

(3)企业是政府机构的附属物。经营管理方面，企业没有自主权、经营决策权、收益分配权等；实行“统收统支、统负盈亏”，企业只是执行上级制订的计划和指令，不管产品是否适销对路与市场需求，生产经营状况与企业和职工的利益不能直接挂钩。

(4)企业由国家部门直接管理，委托官员作为政府在企业的经营代理人，并对主管部门负责。

综上所述，我国传统的企业制度是国家所有、国家经营、政企不分、官商合一；带有明显的行政化、民政化、供给制、“大锅饭”的特征。这有它产生的历史必然性，在当时条件下曾发挥过一定的积极作用。

2)传统企业制度存在的主要问题

(1)国有资产大量流失。国有资产所有者虚位，企业和职工不关心国有资产的保值增值，成本和利润观念淡薄,忽视生产要素的使用效率和更新改造。

(2)企业的生产经营与社会需求脱节。企业只是按照上级指令性计划进行生产经营,无权根据市场变化来调整结构,也没有财产权的硬约束和市场竞争的压力,不承担经营风险,加之计划手段滞后,程序复杂,信息失灵,造成盲目生产,生产与需求脱节,社会劳动浪费,从而无法适应社会的需要。

(3)企业负担沉重和平均主义盛行。企业承担了大量社会福利和政府职能,人、财、物等方面的包袱甚重。同时,企业没有劳动用工的权力,人员多少与效率高低同企业和职工没有直接的利害关系,带来机构重叠、人浮于事、冗员繁多、效率低下的弊端。

(4)束缚了生产力的发展。传统企业制度,没有能够通过提高劳动生产效率和改善经营管理所创造的更多价值作为企业自身资金积累和扩大再生产,以及增加职工收入的途径,从而抑制了企业和社会扩大再生产的积极性,束缚了生产力的更快发展。

鉴于此,必须进一步总结经验,适应社会化大生产和市场经济发展的需求,努力进行企业制度的创新,重新塑造社会主义市场经济条件下经济运行的微观基础,进一步深化企业的改革和建设。

2.现代企业制度的含义及其基本特征

1)现代企业制度的含义

现代企业制度(modern enterprise system)是适应社会化大生产和市场经济体制发展的要求,以完善的企业法人制度为基础,以有限责任制度为保证,以公司制企业为主要形式,以产权明晰、权责明确、政企分开、管理科学为条件的新型企业制度。

这就说明,现代企业制度要求企业应当是一个独立的经济实体,能够自主经营、自负盈亏、自我发展、自我约束。从法律方面看,现代企业主要是法人企业而非自然人企业,应当是依法成立、依法独立享有民事权利和承担民事义务的法人组织。所以现代企业制度从法律上看也就是企业法人制度。

2)现代企业制度的基本特征

(1)产权关系明晰。企业中的国有资产所有权属于国家,企业拥有包括国家在内的出资者投资形成的全部法人财产权,成为享有民事权利、承担民事义务的法人实体。

(2)企业拥有法人财产。企业以其全部法人财产,依法自主经营、自负盈亏、照章纳税、对出资者承担资产保值增值的责任。

(3)出资者按投入企业的资本额享有所有者权益,即资产受益、重大决策和选择管理者等权利。企业破产时,出资者只以投入企业的资本额对企业债务负有限责任。

(4)企业按市场需求组织生产经营。企业组织生产经营以提高劳动生产率和经济效益为目的,政府不直接干预企业的生产经营活动,企业在市场竞争中优胜劣汰,长期亏损、资不抵债的应予以破产。

(5)建立科学的企业领导体制和组织管理制度,调节所有者、经营者和职工之间的关系,形成激励和约束相结合的经营机制。

3.现代企业制度目标模式的基本要求

为了适应社会主义市场经济的客观要求,规范现代企业制度,应符合以下基本要求:

1)**产权关系必须明晰**

(1)企业之间产权边界清晰,“互不侵犯”,从而保证每个企业能作为市场主体进入市场,相互竞争。

(2)在多元化投资主体形成的企业内部,各自产权要量化,要使这种量化的产权可以入市交易转让。

(3)就国有企业来说,必须保证国家继续拥有国有资产的所有权,企业拥有包括国家在内的出资者投资所形成的全部法人财产,成为享有民事权利、承担民事责任的法人实体。

2)**权利和责任对称**

以量化的产权为基础,确定每个出资者的权利和责任,既要保证每个出资者按产权份额享受所有者权益,同时,在企业破产时,也以产权份额对企业债务承担有限责任,从而使企业能够实现自负盈亏。

3)**界定政府和企业的关系**

政府只能依法对全国所有企业实行“一视同仁”的管理,切断政府对国有企业生产经营活动直接干预的渠道;企业则按市场需求,依法自主独立地开展生产经营活动,追求利润最大化的目标,在竞争中优胜劣汰,资不抵债时应予破产。

4)**企业内部实行科学管理**

在企业内部应建立合理的治理机构和组织指挥系统,使全部法人财产得到最充分合理的配置和应用;要形成激励和约束相结合的机制,能对出资者承担资产保值增值的责任。

6.2 公司治理结构体系及其构成

6.2.1 公司治理结构的概念

就公司自身而言,现代公司的规模、技术含量、市场竞争带来的机遇与风险、发展战略确立的重要意义、内部资源配置的效率,这些问题都是传统业主制企业所不能比或没有碰到过的,由此,它造就了职业的管理者阶层和管理者市场,管理科学也因之发生了革命性的变化,但职业管理者取代业主控制企业的经营又产生了“代理人经营风险”问题;就公司与社会关系而言,公司规模的巨大在带来效率的同时,也产生了对社会公正和秩序的威胁问题。如何保证公司以最低的组织成本追求其经营目标,并在对自己的行为负责的框架内运行是一个至关重要的问题,这就是公司治理所要解决的问题。尽管公司治理这一概念的使用不限于公司制企业,但公司治理受到理论界和企业界如此重视却是与现代公司尤其是上市股份公司联系在一起的。因为现代上市公司代理问题尤其突出,上市公司基于股权的分散化和公司法人财产权的确立,公司的所有权与控制权彻底分离,公司剩余索取权由股东享有,而剩余控制权则是从股东—董事会—经理—管理人员—生产工人逐级分权下放的过程,从股东到生产工人有多层委托-代理链,在每一级代理链上,剩余索取权与剩余控制权都不统一,即代理人拥有控制权,但无剩余索取权。正是这种产权安排上的错位和复杂的委托-代理关系,使得股份公司的治理比其他形式的企业的治理更为重要和复杂。如果缺乏有效的治理机制,这种产权安排上的错位和复杂的委托-代理链就会降低公司运作的效率。从这种意义上讲,公司治理的目的就是通过设计必要的控制程序、组织结构及激励机制,在不同的当事人之间进行权力、责任和利益的配置,矫正或弥补公司制企业在产权安排上的错位,解决多重代理问题。此外,上市股份公司因吸收大量公众资金,在国民经济中占有相当大的份额,对社会影响较大,关乎股东、员工、经营者、债权人、供应商、消费者、政府等众多利益,公司中蕴含着各种不同类型利益冲突,尤以股东与经营者、大股东与小股东、股东与债权人、股东与员工之间的冲突为甚,公司本身与居民或消费者基于环保和消费问题亦存在利益冲突。如何通过有效的制度安排协调各利益主体间的利益矛盾,使不同的权利主张在碰撞中达到动态性平衡,这恰恰是各国政府致力于解决上市公司治理问题的重要原因。20 世纪 80 年代之后,由于英美国家的敌意收购接管和公司重组浪潮、转轨经济国家公司治理中的严重内部人控制问题和日本的泡沫经济及亚洲国家金融危机的爆发,公司治理成为世界各国国家政策的兴趣点,并成为世界性的研究和实践课题。而我国,基于国有企业转制、产权制度的改革、政企职能分开和加入 WTO 参与国际竞争等内部改革、外部压力的形势需要,公司治理引起人们的普遍关注。

相对于管理学的其他领域,公司治理(corporate governance)也称公司治理结构或公司督导机制,是一个颇具争议的领域。这首先表现在,到目前为止,学术界对公司治理还没有一个统一的定义。下面是比较流行的几种定义:

以詹森(Jenson)等人为代表的代理理论认为,公司治理研究的是所有权与经营权分离情况下的"代理问题",其焦点是降低代理成本,使所有者与经营者的利益相一致。

克科伦和沃堤克(Cochran & Wartick)认为,公司治理要解决的是高级管理人员、股东、董事会和其他利益相关者相互作用产生的诸多特定问题。构成公司治理的关键问题是谁从公司的决策(经理的行为)中获利,谁应该从公司的决策(经理的行为)中获利。当两者存在矛盾时,公司治理问题便出现了。

蒙克(Monk)把公司治理定义为,影响公司的方向和业绩表现的各类参与者之间的关系。主要参与者包括股东、经理班子(包括总经理及副总经理)、董事会。其他参与者还包括员工、顾客、债权人、供应商和社区。他们之间的关系涉及主要参与者的权力、责任和影响,以及在决定公司的方向、战略、业绩表现时做什么和应该做什么。

布莱尔(Blair)认为,公司治理有狭义和广义之分,狭义的公司治理是指解决股东与经理之间代理问题的一整套控制和激励机制,主要是董事会的功能、结构以及股东权力等方面的制度安排。广义的公司治理则是指企业控制权和剩余索取权在有关参与者之间分配的一整套法律、文化和制度安排,这些安排决定了公司的目标,谁在什么状态进行控制,如何控制,风险和收益如何在不同企业成员之间分配等问题。

还有不少学者着重从组织结构角度定义公司治理,认为公司治理就是股东大会、董事会和经理组成的一个结构,或者认为公司治理就等同于董事会。吴敬琏则强调公司治理结构是指所有者、董事会和高级执行人员三者组成的一定制衡关系。

林毅夫等人认为,公司治理是指所有者对企业的经营管理和绩效进行监督和控制的一整套安排。人们通常所说的公司治理结构,实际上指的是公司的直接控制或内部治理结构。对公司而言,更重要的应该是通过竞争市场所实现的间接控制或外部治理。

上面这些定义分别从公司治理的问题、制度、组织结构、参与主体及其利益关系安排等角度对公司治理进行界定，都有其可取之处，但相对而言，我们认为经济发展与合作组织(OECD)对公司治理的定义更为准确和全面。

OECD对公司治理的定义是：公司治理是一种据以对工商业公司进行管理和控制的体系。它明确规定了公司各参与者的责任和权力分布，诸如董事会、经理层、股东和其他利益相关者，并且清楚地说明了决策公司事务时应遵循的规则和程序。同时，它还提供了一种结构，使之用以设置公司目标，也提供了达到这些目标和监控运营的手段。

6.2.2 公司治理结构的构成要素

1.股东大会

现代企业是全体股东出资组成的，财产的所有权属于所有股东。股东大会作为公司最高的权力机构，是股东实现想法、行使权利的必备机关，公司的重大事项都必须经过股东大会审议和批准。股东在股东大会上通过投票来表达意志，依照股票数量，每股一票，而非每人一票，体现出股权平等原则。任何股东都可以用“决议草案”的形式向股东大会提交讨论的问题。

《中华人民共和国公司法》规定，股东大会做出决议，必须经出席会议的股东所持表决权过半数通过。但是，股东大会做出修改公司章程、增加或者减少注册资本的决议，以及公司合并、分立、解散或者变更公司形式的决议，必须经出席会议的股东所持表决权的2/3以上通过。股东大会行使下列职权：

(1)决定公司的经营方针和投资计划。

(2)选举和更换非由职工代表担任的董事、监事，决定有关董事、监事的报酬事项。

(3)审议批准董事会的报告。

(4)审议批准监事会或者监事的报告。

(5)审议批准公司的年度财务预算方案、决算方案。

(6)审议批准公司的利润分配方案和弥补亏损方案。

(7)对公司增加或者减少注册资本做出决议。

(8)对发行公司债券做出决议。

(9)对公司合并、分立、解散、清算或者变更公司形式做出决议。

(10)修改公司章程。

(11)公司章程规定的其他职权。

股东除了可以参加股东大会进行投票表决，即“用手投票”行使权利外，还可以对入股资金的所有权及相应的股份转让进行处置，即“用脚投票”行使权利。此外，还拥有基于股份的分红收益权，以及在公司解体或破产清算时对剩余财产的按股分割权。

国有独资公司不设股东大会而是授权公司董事会行使股东大会的部分职权。

2.董事会

对于拥有众多股东的公司而言，不可能靠所有股东经常集会来控制公司，股东大会也不是一个常设机构。董事会是由股东大会选举的董事组成的代表所有股东利益的机构，也是股东大会闭会期间的权力机构。董事会成员可以是股东，也可以是非股东，可以是自然人，也可以是法人。如果法人作董事，必须指定一名有行为能力的自然人作为其代理人。

《中华人民共和国公司法》规定，董事会每年度至少召开两次会议，应有过半数的董事出席方可举行。董事会做出决议，必须经全体董事的过半数通过。董事会决议的表决，实行一人一票。董事会应当对会议所议事项的决定做会议记录,出席会议的董事应当在会议记录上签名。董事应当对董事会的决议承担责任。董事会的决议违反法律、行政法规或者公司章程、股东大会决议,致使公司遭受严重损失的,参与决议的董事对公司负赔偿责任。但经证明在表决时曾表明异议并记载于会议记录的,该董事可以免除责任。董事会对股东大会负责,行使下列职权:

(1)召集股东大会会议,并向股东会报告工作。

(2)执行股东大会的决议。

(3)决订公司的经营计划和投资方案。

(4)制订公司的年度财务预算方案、决算方案。

(5)制订公司的利润分配方案和弥补亏损方案。

(6)制订公司增加或者减少注册资本以及发行公司债券的方案。

(7)制订公司合并、分立、解散或者变更公司形式的方案。

(8)决定公司内部管理机构的设置。

(9)决定聘任或者解聘公司经理及其报酬事项,并根据经理的提名决定聘任或者解聘公司副经理、财务负责人及其报酬事项。

(10)制定公司的基本管理制度。

(11)公司章程规定的其他职权。

3.经理人员

经理人员就是企业的高层管理者,他们构成了负责企业日常事务的执行机构,其中的总经理是掌握最高执行权的人。与董事会的集体负责制不同,执行机构要实行首长负责制,即总经理负责制。《中华人民共和国公司法》规定,经理对董事会负责,行使下列职权:

(1)主持公司的生产经营管理工作,组织实施董事会决议。

(2)组织实施公司年度经营计划和投资方案。

(3)拟订公司内部管理机构设置方案。

(4)拟订公司的基本管理制度。

(5)制定公司的具体规章。

(6)提请聘任或者解聘公司副经理、财务负责人。

(7)决定聘任或者解聘除应由董事会决定聘任或者解聘以外的负责管理人员。

(8)董事会授予的其他职权。

西方通常把执行机构的最高负责人称为首席执行官(CEO),我国也开始接受了这一称谓。一般而言,首席执行官由董事会下的常设机构“执行委员会”中的首席执行董事来担任,既是董事会成员,又是经理班子成员,掌握极大的权力。首席执行官主要负责管理企业与外部的关系和战略要务,而将内部运营的管理权责交给处理日常事务的总经理(当作为董事会成员时,称为总裁)。

4.监事会

监事会是对董事会和经理人员行使监督职能的独立机构,不具备管理权,监事、经理人员及财务人员不得兼任监事。《中华人民共和国公司法》规定,监事会成员不得少于3人,应当包括股东代表和适当比例的公司职工代表,其中职工代表的比例不得低于1/3,具体比例由公司章程规定。监事会中的职工代表由公司职工通过职工代表大会、职工大会或者其他形式民主选举产生。监事可以列席董事会会议，并对董事会决议事项提出质询或者建议。监事会或监事发现公司经营情况异常，可以进行调查；必要时，可以聘请会计师事务所等协助其工作，费用由公司承担。股东人数较少或者规模较小的有限责任公司，可以设1～2名监事，不设监事会。监事会、不设监事会的公司的监事行使下列职权：

（1）检查公司财务。

（2）对董事、高级管理人员执行公司职务的行为进行监督，对违反法律、行政法规、公司章程或者股东会决议的董事、高级管理人员提出罢免的建议。

（3）当董事、高级管理人员的行为损害公司的利益时，要求董事、高级管理人员予以纠正。

（4）提议召开临时股东大会会议，在董事会不履行公司法规定的召集和主持股东大会会议职责时召集和主持股东大会会议。

（5）向股东大会会议提出提案。

（6）依照有关规定，对董事、高级管理人员提起诉讼。

（7）公司章程规定的其他职权。

6.2.3 公司治理结构中的权力制衡

现代公司是公司财产制度变迁和社会分工高度发达的产物，是物质资本和人力资本的集合，是寻求经济最大化的利益集团，公司经营规模的扩大足以富可敌国。公司权力通过公司中的权力机关作用于公司股东、债权人、职工和消费者等利益主体，甚至于对一国的政治、经济和社会都有重要影响，正如罗德尼·克拉克（Rodney · Clarke）在《日本的公司》一书中写道："在各大机构中，股份公司是仅次于国家本身的机构。在国际事务中，公司以能挑拨任何一个政府反对别的政府，并取得相当大的自主权。"因此，通过法律对公司及公司机关的权力进行制约就成为必要，它不仅关系到公司管理效率的高低、管理费用的大小，而且影响公司经营的成败。公司制度高度发达的美国认为：公司法的首要目的就是试图架构一部"宪法"，以界定和限制公司权力中枢——董事会和高级经营层的特权。可见，对公司权力进行制度性安排，是公司治理的核心所在。

1. 公司权力的来源与实际设计

权力是一个有争议的概念，且在不同时代被赋予不同的含义。德国社会学家、政治学家马克斯·韦伯对权力下了一个具有普遍意义的定义，即"权力是把一个人的意志强加于其他人的行为之上的能力"。具体到法学领域，权力是指"某一人通过做或不做某一给定的行为从而改变某种给定的法律关系的能力"。权力作为一种主动的命令是有别于作为被动请求的权利，权力与相对人的关系是"我能够、你必须"。在现代社会，组织已成为最重要的权力来源，企业作为市场价格机制的功能替代物，本身是以自由和效率为核心理念设计的，其内部以类似于行政命令、指导的方式运行的，以减少单个合同的谈判、履行的成本，以长期性、继续性、团体性契约代替短期性、一时性、个别性契约，在融通资金、分散风险方面有着巨大的功效。随着经济的发展，大公司纷纷涌现，并逐渐成为权力的集装器。加尔布雷斯（Galbraith）指出："如果人们要行使某种权力，它就必须借助组织。"与公司这样的组织相比，个人已经显得微不足道了，这种实力悬殊的巨大，需要对公司的权力进行限制。因为，权力很少是以绝对的方式行使，权力必须受到限制，公司权力也不例外。

一种合法权力，可以通过正式的授予或委托而获得，也可以依据国家的法律、法令而获得。现代公司是一种合资公司，其财产来源于股东的投入，股东的原始产权是公司机关权力的首要来源。同时，公司作为由股东投资组成的营利性法人，是一个独立的民事主体，享有法律赋予的一切权力。现代公司由于资产巨大，雇员众多，在市场中居于支配地位，它可以决定产品的生产、销售和消费、技术的开发以及雇佣的条件。公司权力实际上影响到社会的各个方面——工作、教育、艺术、休闲、通信、交通、娱乐等，它能够影响社区、城镇、地区甚至国家的经济条件和命运。因此，为了限制公司权力的不当行使，现代公司借鉴国家体制中权力分立和制衡原则，将公司中的权力分为三大部分，即股东大会、董事会和监事会三大机关。股东大会是公司最高权力机关，拥有决定公司一切重大事务的权力，并有权监督董事会和监事会；董事会是经营决策和执行机关，其权力来源于股东会的授权或法律的直接规定，对股东大会负责，经理依公司章程和董事会的授权执行公司决策，受董事会的监督；监事会是专门的监督机关，其权力来源法律的直接规定，对董事会和经理人员的行为进行监督，这就是公司内部权力制衡机制。

2. 公司治理结构中的制衡关系

在公司治理结构中，股东及股东大会与董事会之间，董事会与经理人员之间，存在着性质不同的关系。要完善公司的法人治理结构，就要明确划分股东、董事会、经理人员各自的权力、责任和利益，从而形成三者之间的制衡关系。

从法律原则上说，各国公司法都明确区分了股东大会与董事会之间的信任托管关系和董事会与经理人员之间的委托代理关系。

1)股东大会和董事会之间的信任托管关系

在公司治理结构中，董事是股东的受托人，承担受托责任，受股东大会的信任委托，托管公司法人财产及负责公司经营。董事和股东不是个人之间的关系，而是股东大会与董事会之间关系的表现。股东大会与董事会这种信任托管关系的特点在于：

(1)一旦董事会受托经营公司，就成为公司的法定代表。股东既然将公司交由董事会托管，出于信任，不得干预董事行为和公司管理事务，这是公司作为法人的条件。而且，股东也不能因商业经营原因，例如非故意的经营失误，而任意取消董事。如个别股东对受托经营者的治理绩效不满，即对董事会不信任时，可以不再选举他们连任(用手投票)或转让股权(用脚投票)。不过，选举不能由单个股东决定，而要取决于股东大会投票的结果。如董事因违背公司法和公司章程的规定，或采取欺骗、隐瞒等手段而使股东利益受到侵害，股东可以以玩忽职守和未尽受托责任而起诉董事，并追究其经济责任。

(2)受托经营的董事不同于受聘经理人员。不兼任执行人员的董事(外部董事)，一般不领取报酬，只领取一定的津贴或称“车马费”，表明不是雇佣关系，而是信任托管关系。在有限责任公司的情况下，由于股东的人数较少，董事会的成员多半具有股东身份，这意味着大股东直接控制公司。在股份有限公司情况下，董事会主要由经营专家以及社会人士组成。

(3)在法人股东占主导地位的情况下，大法人股东往往派出自己的代表充当被持股公司的董事。这时，公司特别是业务关联公司的经理人员，由于懂得经营和业务，关注自身的价值，往往成为被持股公司董事的合适人选。

2)董事会与公司经理人员之间的委托代理关系

董事会以经营管理知识、经验和创利能力为标准，挑选和聘任适合于本公司的经理人员。经理人员作为董事会的意定代理人，拥有管理权和代理权。前者是指经理人员对公司内部事务的管理权；后者是指经理人员在诉讼方面及诉讼之外的商业代理权。这种委托代理关系的特点在于：

（1）经理人员作为意定代理人，其权力受到董事会委托范围的限制，包括法定限制和意定限制，如营业方向的限制、处置公司财产的限制等。超越权限的决策和被公司章程或董事会定义为重大战略的决策，要报请董事会决定。

（2）公司对经理人员是一种有偿聘任的雇佣，经理人员有义务和责任依法经营好公司的业务。董事会有权依经理人员的经营绩效进行监督，并据此对经理人员做出奖励或激励的决定，并可以随时解聘。

3）股东、董事会和经理人员之间的相互制衡关系

公司制结构的要旨在于，明确划分股东、董事会和经理人员各自的权力、责任和利益，形成三者之间的制衡关系，以最终保证公司制度的有效运行。

（1）股东作为所有者掌握着最终的控制权，他们可以决定董事会人选，并有推选或不推选直至起诉某位董事的权力。但是，一旦授权董事会负责公司经营管理后，股东就不能随意干预董事会的决策，个别股东更无权对公司经营说三道四。

（2）董事会作为公司的法人代表全权负责公司经营，拥有支配公司法人财产的权力，并有聘任经理人员的全权。但是，董事会必须对股东负责。正是由于需要建立股东与董事会之间的制约、制衡关系，股东的过分分散化，容易使股东失去对董事会的控制，对公司的有效运营不利。

（3）经理人员受聘于董事会，作为公司的意定代理人统管公司日常经营业务。在董事会授权范围之内，经理人员有权决策，其他人不能随意干涉。但是，经理人员的管理权限和代理权限不能超过董事会决定的授权范围，经理人员经营绩效的优劣，也要受到董事会的监督和评判。

6.3 人力资本的激励与约束机制的建立

人力资本（human capital）的激励机制怎么建立，这是新的法人治理结构中，首先要解决的第一个问题。

6.3.1 人力资本激励机制的建立

从现在国际的经验来看，人力资本的激励机制（motivation mechanism）主要包括三个方面的内容。

1.人力资本的经济利益激励

因为人力资本是作为资本而存在，所以人力资本的回报就不只是工资。工资是劳动的报酬，因而要考虑新的回报形式，这种新的回报形式是人力资本的薪酬制度。现在国际通行的薪酬制度主要包括五个方面的内容：岗位工资、年终奖、股票期权、职务消费、福利补贴。在上述这五个方面的利益激励中，期权激励很重要。人力资本拥有期权的后果，就是导致人力资本虽然不是出资人，但是却拥有了企业的产权。人力资本不是出资人却拥有了企业的产权，这就打破了过去一个经济学及法学的原理，即谁出资谁拥有产权。但是这个规则已经被人力资本的激励机制所产生的后果打破。人力资本既然也是一种资本，那么资本的经济收益就不应只是工资，因为工资是劳动报酬，资本的报酬应该是产权的收益。因此，既然承认人力资本是一种资本，那么就要承认它应该拥有产权。这样导致的最后结果就是人力资本虽然不是出资人，但却拥有了产权。据抽样调查,国际上人力资本在企业中所拥有的产权数量,已经达到了企业总产权数量的38%左右。

所以,国有企业纷纷开始搞人力资本持股的试点,民营企业人力资本持股也已经开展,而且推进的速度还很快。但是要避免两种倾向:①厂长或经理持股。厂长、经理是职业的称呼,而人力资本则是人的素质的标志,企业家和厂长、经理不能混为一谈。②把员工持股搞成了新的大锅饭。员工持股与人力资本持股是两种根本不同的持股方式,前者是工会搞起来的,是由于员工的社会保障制度的建立而引发的,而后者则与此根本不同。因此,从人力资本激励的角度来看,我们实际上不主张员工持股。但是就目前人们在这方面的行动来看,都表明我们在法人治理结构上已经大大地迈出了一步。

2. 权力与地位的激励

现在人力资本在企业中的权力和地位已经极大地增长和加强了。这种增长和加强的结果是产生了CEO,即首席执行官。这个概念的产生其实已经明确地告诉大家,人力资本已经作为很重要的力量登上了历史舞台。CEO不是总经理,也不是总裁。我们不能把首席执行官当成总经理或总裁,首席执行官的权力其实非常大,除了拥有总经理的全部权力以外,其权力中还有董事长的百分之四五十的权力。所以在CEO产生的条件下,董事会已成为小董事会,董事会不再对重大经营决策拍板,董事会的主要功能是选择、考评和制定以CEO为中心的管理层的薪酬制度。首席执行官实际上不是企业的出资人,实际上是人力资本,但是他对重大经营决策拍板。人力资本和董事会的功能也已经完全不一样了,董事会不再对重大经营决策拍板。这也减少了过去很多的矛盾。过去我们讲董事长对重大经营决策拍板,总经理就是对日常经营决策拍板,这实际上是两个人干同一类事,结果是功能不分,导致董事长和总经理经常对着干。现在董事会的功能主要是选择、考评和制定CEO为代表的管理层的薪酬制度,经营活动已交由CEO来独立进行,实现了功能性分工。

尤其是应该看到,CEO的形成解决了董事会在经营方面的一个严重缺陷,即在现代经济活动日益复杂的条件下,出资人往往没有能力判断企业的投资方向了,虽然有时董事会的经营决策的程序及法律规则是合理合法的,但仍然解决不了投资失误的问题,原因就是需要职业经理人来确定投资方向了,因而就必须将经营决策的所有权交给CEO。完善董事会的决策程序只是手段,不是目的,目的是要防止经营失误,因而在董事会并没有能力保证投资决策正确的条件下,与其完善董事会,还不如将经营活动全部交给人力资本。

CEO在经营上的权力很大,那么谁在经营决策方面对CEO进行约束?约束者并不是董事会,而是企业中有一个类似于战略决策委员会的机构对CEO的经营决策等进行约束。战略决策委员会实际上是支持或者否定首席执行官经营决策的最主要的咨询机构。但是战略决策委员会的人员却恰恰大部分不是企业中的人,更不是企业的出资人,而主要是社会上在企业管理、经济学、法学及各种产业方面的知名人士,他们成了战略决策委员会的主要人员构成,这些人显然也不是出资人,而是属于人力资本范畴,由他们来支持或者否决首席执行官在经营方面的决定,表明人力资本的地位和作用大大地加强了。

与战略决策委员会相对应的还出现了一个独立董事制度。独立董事不是出资人,而且在企业中没有任何经济利益关系,企业充其量给一点"车马费",但是独立董事的投票权和出资人的投票权是一样重要的。独立董事往往是经济与法律等方面的权威人士,是人力资本,是从社会价值的方面来约束企业行为。

首席执行官、战略决策委员会、独立董事的产生告诉我们，人力资本的地位和作用已大大地加强了，等于人力资本控制了这个企业，而不是出资人。出资人的权利仅仅表现在产权的利益回报上，而不是其他方面。也就是说，人力资本在保证货币资本增值保值的条件下，可以独立地经营企业，并不是只有日常经营权。这标志着人力资本的地位和作用在极大地加强，也就是所谓的对人力资本的权力和地位的激励。

3. **企业文化的激励**

对人力资本的激励，必然要包括在企业文化方面对人力资本的激励，企业文化方面的激励是激励机制的重要内容。企业文化(enterprise culture)是一种价值理念。它和社会道德是同一个范畴，它的产生是因为仅仅靠企业制度根本无法完全保证企业的快速发展。企业主要靠制度约束人们的行为，但是企业制度也有失效的时候，制度失效了靠什么约束？靠企业文化的约束，因而企业文化作为企业的一个重要组成部分，不是可有可无的，而是必须要有的。有的企业很难快速而高效地发展有好多原因，但其中一个很重要的问题就是因为没有发育相应的企业文化，没有正确评价自己的自我约束。

6.3.2 人力资本约束机制的建立

约束(constraints)机制大体上分为两个方面的内容，即内部约束和外部约束。

1. **内部约束**

内部约束，即企业和人力资本之间的约束。这种内部约束在国际上看，主要是有五个方面的约束措施。

1)公司章程的约束

人力资本到某个企业中来，第一道约束就是公司章程的约束，也就是任何人力资本在本公司工作就业，就必须遵守本公司章程。企业中的所有人都必须服务和服从于公司章程，因为公司章程是企业的宪法。

2)合同约束

任何人力资本到企业中来就业，都必须要签订非常详尽的合同。这种合同对企业商业机密的保护、技术专利的保护、竞争力的保护都要体现出来。可见，首席执行官的权力虽然非常之大，但是企业会给他规定不少界限，让他在一定的范围内发挥作用，不能损害他所在的企业的商业机密、技术专利及竞争力。

3)偏好约束

所谓偏好约束，就是说，我要约束你，首先要考虑你的偏好。如果你是要实现自己的经营理念，而不是需要更多的钱，那就用是否给你授权来约束你。所以对人力资本的偏好要研究得非常细，你敢不敢雇某个人力资本，就要考虑他的偏好是什么，如果是想实现自己经营理念的这种人，那就要考虑他的经营理念与企业的经营理念是否一致，就要制定与此相关的约束。

4)激励中体现约束

国际上对人力资本的激励往往是实行期权，期权一般五年才能行权。其道理是一年搞好了还不行，必须五年都要搞好才能行权，这种激励本身就代表约束。国际上给人力资本的岗位工资、期权、福利补贴、年终奖金等经济利益虽然很高，但是这些酬劳并不能马上都拿走，年终奖当年只能动用30%左右，因为今年业绩出色可能是以危及企业明年的利益为代价的，如今年完成指标了，但却损害了企业明年的利益，若年终奖当年可以全部拿走，企业明年怎么办。

这就要一定考虑激励机制怎么体现约束，不能搞一种纯粹的激励，而是激励要体现约束。

5)**机构约束**

所谓机构约束，是指非常注重完善企业的最高决策机构。要把人力资本和企业之间的摩擦与矛盾，演化成人与机构之间的矛盾；而不能把企业与人力资本之间的矛盾变成人与人之间的矛盾。这样一来，对整个人力资本的约束就会产生很有效的约束。如果总是人与人之间的摩擦，这时候摩擦就很难使人力资本受到很正常的约束，因为人与人之间的约束带进个人的好恶。所以往往要把人与人之间的摩擦转化成人与机构之间的摩擦。

2. **外部约束**

所谓外部约束，实际上就是社会约束，即社会要对人力资本形成一种约束，大致上有以下几个方面的内容。

1)**法律约束**

法律约束就是从法律方面对人力资本要形成约束，有关人力资本方面的法律，我们必须尽快建立，否则对人力资本约束就会很差。

2)**职业道德约束**

任何阶层都应该有自己的职业道德，人力资本也应该有道德的约束。如果我们不建立起一种道德约束，有人完全可以为私利而把企业的商业机密卖掉。所以每个行业都应该有自己的职业道德。人力资本作为重要的社会阶层，应该有自己本身的职业道德。

3)**市场约束**

人力资本作为一种资本的流动要通过人力资本市场，市场对人力资本应该起到一个重要的约束作用。我们没有一个完善的人力资本市场，而是把所有的劳动力都放在一个市场里，职业经理人市场应该是有准入流动规则的。国际上各种就业市场是分开的，如劳务市场、人力资本市场都是分设的，并且各自都有自己的规则，是有制度的。在西方，人力资本市场上每个人力资本的整个档案记录都很齐全，规则也很明确，入市有标准，一个人力资本干的任何好事、坏事都有非常详细的记录，这种约束是很强大的。

4)**社会团体约束**

所谓社会团体约束，是指作为人力资本，应该有自己的民间团体组织，因为民间团体组织实际上是介于市场约束和法律约束之间的很重要的约束。这种民间团体往往是既维护自己本阶层的利益，同时也清理本阶层中的害群之马，无需政府去管理，民间团体组织会自行解决自身的问题。

6.3.3 激励与约束机制相匹配原则

激励和约束不能分开，只有二者相对应，所设计的机制才可能高效。否则，一软一硬，厚此薄彼，就会造成激励机制的“阴阳”失调。我们知道，市场机制和清晰的产权在大多数场合都很有效率，原因在于它对当事人能同时提供很强的内在激励和外部约束。这显然在提醒我们，在设计人力资本的激励机制时，千万别缺少了约束机制。如果对人力资本只强调激励而忽视约束，激励机制就会扭曲，出现权力的滥用；或者相反，对人力资本只强调约束而忽视激励，就使其没有积极性用好手中的权力。在不少公司，股东大会、董事会、监事会、职工代表大会未能发挥其应有作用，甚至由经营者支配，成了其谋取不正当利益的合法手段。一些经营者利用这种软弱的监控系统和手中的权力，大肆捞取灰色收入和高额的在职消费，甚至贪污、盗窃公司财产。对人力资本约束不力的更严重后果是，不能使不称职的人员被及时撤掉，他们长期在经营者位置上所做出的低效或错误决策，比起利用手中权力谋取个人私利，对公司的危害更大。总之，只有按照激励与约束相匹配原则，从两方面同时强化，人力资本激励机制问题才能真正解决好。

6.4 公司治理结构的国际比较及对我国的启示

由于各国的财产权制度、文化政治特征、市场结构特征和国家经济发展战略等的不同，经过长期的公司发展历程和企业制度的演变，产生了不同的公司治理结构，并构成了不同的公司治理结构模式。从大类上分，这些模式可分为英美模式和德日模式。

6.4.1 英美模式的基本框架及特征

1. 英美模式的基本框架

英美模式被称为“一会制”或“单层制”(the unitary board system)模式，即业务执行与监督机构合二为一，董事会既具有业务执行职能，也具有业务监督职能。前者位于核心位置，后者处于相对次要的地位。如图 6－1 所示，英美模式的基本框架为：企业在股东大会的终极控制下，实行单层制董事会大框架内的多委员会分工负责。其基本运作是：公司股东大会选举产生董事会，并审议公司的利润分配方案，但不涉及公司的经营管理。董事会和经理层分开运作，经理负责公司的日常经营决策工作，董事会负责重大事项的决策并监督经理层。董事会下的各委员会根据其责任分工范围，提出各自的政策主张，并交由董事会集体讨论表决。此外，公司还没有独立审计员，通过财务审计和经营管理审计来约束经理人员，形成双层约束机制。

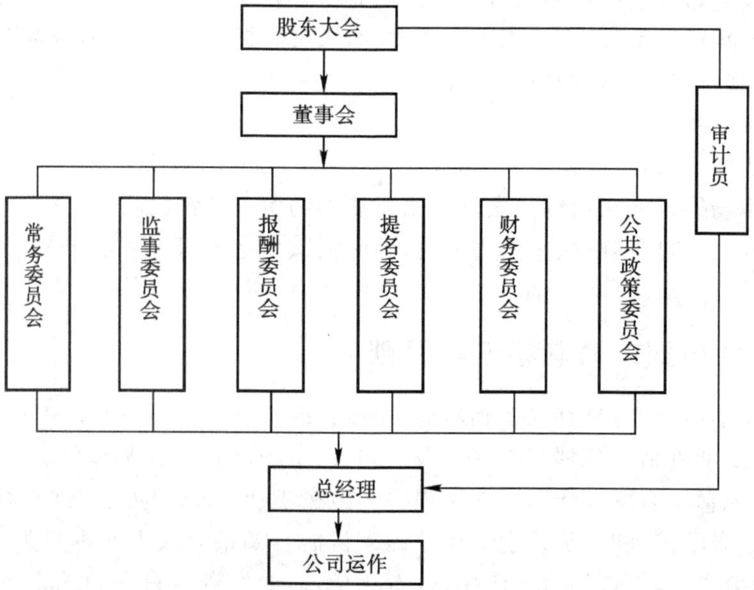

图 6－1 英美模式的基本框架

2. 英美模式的基本特征

1)"单层制"的委托-代理关系

从内部治理结构来看,英美公司设立股东大会、董事会及其附属委员会以及总经理职位。股东大会虽说是公司最高权力机构,但由于股份的分散性,其实施治理权的成本很高,与董事会之间形成了委托-代理关系。

对于董事会,一方面,董事会下设不同的职能委员会,以协助其更好地决策,向董事会负责,并受其直接领导;另一方面,董事会中设有外部董事,以加强董事会的监督和控制职能。英美国家规定,在董事会中必须有半数以上的外部独立董事,这些董事由社会上的专家学者构成。如美国还要求上市公司必须设立由外部董事组成的审计委员会、提名委员会以及薪酬委员会,全面负责公司业务的审查、董事任免及董事和经理人员的收入分配工作,以防止董事会与经理层之间相互勾结,从而确保股东的权益。自 20 世纪 70 年代以来,英美公司中的外部董事比例呈上升趋势。

英美模式一般不实行监事或监事会制度。监事会职能由公司聘请专门的独立审计员或会计员以及独立董事来承担。独立董事监督经理人员的行为,同时还依靠社会机构,如股票交易委员会来监督经理人员的行为。公司还聘请由独立审计员或会计员承办的专门的审计事务所负责有关公司财务状况的年度审计报告,进行发布,以示公正。这种独立审计制度既杜绝了公司偷税漏税行为,又在很大程度上保证了公司财务状况信息的真实披露,有助于公司的守法经营。

雇员通过持股计划和集体谈判制度参与公司治理。实行雇员持股计划的公司首先由雇员达成协议,雇主自愿将部分股权(或股票)转让给雇员,雇员承诺以减少工资或提高经济效益作为回报。集体谈判制度是先由工会选出雇员的谈判代表,然后按法定程序与雇主进行谈判,最后签订集体合同。集体合同界定了雇主和雇员之间的责权关系,它是雇员参与公司管理的重要手段。

2)股权分散化模式

在股权结构中,机构投资者占主体,股权高度分散,这种结构最接近伯尔勒-米恩斯的股权分散化模式。股权的分散性主要表现在:

(1)机构投资增长迅速,机构投资者所占比例不断加大,但股权不集中。机构投资者是指那些社会事业投资单位,如退休基金、商业银行的信托机构、人寿保险、互助基金、慈善机构等。以美国为例,机构投资者的持股率上升很快,从 20 世纪 50 年代的 23%、60 年代的 28%上升到 70 年代的 37.8%,80 年代中期进一步上升到 40%,进入 90 年代,机构投资者持股比重首次超过原先占有压倒优势的个人股东持股率而居优势。虽然机构投资者已拥有美国全部大公司 60%股权,但由于法律和公司章程的限制,各机构在每家公司的持股比例都不大,股权不能高度集中。

(2)银行作为纯粹的资金提供者,只能经营短期贷款,而难以在公司治理结构中发挥作用。美国虽有约 1.4 万家商业银行,但法律规定不允许经营 7 年以上的长期贷款,且作为一个"消极的股东",不得参加投票和干预公司活动;英国内部交易法也有一些谨慎规则,加之较早就相对成熟的证券市场,英美公司主要通过发行股票和债券的方式从资本市场上直接筹措长期资本,而不是依赖银行贷款。

(3)个人持股比例大,但一般只持有某家公司很小额的股份。

3)外部治理机制不断发达

英美公司高层经理人员的压力主要来自通过证券市场的股票交易活动。在 20 世纪 80 年代中期以前相当长的时期里，这种机制主要通过两种消极的途径来实现：一是"用脚投票"，即当公司业绩不佳时，股东们就会迅速抛售股票，以调整投资结构，降低风险，股价的暴跌会使得经理收入减少。二是恶意接管，即公司股票继续下跌所导致职业兼并者有机可乘，通过竞价购买公司的大部分股票实现收购的目的。股东们的这种消极表现是因为：股东持股的目的主要是为了获取利润，追求投资收益率最大化，他们是漠视公司经营管理状况的纯粹的投机家。而且，股东中存在"免费搭车"的问题，他们都希望从其他投资者的行为中获益。加之各股东投资的道德风险使他们多从自身利益出发，而不是从公司所有股东的利益出发等。但从20世纪80年代以来，股东进一步法人化和机构化的趋势使得以前被动性、短视性和高流动性的状况发生了很大的改变。由于在持股额巨大的情况下，股东短期内难以尽数卖出所持股份，再者为解套而卖出会导致股价的下跌和股市的恐慌，这将会使股东遭受更为严重的损失。这时，股东将不再遵循"用脚投票"机制而频繁买卖股票，而将更多使用"用手投票"，由此带来的是以善意接管代替恶意接管。

6.4.2 德日模式的基本框架及特征

1. 德日模式的基本框架

德日模式在具体运作过程中靠"两会制"或"双层制"(a two-tier board)来实现，即公司治理结构主要由监事会与董事会组成，实现业务监督机构与执行机构的分离。

同是"两会制"，但德国与日本的公司治理结构的基本框架又有所不同。德国的公司治理结构建立在"共同决定"(股东与工人进入决策层)的基础之上，并以监事会为中心。其运作过程为：由股东和职工双方各自推举自己的代表组成监事会，行使制定政策目标、挑选人员执行政策目标、监督目标的执行过程、对执行结果进行评价等职能；再由监事会聘任管理董事会，由管理董事会负责公司的日常经营管理。其基本框架如图6-2所示。

日本模式的"两会制"是将经理人员置于裁判位置的"经理协调"模式，如图6-3所示。在这一模式下，主银行及相互持股的企业与其他股东一起选举董事组成董事会作为公司决策机

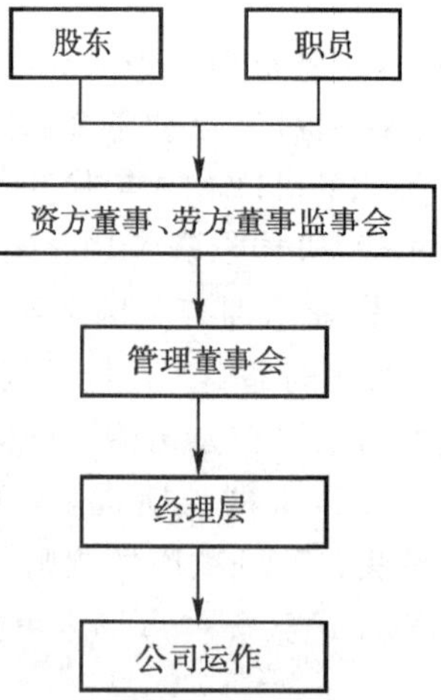

图6-2 德国模式的基本框架

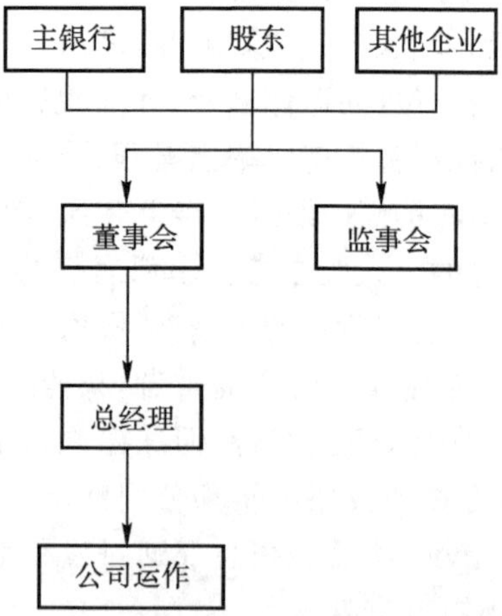

图6-3 日本模式的基本框架

关，同时选举监事组成监事会作为公司监督机构；董事会再选聘总经理负责公司的日常决策工作，并协调出资方与雇员之间的利益矛盾。同是"双层制"，日本模式中董事会与监事会彼此平行，无任何隶属关系，这一点不同于德国模式下监事会高于董事会的结构特征。

2.德日模式的基本特征

1)内部治理结构实行双重管理制度

将业务监督职能与执行职能相分离，成立监事会及董事会且成员互不交叉。但德国与日本内部监控机制又有所不同：

(1)德国公司的监事会是公司股东、职工利益的代表机构和监督机构，是一个实实在在的股东行使控制与监督权力的机构，其主要职责是监督董事会的经营业务，任免董事会成员，向董事会提供咨询等。董事会负责公司日常经营管理事务，执行监事会的决议。监事会的地位高于董事会。在董事会结构中，独立董事较少(虽然近年来有所改变)。此外，德国公司普遍实行雇员参与治理制度，其法律规定，雇员通过选派雇员代表进入公司董事会并占有一定的席位，以此来参与公司重大经营决策，即"监事会参与决定"。

(2)在日本公司的内部治理结构中，股东大会在形式上是公司的最高决策机构，但实际上名存实亡，其职能已转到了由经营专家组成的董事会中。日本公司不设外部董事，而是实行内部董事制度。公司社长总是把自己的亲信提拔为董事，因而董事会成员大部分都来自公司内部高、中层经营管理人员。日本公司终身雇佣制度的特点在一定程度上允许雇员参与公司治理，中低层雇员可通过企业内工会组织以及质量管理小组等参与公司治理。

2)银行主导公司治理

德日公司中银行享有相当大的权力，处于公司治理结构中的核心地位。在日本公司中，主银行既是公司最大的债权人，又是公司的持股人。在其债券结构中，1971—1975 年银行借款比例高达 89.5%，80—90 年代有所下降；在其股权结构中，主银行持股比例为公司前五大股东之列的约占 72%，典型地表明了日本公司股权比较集中且流动性低。揽双重身份的主银行通过与企业的贷款交易以及有关的金融交易获得长期收益，并保证投资安全。因此，主银行不得不关心公司的经营状况，采取"用手投票"的方式对企业及经营者进行有力监督。

虽然，一般情况下银行为德国公司主要股东之一，但其持有的股份仅占公司股份总额的 10%以下。但在更多的情况下，银行是通过代理投票的间接持股方式来获得企业的控制权的，即银行代大部分个人股东保管其股票，从而得到大量的委托投票权，能够代表储户行使股票投票权。据统计，银行可以行使的表决股票(直接或间接)占德国上市公司股票的一半左右。这样，银行的主导治理地位一方面以较小的成本解决小股东"搭便车"的行为，实现了对企业的督促；另一方面又可作为公司的大股东直接行使表决权来参与公司的决策，而不用在市场"用脚投票"。

3)法人交叉持股

德日企业之间通过交叉持股加强了关联企业之间的联系，使企业之间相互依存、相互渗透、相互制约，结成一个"命运共同体"，使得来自外部的兼并收购行为很难发生。这一特征在日本公司表现尤为突出，而且二战后，日本股权向法人集中，构成法人交叉持股现象。1989 年，日本公司的法人持股比例高达 70%以上，法人交叉持股在企业集团中被广泛采用。三菱集团内部三家大公司之间的交叉持股情况如表 6-1 所示。

表 6-1 1990 年三菱集团内三家公司的交叉持股情况(%)

公司名称	三菱银行	三菱商事	三菱重工
三菱银行	—	5.0	3.6
三菱商事	1.7	—	1.6
三菱重工	3.0	3.2	—
三菱集团总持股	18.1	25.5	17.5

三菱集团内部交叉持股实际上使整个集团形成了一个股东大会。另据统计,三菱集团平均的交叉持股率为 25.3%,三井集团为 18.0%,住友集团为 24.5%。日本企业集团普遍采用集团内部交叉持股来降低代理成本,抑制企业之间的机会主义行为,并将利害关系者对企业不同形式的索取与其作为股东的身份结合起来,以减少不同利害关系者之间的利害冲突和摩擦。

德国公司中法人交叉持股也极为广泛,其中银行对大公司的持股强化了公司对银行的依赖,形成了独具特色的银企关系。

6.4.3 我国公司治理结构存在的问题及对策

在计划经济体制时代,企业不具备完整的法人资格。20 世纪 80 年代改革开放后,我国开始企业制度改革,先是放权让利、扩大企业经营自主权,继而确认企业为自负盈亏、自主经营独立的商品生产者和经营者,后来从法律上明确了企业的独立法人地位,促进政企分开,给企业以自主权。1994 年以后,我国大多数国有大中型企业按照公司法规定进行了公司化改制。目前取得了很大的成果,但我国公司治理结构仍存在一些问题:

(1)股权结构失衡带来诸多问题。控股股东变动频繁,股权结构不稳定;在股东大会上国有股东出席率最高、中小股东参会意愿不强、流通股东"用脚投票"现象严重。

(2)董事会结构不合理,董事会独立、科学决策的功能受到很大限制。主要表现为:内部董事比例过高、独立董事作用有限、董事会决策机制落后等。

(3)处于从属地位的监事会起不到事前监察的作用,独立监事在监事会中的比重过低。

(4)公司经理们权力不受约束,"内部人控制"问题突出。

(5)经理层激励机制扭曲,非报酬激励作用大于报酬激励,高级管理人员年度报酬与公司经营绩效相关程度不高。

总之,要完善我国公司治理结构,其出路在于塑造出既符合"经济人"的人格特征,又具有企业家才能的国有股代表,使其既有能力又有动力去实现国有资产的保值增值,特别是经营能力更为重要。因此,我国公司治理结构设计的重点应放在确保企业家才能的充分发挥上。具体方法有以下几点:

(1)通过发展企业法人相互持股重构公司股权结构,形成多元股权和经营者集团屏障,确保经营者自主地行使经营权。在赋予企业法人代表以直接对外投资的股东代表权的前提下,鼓励企业之间按照经济上的内在联系相互参股。这在目前企业自有资本比率偏低,资产负债率达 70%以上的情况下,作为一种注资方式对企业只会有利而无害,而且易于推行。同时,对一家公司在另一家公司持有股份的比例加以限制,以避免单个股权偏重的弊端。这样运作的结果，一方面可以使企业之间形成稳定的交易关系；另一方面，这些企业的经营者在被持股公司以大股东或董事会成员的身份出现，即在公司内部形成一个经营者集团，再由这一集团按特定的经营能力标准经过民主程序推选出经营者。这样使原有政府部门直接干预的渠道被堵塞，政企分开有了现实的较为宽松的环境。这种经营专家集团选出的经营者是有能力的，经营者集团本身也为实现决策的科学化、民主化和保证决策的质量方面准备了素质基础；万一企业经营过程出现暂时的困难也容易找到可行的对策，从而只要对经营者进行有效监控的制度具备，其经营决策就能得到较好的实施。

(2)健全公司治理的组织机构，确立保证监督有效实施的制度基础。《中华人民共和国公司法》虽然规定监事会是公司内部的专门监督机构，但这一组织实际上很难发挥应有的作用。其主要原因：①监督者只有具备必要的知识和经验才能有效履行自己的职责。法律规定，董事、监事不能兼任。这为监督的有效执行奠定了制度基础，但监督从来不是目的，而是为了保证决策的正确实施。当监督人员不知决策的来龙去脉和目标取向时，或对决策过程的信息反馈缺乏起码的专业技术分析能力，他们又怎能履行好自己的职责？在我国，有限的企业家资源已经集中在不能兼职的董事会成员身上，而监事会成员则普遍缺乏本职工作所要求的专业素质。②监事会成员在很大程度上存在代理问题。企业经营成果的好坏对监事的利益没有直接的影响，他们必然缺乏监督的积极性和主动性。因此，严格按照《中华人民共和国公司法》规定，在股东大会、董事会和经理之间，根据分权与制衡的原则，健全公司治理的组织机构；完善监事有效监督的激励制约机制，充分发挥监事会双向监督的作用；建立和规范可以追究董事(董事长)和总经理责任的议事规则和决策程序，保证所有者权能的真正到位。根据中共十五届四中全会精神和我国的文化背景与价值观念，在新、老“三会”并存的同时，公司党委会成员、职代会中的职工持股会成员可以通过法定程序进入董事会与监事会，工会成员进入监事会等；待条件逐渐成熟，让“新三会”职能逐步取代“老三会”职能。

(3)充分利用各种物质手段激励经营者。作为“经济人”的经营者，其动力来源于对自身利益最大化的追求，当经营者认为报酬偏低时，经营才能必然不会得到充分的发挥，相反会诱发侵犯所有者利益的行为，以求得心理平衡和补偿。这在经营者只是一念之差，而监督起来由于信息不对称而难乎其难；况且损失已经造成，加上监督实施成本，只会损失更大。在上面的机制设计中，经营者已被选出，针对经营者的监督制度也已到位；问题是整个制度设计的目的是为了实现所有者利益最大化，而这只有经过经营者的尽心尽力才能体现出来。所以，主要的是解决对经营者的激励问题。理论上的原则是使经营者报酬与经营成果挂钩，一般实行工资、奖金、股票期权、医疗和养老保险金计划等多种形式相结合的报酬方式。然而，对经营者来讲，每一种报酬形式都有不足之处：工资可提供稳定的收入，但缺乏灵活性，不利于激发积极性，甚至诱发人的惰性；奖金是基于公司当年的盈利状况，刺激性强，但易引发短期行为；股票期权即允诺若干年后可按现行市价购买公司一定数量的股票，这部分股票的价值不确定，取决于公司未来几年的经营绩效。因而，股票期权最能反映经营业绩，是激发长期行为的有效手段，但风险大，不能给人以可靠的预期，故不宜作为最基本的激励手段。至于医疗和养老保险金计划，应主要作为一种社会保障手段存在，但刺激性有限，加之受时间偏好的影响，它在报酬中应占有适当的比例。所以，报酬的设计应是不同报酬形式的最佳组合，基本格局应是工资、奖金为主，股票期权次之，医疗和养老保险金为辅。

以上主要是以经营者为中心所设计的公司治理结构模式，它以市场体系不完善，企业家资源“短缺”为前提。随着市场体系的不断培育，公司治理结构必然逐步引入降低代理成本的外部市场机制，这时的市场经济也就走向成熟。

本章小结

建立现代企业制度是我国国有大中型企业改革的目标。企业组建时财产的法律形式可将企业划分为非公司制企业和公司制企业。非公司制企业包括个人业主制企业与合伙制企业；公司制企业则主要有有限责任公司和股份有限公司等。

现代企业制度是适应社会化大生产和市场经济体制发展的要求，以完善的企业法人制度为基础，以有限责任制度为保证，以公司企业为主要形式，以产权明晰、权责明确、政企分开、管理科学为条件的新型企业制度。

公司治理明确规定了公司各参与者的责任和权力分布，并且清楚说明了决策公司事务时应遵循的规则和程序。其构成有股东大会、董事会、经理人员和监事会四大要素。公司治理结构中的制衡关系包括：股东大会与董事会之间的信任托管关系、董事会与经理人员之间的委托代理关系、股东及董事会和经理人员之间的相互制衡关系等。

人力资本的激励机制主要包括对经济利益、权力与地位以及企业文化的激励。人力资本的约束机制分为内部和外部约束。激励与约束关系密切，因此在设计激励机制时要与约束机制相匹配。

经过长期的公司发展历程和企业制度的演变，产生了不同的公司治理结构，并构成了不同的公司治理结构模式。这些模式可分为英美模式和德日模式。我国经过改革开放后，在公司结构设计中仍然存在着不足之处，应把精力集中放在确保企业家才能的充分发挥上。

批判性思考与讨论题

1. 什么是现代企业制度？有哪些基本特征？
2. 试述公司治理结构中的三大制衡关系。
3. 对CEO的激励与董事的激励有哪些不同？为什么会有这些不同？
4. 简述人力资本的激励机制与约束机制的关系。
5. 分析英美公司治理模式和德日公司治理模式的基本特征。

案例分析

三沟酒业简介

三沟酒业始建于1862年(清朝同治元年)，坐落于人杰地灵的阜新市。

三沟酒业从阜新蒙古族自治县的邱家烧锅发展成为中国绵劲型白酒典范和辽宁第一酒，并于2009年在辽宁省白酒行业率先荣获中国驰名商标。如今，三沟酒业拥有东北地区最大的纯粮酿酒基地、最大的白酒工业园，产量、销量、纳税量、品牌影响力位居辽宁第一。“三沟”跨越了160年的风霜雨雪，经历了从私营到国有，又从国有到民营的历史变迁，实现了从家庭作坊管理到国有工厂生产，从国有工厂生产到租赁经营，从租赁经营到均股制股份合作的转制，又从均股制股份合作制转制为法人代表控股的有限责任公司的一次次蜕变，见证了阜新市一个地方老字号的沉浮起落与兴衰荣辱，可以称得上是中国近代民营企业从兴旺到衰落、从濒临倒闭到重新崛起的活化石。

三沟酒业的三次转制

第一次转制：从国有到租赁制

1.转制背景

1982年，阜新民族酒厂成立，当时隶属于阜新蒙古族自治县工业局，是全民所有制企业，有职工420人。阜新民族酒厂曾先后投资500多万元，大刀阔斧地对企业进行全面改造，规划厂区，更新设备，改造了旧厂房、旧工艺，使三沟酒业进入了新的发展阶段，1985年利税达97万元，1986年利税达373万元，跨入国家二级企业。虽然企业获得了一定的发展，但计划经济体制下的国有企业，先天存在的众多致命弱点极大地限制了企业的发展：企业归国家所有，政府对企业具有生杀予夺的绝对权力，企业没有自主权和市场主体地位，经常变来变去，运行非常不稳定，例如从1948年至1984年，企业就经历了至少五次的合并和拆分，光企业名称就更换了十来次，这样的企业如何能够稳定地发展；企业管理、设备、技术落后，创新能力不足；工人靠吃企业大锅饭、企业靠吃国家大锅饭过日子，懒汉思想普遍。因此，在国有体制下，阜新民族酒厂虽然也因为一些领导和技术人员个人的努力和奉献，取得了一些进步和发展，但在政府的频繁干预和机制体制的严重束缚下，经历了国有体制下的所有酸甜苦辣，因此没有真正走上快速发展的轨道。1987年春，阜新市成为全国第一个大面积施行租赁制的城市。市长王亚忱决心对城市进行大面积租赁，全市1264家工商企业租赁了811户。在这一背景下，阜新民族酒厂也从国有全民所有制迈出了向租赁制改革的重要一步。

2.结构与内容

租赁制是我国国有企业的一种经营责任制，指企业资产所有者，将企业有期限、有条件、有偿地出租给使用者的一种经营方式和企业经营制度。其基本特征是：所有权和经营权完全分离。国家作为资产所有者代表，将企业的经营权出租，取得"租金"收入。在租赁期间，承租人是企业的法人代表，享有企业内部机构设置权、干部任免权、劳动用工管理权、工资分配权等，企业的经营活动自主，承租人自主经营、自负盈亏、独立承担风险。

1987年，阜新蒙古族自治县工业局决定对阜新民族酒厂实行租赁经营，制定了《阜新蒙古族自治县民族酒厂实行租赁经营的实施方案》(代招标书)，于当年10月13日向全厂公开招标，用招标方式择优确定承租人。经反复酝酿，冯树成、夏延昌等六人投标，集体申请租赁阜新民族酒厂，与工业局签订了《租赁经营合同书》，其主要内容包括：

(1)订立合同双方情况。

(2)企业现状。

(3)租赁期限：自1987年1月1日至1990年12月31日，一定四年。

(4)对民族酒厂租赁前的合同关系及经济往来的处理。

(5)租赁期间基数及超利润分配。

(6)承租者的工资、奖金发放及调资待遇。

(7)中保人及责任。

(8)抵押保证金。

(9)租赁期间的财产保险。

(10)甲乙双方的权利和义务。

合同签订后,阜新民族酒厂的法人代表为冯树成,阜新民族酒厂的发展也从此翻开了一个新的篇章。租赁制在企业所有制性质未变的条件下,企业成了相对独立的经济实体,成为自主经营、自负盈亏、独立核算的社会主义商品生产者和经营者,在一定程度上调动了企业领导的积极性,为企业带来了生机和活力;租赁制还增加了企业自我发展意识和自我束缚能力,厂长负责制得到了落实;签订租赁合同后,承租双方在法律上明确了各种经济关系,依法体现了国家、企业、职工三方面的经济关系。租赁制改革后,阜新民族酒厂的销售额和利润出现快速的上升,1988 年利税达到 330 万元。

但同时在发展过程中也表现出一些弊端。首先租赁制容易挫伤职工积极性,可能出现虚假抵押和企业资产流失。其次租赁制改革后的企业产权依然不清,政府还是对企业的干涉过多,无法使企业实现自主经营、自负盈亏。例如政府为了解决其他企业的难题,经常要求阜新民族酒厂把资金借给县里一些亏损企业用于发放工资,前后共借出 1000 多万元,颗粒无还;销售出去的酒,资金也回不来;到了 20 世纪 90 年代初期,阜新民族酒厂账面亏损最高达到 610 万元,潜亏 1000 多万元。此时,一些外地酒也开始陆续涌入阜新,相继占领白酒市场。面对"内忧外患",百年酒厂何去何从,再次摆在了管理者的案头。

第二次转制:向民营股份合作制转变

1.转制背景

1996 年,38 岁的吴铮走上了厂长的岗位。面对阜新民族酒厂混乱的局面,吴铮横下一条心加强企业管理。在管理规章面前他六亲不认。控制企业的资金流,把账面封死,不管谁牵线搭桥,电话、借条、保人,一律拒之门外;在销售环节,对一些不适合销售工作的人员进行调整;严格规定,对于每天拉出去的酒,必须登记造册,责任到人,必须追回款。"睁开眼睛看市场"是紧锣密鼓地做市场调研。吴铮多次深入到县里、城区的批发点、商店、饭馆、酒店,询问消费者,到底什么样的酒适合于他们的口味,并多次组织召开会议,研发出一批符合阜新口味的三沟老白干、三沟白瓷瓶等适合于阜新市场的白酒。很快,三沟酒收复失地,畅销于阜新白酒市场。吴铮担任厂长两年,酒厂有了很大的变化。阜新民族酒厂成了全县较好的样板企业,在吴铮大刀阔斧的改革下重现生机。

1997 年,全国开始推行股份制改革。为了追赶现代企业管理制度,阜新蒙古族自治县县委、县政府挑选几家效益好的企业,进行"改制"试点。面对阜新民族酒厂严峻的形势,厂长吴铮、党委书记陶国元审时度势,果断决定顺应形势求发展,冲破旧体制的束缚,建立现代企业制度。通过各种形式对职工进行宣传和教育后,确立了股份合作制的改革方向,从此揭开了三沟特色的"均股制"时代。

2.结构与内容

股份合作制是以合作制为基础,吸收股份制的一些做法,劳动者的劳动联合和资本联合相结合形成的新型企业的组织形式。资本是以股份为主构成,职工股东共同劳动,实现按资按劳分配、权益共享、风险共担、自负盈亏、独立核算。所有职工股东以其所持股份为限对企业承担责任,企业以全部资产承担责任的企业法人。

1998 年 2 月 5 日,阜新民族酒厂召开职工代表大会,讨论并制定了"民族酒厂产权制度改革实施方案",该方案结合民族酒厂实际,确定了民族酒厂整体出售、通过集体购买组建股份合作制企业的基本思想。

1998年2月6日，阜新民族酒厂向工业局提出了关于企业转制的申请，确立阜新民族酒厂转制形式为“先售后股”（领导班子集体购买，将原有国有企业改为股份合作制企业），组建“三沟酒业集团公司”。

1998年2月13日，阜新蒙古族自治县经济体制改革委员会针对改制方案进行批复，原则同意阜新民族酒厂实行整体出售的改制方案，同意集体购买组建股份合作制企业，按股份合作制企业规程运作。

三沟酒业的转制方案坚持三个有利于原则，即有利于职工群众、有利于企业的发展、有利于地区经济发展，采取了转制不转向，分流不下岗的政策，只要职工不想离开企业，“三沟”就有你的工作。在三个有利于原则的指导下，员工可以有三个选择：一是愿意成为股东的，职工安置费直接折算入股；二是不愿意成为股东，但想在企业继续工作的，安置费暂存企业并付利息；三是既不愿成为股东，也不想在企业工作的，一次性发给安置费、买断工龄、另谋发展。

1998年4月1日，阜新民族酒厂进行了转制改革，转制时每股股金6000元，职工直接将安置费转为股份，原则上职工每人入1股，中层干部每人2股，高管每人5股，副职10股，而董事长吴铮入了12股。一共500多股，共423人入股。423名股东选举了47名股东代表组成股东代表大会，作为企业的最高权力机构。股东代表大会采取一人一票制，凡是企业的重大决策，需要股东代表大会半数通过才能实施。400多名职工将安置费直接折算入股，变成了股东；不愿入股但还想留在企业的100多人以员工身份工作，安置费暂存企业并付利息；另有50名职工不愿入股，也不愿留在企业，领走了安置费买断工龄离厂。由于转制政策充分考虑了各方的利益，没有一刀切，得到所有员工的支持，非常顺利地实现了从国有企业向民营企业的转制。阜新民族酒厂转制后，更名为阜新三沟酒业有限责任公司，吴铮以满票当选为董事长和总经理，法人代表陶国元当选党委书记兼副董事长。

实施股份合作制后，三沟酒业从人事、用工、分配、采购、销售等羁绊企业发展的环节入手，开始了大刀阔斧的改革。在用人机制上实行三制，即公司董事和领导实行“竞选制”，三年换届选举董事会，由股东代表选举董事长；中层干部实行“末位淘汰制”，每年举行民主测评，不合格者淘汰出局，体现能者上、平者让、庸者下的竞争格局；普通员工实行“待岗制”，对那些工作不好好干的员工，实行待岗，在这期间只发生活费。为了建立精干高效、快节奏的管理机构，三沟酒业将原有10个科室精简为4个部，管理人员由37人减少到26人，占员工总数的5%。在分配制度上，公司取消了档案工资制，坚持按劳分配。三年来，由于实行承包制，计件工资制，原料节约奖、白酒正品率计奖等多种形式的经济责任制，员工不吃企业的大锅饭，使员工工资收入随企业效益增长或减少，充分调动了员工的生产积极性。在采购环节，所有原料的采购都重新招标、货比三家、物美价廉。在销售环节，进行精细化管理，及时回收货款。

依靠灵活的机制和严密的管理制度，三沟酒业从上到下改变了面貌。转制后，职工几乎人人有股份，企业的一草一木，一砖一瓦都与自己息息相关。过去产权不明晰、责权不明确，很多事情厂长一人说了算。现在不同了，重大决策由股东代表大会说了算，47名股东代表是企业最高权力机构，人人参与管理，事事有人监督，企业呈现旺盛的活力。以前，厂里人浮于事，闲人多、懒人多、混饭吃的人多，就连工作时间也有人喝酒，厂里曾三令五申但仍禁止不了。现在这些现象早已荡然无存，人人身上有指标、有压力，个个都想多干活、多创利。转制后的三沟酒业确实适应了当时的形势发展，仅仅一个月的时间，就实现利润30多万元，销售收入达到220多万元，当年实现扭亏为盈。

第三次转制:从股份合作制到公司制

1. 转制背景

三沟酒业的“均股制”运营了两年之后,新的弊端又出现了。

第一,“均股制”使企业80%的职工都成了企业的股东,而且所有股东持股几乎差不多。这些股东认为他们都是企业平等的主人,应该在工作、待遇等方面全面平等地享受主人的待遇。于是,企业脏、累、险、重的工作没人愿意做,有些工作,股东闲着,却要雇用小工来做。例如,每年换窖泥的工作又脏又累,企业职工互相攀比,谁都不愿意做,最后只能雇小工。这种情况下,企业实际上又从原来国有企业的大锅饭变成了更高层次的股份制的大锅饭:有好处大家都想占,有风险大家都想逃避,没有人愿意承担风险和责任。正如董事长吴铮所说的那样,如果说原来国有企业的大锅饭是一个铁锅的话,第一次转制后的大锅饭则是一种白钢做的大锅,和原来相比更结实,更不容易打破,因为工人成为股东后更加理直气壮。

第二,“均股制”下企业人均持股,400多名股东选出47名股东代表成立股东代表大会,企业的重大决策必须由股东代表大会通过才能执行。企业面临着迅速变换的市场,许多发展机会瞬息万变、稍纵即逝,需要企业能够快速做出反应。而“均股制”的股东代表大会是一人一票制,许多经营的重大决策想迅速获得大多数股东代表的支持非常难,这就导致企业决策迟缓、效率低下、运转不灵。例如,2000年企业急需扩大生产规模,三沟酒业的股东代表大会通过决议,收购了阜新市的佛寺酒厂,经过一段时间的投入和改造,2001年即将投产时,股东代表大会突然要对是否开工投产进行表决,而这次表决80%的股东代表不同意投产,结果投入了200多万元的厂子只能闲置在那里。

第三,“均股制”造成企业主要负责人权利和义务不对等,收益与付出风险不对称,对企业负责人缺乏长期有效的激励。在“均股制”的情况下,董事长、总经理对企业的发展负主要责任,承担着巨大的压力;但董事长、总经理和普通股东代表在决策时,拥有同等一票的权力,董事长和总经理的权力与他们承担的责任不对等。企业发展的关键是经营管理人员,他们承担着巨大的压力和风险,需要付出超常的努力,甚至流血,但“均股制”的条件下,企业的经营管理层的收益和普通股东相差不了多少,这如何能对经营管理层产生长期而有效的激励?例如1996年后,为了提高管理水平,堵住管理漏洞,吴铮董事长对企业所有原材料采购等环节全部公开招标,大力整顿劳动纪律,加强财务管理,触痛了一些想不劳而获、专门攫取利益的人,这些人原来在企业好吃懒做,但掌握着企业的原材料采购等权力,非法牟利,导致企业大量资产流失,吴铮的改革切断了某些人的财路,必然招致一些人的不满。1999年4月23日晚上,吴铮董事长在回家的路上,遭到4名持刀歹徒的围攻,被身刺数刀,军人出身的吴铮凭借良好的身体素质才免遭厄运。这样大的风险和压力,在“均股制”的情况下,企业负责人的收入和员工几乎没有什么差别,长期下去,企业负责人还能为企业负责吗?

鉴于“均股制”的弊端,吴铮提出“三沟”必须走股份集中的路子,向法人代表控股转变,三沟酒业不可避免地再一次面临改革。

2. 结构与内容

法人代表控股是指控股人的股本占全体股东总股本的51%,控股后的企业性质为股份制企业,企业股东大会、董事会、监事会依然存在,按《中华人民共和国公司法》行使职权。

2003年3月,阜新三沟酒业经董事会讨论,制定了《阜新三沟酒业有限责任公司深化改革实施方案》。具体内容如下:

1)指导思想

打破“均股制”,实施法人代表控股,提高企业管理思想,减轻企业负担,使企业发展壮大。保证自治县税收和股东利益,确保广大员工“有股有岗”。

2)法人代表控股

控股人股本占总股本的51%以上,其他股东占49%左右。

3)每股金额为3000元

在原每股6000元基础上,股东个人有权决定自己退股、不退股或退出一半。

4)改革的形式

由现在的股份合作制体制变为“法人代表控股”股份制体制。

2003年6月,阜新三沟酒业集团在阜新县乌兰影院召开了“三沟酒业有限责任公司深化改革、确立新体制先后股东大会”。参加大会的股东共计427名,依法按程序讨论通过了《阜新三沟酒业有限责任公司深化改革实施方案》。股东大会进行了两轮投票表决。第一轮投票表决企业向何处去,有三个选择:一是走“均股制”的老路;二是卖给个人;三是转制为法人代表控股的公司。表决结果,“三沟”人选择了第三条路,即转制为法人代表控股制的公司。紧接着进行第二轮投票,选举控股的法人和新一届董事会。大会一致选举吴铮、陶国元、胡群、王世伟、马晓辉为董事会成员,吴铮当选董事长。

第三次转制后,取消了股东代表大会,成立了股东大会,股东大会采取股权决策制,按股权说话,而不是原来一人一票。吴铮董事长拥有52%的股份,而其他1000多名企业的股东,每个人实际股份都低于1%。

这次转制,对于三沟酒业的发展,至关重要。过去企业在国有企业时期,产权不清、所有者缺位;企业受政府干涉太多、无法自主决策;职工吃大锅饭、负责人和职工都没有工作积极性。企业实施租赁制后,虽然在一定程度上解决了经营者的激励问题,但产权不清、所有者缺位、企业受政府干涉太多、无法自主决策、职工积极性差等问题都没有解决,所以企业还是无法发展。第三次转制确立了吴铮为控股人,所有干部和员工的行为首先对董事长负责,董事长做出的各项工作和人员安排顺理成章,不存在股东的相互攀比。这样的话,大家的责任心确立了,积极性也确定下来。另外,因为董事长拿到了绝对控股权,在重大决策上,虽然先要走民主议事程序,但在拍板上,董事长就可以拍板了。这就加快了企业经营活动中的决策速度,赢得了商机。企业转制后,董事长拥有公司超过一半的股份,企业经营得好,会因为股票分红而获得更多的收入。例如,吴铮董事长到2012年已经持有公司52%的股份,总计达5000股,2011年仅分红这一项就高达80多万元。这就为公司主要负责人的经营行为提供了有效的激励。

第三次转制以后,三沟酒业及时抓住了一些好的商机,无论是质量管理、生产管理、现场管理还是销售管理,都得到了巨大的提高。例如,因为股东代表大会反对的瑞应寺酒厂,在转制后的一个月就开工投产,年底就收回了全部的200多万的投资,并在后来为三沟酒业带来了几千万的利润。第三次转制,使百年老厂彻底从计划经济的束缚中破茧而出,再次焕发出了生机勃勃的朝气,实现了高速的发展。

资料来源:中国管理案例共享中心案例库。

【启发思考题】

1. 三沟酒业如何冲破旧体制的束缚,逐步建立现代企业制度?

2. 公司治理模式有哪些?三沟酒业现在采用了哪种公司治理模式?

实操训练题

由于华新公司高级管理人员(总经理及副总经理)在公司没有股份,同时他们的报酬基本采用国有企业经营者的做法,没有将收入与企业的长期绩效挂钩。其中总经理的名义工资水平比员工平均工资高 2 倍,每月平均仅为 3000 元。与企业当年绩效挂钩的年终奖金大体也只有 3 万元。这种新体系不但造成管理层对公司长期发展的投资不足,也使得在职消费开支很大。另外,公司重要的管理及科技人员近年的流失率很高。由于是上市公司,华新公司准备采用股票期权激励计划来解决这些问题。

目前华新公司的总股本为 3 万股,上个月的平均股价为每股 5 元。公司现有员工 1000 人。经过讨论,公司准备首先对总经理、副总经理、8 位部门主管及 20 名关键技术人员实行股票期权。

以组为单位,为该公司制定股票期权方案,并与其他小组的方案进行比较,分析各自的特点、利弊及其可行性。

第7章 组织流程设计

本章的研究内容

1. 流程的概念、特点及类型
2. 业务流程的定义、企业业务的基本流程及业务流程的作用
3. 业务流程再造的含义、原则、内容、程序及方法
4. 流程型组织的概念、特点及流程型组织结构的基本框架
5. 基于流程的组织设计原则、步骤及应注意的事项

关键概念

业务流程再造(business process re-engineering)

核心流程(core process)

战略流程(strategic process)

经营流程(operational process)

保障流程(enabling process)

价值链(value chain)

顾客关系管理(customer relationship management)

标杆管理(benchmarking)

开篇案例

1989年,施乐公司曾与一些美国电子公司进行了存货水平的基准比较,这次评估向施乐的高层管理者揭示了施乐与领先公司在这方面的差距。施乐发现有机会可以压缩沉淀在整个供应链中的资金,从而向新产品的研发提供更多的资金支持。从评估中,施乐公司认可了现有的分销、物流、物料与制造部门的努力工作,总体存货水平过高并不是他们的责任,主要原因是部门之间相互冲突的工作目标。

施乐成立了"物流与资产管理中心"来改善整个供应链的资产管理绩效。作为一个变革机构,这个小组的使命是通过发展和实施整体性的战略和业务流程来推动对物流管理和资产管

理的优化。这个小组并非只是一个普通的职能机构,它需要参与一线机构正在进行的对顾客满意度、物流成本和消减存货的活动以及每一年都要进行的对这些项目的优化和改善。

1. 实施步骤

(1)小组的使命并非只指导一个削减库存的运动,而是使“压缩供应链资产”成为公司的长期目标。

(2)小组的具体工作需要从长期和短期两个方面来考虑。创立一个愿景目标,统一理解和认识,即供应链的一体化整合能为公司创造新的竞争优势。最终的目标是改善客户服务,并在资产利用和物流成本等方面成为最优秀的公司之一。

(3)愿景目标将在战略路径地图中被细化,每一个关键的绩效指标都将设定在客户服务、资产利用和物流成本等各个方面的具体目标上。

(4)新的概念将会在一个展示箱中测试,进一步优化后才在整个公司大范围实施。

(5)为了观测这些指标,供应链中不同部门的绩效衡量指标将会被统一。

(6)实施中所学习到的技术和诀窍将会被融合在整个公司的流程再造中,整个信息系统也会做出相应的改变。

2. 变革目标

绩效优化计划的总体目标是:施乐将会取得100%的顾客满意度,压缩近一半的存货,并节省3亿~4亿美元的物流支出。这些成本的节省并不会以服务水平的下降为代价。施乐不仅会重新设计整个供应链流程,而且会改变公司文化、绩效指标、奖惩体系、公司的内部关系和整个公司的行为方式。

整个计划首先汇集了各个业务单元在绩效优化中所取得的成就,有些是由业务单元内部完成的,有些是从世界各地的其他分公司得到的想法和灵感而完成的,通过理解各个业务单元内部的物流运作,物流与资产管理小组可以开始与供应链的各个组成部分沟通并且以跨组织流程重组的方式来推动系统的整合。

3. 流程优化

一个国际化的跨部门小组早在1986年就建立起来了,这次的供应链流程改造使这个国际小组的作用得到了强化。不同工作职责的人员,包括存货管理、订单配送、制造及供应商等方面的人员都加入跨部门小组的工作。不仅物流与物料部门的人员参与,产品设计、营销、质量控制、财务和信息系统等各个部门人员都在小组中起到了极大的作用。

这个跨职能小组成为整个优化战略的守护者与关键的利益相关者,它使得第一线的经理可以参与到正在制定的战略中去,通过他们的工作,把某个部门内业已证实可行的创意能够迅速地推广到其他部门。跨职能小组确保单个业务单元的优化项目符合公司的总体目标,不会被重复进行,从顾客评价中发现的不满意之处得到了有效的整改,较复杂的绩效指标进行了简化,以便让操作人员可以进行控制。例如,在欧洲和美洲,小组通过改善后的运输系统减少了分批运输的问题,使按顾客指定时间到达的订单百分比提高;小组向每一个业务单元提供了充分的信息以鼓励他们之间的存货共享;资产回收利用的具体实践也在各个业务单元之间得到了推广。

业务流程的深层目标被分解为物流与存货管理领域中某些过程的基本原则,而这些基本原则为具体的操作设定了框架,为每个过程的战略性行动提供了基础。这些过程并非面向某个部门,而是面向具体的物流操作。首先,必须在供应链内部用统一的“产品语言”来定义顾客需要的产品/部件;其次,计划的制定过程必须是灵活的,由精确的顾客需求所驱动;再次,供应链被定义为整个公司业务的整合者;最后,强调是对资产流进行管理,而非对仓库中库存的管理。通过与愿景目标的比较,所需的改变就十分明确了,施乐的每一类产品如设备、消耗品、零配件等都需要进行这样的改变,不同产品的分销渠道是不同的,零配件主要由技术服务人员使用,主要流向他们手中的配件储备,消耗品不需要特别的搬运处理,主要由电话营销渠道向最终用户提供。而设备,由于其敏感的电子和机械部件,需要特别的搬运处理。

应用整合概念,施乐设计了一个理想化的设备供应链网络;每个流程部应针对一类产品特别设计,满足不同顾客的不同需求。商品化的产品如个人复印机、小型办公用复印机和传真复印机应该被设计为安装简便,即插即用,高档产品应被设计成100%按单制造,不需要额外的安装和调试工作。要在顾客要求的时间内完成这项任务,同时又要保持尽可能少的存货,施乐需要尽可能早地了解需求,以廉价信息来替代昂贵的存货。

管理方面最大的改变是如何将新目标的实现在公司内部制度化。每一次管理革新在具体的实施过程中都会有几个阶段:最初的目标是说服每一个人,革新是有必要的,并让所有的人都认同要产生的变化;第二阶段是将这些理解和认同转换成一种正面的印象并开始试点进行革新工作;最后的阶段是让所有感受到变化的工作人员亲自去推动变化的发生。为了能够使革新有效地实施,必须让每一个人都知道革新的日程安排,让他们能够主动地去回应变化。

施乐正在以这样的方法整合它的供应链的管理。营销经理和制造经理的绩效评价指标中加入供应链中的总资产这一新概念,这使得对他们职能性的评价转换成了跨职能的综合评价。营销经理、制造经理和研发经理现在需要考虑供应链的总体存货水平(相对销售收入的百分比)和总体顾客满意度。当这些部分的考虑已经成为公司业务运作方式的一部分,下一步就是考虑如何分解物流成本到每个职能部门。每个职能部门内部的物流运作影响到整个供应链的表现和目标的完成,所以这些物流成本不是独立而是互相影响的,施乐需要从一体化供应链的角度系统地考虑成本方面的问题,阐述这些目标的相互影响。

资料来源:彭东辉.流程再造教程[M].北京:航空工业出版社,2004.

7.1 业务流程概述

7.1.1 流程的定义

企业是一个“投入-产出”的转换系统,它将多种输入转换为多种输出,如将原材料、半成品等物品经过生产转换为对顾客有价值的产品或服务;将投资者或贷款人的资金转换为投资者红利、贷款人利息与国家的税金等;将普通人经过生产实践和教育转变为素质提高且有一定专业性的员工;将普通信息转变为有一定用途的信息。企业的有效运行实际上就是其物流、资金流、人流与信息流合理流动的过程。这种过程有一个显著的特征,就是按照一定的逻辑顺序,由一个阶段向另一个阶段变换,这种变换过程实际上就是一种流程。流程就是“工作流转的过程”的缩写,这些工作需要多个部门、多个岗位的参与和配合,这些部门、岗位之间会有工作的承接、流转,因此流程也可以说是“跨部门、跨岗位工作流转的过程”。

(1)根据英国《朗文当代英语词典》,“流程”可解释为:

①一系列相关的、有内在联系的活动或事件产生持续的、渐变的、人类难以控制的结果。

如沉陷的森林经过长期缓慢的化学变化而形成煤。

②一系列相关的人类活动或操作，有意识地产生一种特定的结果。如收看电视要经历插上电源、打开电视机、搜索节目等一系列活动。

(2)在《牛津英语词典》中，对流程的定义是：一个和一系列连续有规律的行动，这些行动以确定的方式发生和执行，导致特定结果的实现；一个一系列连续的操作。

由此不难发现，《朗文当代英语词典》对流程的第二种解释与《牛津英语词典》对流程的定义是极为相似的，而且两者都反映出业务流程的某种特性(如整体性)。事实上，《牛津英语词典》中流程的定义是十分接近业务流程定义的。因此，我们所说的流程变革、流程组织、流程再造等的“流程”都指的是《牛津英语词典》定义的流程。

(3)哈默(Hammer)对流程的定义：流程是一个由许多业务活动组成的整体系统，是把一个或多个输入转化为对顾客有用的输出的一系列活动的集合。

(4)达文波特(Davenport)和肖特(Short)对流程的定义：流程是为达到某一个具体的输出而进行的一系列逻辑相关的任务的集合。它接收某一输入，对它进行处理并产生某一个输出，它应该对输入进行增值，产生的输出对接收者来说更加有用和有效。

具体到每一个企业，对流程又有自己多种不同的解释。如安达信咨询公司认为流程是为达到企业目标而进行的在逻辑上互相关联并不断发展变化的一系列活动。海尔集团认为流程是形成以订单信息流为中心的市场链。对流程的定义，不同的人有不同的认识，但总体来说，定义在本质上差别不大，只是在语言表述上存在差异而已。

综上所述，流程是为了完成组织既定的目标或任务，而将一系列在逻辑上相互关联的活动有序集合起来的过程。依据这些解释，流程可以看作是企业整体运行的工作步骤和操作系统，它可以完成企业的某些特定的功能，企业是为了更好地达到预期目标而设计的流程，流程设计得是否合理完全取决于它是否能更好地帮助组织实现目标，即能否实现其最优功能。

7.1.2 流程的特点

任何一个组织都存在众多流程，它们形形色色、各式各样，如投资决策流程、研发流程。但是，这些不同流程的背后有着共同的特征。总的来说流程存在以下共同的特点。

(1)目的性。流程是为在客户和流程之间交换服务，将投入转换为产出以产生价值，或达到一定目标。

(2)内在性。流程包含于任何事物或行为中。所有事物与行为，我们都可以用这样的语式来描述，“输入的是什么资源，输出了什么结果，中间的一系列活动是怎样的，输出为谁创造了怎样的价值”。

(3)整体性。流程至少由两个活动组成。流程，顾名思义，有一个“流转”的意思隐含在里面。至少两个活动才能建立结构或者关系，才能进行流转。

(4)动态性。流程由一个活动到另一个活动。流程不是一个静态的概念，它按照一定的时序关系徐徐展开。

(5)层次性。组成流程的活动本身也可以是一个流程。流程是一个嵌套的概念，流程中的若干活动也可以看作是“子流程”，可以继续分解若干活动。

(6)结构性。流程的结构可以有多种表现形式，如串联、并联、反馈等。往往这些表现形式的不同会给流程的输出效果带来很大的影响。

7.1.3 流程的类型

根据企业实际工作中涉及的流程的特点和流程管理的需要，企业流程可分为不同的种类，这些不同种类的流程之间相辅相成，共同构成一个有机的流程体系。

(1)按照流程在企业管理体系中所居的层次和作用，流程可分为战略流程、经营流程、保障流程。战略流程(strategic process)是组织规划和开拓未来的流程，如战略规划、新产品开发，以及新流程的开发等。经营流程(operational process)是实现其日常功能的流程，如生产制造、满足顾客、顾客支持、现金与收支管理、财务报告等。保障流程(enabling process)是为战略流程和经营流程的顺利实施提供保障的流程，如人力资源管理、管理会计、信息系统管理等。

上述三个组织流程可以向下分解，具体化为下一层次的流程，后者还可以继续分解，直到具体的单项任务。

(2)按活动性质划分，流程可分为业务流程、管理流程。业务流程是直接从事生产经营活动的各种作业流程，如研发、采购、生产、销售、客服等。管理流程是为业务流程提供支持、服务，并进行监督的流程，如战略规划、财务与投资管理、业绩考核、人力资源管理等。

(3)按从属关系，流程可分为总流程与子流程、主流程与支流程。子流程又可分为一级子流程、二级子流程等。

(4)按企业中的组织管理层次与对象，流程可分为企业级流程、管理模块流程、业务类别流程、具体操作流程。企业级流程，其属于企业层次的整体性、全局性的流程。管理模块流程，是企业不同管理领域、不同管理子系统的流程。业务类别流程，是属于企业统一管理领域、不同管理业务的流程。具体操作流程，是有关某一具体业务的操作流程。

7.1.4 业务流程的定义

不同的研究者对业务流程有不同的定义。哈默(Hammer)认为业务流程是把一个或多个输入转化为对顾客有价值的输出的活动；达文波特(Dalbert)认为业务流程是一系列结构化的可测量的活动集合，并为特定的市场或特定的顾客产生特定的输出；斯切尔(Schell)认为业务流程是在特定时间产生特定输出的一系列客户、供应商关系；约翰逊(Johnson)认为业务流程是把输入转化为输出的一系列相关活动的结合，它增加输入的价值并创造出对接受者更为有效的输出等。

我国的研究者也对业务流程的定义有着不同的看法。芮明杰认为业务流程是指为完成某一目标而进行的一系列逻辑相关的活动的有序的集合。这一定义特别强调了组成业务流程的活动的逻辑相关性。孙国忠、赵文祥认为业务流程是指一项业务从投入到产出的全过程，这个过程由许多小过程组成。

综合各种定义，业务流程是指企业为完成某一既定目标，从市场调查开始，直至将商品和服务达到市场所发生的一系列业务工作过程。业务流程是一组活动，而不是一个单独的活动。如订单处理流程是指从接到顾客的订单开始直到产品交付到顾客收到货款为止在企业内部所进行的一系列活动，包括订单输入、库存查询、编制计划、实施采购、制造零件、产品装配、包装出库、联系发运、开具发票、催交货款等。

7.1.5 企业业务的基本流程

一般可以把企业业务流程分为市场营销流程、销售管理流程、设计开发流程、采购管理流程、生产管理流程、营运管理流程、服务管理流程、质量管理流程、财务管理流程等主要流程。企业业务的主要流程还需要进一步细分。

(1)市场营销流程可以细分为:市场调查、市场需求、客户管理、销售预测、市场策划等流程。

(2)销售管理流程可以细分为:销售计划管理、销售渠道管理、客户管理、报价管理、合同管理、订单管理、库存管理、销售人员管理、回款管理等流程。

(3)设计开发管理流程可以细分为:立项、设计、验收、评审等流程。

(4)采购管理流程可分为:供应商管理、原材料验收管理。

(5)营运管理流程可以细分为:供应商订货查询、进货检验受理、退货管理、客户订货查询、出货检验受理、配送管理等流程。

(6)生产管理流程可细分为:产能计划、主生产计划、物料需求计划等流程。

(7)服务管理流程可细分为:服务请求、服务过程、服务质量等流程。

(8)质量管理流程可细分为:质量培训、质量成本管理、材料入库检验、成品入库检验、质检设备检测、残次品处理等流程。

(9)财务管理流程可以细分为:应收款管理、应付款管理、出纳管理、工资管理、成本管理、固定资产管理等流程。

7.1.6 业务流程的作用

企业所有的经营管理及业务活动都是由各种流程组成的。这些流程最终输出的是企业交付给顾客的产品和服务。它的作用包括:

(1)流程是对管理制度在操作层面上的细化,是一个行为导引,指导员工如何办成一件事情,或者遇到问题如何处理,就像高速公路上的指示牌,为人指点迷津,有"用户手册"的作用。

(2)可以描述相关部门和角色的权力和职责。因为流程里面都会有清晰的审批人(权力)和执行人(职责),这样就在操作层面明晰了相关部门的权力与职责的界限。例如采购流程里,申请人的领导考虑申请人是不是工作需要,财务要评估申请人部门有没有预算,采购部门要评估所要采购的设备是否合理。

(3)流程具有防范风险的作用。

7.2 企业流程再造

7.2.1 企业流程再造产生的必然性

1. 企业发展的需要

工业革命以来,美国和其他一些西方发达国家按照亚当·斯密"分工论"建立起来的企业生产经营管理模式得到了空前发展,特别是在美国,福特汽车公司的"流水生产线"、通用汽车公司的"事业部制组织结构"被树为企业生产、管理过程中的典范。但是,随着社会的发展,一方面，从 20 世纪 80 年代开始，美国企业逐渐发现他们所推行的“大量生产”及其与之配套的经营管理模式越来越被追求“多样化”“个性化”“高质量、高享受”的顾客所抛弃，为此许多企业出现了全方位的效益滑坡。另一方面，随着人们受教育水平的日益提高，信息技术也越来越多地被用于企业管理，20 世纪三四十年代形成的企业组织越来越不能适应新的、竞争日益激烈的环境，管理学界提出要在企业管理的制度、流程、组织、文化等方方面面进行创新。美国企业从 20 世纪 80 年代起开始了大规模的“企业重组革命”，日本企业也于 20 世纪 90 年代开始进行所谓“第二次管理革命”。这十几年间，企业管理经历着前所未有的、类似脱胎换骨的变革。直到 1993 年，由美国学者哈默、钱匹提出的“企业再造理论”在美国取得了“爆炸性”成功，并迅速风行全球，被称为管理史上的第二次革命，同时在我国也得到了学术界与企业界的广泛关注。

2.促进现代企业流程再造的外部环境和内部保障

纵观市场，目前影响现代企业的 3C 是促使企业流程再造的三个重要的外部环境因素，“劳动者素质的提高”“信息技术的普及和完善”是企业流程再造得以实施的重要内部保障。

1)企业外部环境的变化

客户(customer)——买卖双方关系中的主导权转到了客户一方。经济和技术的发展使客户对商品和服务的消费品位、消费要求不断提高。

竞争(competition)——创造差异或核心优势的行为、经济和技术的发展使竞争的方式和手段不断发展，竞争者的素质不断提高。

变化(change)——面对客户需求和竞争形式变化，市场的主、客体也在不断、持续地变化。

面对市场环境的不断变化，保持企业可持续发展的重要途径就是不断对企业的内部流程进行完善和再造。改造企业原来的工作流程，重新设计和安排企业的整个生产、服务和经营过程，使之合理化。通过对企业原来生产经营过程的各个方面、每个环节进行全面的调查研究和细致分析，对其中不合理、不必要的环节进行彻底的变革。

2)企业内部环境的变化

(1)劳动者素质的提高。能否提高员工的素质，充分发挥员工的积极性和创造性，从来都是决定企业管理思想、组织结构、运作方式及业务流程的重要因素。

(2)信息技术的普及和完善。信息技术的发展与应用为业务流程再造理论的出现提供了强有力的支持。利用信息技术能够有效地帮助企业实施业务流程再造。

7.2.2 业务流程再造的含义和原则

业务流程再造(business process re-engineering，BPR)顾名思义，其再造的对象是业务流程，业务流程是实施 BPR 的关键。业务流程再造是近期流行起来解决企业竞争力的管理方法。

1.业务流程再造的含义

企业业务流程再造理论的最初架构由迈克尔·哈默和钱匹完成。他们在其著作《再造企业——工商业革命宣言》中简述了这一理论：现代企业普遍存在着“大企业病”，面对日新月异的变化与激烈的竞争，要提高企业的运营状况与效率，迫切需要“脱胎换骨”式的革命，只有这样才能回应生存与发展的挑战；企业再造的首要任务是业务流程重组，它是企业重新获得竞争优势与生存活力的有效途径；业务流程再造的实施又需要两大基础，即现代信息技术与高素质的人才。他们在著作中给流程再造的定义如下：对企业现有业务流程进行根本性的重新思考，对其进行彻底性改变并设计出新的业务流程，以期在业绩上取得戏剧性的成就。从中我们需把握几个关键词：根本性、业务流程、彻底性、戏剧性，其中尤以业务流程为核心。由于企业再造是从业务流程着手，所以再造又常被称为业务流程再造，即按顾客要求投入原材料，生产出对顾客有价值的产品及服务的一系列关联活动的总称。

分析企业业务流程再造的内涵应关注四个核心问题：

(1)根本性。其表明业务流程再造所关注的是企业一系列的核心问题，即对长期以来企业在经营中所遵循的基本信念，如分工思想、等级制度、规模经营、标准化生产和官僚体制等进行重新思考。这就需要打破原有的思维定式，进行创造性思维。企业在准备进行再造时，必须自问一些根本性的问题。例如：为什么要做现在的工作，为什么要用现在的方式做这份工作，为什么必须是由我们而不是别人来做这份工作等。通过对这些根本性问题的仔细思考，企业有可能发现自己赖以存在或运转的商业假设是过时的，甚至是错误的。

(2)彻底性。再设计意味着对事物追根溯源，对既定的现存事物不是进行肤浅的改变或调整修补，而是抛弃所有的陈规陋习以及忽视一切规定的结构与过程，创造发明全新的完成工作的方法；它是对企业进行重新构造，而不是对企业进行改良、增强或调整。

(3)戏剧性。其意味着业务流程再造寻求的不是一般意义的业绩提升或略有改善、稍有好转等，进行再造就要使企业业绩有显著的增长，极大的飞跃，业绩的显著增长是业务流程再造的标志与特点。

(4)业务流程。其是指一组共同为顾客创造价值而又相互关联的活动。哈佛商学院教授迈克尔·波特(Michael Porter)将企业的业务过程描绘成一个价值链(value chain)，竞争不是发生在企业与企业之间，而是发生在企业各自的价值链之间。只有对价值链的各个环节(业务流程)实行有效管理的企业，才有可能真正获得市场上的竞争优势。

从上面的分析中，可以看出企业流程再造与以前的渐进式变革理论有本质的区别。企业再造是组织的再生策略，它需要全面检查和彻底翻新原有的工作方式，把被分割得支离破碎的业务流程合理地“组装”回去。通过重新设计业务流程，建立一个扁平化的、富有弹性的新型组织。企业流程再造突破了传统劳动分工理论的思想体系，强调企业的组织形式以“流程导向”替代原有的“职能导向”，为企业经营管理提出了全新的思路。

2. 业务流程再造的原则

1)目标明确，要有共同远景

远景设想可以告诉人们到底要做到什么，同时，远景设想也是一种公司宣言，公司在再造之前或在再造过程中，可以经常使用远景设想来推动变革，鼓舞士气，并激励大家朝这个方向努力并去实现它。

2)以市场为导向，充分考虑顾客的价值

目前企业组织的扁平化趋势，使企业的权力层不断向下层第一线员工和外层顾客转移，顾客在某种程度上通过“用钱投票”的方式对企业的生死存亡起着至关重要的作用。因此，企业必须以市场为导向，以客户为中心，追求顾客满意度是业务流程再造的出发点和归宿，也是成功的保证，在业务流程再造中贯彻从企业本位到顾客本位战略的转移必须服从统一指挥。

3)充分做好横向及纵向沟通

一方面，再造从上往下推行，高层管理人员必须讲清楚为什么这样做，如何做，使得全体员工理解再造的方法和目标，这一点对管理人员尤其重要。另一方面，流程再造势必造成中层管理人员减少，这也就要求部门流程之间多加沟通。同时，由于企业再造与以流程为基础的思维方式这两个概念不易掌握，企业再造的领导人必须经常性地进行核查，以确保工作人员都理解其含义并始终与目标一致。

4)进行彻底的变革

由业务流程再造的内涵可以得知它是一个破旧立新、脱胎换骨的过程，绝不是对企业原有流程体系进行简单肤浅的调整修补，而是要从根本上重新认识和思考，在此基础上进行彻底的改造，摒弃现有的业务流程及陈规陋习，另起炉灶。它是根治企业顽疾的一剂猛药，目标是取得显著的改进。

5)高层管理者的参与和支持

由于业务流程再造是一个自上而下的过程，同时它又是一个跨部门综合性的全新工程，因此为确保业务流程再造的有序贯彻，高层管理者的承诺是至关重要的。这里的承诺必须以行动衡量，而不能仅仅靠口头支持，同时高层管理者的支持、投入和推动必须是长期的，这样才能保证企业是在做实事，而不是成为一种管理时尚的受害者。一些研究估计，很多首席执行官会有50%的工作时间花在业务流程再造项目上。

6)业务流程再造项目的规模和范围应与目标相适应

业务流程再造的预期目标一定要与其规模和范围相适应，针对一个部门的业务流程再造可能对该部门及其他有关部门的绩效产生显著效果，但是绝不会产生同在全公司范围内进行的业务流程再造项目一样的影响。要想大幅度提高企业的绩效，业务流程再造应该更专注开展和保持企业业务的核心流程。

7)以流程为核心组织工作

按流程组织工作是指导业务流程再造最重要的原则。传统的企业组织管理按劳动分工原理来组织自己的工作，着眼于专业化优势，把工作重点放在专业化分工上，完整的流程被分割、被忽视，是一种职能导向型的管理方式，导致了“大企业综合征”的产生。“大企业综合征”使得传统分工理论所造成的业务流程带来的专业化分工优势被大企业内不断加大的内部低效交流、协作所抵消，有时甚至有过之而无不及，面对当今“3C”的外部环境已经完全丧失了适应市场快速变化的灵活性。这种传统的做法已经过时，取而代之的是以流程为中心来组织和安排工作，着眼于整个流程，把被分割的活动重新组合成协调、一致的业务流程，最终创造出对客户有价值的产品和服务。

8)重视信息技术在流程重组中的应用

信息技术的采用是流程获得根本改变的一个关键手段。流程重组的最终目的是为了构建适应网络环境的新型流程。应用信息技术可减少作业流程的步骤并增进彼此的沟通、了解和协调。大量现代化信息技术的应用，使原有的工作流程发生了质变，只有利用信息技术，才能实现信息的连续传输，消除信息重复录入和处理等无效劳动，从而更好地实现信息共享机制。

综上所述，企业在进行业务流程再造时，应当以人为本，统一指挥，以流程为基本改造对象，确定切实可行的再造目标，以保证业务流程再造的项目得以顺利实施。

7.2.3 企业流程再造的内容和程序

1. 企业流程再造的内容

广义的企业流程再造实质是整个企业的再造，其内容包括企业各个方面，如企业战略流程、企业组织结构、领导方式、企业文化、管理系统、人力资源管理、信息技术、企业外部联系等的再造。

狭义的企业流程再造指的是把流程再造作为一些适当的限制，仅指流程再造本身以及与之直接密切联系的内容，基本包括重新设计企业流程，企业内部组织结构改革，企业组织运行方式、规范和机制的改革，企业外部联系改革四个方面内容。而将企业文化、领导方式、员工素质等其他方面视为进行流程再造所必需的配套改革。这样来理解狭义的企业流程再造就是以流程为导向的组织变革。

2. 流程再造的主要程序

流程再造实施程序有以下几个步骤。

1)战略决策阶段

这一阶段也被称为流程再造的"宏观模型"建立阶段。该阶段的主要工作包括建立企业愿景、挖掘流程再造的良机、确保管理层特别是高层领导的支持与参与、确认利用信息技术的机会、结合企业战略选出再造项目等。

2)再造队伍的构建

业务流程再造是一项庞大的工程，需要对企业组织管理体系进行重新调整，内容包括确定业务流程再造各层次的负责人和执行机构，如指导委员会、流程负责人、再造小组、再造总监和领导者。这五种角色之间，既相互联系，又有一定的独立性。各角色之间的关系为：领导者指定流程负责人，流程负责人召集并组织再造小组，在再造总监的协助下和指导委员会的帮助与支持下进行流程再造。

3)诊断分析原有流程存在的问题

根据企业现行的业务程序，绘制细致、明了的业务流程图。要意识到原来的业务程序是与过去的市场需求、技术条件相适应的，由一定的组织结构、业务规范作为其保证的。当市场需求、技术条件发生的变化使现有业务程序难以适应时，业务效率或组织结构的效能就会降低。在寻找问题时要重点从以下角度分析问题：首要考虑的是随着市场的发展，客户对产品、服务需求的变化，业务流程中的关键环节以及各环节的重要性是否也应随之变化？基于客户需求的变化，原来的组织机构是否合理，如何通过组织机构调整去除原有的业务流程不顺畅的地方或"赘肉"？寻找和确定流程再造的切入点，通过分析寻找出制约客户需求的满足和流程顺畅的关键因素。

4)设计并评估新的流程再造方案

为了保证新流程的科学性和合理性，在设计新流程时必须群策群力、集思广益、鼓励创新。在设计新的流程时必须考虑的问题：是否需要对原来的各项业务或工作合并？如何保证工作流程的各个步骤按其自然顺序进行？是否剔除组织机构对流程的负面影响？关键岗位员工是否充分参与决策？同一种工作流程是否有一种或多种备选方式？新流程中是否做到尽量减少检查、控制、调整等事后型管理工作？流程再造是否有项目负责人并得到企业的充分授权。针对备选的多种方案，重点要从成本、效益、技术条件和风险程度等方面进行有效评估，选取可行性最强的方案。

5)**制定与流程再造方案相配套的辅助方案**

针对流程再造方案,对组织结构、人力资源配置、业务规范、企业文化等方面进行再造规划和调整,形成系统的企业再造方案,确保流程再造方案的有效推进和实施。

6)**流程再造方案的实施与持续改进**

实施企业再造方案,必然会触及原有的利益格局。因此,必须精心组织,谨慎推进。既要态度坚定,克服阻力,又要积极宣传,形成共识,以保证企业再造的顺利进行。企业再造方案的实施并不意味着企业再造的终结,随着市场和企业的不断发展,企业总是不断面临新的挑战,这就需要对企业再造方案不断地进行再造,以适应新形势的需要。

7)**成效评估阶段**

流程再造方案实施后要对方案实现再造目标的程度进行评估,以便总结经验教训;同时,还要将顾客的新要求和新形势发展提出的挑战与再造目标相比较,找出差距和不足,以明确进一步改进的方向。

7.2.4 流程再造的主要方法

1.**流程再造中的宏观方法与技术**

企业流程再造总体和各环节都具有重大指导意义和方法,其中代表性的方法主要有:波特的企业价值链模型分析法,建立在波特的企业价值链模型基础上的企业流程增值模型分析法和卢因的作用力场模型分析法等。

2.**流程再造中选择关键业务流程的方法和技术**

企业流程再造首要和基本的问题就是选择需要再造的流程,特别是关键流程实施再造。这方面常用的方法与技术有:双因素分析法,比较分析法,将组织绩效与流程选择直接挂钩的绩效重要性矩阵法,通过考查和比较流程的价值贡献与付出的代价的成本-收益矩阵法,从客户、供应商、员工、杠杆企业、咨询顾问五个方面思考的学习五角星法,对企业的关键成功因素起不同作用的流程进行排序和比较的流程优先矩阵法等。

1)**双因素分析法**

双因素分析法是指从企业内部分析某项业务流程再造的可能和需要性,即改进潜力的大小和再造的可行性大小,并在两者之间进行平衡,选择既需要又可能的流程作为再造的关键业务流程。

2)**比较分析法**

比较分析法是从市场竞争的角度,通过与企业竞争对手的比较来选择关键业务流程的方法。

3)**绩效表现——重要性矩阵法**

绩效表现是马蒂拉和詹姆斯提出的一个虽然简单但非常有用的工具,可以帮助发现什么是最需要改进的领域。流程或流程的结果在矩阵上的位置代表其重要程度以及它们对组织运行的好坏程度。重要性程度与运行绩效程度分别从低到高,比较一下客户反馈数据和企业内部数据常常会得到意想不到的结果。如果两方面的性质都按照1—5分评价,就可将项目分成四个类型,其中重要程度高、绩效程度低的就是最需要改进的领域,即解决BPR从何处入手的问题。

4)**学习五角星法**

该方法是另一种寻找入手点的工具,公司可以从不同的来源学习了解需要改进的领域:客户、供应商、员工、咨询顾问以及标杆瞄准最佳实践的过程,如图 7-1 所示。

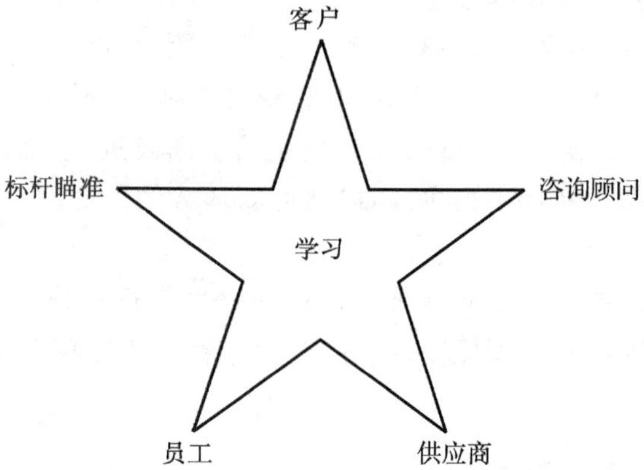

图 7-1 学习五角星法

客户是企业需要了解信息的重要来源。最重要的客户往往是改进领域的最好入手之处,当然有必要包括非常有创造性的客户和达到世界运营水平的客户。有时候,那些特别挑剔的客户提出的观点可能正是全新设计法应该考虑的目标。供应商也能为企业提供类似的帮助,而且这种帮助并不只局限于流程的下端。优秀的供应商的兴趣会延伸到整个供应系统。企业的员工对流程有深入的了解,也是改进流程思考的重要来源。咨询顾问能够提出有用的"外部观察者"看法,起推动 BPR 项目的作用。标杆瞄准并不是什么新武器,自从文明出现以来,体育运动员就一直瞄准竞争对手,现在许多企业都通过标杆瞄准他人来寻求知识和启发。

5)**流程优先矩阵法**

流程优先矩阵主要用来选择和确定需要重点再造的业务流,是业务流程再造决策以及确定流程再造的优先次序的一种重要方法,如图 7-2 所示。

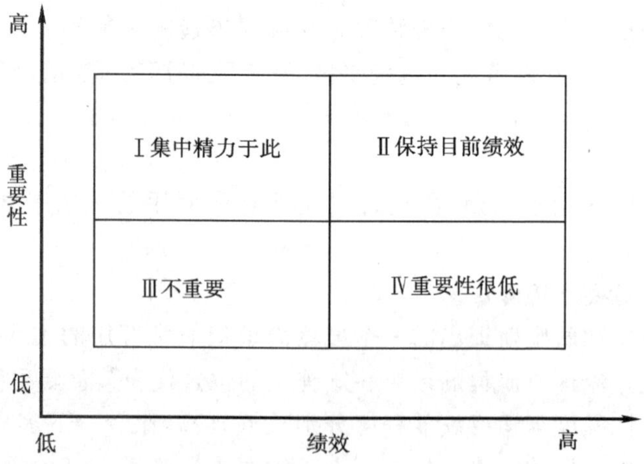

图 7-2 流程优选矩阵

横坐标表示流程绩效，纵坐标表示流程重要性。

(1)第一象限重要性最高、绩效最低，流程一定要改进。

(2)第二象限绩效高、重要性也高，需要保持目前状态。

(3)第三象限重要性低、绩效也低，可以不管。

(4)第四象限绩效很高、重要性很低，也不是太重要。

通过绩效表现与重要性矩阵初步选定需要改进的关键流程的范围，再通过流程对顾客的重要性矩阵确定流程改进的先后顺序，如图 7-3 所示。

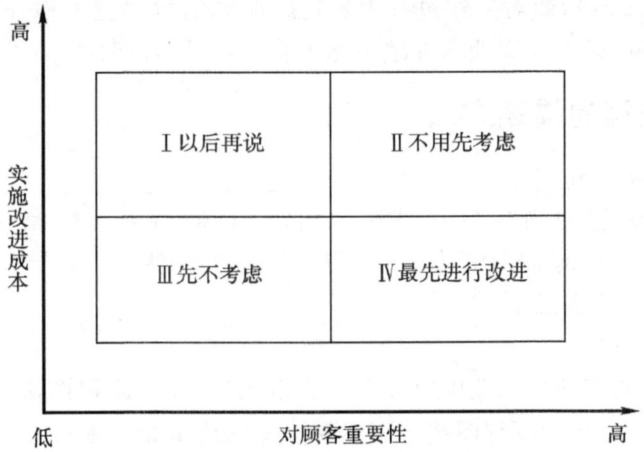

图 7-3 流程对顾客的重要性矩阵

流程对顾客的重要性矩阵是通过考察流程对顾客的重要性与实施流程改进的成本这两个指标的综合效应来决定是否对某一流程实施改进。

横坐标表示流程对顾客的重要性，纵坐标表示实施流程改进的成本。

(1)第一象限实施改进成本高、对顾客的重要性低，处于这一象限的流程是最后改进的对象。

(2)第二象限实施改进成本高、对顾客的重要性也高，也不应当首先实施改进。

(3)第三象限实施改进成本低、对顾客的重要性也低，可先不考虑。

(4)第四象限对顾客非常重要、实施成本也很低，应该首先进行改进。

3. 流程再造中进行流程诊断的方法和技术

用于流程诊断的方法和技术主要有：管理中广泛应用的建立在 5M1E 基础上的鱼骨分析法、基于活动的成本分析法、从用户需求出发进行质量功能分析匹配法、时间动作研究法、基于“二八原则”的帕累托图法、标杆法等。

4. 流程再造中重新设计流程的方法和技术

重新设计流程的方法与技术主要是 ECRSAI 法，即取消、合并、调序、简化、自动化、一体化。它是对企业管理业务流程中有问题的环节进行改进的方法之一。流程改进的对象确定之后，可以运用 ECRSAI 原则，对流程中有问题的环节进行改进，其方法简要如下：

(1)取消(eliminate)，即考虑所作的工作事项及各种活动要素有无取消的可能性。如对于不必要的处理、传递、检查等应设法予以取消。

(2)合并(combine)，即把两个或两个以上的工作步骤或工作对象合并归为一个。合并可以避免忙闲不均，负荷不均衡，也可以消除重复、分散现象。

(3)调序(rearrange)，又称为重组，即通过改变工作程序，使得各项工作开展先后次序重新排列，或者变两项工作按先后次序的组合为平行组合，以缩短工作的总通过时间。

(4)简化(simplify)，是指对经过取消、合并或调序后的工作再进行深入分析研究，使各项活动要素逐步地得到省略，以缩短作业时间，提高工作效率。

(5)自动化(automate)，即利用各种机械设备和装置系统来取代人的工作，加速过程进展的速度及稳定各项工作的质量。

(6)一体化(integrate)，即对工作过程中进行跨职能的再改造工程，以减少部门间的跨边界联系，使企业在质量、成本和周期等业绩指标上获得明显的改善。

7.2.5 业务流程的描述方法

1. **流程图法**(flow charts)

最常见的业务流程的描述方法是流程图法，其遵循美国国家标准学会(American National Standards Institute，ANSI)标准，优点在于可理解性强，但同时存在不确定性太大、无法清楚界定流程界限等缺点。

2. **业务协调流程图法**

为了使流程图法能够满足企业中跨部门职能描述的需求，流程图法被进一步拓展为业务协调流程图法，又称为跨功能流程图法。它主要用以表达出企业业务流程与执行该流程的功能单元或组织。

3. ASME **方法**

ASME 标准，即美国机械工程师学会(American Society of Mechanical Engineers)标准。ASME 的优点是可以清晰地表达流程中各个活动是否是增值活动，能够清楚地显示非增值活动所在的环节。使用 ASME 方法对现有流程进行描述，ASME 采用表格的方式记录了活动、使用时间，以及操作对整个流程所做的贡献。ASME 方法加深了我们对流程的理解，找出了增值活动和非增值活动，在流程描述中简便而实用。

7.3 基于流程的组织设计

目前企业组织模式中，最常见的是直线职能制和事业部制组织，它们属于行政式组织结构的范畴。行政式组织结构的理论基础是人类社会的统治应交由“法律和理性的权威”，该权威表现为有组织的形式，使得政府活动有较高的效率，行为的结果也可能有特别高的可靠性。该模式最重要的特性可总结为三点：劳动分工、层级结构制和对事不对人的法规，其理论核心是标准化。但在信息经济时代，组织的外部环境已发生了巨大的变化，随着竞争的加剧，顾客变得更加挑剔，需求更趋向于个性化，“如何发展成以顾客为中心”已成为主要的商业挑战之一。而传统行政式组织结构，已越来越难以适应组织内外部环境的变化，必须对其进行变革。有很多企业在现有的组织框架中尝试了各种战略方案，例如矩阵组织、分散化、增加顾客参与度等，试图解决来自外部环境的挑战，然而最终难以获得令人满意的效果。究其根本原因在于这些变革仅着眼于职能部门的内部，而不是“为顾客创造价值”的整个业务流程。事实上，业务流程本身才是组织运作的中心。改革提出了组织流程的简化和组织的扁平化，提倡构建组织文化，通过激发员工的主动精神和创造性来提升组织绩效，注重组织的最终目标——顾客满意，为顾客提供整合的服务和为顾客创造价值等。随着企业再造的深化，围绕流程重新设计组织结构，便产生了新型的以流程为中心的组织，即流程型组织。

7.3.1 流程型组织的定义

业务流程的概念刻画了组织活动的根本价值，组织活动的最终目标就是创造出对客户有价值的产出。因此，流程要以客户为中心，组织要以流程为导向。流程型组织是实施流程管理的重要基础。对于流程型组织的界定，比较典型的定义方式有：

(1)流程型组织是关注组织内部的各种跨部门流程的执行情况和结果，以达到顾客满意的目的。这种定义主要是着眼于流程型组织的目的。

(2)流程型组织是根据业务有序活动的各个关键环节来配置相应人员，分配工作，通过人员之间的相互协作，将组织的投入转化为最终产出。这种定义着眼于流程型组织中成员之间的关系。

(3)流程型组织是一种扁平化的组织结构，打破职能之间的隔阂，促成信息流和物流等在水平方向和垂直方向的顺畅流动。这种定义主要着眼于流程型组织与“金字塔”型的传统职能组织形态的对比。

(4)流程型组织是以组织的各种流程为基础来设置部门，决定人员分工，在此基础上建立和完善组织的各项职能。这一定义是从组织完善的角度来界定的。

(5)流程型组织是以流程为中心的组织，以区别于传统的职能组织。这种定义是从职能型组织对立面提出的。

综上所述，基于流程的组织设计指以流程为切入点和载体，以实现顾客价值最大化作为企业组织目标，通过流程的优化实现企业内部组织与企业外部环境的相互关联，从而使企业组织成为一个自适应系统的组织设计方式。

7.3.2 流程型组织的特点

流程型组织建立在业务流程导向基础之上，它从流程的角度去分析作为一个投入-产出系统的组织，它以作业流程为中心，利用先进的信息技术和现代的管理手段，打破职能部门间的隔阂，使得信息流和物流等在水平方向和垂直方向顺畅流动，具有较强的应变能力和灵活性。其主要特点是：

1)以流程为中心

基于流程的组织结构设计不再以亚当·斯密的分工理论为基础去组织工作，而是以流程为中心组织工作。以流程为中心组织工作的思路使整个组织的运营是围绕着流程来进行的，以顾客满意度为基本目标，并通过流程把终端顾客的信息无差异地传递给流程上的每一个环节和岗位，使每一个节点都有自己的直接顾客(内部顾客和外部顾客)。

2)在组织内部打破部门间的界限

在组织内部主要是以流程团队为基础来开展工作的。流程团队成为授权小组，有自我管理和决策的权力，管理包括从任务的执行到战略计划等每一件事情，并与供应商与顾客有了及时且直接的联系，极大地提高了员工的积极性和创造性。

3)团队成员的考核

对团队成员的绩效考核主要由本团队在顾客满意度和其他目标方面的绩效以及个人工作成绩的确切评价两方面来决定。

4)权力中心由职能部门转向流程部门

流程主管负责设计和改进流程中的每一个工作步骤，制订工作计划和预算，并对各自的核心流程全面负责，给职能部门分配预算金额等。而职能部门更多地关注员工的雇佣、提升、激励、职业生涯发展和学习培训等。

7.3.3 职能型组织结构与流程型组织结构的比较

斯蒂芬·罗宾斯(Stephen P. Robbins)在《组织理论》中提出，企业组织结构包含三个方面的主要内容，即复杂性(complexity)、规范性(formalization)和集权与分权性(centralization & decentralization)。下面从这三个维度对两种组织结构做一比较。

1. 复杂性

目前复杂性维度的研究主要集中在横向的差异性，即任务分配的方式。在基于职能的组织结构中，职能部门是组织结构的唯一组成部分。组织任务分配到每个职能部门，各个职能部门通过相互之间的配合与合作共同完成组织任务。在基于流程的组织中，流程是组织的主要组成部分，所有的组织任务基本是围绕流程而设计的。周宏斌认为，职能部门的知识和技术仍是组织能力的重要组成部分，在基于流程的组织维度中，流程维是主导维，职能维是辅助维，职能的存在是由于流程运作高效的需要。

2. 规范性

由于基于职能的企业组织面临的市场是对同种产品的极大需求，因此大批量、低成本、高效率是传统企业追求的主要目标，这一目标的实现必然是以操作者的熟练操作为前提条件，因此为实现目标对企业的组织进行层层分解，以细化和明确岗位职责，强调组织成员的操作规范化。而基于流程的组织中，员工的角色和职责随着流程和任务的变化而变化，呈现出动态化的特征。同时在基于流程的组织中，不存在刚性的部门。因此在流程导向型企业中，岗位具有很强的不确定性。

3. 权力分配

在基于职能的组织结构中，强调的是以命令和控制为主的授权方式，组织成员只与其直接上级发生联系，被动地服从上级的指挥和命令。与基于职能的组织结构高度集权体制相反，基于流程的组织结构必然是分权式的，强调的则是更加灵活的组织机制和对员工的充分授权。

通过对流程与传统职能组织结构的比较可以看出，流程型组织的流程管理模式实现了对职能型组织管理模式的五大超越，分别表现在导向性、效率性、应变性、整体性和协作性，如表7-1所示。

表 7-1 流程型组织与职能型组织结构比较

比较项目	流程型组织	职能型组织
导向性超越	组织结构以流程为中心；企业目标以顾客为导向、以服务为导向	组织结构以职能为中心，以分工、部门为导向；企业目标以利润为导向、以制造为导向
效率性超越	从输入到输出时间短、效率高	从输入到输出时间较长
应变性超越	任务、结构变动快，快速适应市场变化	任务及组织调整较慢，应变性差
整体性超越	全程管理，内部网络化管理，内部网与外部网的统一，强调被忽视的外部网关	注重企业内部各部门职能与分工
协作性超越	以流程为中心的协作，同时强调企业内部流程协作与外部流程协作，特别强调被忽视的外部流程协作	以职能分工为基础的协作，各部门内部协作较好，跨部门协作受到体制性约束

7.3.4 组织流程设计的原则

1. 系统化原则

组织流程设计要站在企业战略发展目标的高度进行系统设计，全面考虑各类生产、服务和管理工作，强调相关部门、流程、资源的配置和协调，按各职能部门间的接口和关系建立起合理、有效和可执行的管理体系。

2. 统一原则

统一是把同类事物两种以上的表现形式归并为一种，消除不必要的多样化造成的混乱。统一原则的应用体现在名词、术语、符号、代号、单位、编码的统一，程序和方法的统一等。

3. 优化原则

优化是对组织流程要素及其相互关系进行优化选择。优化的目的是使组织流程体系的实施达到最佳效果。

4. 实效原则

制度的设计过程要坚持实用性和效率化，在设计思路和定义时要明确。制度设计的目的是规范企业生产经营的各种行为，因此设计出的制度要能被广大干部职工认同和遵守。

5. 全面整合原则

组织流程体系是对原有的企业质量管理体系、计量管理体系、环境管理体系、职业健康管理体系和其他管理制度的整合。

7.3.5 基于流程的组织设计步骤

设计一个企业的基于流程的组织结构，关键是确定企业要完成目标所应该具备的所有流程，并根据流程要求来设计企业的组织结构。如图 7-4 所示，基于流程的组织结构实施的步骤可分为五步。

第一步是确定企业的战略并建立以流程为核心的信息化平台。要实现企业目标，组织运行的各项工作都必须在此基础上展开。

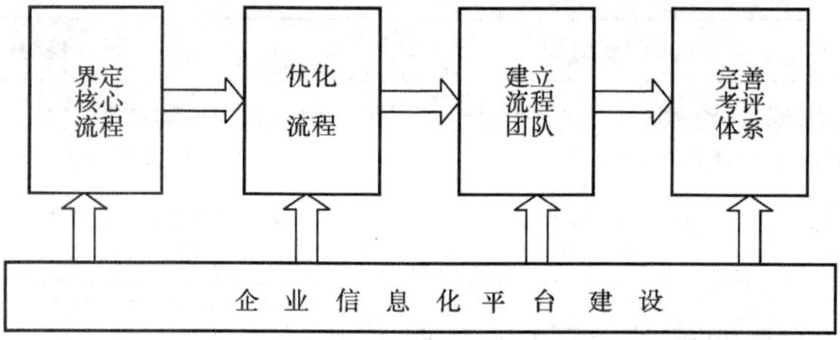

图 7-4　流程型组织的建立步骤

第二步界定核心业务流程。分析与这些功能相对应的工作流程并梳理流程，这是关键步骤之一，确定实现企业业绩目标需要哪些流程，确定其中的核心流程。

第三步在界定组织的核心流程后，还需要对核心流程进行改进，使之更有效率、更通畅。流程的优化一般分为两步：流程的再造和流程的规范。前者是对存在弊端的流程进行重新设计或者修改，后者是对再造后的流程进行操作标准、规章制度的制定。

第四步以流程为基础建立流程团队。

第五步设计出基于流程的组织结构模型和完善的考评体系，对设计出来的组织结构模型应该承担哪些具体功能必须心中有数；否则，无论设计的组织结构多么新潮都是无济于事的。

7.3.6　基于流程的组织结构框架

在流程导向型组织中，组织运营是围绕着企业的流程进行的。在这样的组织中，人们关心和解决问题的焦点在于整个企业的运营流程。这些运营流程与客户需求密切相关，并通过流程把终端客户的信息差异地传递给流程上的每一个环节和岗位，使每个流程都有自己的直接顾客（内部顾客或外部顾客），每一个流程都与市场“零距离”。企业采用先进的资讯技术，开发和利用信息系统，将企业的内部组织与外部顾客联结起来，也使得组织内部的沟通更容易。员工清楚地知道流程的结构及其与绩效目标的关系，他们对顾客的需求有高度的敏感性。

流程型组织结构的形式随着企业的内外部环境不同而千差万别，但其结构的内涵却是一致的，即以核心流程为主导，并围绕核心流程运作的需要，设立若干支持流程。在构思流程型组织结构时，需要注意四个要点：一是组织以核心流程为主干，每一核心流程由若干子流程和团队组成；二是建立一个职能服务中心，来取代传统的相互独立的职能部门，该中心由一个综合团队和若干职能小组组成，通过支持流程来保障核心流程及其团队的有效运行；三是设置核心流程的流程负责人，对流程进行整合和解决流程责任问题；四是团队之间、业务流程之间的整合和协同工作需要信息技术的支持。

组织结构框架是组织结构的直观表现形式，目前提出的基于流程的组织结构框架主要有四种。

（1）周宏斌提出的基于流程的组织框架分成三个部分，即流程与职能的维度网所构筑成的基本骨架（简称为维度网基本骨架）、顶层管理团队、信息技术平台，如图 7-5 所示。

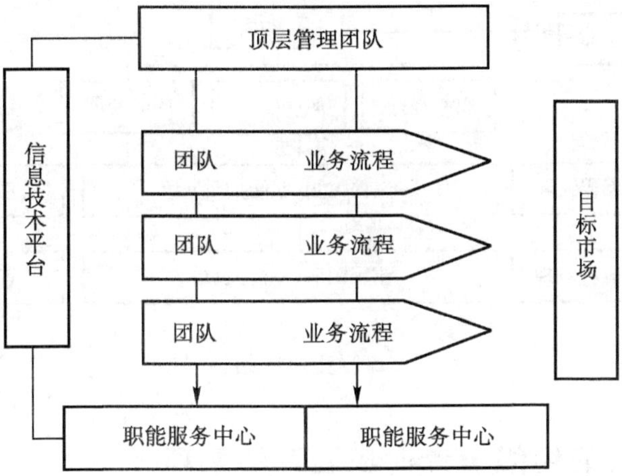

图 7-5 流程型组织结构模型一

(2)栗军雄从七个方面提出的基于流程的组织结构设计,这七个层次分别是组织决策层、流程协调委员会、人力资源中心、运营支持中心、流程经理、职能部门、办公自动化系统与业务信息系统,如图 7-6 所示。

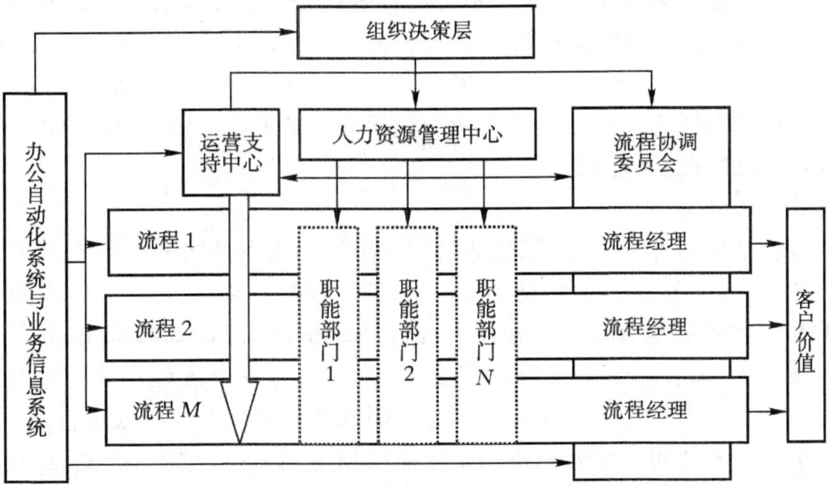

图 7-6 流程型组织结构模型二

(3)郝建华和万良杰认为,基于流程的组织结构可分为两层:一是中心控制层。中心控制层作为组织结构的最高层,它集中了战略管理、人力资源管理、财务管理、合同管理和信息建设与管理等重要管理功能,其作用就是把握组织变革的关键因素。二是技术实施层。技术实施层是基于知识技能把各领域的专家或知识型人才划归重要技术部门,技术部门不仅作为完成任务的主体结构,同时也作为资源、技术和人员整合优化配置的基础及标准。

(4)邢以群等人将基于流程的组织结构分为三层,分别是总经理、职能经理和流程经理,也提出了相应的组织结构框架,如图 7-7 所示。

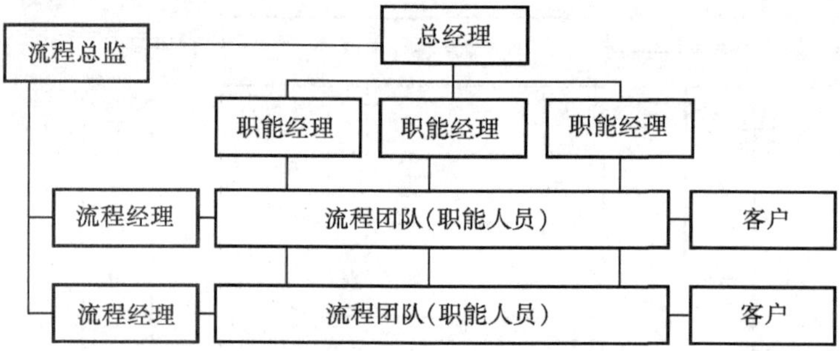

图 7-7　流程型组织结构模型三

7.3.7 基于流程的组织设计时应注意的事项

1. 改进正确的领导工作方法

没有高层管理的存在,极有可能出现以下两种情况:首先,改革无法得到预期的效益;其次,即使能够达到,这种情况也不会长久。在大多数情况下,流程优化会造成相同工作量下雇员人数的减少,而且相互交叉的横向及纵向的组织会使得清晰的权限产生模糊。

2. 消除内部障碍

为了真正体现为顾客创造价值,满足相关利益者(债权人、供应商、雇员、所有者、社区等)的要求,流程优化需要流程间的相互依赖,达到整体绩效的最大化。这就需要在为实现总体目标的前提下,清楚界定水平流程,消除与功能性和企业单位由于交叉而形成的障碍。同时,尽可能减少由于组织结构的变化而对整个企业管理活动所带来的风险,确保组织内部各部门、各层次在信息获取、传递方面无障碍。

3. 平衡流程与职能

流程不是组织结构的唯一基础,职能部门对于组织结构也是同样重要的。西蒙认为,基于流程的组织仍然是结构关系的聚集体,而不是流程的网络;基于流程的组织是一种多维结构——流程维和职能维的组合。肯尼思 J·哈腾(Kenneth J. Hatten)提出,设计基于流程的组织结构时需要注意三点:一是组织以流程维度为主干,每一个流程由若干子流程和团队组成;二是设计必要的职能服务中心,保障基本流程团队和业务流程的有效运行;三是团队、业务流程及其职能中心三者之间的整合和协同工作需要信息技术的支持。因此,在进行流程重组时并不是说要把职能型结构完全否定掉。

4. 流程再造的效果与评估

流程再造的结果有两种:一种是成功,一种是失败。在追求流程再造成功的同时,我们必须充分意识到导致流程再造失败的因素:再造的新流程与企业的总体经营战略思想不匹配;再造的新流程忽略业务流程之间的联结作用,片面地强调部门便利;再造的新流程与管理流程不匹配等。而评估再造的新流程是否成功,同样也应该重点从上述三点着手。流程再造必须按照企业经营战略的要求,对流程的规划、设计、构造、运转及调控等所有环节实行系统管理,全面考虑各种业务流程之间的相互配置关系,以及与管理流程的适应问题,这样再造出的新流程才会真正给企业带来竞争力的提升。

本章小结

任何一个组织都存在众多流程,它们形形色色、各式各样,如投资决策流程、研发流程。但是,这些不同流程的背后有着共同的特征。总的来说流程存在以下共同的特点:目的性、内在性、整体性、动态性、层次性、结构性。

业务流程再造就是对企业现有业务流程经过根本重新思考,对其进行彻底改变并设计出新的业务流程,以期在业绩上取得戏剧性的成就。其中根本性、彻底性、戏剧性和业务流程是定义的四个核心特征。

基于流程的组织结构设计是以流程为切入点和载体,以实现顾客价值最大化作为企业组织目标,通过流程的优化实现企业内部组织与企业外部环境的相互关联,从而使企业组织成为一个自适应系统的组织设计方式。当企业进行组织设计时,需注意改进正确的领导工作方法、消除内部障碍、平衡流程与职能、流程再造的效果与评估等问题。

批判性思考与讨论题

1. 劳动分工理论在今天表现出哪些不足?
2. 什么是流程? 主要包括哪些类型?
3. 分析流程再造产生的背景。
4. 业务流程再造的核心思想是什么?
5. 你认为流程再造对企业的实际意义有哪些?
6. 请列举目前常见的几种流程型组织结构框架。

案例分析

国际商用机器信用公司(IBM Credit)是国际商用机器公司出全资设立的一家附属公司。如果它是一家独立公司,它会被《幸福》杂志列入服务业100家最大的公司名单内。国际商用机器信用公司经营的业务是,在国际商用机器公司出售计算机、软件、提供服务时,向客户提供融资。由于向客户提供融资便于他向本公司购货,这对于国际商用机器信用公司来说是一种极为有利的经营方式。因此,国际商用机器信用公司的业务受到其母公司的青睐。但国际商用机器信用公司早期的经营确实像狄更斯笔下描述的情况:国际商用机器公司的一名现场销售员在向公司汇报情况时,先要带着要求融资的申请书到康涅狄格州的格林尼治,走进那里的公司会议室,同其他十几个人一起坐在一张圆桌旁,参加会议。听取汇报的人将有关申请融资的请求记录在一张纸上。这是第一步。

第二步,某个工作人员把那张纸送到楼上的信用部。该部的一名专门人员将纸上的信息输入电脑,并审核融资申请人的信用可靠程度。审核的结果由该专门人员写在那张纸上,然后把它交给整个工作链的下一个环节——经营部。

第三步,经营部负责根据客户的请求,对标准的贷款合同做些修改。经营部也有自己的电脑系统。上述工作完毕后,经营部的人员在有关部门申请的文件上加上特定的条款。

第四步,该融资申请书转到核价员手中。他将有关的数据输入一台个人电脑的电子表格内，确定应由客户承担的适当的利率。核价员将利率写在一张纸上，连同其他的材料，一起转到一个办事组，进入第五步。

办事组的一名行政人员将所有这些材料装入一个特定的信封内，通过联邦快递公司，送回某地的销售代表那里。

上述整个工作流程有时要长达两个星期，平均也要花6天的时间。从销售代表的观点来看，这样的周期太长，因为6天时间可以让客户寻找别的融资来源，可以让其他的计算机厂商拉拢客户，或者，那名客户会将原先商谈的那笔交易全部取消。正因此故，当地的销售代表会一再打电话向公司催问："我商谈的那笔交易的材料现在到了什么地方？你们什么时候能审核完毕？"不出所料，没有人能回答，因为申请的材料正在公文旅行之中，不知道它现在在哪个环节上。

国际商用机器公司为了改进上述工作流程，做出过努力，试验过几种补救措施。例如，该公司曾决定设立一个控制台，以便能回答销售代表提出的有关某笔交易的材料进展到哪里。以前，每一个部门在申请融资的材料上办完其手续然后负责将它移交给整体流程的下一个环节，现在，是先由控制台将申请融资的材料发给某一个部门，后者处理后把它送还给控制台，控制台的工作人员再将上一步骤完成情况登记后，将该材料再次发出。这种补救性措施确实解决了一个问题：控制台能随时了解每一份申请融资的材料在公文旅行的迷宫中到了哪个环节，能向销售代表提供他（或她）所想要得到的信息。不幸的是，获得这种信息是付出了代价的，这使公文周转时间延长了。

终于，国际商用机器信用公司的两名高级管理人员突然萌发了一种新想法。他们拿了一份申请融资的材料，亲自去全部五个环节走一遍，到每一个办公室后，要求有关工作人员无论在做什么工作，都暂时把它放在一边，先按照正常手续处理这份申请材料，并在处理后，不把它搁在办公桌上的公文堆里。他们从这项实验得知：完成处理这份申请材料的实际工作时间总共为90分钟，即一个半小时。而其余的时间（现在平均为7天多）却花在从一个部门到另一个部门的公文旅行上。就这样，管理层开始注意到问题的核心——核定融资的全过程。不错，要是公司能通过某种魔术使每一名工作人员的工作效率提高一倍的话，那么，真正花费在处理一份融资材料上的时间会减少到45分钟。可见，问题并不在于任务本身和执行的人员，而在于整个流程本身的结构。换言之，必须加以变更的正是流程，而不是各种操作步骤。

结果，国际商用机器信用公司使用通才取代信用审核员、核价员等专门人员。现在，不是将一份申请融资的材料从一个办公室转到另一个办公室，而是由一名称作综合办事员的工作人员从开始一直到结束，办理核定申请材料的全过程，无须转来转去。

一名通才怎么才能取代四名专门人员呢？原先的流程设计实际上是根据一种根深蒂固的（但不易被察觉出问题的）假定：每一份提出的申请融资材料都有其独特之处和难以处理的地方，因此，需要有四名不同的训练有素的专门人员来办理。但事实上，这个假定是错误的，因为大多数的融资申请都是简单明了的，不复杂、不难办。原有的流程是根据管理部门所能想象到的最难办的申请要求来设计的，并且这种流程的设计是过分的。国际商用机器信用公司的高级管理人员通过对专门人员的工作进行仔细调查后发现，这些专门人员的工作大多数只不过是办事员的工作而已，例如：从数据库中找出信用等级，把有关的数字填入格式内，从文件材料中找出有关的条款等。只要配备一台电脑，只要它既便于操作，又能提供专门人员所使用的全部数据和工作方法，那么，一名普通的工作人员就有可能胜任上述几名专门人员的工作。

国际商用机器信用公司为了支持办事员的工作，还开发了一套新的、内容复杂的计算机系统。在多数情况下，这套系统能向综合办事员提供他（或她）所需要的工作上的指导。在确实遇到棘手问题时，综合办事员还能得到几名真正的专家——审核信用、核定利率等方面的专家——的帮助。即使在这种情况下，也不需要公文旅行，因为综合办事员及其求教的专家是在一起工作的。

通过对业务流程的重新设计而在业绩上取得的成就是惊人的。国际商用机器信用公司把处理申请融资材料的时间从7天缩短到4小时，而从事这项工作的人员的实际总人数非但没有增加，反而有了减少。与此同时，所处理交易的笔数增加了100倍。

国际商用机器信用公司取得的成就是，使处理申请融资材料的时间减少了90%，使这项工作的办事效率提高了100倍。国际商用机器信用公司提出的问题并不是“我们怎样去改进融资报价的计算方法？我们怎样去提高审核客户信用可靠程度的工作效率？”相反，它所提出的问题是“我们怎样去改进核定客户信用可靠程度这项工作的流程？”而且，国际商用机器信用公司在这方面做出根本变革的同时，还摧毁了原先的假定——专门的工作步骤要由专门人员去完成。

资料来源：阎海峰，王端旭. 现代组织理论与组织创新[M]. 北京：人民邮电出版社，2003.

【启发思考题】

1. 国际商用机器信用公司原来业务流程有什么问题？
2. 国际商用机器信用公司是怎样进行流程变革的？
3. 国际商用机器信用公司对业务流程的重新设计给我们怎样的启示？

实操训练题

为了更好地理解流程型组织结构在你日常生活中的重要意义，不妨做下面一个练习。请选择以下一种情形进行组织设计，并画出组织结构框架。请思考所列的组织结构中谁对顾客满意度负责？你怎么知道顾客的需要是否得到了满足？组织内的信息如何流动？

1. 你所在的大学或学院的新生注册过程。
2. 一家新开的快餐连锁店。

第8章 人力资源规划与设计

本章的研究内容

1. 人力资源规划的概念、作用、内容、分类、步骤
2. 人力资源需求预测的概念及方法
3. 人力资源供给分析及人力资源供给预测的方法
4. 人力资源供需平衡的概念、人力资源不平衡的调整、人力资源规划的编制

关键概念

人力资源规划(human resource planning)
需求预测(demand forecasting)
供给预测(supply forecasting)
趋势预测法(trend forecasting)
回归预测法(regression forecasting)
比率预测法(ratio forecasting)
技术清单(skill inventories)
人员替换(staffing tables)
马尔科夫模型(markov model)
人力资源"水池"模型(human resource pool model)

开篇案例

佳联化学公司是一家中等规模的多种化学产品制造商,到年底时取得了令人瞩目的销售业绩。但是公司的人力资源主管王伟却在担心公司的前景。他了解到有些高层主管将在两三年内退休,这意味着一些关键职位很快需要重新安排人选。由谁来接替这些职位呢?一些有才干的职员向这些老主管递交了申请报告,但他们相对来说都太年轻,缺乏经验。事实上,在王伟的印象中,几乎没有哪个部门有可立即提拔到高层管理位置的职员。他想:必须让外聘专业人员来担任主管,就像他自己一年前进入公司时一样。

王伟还了解到公司未来五年发展战略计划包括更多医药和试剂类化学品的研究、制造

和销售。然而，王伟意识到公司目前的力量主要集中在制造上，而有科研能力的人员太少。

王伟向公司总裁提出了他所担心的未来人员供给问题，总裁说："我也在担心这件事。看来我们需要一些具体的计划来确保我们在正确的时间、正确的岗位上雇用正确的人。你是我们公司的人力资源专家，你能就如何着手进行这件事提交一份建议吗？""我会的，"王伟说，"我尽量在几天内给你答复。"

王伟做的第一件事是草拟一份整个公司的图表。接着他准备把公司从最高层领导直至普通雇员分成几个部分，每一部分都提供一份详细的图表。他试图在每一个名字旁边加上注释——此人是可以立即提升的、有提升潜力的或是不可提升的。但是他很快意识到自己对一些员工不够了解，以致不能做出正确的划分，在这个评价过程中他需要中高层管理人员的协助。他还确信培训与开发对提升能力是很重要的，应该制订出给有提升潜力的职员提供此类培训的计划。

"一个有效的培训计划要花一笔钱，"王伟想，"预算中是否有钱来实施管理人员培训与开发计划？还有，是内部提拔还是从外部招聘呢？公司最高管理层对这件事情又是如何看的？"

在开始对科研实验室中的员工进行分析时，他痛苦地意识到他对于这些研究人员具有哪些能力，以及在化学工程方面还需要哪些其他技能都知之甚少。他考虑得越多，人力资源计划就变得越复杂。他对自己说："在我做出有价值的建议前我需要更多的信息。"

王伟所说的几天之内延长到了6个星期之后，王伟再次就公司人员供给问题与总裁碰头。在此之前，王伟与公司中不同层级至少50人交谈过，他写出了一份包括一系列分类建议的长篇报告。建议之一是分别在研发、制造、销售方面组建人力资源计划委员会，由他任委员会的顾问。这些委员会的主要工作是对员工的管理或科研才能做出初步评价，然后针对他们的培训与开发需求提出具体建议，王伟还建议任命一个小型的公司委员会来开发公司整体经营理念和战略。

人力资源规划是根据组织的战略目标，科学地分析预测组织在未来环境变化中人力资源的供给与需求状况，制定必要的人力资源获取、利用、保持和开发策略，确保组织在需要的时间和需要的岗位上，对人力资源在数量上和质量上的需求，使组织和个人获得不断地发展与利益。组织要实现其战略目标，在发展的每个阶段都要有与工作相适应的人力资源。但是，由于组织面临的内外环境在不断变化，因此，必须对组织目前和未来的人力资源需求和供给进行科学预测和规划，才能在需要的时候及时得到各种所需的人员，做到人力与物力之间适当匹配，实现组织的良性运行。

资料来源：窦胜功，卢纪华，戴春风. 人力资源管理与开发[M]. 北京：清华大学出版社，2005.

8.1 人力资源规划概述

中国有句古语说得好，"凡事预则立，不预则废"，意思是说在做任何事情的时候，如果想要取得成功就必须提前做好计划，否则往往会失败。人力资源管理同样如此，为了保证整个系统的正常运转，发挥其应有的作用，也必须认真做好计划。人力资源管理的计划是通过人力资源规划这一职能实现的。

8.1.1 人力资源规划的概念

1.人力资源规划的含义

一个组织的总体规划是由涉及人、财、物等多个方面的子规划有机组成的，例如财务规划、市场开发规划、技术开发规划等，人力资源规划就是其中之一。因此，人力资源规划就是为了实现组织目标而从人力资源的角度提供的长期安排。其具体含义可以表述为组织适应周围环境的变化，为了实现组织的发展战略，完成企业的生产经营目标，在现有人力资源状况分析的基础上对未来较长周期内(一年或一年以上)人力资源的供给与需求做出预测，并制订实施计划来满足组织发展对于人力资源的需要。可以从以下四个方面来理解这一含义：

(1)人力资源规划是组织应内外环境变化的需要。组织所处的内外环境是不断变化的，这就必然影响到组织人力资源的需求和供给变化，人力资源规划就对这些变化进行科学的预测和分析，从而保证组织在近期、中期和远期都能获得必要的人力资源补充。

(2)组织的人力资源供需不平衡是经常的，所以人力资源规划要用稳定的政策措施来应对。组织中经常会出现新的业务拓展或原有业务规模的扩大，这就会产生对外部人员的需求；也可能会在某些方面收缩业务或发生技术对人员的替代，这又会产生过剩人员；即使在问题平衡时，正常的人员调动、升迁、退休、离职等也会产生结构性不平衡，因此人力资源规划要落到实处。

(3)人力资源规划是组织总体规划的一个组成部分，因此要以组织战略目标为导向，组织战略规划要先行，人力资源规划要服从和服务于组织战略规划。

(4)对组织目标的服从不能以牺牲员工利益为代价，应综合平衡。组织的人力资源规划要为员工的自我发展创造良好的条件，组织应该充分发挥每个员工的积极性、主动性和创造性，要不断提高员工的工作效率，从而最终实现组织的经营目标。在考虑组织经营目标的同时，组织应该关心每一个员工的利益和发展要求，要引导他们在实现组织目标的同时实现个人的自我价值。只有这样组织才能获得所需要的人力资源。

通过人力资源规划，我们要能够回答或者说要能够解决下面几个问题：

(1)企业在某一特定时期内对人力资源的需求是什么，即企业需要多少人员，这些人员的构成和要求是什么。

(2)企业在相应的时期内能够得到多少人力资源的供给，各类各层次职位分别能得到多少人力资源的供给。

(3)在这段时期内，企业人力资源供给和需求比较的结果是什么，企业应当通过什么方式来达到人力资源供需的平衡。

可以说，上述三个问题形成了人力资源规划的三个基本要素，涵盖了人力资源规划的主要方面；如果能够对这三个问题做出比较明确的回答，那么人力资源规划的主要任务也就完成了。

2.人力资源规划的要求

人力资源规划本身的质量好坏不但影响其执行的状况，而且会影响到组织目标的实现。因此，好的人力资源规划既要符合组织的利益，又要有很强的可操作性。张佩云认为，人力资源规划要符合四个要求：

(1)人力资源规划必须与组织的经营目标相结合。组织的经营目标是指组织在一定时期内的经营方向和经营计划，组织的各项活动必须围绕着经营目标的实现而进行。人力资源管理同样必须以此为基础。组织的人员配置、培训和教育必须与经营目标决定的岗位设置、人员素质要求及各种协作、合作关系配合，而且对组织员工的激励必须与工作目标相结合。只有这样，才能充分调动员工的积极性、主动性和创造性，从而保证组织目标的实现。

(2)人力资源规划必须与组织的发展相结合。组织员工的智慧和创造性是促进组织发展的根本源泉，而组织的发展也必须以一定数量和质量的人员为基础。组织人员的招聘、培养等都必须考虑到组织长期发展的要求。

(3)人力资源规划必须有利于吸引外部人才。现代化组织的竞争是人才的竞争，但对一个组织来说。单从组织内部很难配齐组织竞争和发展所需要的各种人才，因此必须向外招聘优秀人才。组织只有招进所需要的各种优秀人才，才能在激烈的市场竞争中立于不败之地。

(4)人力资源规划必须有利于增强组织员工的凝聚力。人是组织的主体，能否把员工团结在组织总目标的周围，是人力资源管理的关键，这就要求组织必须建立"以人为中心"的组织文化，真正关心员工、爱护员工，充分挖掘员工的潜能，使组织的总体目标和个人目标同组织文化紧密结合在一起，增强组织员工的凝聚力。

8.1.2 人力资源规划的作用

人力资源规划的作用体现在两个方面：一是在整体组织运营中具有重要作用；二是在人力资源作业活动中起着统辖的作用。

1. 人力资源规划对组织整体的作用

1)人力资源规划可以有效地应对组织发展中的人员短缺

组织所处的外部环境始终处于变化之中，例如新的政府用人政策、人工成本计量办法、最低工资标准的限制等，都会对组织的人力资源需求与供给产生影响。组织内部条件也在不断变化，如技术的变化与提高、管理模式的改变等也对人力资源的需要与供给产生影响，准确地把握这些变化并做出预见性的安排是人力资源规划的本意所在。一般来说，低技能的一般员工容易通过劳动力市场获得，或通过对现有员工进行简单培训即可满足工作需要，但那些对企业起关键作用的技术人员和管理人员的短缺则无法立即满足组织的需要。当今组织员工的流动率比较高，组织的人力资源管理部门就必须在很短的时间内匆忙地招聘新员工，这很容易导致录用标准的下降，结果会招收一些勉强胜任和容易迁徙的员工，又会导致以后的流动率上升。

2)人力资源规划有利于促进组织战略目标的实现

人力资源规划要以组织的战略目标、发展规划和整体布局为依据，但反过来，人力资源规划又有助于战略目标和发展规划的制定，并可以促进战略目标和发展规划的顺利实现。这两者之间并不是简单的单向关系，而是存在双向的互动关系。组织的高层管理者在制定战略目标和发展规划以及选择决策方案时总要考虑组织自身的各种资源，尤其是人力资源的状况。如果有科学的人力资源规划，就有助于高层领导了解组织内目前各种人才的余缺情况，具有在一定时期内进行内部抽调、培训或对外招聘的可能性，从而有助于他们进行决策。

3)人力资源规划有利于调控人工成本

虽然人力资源对企业来说具有非常重要意义，但是它在为企业创造价值的同时也给企业带来了一定的成本开支，而理性的企业是以利润最大化为目标的，追求以最小的投入实现最大的产出。人工成本控制是成本控制中的一个重要环节。人工成本中最大的支出项目是工资，而企业工资总额在很大程度上取决于企业的人员分布状况，即人员在不同岗位和不同级别上的数量状况。在组织发展的最初阶段，相对来说，低工资的人数较多，但随着组织的发展和员工任职能力的提高，工资成本就会逐渐上升，加上其他因素的影响，这样一来，人工成本很可能超过组织所能承担的能力。人力资源规划就是要对组织内的人员结构、岗位分布等进行合理的调整，从而在一定范围内很好地控制人工成本。另外，在进行人力资源规划时，应对外部劳动力市场进行详细的调查，如劳动力的供需状况、哪种人力资源稀缺、哪种人力资源很容易获得，各部门和各岗位的人员数量及其分布如何，为组织劳动力定价提供依据。保持人员适当的流动率，造成一定的竞争压力，可以提高员工的工作效率和劳动生产率，通过降低招聘成本、安置成本和培训成本使人力资源总成本降低，从而推动了组织的发展、扩大和进步。

4)人力资源规划有利于稳定员工的预期

人力资源规划是在对企业人力资源状况的全面分析和评价的基础上进行的，包括企业人力资源总量、类别和年龄结构、相对充裕度等，从而能够发现企业内部存在的一些人才浪费和低效现象。同时，人力资源规划可以为员工提供发展前景与路线，使员工知道该如何在组织的成功中去发展自身。可以有效地激励员工作长期打算，只有员工预期稳定，对组织保持长期的信心，才能调动员工主动性和积极性。

2.人力资源规划在人力资源管理作业活动中的作用

1)人力资源规划有利于人力资源管理活动的有序化

人力资源规划是组织人力资源管理的基础，它由总体规划和各种业务规划构成，为管理活动(如确定人员的需求量、供给量、调整岗位和任务、培训等)提供可靠的信息和依据，进而保证管理活动的有序化。如果没有人力资源规划，那么，企业什么时候需要补充人员，补充哪个层次的人员，如何避免各部门人员提升机会的不均等以及如何组织培训等，都会出现很大的随意性和混乱。

2)人力资源规划是其他人力资源管理业务规划的总纲

在实际制定人力资源规划时，各人力资源管理人员可能会从各自不同的作业活动分工去提出各种业务规划，但作为总规划是人力资源管理部门的整体安排，所以既要反映各作业活动的内在逻辑联系，防止衔接不上，又要避免重复。

3)人力资源规划与其他作业活动的具体关系

(1)与薪酬管理的关系。人力资源需求的预测结果可以作为企业制定薪酬规划的依据。由于需求的预测不仅包括数量而且还包括质量，这样企业就可以根据预测期内人员的分布状况，并结合自身的薪酬政策进行薪酬总额的预测，或者根据预先设定的薪酬总额调整薪酬的结构和水平。此外，企业的薪酬政策也是预测供给时需要考虑的一个重要因素，人员供给的预测是针对有效供给来进行的，先来看外部供给，如果企业自身没有吸引力，那么再大的外部供给市场对它来说也是没有意义的，因此在进行外部供给预测时需要衡量企业自身的吸引力，而薪酬就是衡量吸引力时的一个重要指标。对内部供给来说，各职位的薪酬水平也会影响供给的情况，薪酬水平高的职位供给量肯定会大于薪酬水平低的职位。

(2)与绩效管理的关系。人力资源规划中,绩效考核是进行人员需求和供给预测的一个重要基础,通过对员工工作业绩以及态度能力的评价,企业可以对员工的状况做出判断,如果员工不符合职位的要求,就要进行相应的调整,这样造成的职位空缺就形成了需求预测的一个来源。同时,对于具体的职位来说,通过绩效考核可以发现企业内部有哪些人能够从事这一职位,这也是内部供给预测的一个重要方面。

(3)与员工招聘的关系。人力资源规划与员工招聘有着直接的关系,当预测的供给小于需求,而企业内部的供给又无法满足这种需求时,就要到外部进行招聘,招聘的主要依据就是人力资源规划的结果,这其中包括招聘的人员数量和人员质量。

(4)与员工配置的关系。员工配置就是在企业内部进行人员的晋升、调动和降职,员工配置的决策取决于多种因素,如企业规模的变化、组织架构的变动以及员工绩效的表现等。而人力资源规划也是其中一个重要的因素,员工配置的一项很重要的作用就是进行内部的人力资源供给,当然这种供给只是针对某个层次而言的,在需求预测出来以后,企业就可以根据预测的结果和现有的人员状况,制订相应的员工配置计划来调整内部的人力资源供给以实现两者的平衡。

(5)与员工培训的关系。人力资源规划与员工培训的关系更多地体现在员工的质量方面。企业培训工作中关键的一项内容就是确定培训的需求,只有培训的需求符合企业的实际,培训才有可能发挥效果。而供需预测的结果则是培训需求确定的一个重要来源,通对现有员工的质量和所需员工的质量进行比较,就可以确定出培训的需求,这样通过培训就可以提高内部供给的质量,增加内部供给。

(6)与员工解聘的关系。人力资源规划与员工解聘的关系是比较明显而直接的,在期内如果需求小于企业内部的供给,就要进行人员的解聘辞退以实现供需的平衡。

8.1.3 人力资源规划的内容

人力资源规划的内容,也就是它的最终结果。它可以分为两个层次,即人力资源的总体规划和人力资源的业务规划。

1.人力资源的总体规划

人力资源的总体规划是根据企业战略确定的人力资源管理的总目标、总战略、总措施及总预算的安排。它是对计划期内人力资源规划结果的总体描述,包括预测的需求分别是多少,做出这些预测的依据是什么,供给和需求的比较结果是什么,企业平衡供需的指导原则和总体政策是什么,等等。

在总体规划中最主要的内容包括:供给和需求的比较结果,也就是净需求,这也是进行人力资源规划的目的所在;阐述在规划期内企业对各种人力资源的需求和各种人力资源配置的总体框架,阐明人力资源方面有关的重要方针、政策和原则;确定人力资源投资预算。

2.人力资源的业务规划

人力资源的业务规划是总体规划的分解和细化,其主要包括人员招聘计划、人员使用计划、教育培训计划、职业计划、绩效与薪酬福利计划以及劳动关系计划等。这些业务规划的每一项都应当设定具体的目标、任务和实施步骤,它们的有效实施是总体规划得以实现的重要保证。人力资源业务规划的内容如表 8-1 所示。

表 8-1 人力资源业务规划内容

规划名称	目标	政策	预算
人员补充计划	数量、政策、层次及人员素质结构的改善	任职资格、人员的来源范围、人员的起薪	招聘选拔费用
人员配置计划	部门编制、人力资源结构优化、职位轮换	任职资格、职位轮换的范围和时间	按使用规模、类别和人员状况决定薪酬预算
人员接替和晋升计划	后备人员数量保持，人员结构的改善	选拔标准、晋升比例、未晋升人员的安置	职位变动引起的工资变动
人员培训与开发计划	培训的数量和类型、提供内部的供给、提高工作效率	培训计划的安排、培训时间和效果的保证	培训开发的总成本
工资激励计划	劳动供给增加、士气提高、绩效改善	工资政策、刺激政策、激励方式	增加工资奖金的数额
员工关系计划	提高工作效率、员工关系改善、离职率降低	民主管理、加强沟通	法律诉讼费用
退休解聘计划	劳动力成本降低、生产率提高	退休政策及解聘程序	安置费用

8.1.4 人力资源规划的分类

1. 独立性的人力资源规划和附属性的人力资源规划

按照人力资源规划是否单独进行为标准，可以将其划分为独立性的人力资源规划和附属性的人力资源规划。独立性的人力资源规划是指将人力资源规划作为一项专门的规划来进行，其最终结果体现为一份单独的规划报告，人力资源规划的内容都比较详细。附属的人力资源规划是指将人力资源规划作为企业整体战略计划的一部分，在规划整体战略时对人力资源进行规划，并不进行单独的人力资源规划，其结果大多也不会单独出现，人力资源规划的内容也比较简单。

2. 企业人力资源规划和部门人力资源规划

按照规划的范围大小进行划分，人力资源规划可分为企业人力资源规划和部门人力资源规划。企业人力资源规划是在整个企业范围内进行的人力资源规划，它将企业的所有部门都纳入规划的范围之内。部门人力资源规划是在一个或几个部门范围内进行的规划，虽然整体的人力资源规划是以部门人力资源规划为基础来进行的，但这二者并没有从属关系，有时企业只进行部门的而不进行整体的人力资源规划。

3. 短期人力资源规划、中期人力资源规划和长期人力资源规划

按照人力资源规划的规划期长短，可以划分为短期人力资源规划、中期人力资源规划和长期人力资源规划三类。短期人力资源规划是指一年及一年内的规划，这类规划由于时间相对较短，因此其目标比较明确，内容也比较具体，更多地体现为操作性的东西；长期人力资源规划是指五年或者五年以上规划，由于规划的时间比较长，对各种因素不可能做出准确的预测，因此这类规划往往是指导性的，在具体实施时要随着内外部环境的变化而不断调整，具有强烈的战略性色彩；中期人力资源规划则介于长期和短期之间，一般是指一年以上五年以内的规划。对短期规划来说，中期规划具有一定的指导性；但是对长期来说，中期规划又是它的具体落实，就好比是长期规划的阶段性目标，往往具有战术性的特点。

8.1.5 人力资源规划的步骤

为了达到预期的目的，在进行人力资源规划时需要按照一定的程序来进行，如图 8－1 所示，人力资源规划的过程一般包括四个步骤：准备阶段、预测阶段、实施阶段和评估阶段，下面结合这四个步骤对人力资源规划的整个过程进行简要的说明。

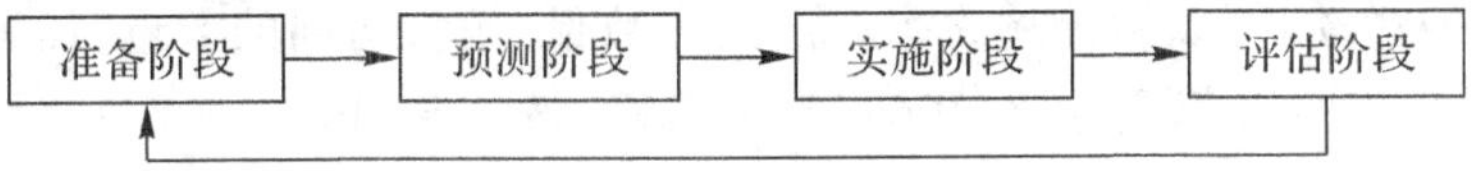

图 8－1 人力资源规划步骤

1. 准备阶段

为了能够较为准确地对人力资源的需求和供给做出预测，需要收集和调查与之相关的各种信息，这些信息主要包括以下几个方面的内容：

1）企业的内部环境信息

企业的内部环境信息包括组织环境的相关信息和管理环境的相关信息。组织环境的相关信息是指企业的发展战略、经营规划、生产技术和产品结构等信息。管理环境的相关信息是指公司的组织结构、企业文化、管理风格、管理结构及人力资源政策等信息。这些信息能对企业人力资源的供给和需求产生直接的影响。

2）企业的外部环境信息

企业的外部环境信息包括企业经营环境的信息和直接影响人力资源供给和需求的信息。企业经营环境的信息包括社会政治、经济、文化和法律环境等信息，这些影响企业生产经营的信息之所以会对人力资源的供给与需求产生影响，是因为人力资源规划同企业的生产经营是紧密联系在一起的。直接影响人力资源供给和需求的信息包括外部劳动力市场的供求状况、政府的职业培训政策、国家的教育政策以及竞争对手的人力资源管理方针等。

3）企业现有的人力资源信息

企业现有的人力资源状况包括人力资源的数量、质量、结构和潜力。具体来说，其相关的信息表现为员工的基本情况、员工的受教育情况、员工的工作经历、员工工作业绩记录、员工工作能力和态度等方面的信息。只有准确地掌握企业现有人力资源的状况，人力资源规划才更有意义。

2. 预测阶段

预测阶段的主要任务是在充分掌握上述信息的基础上，采用有效的预测方法，对企业未来的人力资源供给和需求做出预测。只有对供给和需求状况做出准确的预测，才能采取有效的措施进行平衡。因此，这在整个人力资源规划的过程中预测是最关键，也是难度最大的一部分，其直接决定了人力资源规划的成败。

1)**人力资源需求预测**

需求预测主要是根据组织战略规划和组织的内外条件选择预测技术，然后对人力资源需求结构和数量进行预测。影响人力资源需求预测的因素主要有：①组织的业务量或产量；②预期的人员流动率；③提高产品或劳务的质量以及进入新行业的决策对人力需求的影响；④生产技术水平或管理方式的变化对人力需求的影响；⑤组织所能拥有的财务资源对人力需求的约束。通过需求预测可以得出组织在员工数量、组合、成本、新技能、工作类别等方面的需求，以及为完成组织目标所需的管理人员数量和层次的列表。

最简单的人力需求预测是先要预测组织产品或服务的需求，然后将这一预测转化为满足产品或服务需求而产生的对员工的实际需求。例如，对一个生产个人计算机的企业来说满足产品或服务需求的活动，可以被描述为生产产品的数量、销售访问的数量、加工订单的数量等。假设预测企业的生产率为每周生产 1000 台计算机，按每周 40 个工作小时计算，可能需要 10000 个装配工时。10000 个工时除以 40 小时，得出需要 250 名装配工。更复杂的预测方法将在后面的内容中介绍。

2)**人力资源供给预测**

人力资源供给预测也称为人员拥有量预测，是人力资源预测的又一个关键环节，只有进行人员拥有量预测并把它与人员需求量相对比之后，才能制定各种具体的规划。人力资源供给预测包括两部分：一是内部拥有量预测，即根据现有人力资源及其未来变动情况，预测出各规划时间点上的人员拥有量；二是对外部人力资源供给量进行预测，确定在各规划时间点上的各类人员的可供给量，主要考虑社会的受教育程度、本地区的劳动力的供给状况等。

供给预测通过分析劳动力过去的人数、组织结构和构成，以及人员流动、年龄变化和录用等资料，预测出未来某个特定时刻的人力资源供给情况。预测结果为组织现有人力资源状况，以及未来在流动、退休、淘汰、升职及其他相关方面的变化。其作用可归结为四个方面：①检查现有员工填充企业中预计的岗位空缺的能力；②明确指出哪些岗位的员工将被晋升、退休或者被辞退；③明确指出哪些工作的辞职率、开除率和缺勤率高得异常或存在绩效、劳动纪律等方面的问题；④对招聘、选择、培训和员工发展需要做出预测，以能够及时地为工作岗位的空缺提供合格的人力补给。

3. **实施阶段**

在供给和需求预测出来以后，就要根据两者之间的比较结果，通过人力资源的总体规划和业务规划，制定并实施平衡供需的措施，满足企业对人力资源的需求。人力资源的供需达到平衡，是人力资源规划的最终目的，进行供给和需求的预测就是为了实现这一目的。人力资源供求平衡问题直接涉及组织经营目标能否实现的问题，因此在处理的过程中要尽量小心谨慎。通常来说，人力资源供给与需求之间可能有四种较为典型的情况存在：人力资源供不应求；人力资源供大于求；人力资源供给与需求之间的结构关系失调；人力资源供给和需求基本保持平衡。

人力资源供给和需求基本保持平衡的这种情形相对较少，且都是短期行为，任何一个组织都不可能存在长期的均衡，这是由组织内外环境的复杂性所决定的。但是，由于不同组织的生命周期不同，因此他们的变动趋势也不尽相同，不同竞争格局的组织所选择的应对战略也不同。组织应该根据具体情况制定供求平衡规划。

4. 评估阶段

对人力资源规划实施的效果进行评估是整个规划过程的最后一步，由于预测不可能做到完全准确，因此人力资源规划也不是一成不变的，它是一个开放的动态系统。人力资源规划的评估包括两层含义：一是指在实施的过程中，要随时根据内外部环境的变化修正供给和需求的预测结果，并对平衡供需的措施进行调整；二是指要对预测的结果以及制定的措施进行预测阶段分析，对预测的准确性和措施的有效性做出评价，找出存在的问题以及有益的经验，为今后的规划提供借鉴和帮助。

8.2 人力资源需求预测

如前所述，在人力资源规划过程的四个步骤中，预测阶段的主要任务是在充分掌握信息的前提下，选择使用有效的预测方法，对组织在未来某特定时期的人力资源供给与需求做出预测。作为在整个人力资源规划过程中最为关键、也是难度最大的一个阶段，它直接决定着人力资源的规划是否能够成功。准确地预测出人力资源的需求与供给是人力资源管理人员采取有效的平衡措施的前提。

8.2.1 人力资源需求预测的概念

人力资源需求预测是指对企业在未来某一特定时期内所需要的人力资源的数量、质量以结构进行估计。这里所指的需求是完全需求，是在不考虑企业现有人力资源状况和变动情况下的需求。至于净需求，则需要和预测的供给进行比较后才能得出。例如，企业现有 100 人，明年有 10 人退休，如果其他因素不变，那么明年的人力资源需求仍然为 100 人，但是内部的人力资源供给却只有 90 人，两者比较后的净需求为 10 人。

对人力资源需求进行预测，不同的人可能有不同的思路，为了便于理解和操作，这里我们按照对职位进行分析的思路来预测人力资源需求，企业对人力资源的需求直接与企业内部的职位联系在一起，企业设置多少职位，就需要多少人员；企业设置了什么样的职位，就需要有什么样的人员。因此，只要能够预测出企业内部职位的变动，相应地就可以预测出企业对人力资源的需求，当然这种预测既包括数量上的也包括结构上的。预测职位变动时通常需要考虑以下几个因素：

1)企业的发展战略和经营规划

这直接决定着企业未来的职位设置情况，例如当企业决定实行扩张战略，那么未来企业设置的职位肯定就要增加；再如，当企业调整经营领域时，未来企业的职位结构就会发生相应的变化。

2)产品和服务的需求

按照经济学的观点，企业对人力资源的需求是一种派生需求，它源自顾客对企业产品和服务的需求，这两种需求之间是一种正相关的关系。当产品和服务的需求增加时，企业设置的职位也应相应增加；反之，企业设置的职位就应减少。产品和服务需求数量的变化直接体现在企业经营规模的变化上。

3)职位的工作量

如果职位的工作量不饱满，就要合并相关的职位，职位数量就要减少；相反，如果职位的工作量超负荷，就要增设相应的职位，职位数量就要增加。

4)生产效率的变化

在其他条件不变的情况下，生产效率的变化会引起职位数量的反向变化，生产效率提高，同一职位承担的工作量增加，设置的职位会减少；生产效率降低，设置的职位就要增加。而引起生产效率变化的原因有很多，例如生产技术的改变、工作方式的调整、针对工作进行的培训、薪酬水平的提高、员工能力和态度的变化等。

需要强调的是，上述每一项的分析都是在假定其他因素不变的前提下进行的，如果多个因素同时作用，产生的结果可能会有所不同。例如，如果员工的生产效率提高，那么即使产品和服务的需求增加，职位的设置可能也不需要增加，因为这两种相反的作用互相抵消了影响。

通过上述分析，可以得出未来企业职位设置的变化值，将它和现有的职位进行比较就能计算出未来一定时期内企业的职位设置情况，从而可以预测出人力资源的需求。

8.2.2 人力资源需求预测的方法

对人力资源需求进行预测的方法有很多，这里我们选取几种有代表性的方法给予简单的介绍。需要指出的是，在预测过程中，不可能只采用一种方法，而应当将多种方法结合起来使用，这样预测的结果才会更准确。

1.主观判断法

这是最为简单的一种方法，是由管理人员凭借以往的工作经验和直觉，对未来所需要的人力资源做出估计。在实际操作中，一般先由各个部门的负责人根据本部门未来一定时期内工作量的情况，预测本部门的人力资源需求，然后汇总到企业最高领导层那里进行平衡，以确定企业最终的需求。

这种方法主要是凭借经验来进行的，主要用于短期的预测，适用于规模较小、经营稳定、人员流动性不强的企业；同时，在使用这种方法时，还要求管理人员必须具有丰富的经验，这样预测的结果才会比较准确。除了预测的准确性较低以外，主观判断法还存在一个问题，就是往往会出现“帕金森定律”所提到的现象，各部门在预测本部门人力资源需求时一般都会扩大。要避免这一问题，需要最高领导层进行再分析与控制。

2.德尔菲法

德尔菲法是20世纪40年代由美国兰德公司创始的。这种方法是指邀请在某一领域的专家或有经验的管理人员对某一问题进行预测，并最终达成一致意见的结构化方法，有时也称专家预测法。德尔菲法分几轮进行，第一轮要求专家以书面形式提出各自对企业人力资源需求的预测结果，反复几次，直至得出专家们对某一问题的看法达成一致的结果。

德尔菲法的特点是：吸取众多专家的意见，避免了个人预测的片面性；采取匿名的、“背靠背”的方式进行，避免了从众的行为；采取多轮预测的方式，准确性较高。

德尔菲法的操作步骤是：

(1)整理相关的背景资料并设计调查的问卷，明确列出需要专家们回答的问题。

(2)将背景资料和问卷发给专家，由专家对这些问题进行判断和预测，并说明自己的理由。

(3)由中间人回收问卷，统计汇总专家们预测的结果和意见，将这些结果和意见反馈给专家们，进行第二轮预测。

(4)再由中间人回收问卷，将第二轮预测的结果和意见进行统计汇总，接着进行下轮预测。

(5)经过多轮预测之后,当专家们的意见基本一致时就可以结束调查,将预测的结果用文字或图形加以表述。

采用德尔菲法时需要注意以下几个问题:

(1)专家人数一般不少于 30 人,问卷的回收率应不低于 60%,以保证调查的权威性和广泛性。

(2)提高问卷质量,问题应该符合预测的目的并且表达明确,保证专家都从同一个角度去理解问题,避免造成误解和歧义。

(3)要给专家提供充分的资料和信息,使他们能够进行判断和预测;同时结果不要求十分精确,专家们只要给出粗略的数字即可。

(4)要取得参与专家们的支持,确保他们能够认真进行每一次预测,同时也要向公司高层说明预测的意义和作用,取得高层的支持。

3. 比率预测法

比率预测法是基于对员工个人生产效率的分析来进行的一种预测方法。使用比率预测法进行预测时,首先要计算出人均的生产效率,然后再根据企业未来的业务量预测出人力资源的需求,即:所需的人力资源=未来的业务量/人均的生产效率。

例如,一家企业的销售员每年通常可以实现 200 万元的销售额,假定这种比率在未来保持不变,那么,企业要想实现年销售额 2000 万元,就需要雇用 10 名销售人员。

再如,一所幼儿园现有 240 名幼儿和 40 名老师,而幼儿园中的幼儿和老师的最佳师生比为 6∶1,如果第二年幼儿园准备招收 300 名幼儿,那么,该幼儿园就需要 50 名老师。

但需要指出的是,这种预测方法存在两个缺陷:一是进行估计时需要对计划期的业务增长量、目前人均业务量和生产率的增长率进行精确的估计;二是这种预测方法只考虑了员工需求的总量,没有说明其中不同类别人员需求的差异。若考虑到不同类别人员需求,其具体做法是:先根据过去的业务活动水平,计算出每一业务活动增量所需的人员相应量,再把对实现未来目标的业务活动增量按计算出的比例关系,折算成总的人员需求量,然后把总的人员需求量按比例折成各类人员的需求量。

例如,某炼油厂根据过去的经验每增加 1000 炼油量,需增加 15 人,预计 1 年后炼油量将增加 10000,折算人员需求量为 150 人。如果管理人员、生产人员、服务人员的比例是 1∶4∶2,则新增加的 150 人中,管理人员约为 20 人,生产人员为 85 人,服务人员为 45 人。

4. 回归分析法

在计量分析模型中经常会用到回归分析法,这是一种统计分析的方法。其原理就是找出那些与人力资源需求关系密切的因素,并依据过去的相关资料确定出它们之间的数量关系,建立一个回归方程,然后再根据这些因素的变化以及确定的回归方程来预测未来的人力资源需求,其关键在于所找到的与人力资源需求相关的变量的准确性,在统计上要通过相关的一些假设检验,才能有更好的预测效果。但在实践中由于管理上数据容量的限制和人心理因素的高度不确定性,所以管理回归模型的效果远不如宏观经济中计量模型有效。

根据回归方程中变量的数目,可以将回归预测法分为一元回归预测和多元回归预测两种。最简单的回归分析法是只考虑一个变量因素,也就是一元回归分析。而多元回归由于涉及的变量较多,所以建立方程时要复杂得多,但是它考虑因素比较全面,所以预测的准确度往往要高于一元回归分析。由于曲线关系的回归方程建立起来比较复杂,为了便于操作,在实践中往往都是用线性回归方程来进行预测的。下面我们来看一个一元线性回归预测的例子。

某家医院要预测明年所需的护士数量，如果使用回归预测法，首先就要找出护士的需求量与哪些因素关系比较密切，对相关数据进行统计分析后可以发现病床数与护士的需求量之间相关程度比较高，接下来就要分析它们之间到底是一种什么样的关系，医院的人力资源经理找来自己医院和其他医院病床数以及护士数的数据，如表 8－2 所示。

表 8－2　病床数和护士数的数据

病床数	200	300	400	500	600	700	800
护士数	180	270	345	460	550	620	710

将病床数设为自变量 x，护士数设为因变量 y，假设两者之间线性相关，那么，两者之间的线性关系可以表示为：$y=a+bx$

则系数 a 和 b 的计算公式分别为：

$$a=\frac{\sum y}{n}-b\frac{\sum x}{n}$$

$$b=\frac{n(\sum xy)-\sum x\sum y}{n(\sum x^2)-(\sum x)^2}$$

经过计算得出 $a=2.321$，$b=0.891$。因此，回归方程为 $y=2.321+0.891x$，也就是说医院每增加 10 张床位，就要增加约 9 名护士。由于医院准备下一年将病床数增加到 1000 个，所以需要的护士数就是 894 人，即：

$$y=2.321+0.891\times 1000=893.321\approx 894(\text{人})$$

5. **趋势预测法**

趋势预测法是利用企业的历史资料，根据某些因素的变化趋势，预测相应的某段时期人力资源的需求。趋势预测法在使用时一般都要假设其他的一切因素都保持不变或者变化的幅度保持一致，往往忽略了循环波动、季节波动和随机波动等因素。

趋势预测法的具体操作步骤是：首先收集企业在过去几年内人员数量的数据，并根据这些数据做出散点图，散点图本身也许不能形成一条非常光滑的变动曲线，而且可能有不规律的变化，但其可以将企业经济活动中某种变量与人数的关系和变化趋势表示出来。如果两者之间存在相关关系，则可以根据企业未来业务活动量的估计值来预测相关的人员需求量。同时，可以用数学方法对其进行修正，使其成为一条平滑的曲线，从该曲线可以估计出未来的变化趋势。

例如，某企业过去 8 年人员的数据如表 8－3 所示，请据此预测出今后第二年和第四年的人员需求量分别是多少？

表 8－3　某企业过去 8 年的人员数量

年度	1	2	3	4	5	6	7	8
人数	450	455	465	480	485	490	510	525

首先我们要根据过去几年人员的数量来分析它的变化趋势，假设是一种线性变化，人数是变量 y，年度是变量 x，那么根据下面的公式可以分别计算出 a 和 b。

$$a=\frac{\sum y}{n}-b\frac{\sum x}{n}$$

$$b=\frac{n(\sum xy)-\sum x\sum y}{n(\sum x^2)-(\sum x)^2}$$

即：$a=435.357$，$b=10.476$。

趋势线就可以表示为 $y=435.357+10.476x$，也就是说每过一年，企业的人力资源需求要增加 10.476，通常取整数 11。这样就可以预测出之后第二年和第四年的人力资源需求，即：

$$y_1=435.357+10.476\times(8+2)=540.117\approx541(\text{人})$$

$$y_2=435.357+10.476\times(8+4)=561.069\approx562(\text{人})$$

所以，今后第二年的人员需求量为 541 人，第四年的人员需求量为 562 人。

8.3 人力资源供给预测

人力资源供给预测就是指对在未来某一特定时期内能够供给企业的人力资源的数量、质量以及结构进行估计。由于超出企业获取能力的供给对企业来说是没有任何意义的，因此在预测供给时必须对有效的人力资源供给进行预测，一般来说，人力资源的供给包括内部供给和外部供给两个来源，内部供给是指从内部劳动力市场提供的人力资源；外部供给则是指从外部劳动力市场提供的人力资源。

8.3.1 人力资源供给的分析

如果说对人力资源需求的分析更多的是以“事”为中心而展开，那么对人力资源供给的分析就要以“人”为中心来进行。由于人力资源的供给有两个来源，因此对供给的分析也要从这两个方面入手。相比内部供给来说，企业对外部人力资源供给的可控性是比较差的，因此人力资源供给的预测主要侧重于内部的供给。

1. 外部供给分析

由于外部供给在大多数情况下并不能被企业直接掌握和控制，因此外部供给的分析主要是对影响供给的因素进行判断，从而对外部供给的有效性和变化趋势做出预测。

外部供给预测是指组织以外能够提供给组织所需要的人力资源的质和量的预测，主要的渠道是外部劳动力市场。外部供给是解决组织人员新陈代谢和改变人员结构的根本出路，是任何组织都必须面对和采用的人力资源补充渠道。因此，合理的对外部供给进行预测是保证组织正常发展、节省人力购置成本的重要手段。

1）外部人力资源供给的影响因素

外部人力资源供给的影响因素主要有：宏观经济形势和失业预期；当地劳动力市场的供求状况，其中大中专毕业生的数量与质量及就业意向是很重要的因素；行业劳动力市场的供求状况；人们的就业意识；组织的吸引力；竞争对手的动态；政府的政策、法规与压力等。

2)外部劳动力市场的主要分类

一般意义上外部劳动力市场可以分为四类,即蓝领员工市场、职员市场、专业技术人员市场、管理人员市场。

我国现阶段并没有建立起全国统一的劳动力大市场,因此劳动力市场的分类也较为混乱,主要是不同主体举办的劳动力中介组织:政府主办的劳动力市场,主要是劳动部门主办的职介机构和人事部门主办的人才市场;行业、团体主办的劳动力市场;大型企业主办的劳动力市场;街道社区主办的劳动力市场;民营中介组织等。

3)企业外部人力资源供给预测方法

(1)查阅现有资料。国家和地区的统计部门、人事和劳动部门定期发布的一些统计数据,国家和地区相关部门机构公告的政策法律变化的信息。互联网的普遍应用使得查阅相关的信息资料更加便捷。

(2)直接调查相关信息。企业可就自身关注的人力资源状况进行调查,如开展对高校提供的毕业生源的调查就是一种比较有效的方法。实践中,有的企业会与提供生源的关键院校保持长期的合作关系,密切跟踪目标生源的情况,及时了解可能为企业所用的目标人才的状况。

(3)对在职人员和应聘人员进行分析。分析的内容包括:企业近期雇佣的人员来自哪些行业和企业、这些人员受聘或求聘于企业的原因、各空缺职位的应聘者数量和质量,对企业在职人员和应聘人员进行分析也会得出未来的企业人力资源供给状况的估计。

2.内部供给分析

当组织出现人力资源短缺时,优先考虑的应该是从内部进行补充,因为内部劳动力市场不但可以预测,而且可调控,以有效地满足组织对人力资源的需求。影响内部供给的因素主要包括:组织现有人力资源的存量;组织员工的自然损耗,包括辞退、退休伤残、死亡等;组织内部人员流动,包括晋升、降职、平职调动等;内部员工的主动流出即跳槽等;组织由于战略调整所导致的人力资源政策的变化。

由于人力资源的内部供给来自企业内部,因此企业在预测期内所拥有的人力资源就是内部供给的全部来源。所以,内部供给分析主要是对现有人力资源的存量及其在未来的变化情况做出判断,这种分析主要有以下几种:

1)现有人力资源的分析

人力资源不同于其他资源,即使外部条件都保持不变,人力资源自身的自然变化也会影响到未来的供给,比如退休、生育等,因此在预测未来人力资源的供给时,需要对现有的人力资源状况做出分析。例如,企业现有58岁的男性员工30人,那么即使没有其他因素的影响,由于这些人两年后要退休,两年后企业内部的人力资源供给就会减少30人。一般来说,现有人力资源的分析主要是对年龄结构做出分析,因为人力资源自身的变化大多与年龄有关。此外,还需要根据员工的性别、身体状况等进行分析。

2)人员流动的分析

在进行人员流动分析时,假定人员的质量不发生变化,人员的流动主要包括:

一是人员由企业流出,由企业流出的人员数量形成了内部人力资源供给减少的数量,造成人员流出的原因有很多,例如辞职、辞退等。比如企业现有1000人,预测后年的辞职率为3%,那么后年的人力资源供给就会减少30人。

二是人员在企业内部的流动,对这种流动的分析应针对具体的部门、职位层次或职位类别来进行，虽然这种流动对于整个企业来说并没有影响到人力资源的供给，但是对内部的供给结构却造成了影响。例如，当员工由B部门流入A部门时，对A部门来说，由于流入了人员，供给量增加，流入了多少人员，其内部的人力资源供给就增加了多少；而对B部门来说，由于流出了人员，供给量减少，流出了多少人员，其内部的人力资源供给就减少了多少。在分析企业内的人员流动时，不仅要分析实际发生的流动，还要分析可能的流动，也就是说要分析现有人员在企业内部调换职位的可能性，这可以预测出潜在的内部供给。例如，对于A职位来说，在未来的第三年有15名员工可以从事该职位，那么对于这一职位来说就有15人的内部供给。与实际流动的分析一样，分析可能的流动时也要针对具体的部门、职位层次或职位类别来进行。分析员工可能的流动性，主要的依据是绩效考核时对员工工作业绩、工作能力的评价结果。

3)人员质量的分析

进行人员质量分析时，假定人员没有发生流动，人员质量的变化会影响到内部的供给，质量的变动主要表现为生产效率的变化，当其他条件不变时，生产效率提高，内部的人力资源供给相应就增加；相反，内部的供给就减少。影响人员质量的因素有很多，例如工资的增加、技能的培训等，对人员质量的分析不仅要分析显性的，还要分析隐性的，例如加班加点，虽然员工实际的生产效率没有发生变化，但是由于工作时间延长了，相应地每个人完成的工作量就增多了，这同样也增加了内部的供给，类似的还有工作分享、缩短工作时间等。

同需求分析一样，上述每一项分析都是在假定其他因素不变的前提下进行的，如果多个因素同时作用，产生的结果可能就会有所不同。例如，即使发生了人员的流出，但是如果员工的生产效率提高，而且提高的比率正好可以等于人员流出所造成的工作量的增加，那么人力资源的内部供给就会保持不变。

通过上述分析可以得出未来企业人力资源内部供给的变化值，将它和现有的人力资源进行比较就能够计算出未来一定时期内企业内部所能提供的人力资源，从而预测出人力资源的内部供给。

8.3.2 人力资源供给预测的方法

人力资源供给预测的方法主要是针对内部供给预测而言的，预测的方法也有很多，这里我们只选取几种有代表性的方法进行简单的介绍。

1.人事资料清查法

这种方法通过对组织现有人力资源质量、数量、结构和在各职位的分布状况进行检查，掌握组织拥有的人力资源状况。通过一些记录员工信息的资料可以反映员工的工作经验、受教育程度、特殊技能、竞争能力等与工作有关的信息，以帮助人力资源规划人员估计现有员工调换工作岗位的可能性大小和决定哪些员工可以补充当前空缺岗位。这一方法常作为一种辅助性的方法，对管理人员置换提供更为详细的参考。

2.管理人员替代法

管理人员替代法是对组织管理人员内部供给进行预测的最简单方法，也称为管理人员接续计划。企业内部的很多管理人员都是从内部员工中提拔的，因此，企业需要确定在各个关键的管理职位上有哪些可能的接班人，这些接班人的胜任状况和发展潜力如何。为清楚起见，可以将上述接续计划在组织结构图上表示出来，即为常用的管理量表图——企业常用的人员接替图和人员接替表。图8-2是一个简单的示意图。

制订这一计划的过程是:①确定计划范围,即确定需要制订接续计划的管理职位;②确定每个管理职位上的接替人选,所有可能的接替人选都应该考虑到;③评价接替人选,主要是判断其目前的工作情况是否达到提升要求,可以根据评价的结果将接替人选分成不同的等级,例如分成可以马上接任、尚需进一步培训、问题较多三个级别;④确定职业发展需要以及将个人的职业目标与组织目标相结合,这就是说,要根据评价的结果对接替人选进行必要的培训,使之能更快地胜任将来可能从事的工作,但这种安排应尽可能与接续人选的个人目标吻合并取得其同意。

图 8-2　管理人员接续计划示意图

说明:35/2 表示该人员的年龄为 35 岁,提升潜力为"2 年内可提升"。其他数字或符号表示意思:0—可以马上提升;1—1 年内可提升;2—2 年内可提升;3—3 年内可提升;T—仍需培训。

3. 人力资源"水池"模型

人力资源"水池"模型是在预测企业内部人员流动的基础上预测人力资源的内部供给,与人员替换有些类似,不同的是人员替换是从员工出发来进行分析,而且预测的是一种潜在供给;"水池"模型则是从职位出发进行分析,预测的是未来某一时间现实的供给,这种方法一般要针对具体的部门、职位层次或职位类别来进行,由于它要在现有人员的基础上通过计算流入量和流出量来预测未来的供给,就好比是计算一个水池未来的蓄水量,因此称为"水池"模型。下面通过一个职位层次分析的例子看一下这个模型是如何运用的。

首先,我们要分析每一层次职位的人员流动情况,可以用下面的公式来预测:未来的供给量=现有的人员数量+流入人员的数量-流出人员的数量,如图 8-3 所示。

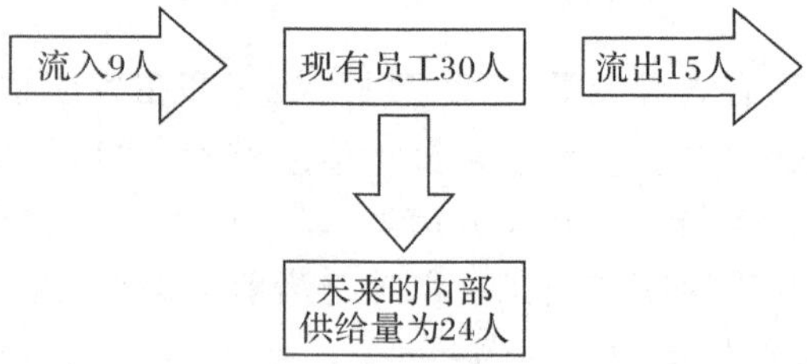

图 8-3　某一层次职位的内部人力资源供给

对每一层次的职位来说,人员流入的原因有平行调入、上级职位降职和下级职位晋升;流出的原因有向上级职位晋升、向下级职位降职、平行调出和离职。

对所有层次的职位分析完之后,将它们合并在一张图中,就可以得出企业未来各个层次职位的内部供给量以及总的供给量,如图 8-4 所示。

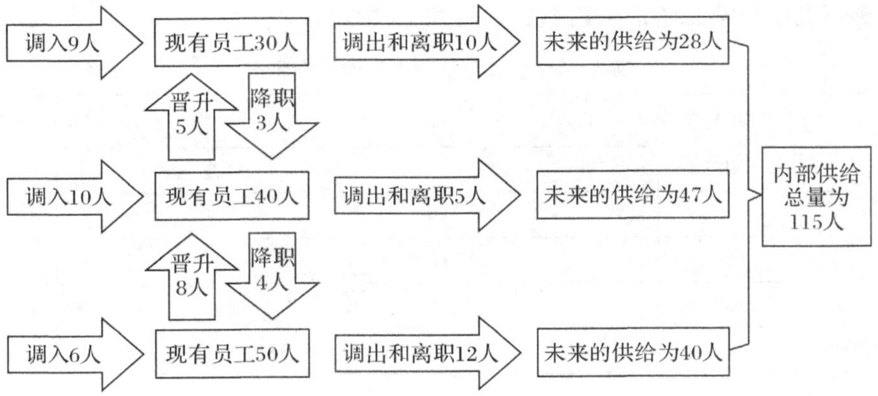

图 8－4　人力资源“水池”模型示意图

4. 马尔科夫预测法

马尔科夫预测法是用来预测等时间间隔点上(一般为一年)各类人员分布状况的一种动态预测技术,也是从统计学中借鉴过来的一种定量预测方法。其基本思想是:找出过去人事变动的规律,以此来推测未来的人事变动趋势。以“企业中员工流动的方向与概率基本保持不变”的基本假设为基础,通过收集具体数据,找出企业内部过去人员流动的规律,由此推测未来的人员变动趋势。马尔科夫分析法实际上是建立一种转换概率矩阵,使用统计技术预测未来的人力资源变化。马尔科夫分析在理论上很复杂,但其应用方法却比较简单,如下面的例子。

假设某企业有四类职位,从低到高依次是 A、B、C、D,各类人员的分布情况如表 8－4 所示,请预测未来人员的分布情况。

表 8－4　企业人员的分布情况

职位	A	B	C	D
人数	40	80	100	150

在预测时,我们首先确定各类职位的人员转移率,这一转移率可以表示为一个矩阵变动,如表 8－5 所示。

表 8－5　人员转移率矩阵

职位	A	B	C	D	离职率合计
A	0.90				0.10
B	0.10	0.70			0.20
C		0.10	0.75	0.05	0.10
D			0.20	0.60	0.20

表中的每一个数字都表示在固定的时期(通常为一年)内,两类职位之间转移的员工数量。例如,表 8－5 中表示在任何一年内,A 类职位的人有 90%留在公司;B 类职位中 80%留在公司,其中 10%转移到 A 类职位,70%留在原来的职位。这样有了各类人员原始的人数和转移率,就可以预测出未来的人力资源供给情况,将初期的人数与每类的转移率相乘,然后再纵向

相加，就得到每类职位第二年的供给量。如表 8-6 所示。

表 8-6 第二年企业人员的分布情况

职位	初期人数	A	B	C	D	离职合计
A	40	36				4
B	80	8	56			16
C	100		10	75	5	10
D	150			30	90	30
预测的供给		44	66	105	95	60

由表 8-6 可以看出，在第二年中，A 类职位的供给量为 44，B 类职位的供给量为 66，C 类职位的供给量为 105，D 类职位的供给量为 95，整个企业的供给量则为 310，将这一供给的预测和需求预测进行比较，就可以得出企业明年的净需求。如果要对第三年做出预测，只需将第二年预测的数据作为初期数据就可以了。

使用马尔科夫模型进行人力资源供给预测的关键是确定人员转移率矩阵表，而在实际预测时，由于受各种因素的影响，人员转移率很难准确确定，往往都是大致的估计，因此会影响到预测结果的准确性。

8.4 人力资源供需的平衡

人力资源规划的最终目的是实现企业人力资源供给和需求的平衡，因此在预测出人力资源的供给和需求之后，就要对这两者进行比较，并根据比较的结果来采取相应的措施。

8.4.1 人力资源供需平衡的概念

人力资源供需平衡就是企业通过增减人员、人员结构调整等措施使企业的人力资源需求与人力资源供给达到基本相等的过程。平衡是目标状态，也是职能手段。在人力资源需求和供给之间存在的供求数量的供求平衡、供不应求、供过于求的三种可能关系中，供求平衡是理想状态，其他两种则是现实状态。除了单纯的人力资源数量方面的考虑外，结构失衡与否也是企业应该考虑的，就是在供求平衡的状态下，表面的企业人力资源稳定状态也不能否认企业局部仍存在退休、离职、晋升、降职、补充空缺、不胜任岗位的职位调整等平衡活动的需要。

8.4.2 人力资源不平衡的调整

企业常用的解决人力资源不平衡的不同状态的调整方法是企业人力资源供给和需求预测的比较，一般会有以下几种结果：供给和需求在总量上平衡，但在结构上不匹配；供给大于需求；供给小于需求；供给和需求在数量、质量以及结构方面都基本相等。

1. 供给和需求总量平衡，结构不匹配

企业人力资源供给和需求完全平衡一般是很难出现的，即使在供需总量上达到了平衡，往往也会在层次和结构上出现不平衡。对于结构性的人力资源供需不平衡，一般要采取下列措施实现平衡。

(1)进行人员内部的重新配置,包括晋升、调动、降职等,来弥补空缺的职位,满足这部分人力资源需求。

(2)尽可能地加强对现有人员的培训开发,以使他们能够胜任当前尤其是未来的工作需要。值得注意的是,并非所有人员都有能力接受未来的工作所需要的培训。

(3)在现有人员胜任未来的工作有困难的情况下,企业可能需要通过到期终止劳动合同、自然退休等方式,逐渐让现有的员工离开企业,从企业外部招聘高素质的员工,为未来新的工作需要储备人才。

(4)如果企业处于扩张期,人力资源需求在不断增长,在可能的情况下,可以将一些技能不足的老员工逐渐替换到辅助性的工作岗位上,把一些重要的生产、管理类的岗位留给有能力的候选人。

2.供给大于需求

由于整体经济下滑、国际贸易条件不好、企业的战略调整或生产技术升级等客观原因,企业未来的人力资源需求小于组织内部现有的人力资源供给。此时,企业可考虑采取以下措施达到人力资源供给与需求之间的平衡。

(1)扩大经营规模,或者开拓新的增长点,以增加对人力资源的需求。例如,企业可以实施多元化经营,吸纳过剩的人力资源供给。

(2)永久性地裁员或者辞退员工,这种方法虽然比较直接,但是由于会给社会带来不安定的因素,因此往往会受到政府的限制。

(3)鼓励员工提前退休。制定优惠政策,鼓励接近退休年龄的老员工主动离职。这种做法的前提条件是,企业为提前退休而付出的成本不能高于老员工继续在企业中工作时企业所付出的成本。

(4)冻结招聘。首先,不再从企业外部招聘新人,而是努力通过内部人员的灵活调配来满足组织当前的需要,并长期通过自愿离职以及退休的方式自然减员。

(5)缩短员工的工作时间、实行工作分享或者降低员工的工资,通过这种方式也可以减少供给。

(6)对富余员工进行培训,这相当于进行人员的储备,为未来的发展做好准备。

3.供给小于需求

当预测的供给小于需求时,同样可以从供给和需求两个角度来平衡供需,可以采取下列措施:

(1)从外部雇用人员,包括返聘退休人员,这是最直接的一种方法,可以雇用全职的,也可以雇用兼职的,这要根据企业自身的情况来确定,如果需求是长期的,就要雇用全职的;如果是短期需求增加,就可以雇用兼职的或临时的。

(2)提高现有员工的工作效率,这也是增加供给的一种有效方法。提高工作效率的方法有很多,如改进生产技术、增加工资、进行技能培训、调整工作方式等。

(3)延长工作时间,让员工加班加点。采用加班的方式来满足企业的人力资源需求,尤其是当这种需求是短期的或阶段性的时候。值得注意的是,这种方法可能会导致企业人工成本增加,也会引发加班过多的员工的不满。

(4)降低员工的离职率,减少员工的流失,同时进行内部调配,通过提高内部的流动来增加某些职位的供给。在外部供给短缺的情况下,企业内部现有人员的流失无疑会进一步加大组织的人力资源需求和供给之间的缺口。

(5)可以将企业的一些业务外包,这实际上等于减少了对人力资源的需求。

4. 企业人力资源供求平衡

企业人力资源供求完全平衡这种情况是极少见的,原因在于人员的年龄结构、知识结构、技术结构、管理能力等均处于动态变化的不平衡状况。因此,仅从理论上说,企业人力资源供求平衡是企业人力资源规划部门以产业结构调整为导向,合理调整人力资源结构,从而取得的人力资源相对供求平衡。

在制定平衡人力资源供求政策措施的过程中,对于供大于求或供小于求的情况,应加大调控力度,制定出与组织人力资源需求相一致的规划,使各个部门人力资源在数量、质量、结构、层次等方面达到协调平衡。

在实践中,组织还需要考虑这样几个问题:被调查的工作岗位设立的原因是什么;该岗位应配备什么资格的员工;达到同一目的是否有其他的方法;这一工作岗位将对人力资源的利用程度、经营收入和利润实现程度产生的影响等。

由于人力资源规划是一项系统性的工作,对于规划系统而言当然也需要做一个平衡工作,这方面可以从总体规划和各项子规划之间的关系加以考虑。原因在于人力资源总体规划是人力资源活动的基础,人力资源规划又通过人力资源的开发、招聘、使用、激励、培训以及绩效评估等各项子规划得到实施。例如,人力资源补充规划与培训规划之间、人力资源晋升规划与评估激励以及培训规划之间,都需要衔接和协调。当组织需要补充某一类员工时,培训部门如能及时得到信息并预先加以考虑,则这类员工就不必从组织外部补充。当组织需要提高员工的整体素质、实施人力资源晋升规划时,既要通过评估和激励来调动员工的积极性,又要给员工提供培训的机会,使他们提高知识、技能水平。

为了提高人力资源规划的水平,一种有效的手段就是实施动态的反馈和评估监控,对人力资源规划进行评估和监控是通过检测人力资源规划是否科学可行,以便进一步完善人力资源规划;二是为了保证人力资源规划得到有效的贯彻执行,对在执行过程中所产生的偏差或问题及时进行纠正处理,人力资源规划执行过程的监控和评估方法,一般采取目标评定法,即对人力资源规划的执行,制定明确的预期目标,再对这些目标的实现程度制定出可计量的标准,在监控和评估时,以原定目标为根据,逐项予以评价,最后对评价结果进行分析,确定人力资源规划执行所产生偏差的程度、原因,并提出调整的初步方案。

8.4.3 人力资源规划的编制

人力资源规划是一个连续的规划过程,它主要包括两个部分:基础性的人力资源规划(总规划)、业务性的人力资源行动计划。

1. 基础性的人力资源规划

基础性人力资源规划一般包括:与组织的总体规划有关的人力资源规划目标、任务的说明;有关人力资源管理的各项政策策略及其有关说明;内部人力资源的供给与需求预测,外部人力资源情况与预测;人力资源净需求等。人力资源需求可在人力资源需求预测与人力资源供给预测的基础上求得,同时还应考虑到新进员工的损耗。通常有两类人力资源净需求:第一类是按部门编制的净需求;第二类是按人力资源类别编制的净需求。前者可表明组织未来人力资源规划大致情况,后者可供后续的业务计划使用。

2.业务性人力资源计划

1)招聘计划

招聘计划包括:需要人员的类别、数目、时间;特殊人力的供应问题和处理方法;从何处招聘、如何招聘;拟定录用条件;工作地点、业务种类、工资、劳动时间、生活福利等,这是招聘计划的关键;成立招聘小组;为招聘而做广告与财务准备;制定招聘进度表;开始日期、招聘地点的选定并训练招聘人员,确定招聘准则,定出访问次数计划,做好招聘活动的预算等。

2)升迁计划

由于招聘对现有人员及士气均有一定程度的负面影响,所以升迁计划是人力资源规划中很重要的一项内容。在制订升迁计划时要分析:现有员工能否升迁;现有员工经培训后是否适合升迁;过去组织内的升迁渠道与模式、过去组织内的升迁渠道与模式评价,以及它对员工进取心、组织管理方针政策的影响。

3)人员裁减计划

人员裁减计划包括:人员裁减对象、时间、地点;经过培训是否可以避免裁减人员;帮助裁减对象寻找新工作的具体步骤与措施;裁减人员的补偿及其他有关问题。

4)员工培训计划

员工培训计划包括:所需培训新员工人数、内容、时间、方式、地点;现有员工的再次培训计划;培训费用的预算等。

5)人力资源保留计划

利用人力资源规划工作中的经验与有关资料,采取各种措施挽留人才,减少不必要的人力资源损耗。具体措施如下:改进薪酬方案;提供发展机会;减少内部摩擦;加强沟通,减轻新进人员的适应危机;改善工作条件;实行轮岗制;提供再培训机会;改进升迁方法等。

6)组织效率提高计划

组织效率提高计划包括:组织效率提高与人力资源的关系;建立组织效率指标,提供具体的努力目标;人力资源成本对组织效率提高的影响;提高组织效率的措施等。

以上计划是相互影响、相互作用的。因此,各项计划必须考虑到综合平衡的问题。

本章小结

组织在进行战略目标设定和组织结构设计之后,就需要考虑人力资源规划与设计,确保组织在实施战略目标时有合适的足够的人力保障。人力资源规划与设计工作包括人力资源需求预测、人力资源供给预测和人力资源供需平衡。从需求预测看,人力资源需求预测是对企业在未来某一特定时期内所需要的人力资源的数量、质量以及结构进行估计。人力资源需求预测方法包括定量和定性预测方法。人力资源供给预测就是指对在未来某一特定时期内能够供给企业的人力资源的数量、质量以及结构进行估计,包括企业内部供给预测和外部供给预测方法。企业人力资源供求完全平衡是一种理想化的状态,现实中即使在供求总量上达到平衡,也会在层次上、结构上存在不平衡。因此,一般寻求的是一种动态的相对平衡。

批判性思考与讨论题

1. 什么是人力资源规划？它包括哪些内容？
2. 人力资源规划具有什么意义？与人力资源管理其他职能的关系如何？
3. 人力资源规划的程序是什么？
4. 如何预测人力资源的需求和供给？
5. 预测人力资源需求和供给的方法有哪些？
6. 说明德尔菲法的操作要点及注意事项。

案例分析

信达公司的人力资源计划

信达公司是香港速递行业的领先企业，也是全球性速递公司 LDG 在香港的子公司。在香港本部，公司共有全时雇员 880 人，非全时雇员 100 人。在所有雇员中，有经理级人员 60 人，主管级人员 100 人，一线员工 300 人。公司的所有者是一个华人，管理层中的大部分人也都是华人。公司的人力资源运作包括人事及培训两部分，人事部分有职员 11 人，培训部分有职员 6 人。

目前，信达公司在官方文件递送市场上也居于领导地位。在过去的三年中，公司的利润及市场份额都保持了稳健的增长。1991—1993 年，人员流动比率是 30%。

公司董事长赖先生把信达公司的人力资源哲学阐述为："影响人的思想，将人力资源责任交给一线"。公司的人力资源行动纲领的焦点是对员工的承诺，它承诺公司要为员工创造良好的工作环境并提供培训机会。这种承诺最终将有助于形成公司在航空快运业的全球领导地位。

信达公司的企业文化非常强调团队精神，公司的人力资源计划过程就是一个团队协作的过程。这个过程涉及各个部门，高级主管和经理们也参加进来了。公司既强调全面化也强调专业化，每个经理既要是他所在领域的专家，又要了解其他部门在做什么，因此经理就能够从公司整体来考虑问题而不能只看到自己的部门。公司另一特色的文化是公司管理层的分权化和本地化，管理层对下属只给予指导而不发布指令，各国的子公司可以自行制订战略计划，这使得公司能对本地市场做出非常迅速的反应。这种做法与公司的全球化行动纲领是一致的："在一个集中化管理的网络中的专业组织，既要跟整个组织协同工作，又要保持本地化的首创精神和及时做出适合当地特点的决策。"

公司通过对新员工进行上岗培训将行动纲领传达给员工。行动纲领被印到能装进衣袋的卡片上，在上岗培训时发给员工。鉴于"满足顾客需求"在公司纲领中的重要性，公司着重于培训顾客需求驱动导向。信达公司开发了自己的顾客满意评价方法，这些方法成为所有员工共同学习和遵守的标准。

为激励员工的自我发展，所有员工参加的所有外部培训课程公司都提供 50% 的资助，即使培训内容可能与工作无关。而且，公司对员工参加培训不做任何限制。

信达公司最成功的实践之一是人力资源计划。这一计划是人力资源部门五年前开发的，它得到了总经理的全力支持。人力资源部门开发该计划的主要原因是，人力成本是公司仅次于航运成本的第二大成本项目，人力资源计划能控制支出并最大限度地促进收入增长。

信达公司的人力资源计划是一个非常综合的、互动的过程，从高级经理到主管层都参与其中，共包括三个阶段。

第一阶段，企业计划。首先，市场部根据历史因素、总部战略以及市场调查情况等提出公司的战略，并提交给由不同职能经理组成的高级管理小组，人力资源主管也是这个小组中的一员。然后，职能经理开始共同讨论企业战略对各部门职能的影响。

这种头脑风暴式的讨论结束后，紧接着就是一个持续两天的管理层会议，会议将讨论企业战略中10个左右的关键方面，这些方面是公司总部提出来的，它们都非常简短，各公司在制订自己的战略计划时都以此为指南。与会的经理要熟悉其中的每一个方面，并再次讨论这些问题对本部门运作的影响。

两天会议的一个特别之处是会议没有领导，大家轮流主持。某一方面对哪个部门影响最大，在讨论这个方面时，该部门的经理就自动来主持讨论。例如，如果主题是业务的增长——如何实现计划的收入，这个主题与市场营销关系最大，那么市场经理就会成为会议的主持者；另一个讨论主题是通过销售战略来实现业务增长，这时，主持者就是销售经理。在两天会议的整个过程中，总经理都只是作为一个参与者来提出建议。

人力资源部是两天会议的组织者。在会议开始前，总经理会跟人力资源部对会议的风格、议程进行充分讨论并给予全力支持。为提高会议的有效性，培训经理在会议开始的暑假会对会议的主持者和参加者提出几条准则。主持人的准则包括“开放”“引起讨论”；参加者的准则包括“即使你可能不是专家，也要敢于发表意见”。

这些会议的主持者并没有受过什么培训，但他们在公司会议中已经接受了大量的训练，因此在演讲技巧、组织讨论等方面都具备了相当的经验和能力。

第二阶段，一系列的专门小组会议。专门小组会议的核心成员包括总经理、人力资源主管、人事经理、培训与开发经理、财务与行政主管以及首席会计经理。各部门经理要向专门小组汇报他们部门的人力计划(包括人数、未来一年的人员结构)、培训计划、资本支出、IT设备计划等。讨论资本支出和IT设备计划的原因是，它们直接或间接地影响到人力资源和培训资源的安排。如果有的领域跟其他部门有关系，这些部门的经理也要在座。

在制订各部门的人力资源计划时，部门经理要遵守以下格式：①本部门的特殊问题，包括即将制订的战略计划对本部门有何影响。例如，如果公司战略准备涉足重物运输，航空服务部就要列出以下问题：提高公司在重物运输业务上的信誉；为员工提供手工搬运重物方面的培训；帮助员工取得重型卡车的驾照。②优先级。③预定完成时间。④责任(包括其他相关部门)。

在会上，人力资源经理、其他核心成员和业务经理一起讨论他们的计划并做出必要的修改。讨论的最终结果将制作成文件并由人力资源部存档，而共同讨论所通过的计划将成为各部门制订行动计划的基础。

第三阶段，行动计划。行动计划的内容包括：①各单位、部门的人数。②加班时间。③预计人员流动。④激励计划。⑤培训计划。如将参加人力资源部组织的内部培训的人数；将参加部门培训的人数；将参加公司外部培训项目的人数。

每个职能经理都要保留一份本部门的行动计划，总经理则掌握各部门的行动计划。职能经理对行动计划的执行负有责任，绩效评估就是以行动计划为基础，每季度和年底要对行动计划的执行情况进行审核。

整个过程大概持续半年(6—12 月),如图 8-5 所示。

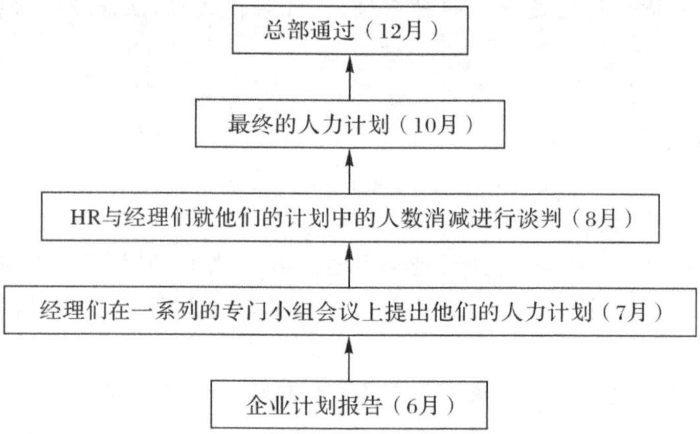
总部通过（12月）
最终的人力计划（10月）
HR与经理们就他们的计划中的人数消减进行谈判（8月）
经理们在一系列的专门小组会议上提出他们的人力计划（7月）
企业计划报告（6月）

图 8-5 信达公司的人力资源规划过程

这一人力资源计划过程的优点之一是所有部门共同参与,从高级主管到最高管理层都参与其中。为了提出一个完整的、彻底的计划,部门经理需要主管和助理经理为他们提供信息。另一个优点是经理们不只顾自己的资源和目标,所有部门都顾及共同目标,因而使其思考方式更富于战略性。他们可以更好地管理自己的资源,更好地处理公司需要与员工发展的关系,有的经理甚至与他们的助理以及别的主管共同制订人力计划。对于人力资源部,由于它较早介入战略计划阶段,人力资源计划与企业计划保持了一致性,而且,人力资源部也通过这一过程理解了一线经理面临的困难并了解了他们是如何工作的。

经过五年的运行,经理们中间已经建立起合作关系。然而,在开始的时候,来自一线经理的阻力却是非常大的。一些经理想建立自己的势力范围,不愿意人力资源部控制他们的人数。为了保证各部门提供的信息的准确性,人力资源部要反复核对。对那些不能很好地理解资源投资概念的经理,人力资源部就选做得最好的部门作为样本,把他们的人力资源计划发给这些部门做参考。其他克服阻力的方法还包括在进行职位分析时吸收别的部门的经理来讨论如何进行绩效测定。

要保证计划的成功,以下因素需特别注意:

(1)人力资源部门要有强烈的商业意识,要了解企业是如何运作的。为提高人力资源部的商业意识,人力资源主管要经常阅读市场报告和各部门的报告。为熟悉一线部门的运作,人力资源部每年组织一次所有支持部门的经理考察一线。另外,人力资源部还组织了一门内部培训课程来帮助员工熟悉不同部门的职能和运作。

(2)高级管理层的支持是关键。信达公司的人力资源经理在接受采访时说,他为有一位开明的总经理而感到幸运,总经理熟悉人力资源的职能,并全力支持一线经理也要承担人力资源管理责任的思想。为了争取各部门经理的扶持,人力资源部把他们吸收为各种人力资源活动委员会的委员;他们还通过信息通报、照片、证书等形式对经理的工作予以承认。人力资源部对职能经理为人力资源管理活动所作的贡献给予充分的肯定。结果,经理们也鼓励他们的下属参与人力资源管理。他们把这看成员工发展的一个机会。

(3)公司文化鼓励全面化而非专业化,每个人都要了解其他人在做什么。

资料来源:张德.人力资源开发与管理[M].北京:清华大学出版社,2001.

【启发思考题】

1. 信达公司制定人力资源计划的过程是怎样的?

2. 信达公司的人力资源计划过程有哪些特点? 这些特点哪些具有普遍性,哪些具有特殊性?

3. 信达公司为什么如此重视人力资源计划?

实操训练题

C公司是一家专业从事太阳能电池及其相关组件和光伏产品研发、生产的高新技术企业,由A集团于2012年10月投资建立。公司拥有大规模电池及其相关组件的生产线,其2017年的产能已经达到了380MW。C公司立足于晶硅太阳电池及其相关组件的生产,积极开拓目前世界先进的薄膜电池相关产业化技术,力争在不久将来发展成为太阳能电池行业领先的企业之一。

C公司在其人力资源配置方面的问题表现在以下几个方面:

(1)管理人员在人员数量上呈现出人力资源供求不平衡的问题。部分管理人员尤其是不少车间班组长的年龄偏大,基层管理人员知识普遍相对陈旧,学历偏低,组织能力和员工之间的协调能力等综合管理素质需要提高。

(2)专业技术人员当中,新能源专家的数量较少,攻关新产品的专业技术人员较为短缺。人力资源市场上对新能源专业的人才需求量比较大,人才竞争相对激烈。

(3)一线生产操作人员中的高级技师、技师较为缺乏,目前的技师团队并不能完全相应的指导工作。而对于占有一定数量的初级工而言,由于技能不过关、操作不当等原因所造成产品质量问题和操作过程中的安全隐患问题,给公司造成了比较大的成本浪费。

C公司在未来几年内呈现出了稳定上升的持续发展战略,在巩固自身在该行业的市场占有率的前提下,集中集团的优势资源发展生产以及扩大市场渠道。

C公司2012年成立之初至2017年间人员分布以及公司员工总人数的情况汇总如表8-7所示。

表8-7 C公司生产操作人员岗位级别分类 单位:人

年度/类别	管理人员	技术人员	生产操作人员	总数
2012	46	72	268	386
2013	54	96	452	602
2014	66	112	643	821
2015	70	156	765	991
2016	98	174	946	1218
2017	113	228	1128	1469

另外,C公司的管理人员中,有两人已到退休年龄,有4人提交了辞职申请;在技术员中,有6人具备提拔为管理人员的条件;在生产操作人员中,有7人可升任为技术人员,17人可作为后备人才,还有38人由于提升受阻、回乡发展等原因离开原有岗位。

【讨论练习】

1. 根据所学知识分析C公司目前处于怎样的人力资源环境中？其现有的人力资源状况如何？

2. 请利用趋势预测法对2018年C公司管理类、技术类及生产操作类员工人数分别进行预测。

3. 依据上述计算结果，结合企业内部人员接替情况，计算出2018年各类人员的增补计划和需要进行外部招聘的人数。

4. C公司的人力资源供需情况如何？可以采用哪些方法实现人力资源供需的相对平衡？

第9章　组织文化设计

本章的研究内容

1. 组织文化的含义、内容与结构、作用及类型

2. 组织文化相关理论：组织文化因素理论、7S管理框架、Z理论、卓越组织文化论及卓越组织文化特质理论

3. 组织文化建设的内涵、过程及内容；组织文化的形成、策划及更新

4. 组织文化管理与组织绩效

关键概念

组织文化(organizational culture)

组织文化建设(organizational culture construction)

组织文化理论(theory of organizational culture)

组织文化管理(organizational culture management)

组织绩效(organizational performance)

开篇案例

Zara是西班牙Inditex服装公司9个子品牌中最出名的旗舰品牌，堪称"时装行业中的戴尔电脑"，在世界各地56个国家内，设立了两千多家服装连锁店。Zara深受全球时尚青年的喜爱，设计师品牌的优异设计、低廉的价格让平民拥抱High Fashion。

Zara的设计师们不断地追踪顾客的偏好并向内部和外部供应商订货。他们每年大约设计11000种独特的款式，相比之下它们的主要竞争对手只有2000～4000种。该公司的生产是以小批量进行的，对新潮、最敏感的款式采用垂直统一生产。Zara公司采取"快速、少量、多款"的品牌管理模式，在与时尚保持同步的同时，通过组合开发新款式，快速地推出新产品，以实现快速设计、快速生产、快速出售、快速更新。

Zara的高层管理部门强调设计部门并非由一些艺术大师来主导，而是根据很大众化并关注适合大众市场的日常生活中的潮流变化来设计。Zara每年创造基本的产品系列主要针对秋冬季和春夏季的旺销期。Zara的设计师们出席巴黎、纽约、伦敦和米兰的商品展览会和成衣时装发布会，参考高档品牌产品目录，在每季开始前9个月就与店长一起着手进

行产品草图设计，之后设计师们选择布料和其他材料，同时确定产品系列的基本价格，作为下一步样品设计的基础。样本被加工后送至原料采购和产品推广人员手中，之后进入筛选过程。等系列产品汇集过来，原料采购人员要判断生产需要，决定某个款式需要“内包还是外包”生产，制订时间计划以保证最新的产品系列能在销售期开始就摆到店里。

Zara 在西班牙拥有 22 家工厂，其所有产品的 50% 是通过自己的工厂来完成的，但是产品究竟是由自己生产还是外包出去，这个决定是由生产计划和采购人员共同做出的。选择的标准有：产品需求的速度和市场专家的意见；成本效益原则；工厂的生产能力。Zara 自己裁剪原材料，缝制工作全部交给承包商。承包商通过与 Inditex 集团下属的公司合作，自己去收集、运输裁剪后的布料。承包商把衣服缝制好之后，再送回原来的裁剪工厂，在那里烫平并接受检查。产品最后用塑料袋包装好，贴上相应的标签，然后送到物流中心。

所有的产品都是通过拉科鲁尼亚的物流中心发送出去的，该中心有 5 层楼高，建筑面积超过 50000 平方米，运用非常成熟的自动化管理软件系统，这个系统大部分是由 Zara 或 Inditex 的员工开发出来的。中心的员工有 1200 人，每周通常运作 4 天，运送的货物数量依据需求而定。通常在订单收到后，8 小时以内就可以装船运走。Zara 的产品包括服装、鞋、箱包、围巾、珠宝和最新的护肤品和化妆品，在重要地段的高端商店以相对较低的价格出售，吸引了大量关注时尚的老顾客。大约四分之三的陈列商品每三四周更换一次，这期间的平均时间间隔也符合 Zara 顾客平均每年光顾连锁店 17 次的估算值，而竞争对手的连锁店顾客光顾次数的平均值为每年三四次。

Zara 公司独特、创新、追求效率和高度动态的企业文化使公司成员形成了较为统一的价值观和行为方式，从而形成了良好的资源整合及核心能力，获得了持续的成功。

松下幸之助曾说：“我只要走进一家公司 7 秒钟，就能感受到这家公司这个月的业绩如何。”这位日本“经营之神”用来测量一个公司成就的工具，既不是财务报表上的数字，也非挂在墙上的曲线图，而是他在瞬间捕捉到的一种气氛、一种感受、一种感染人心的力量，它就是公司的文化。

如何使组织中的员工自觉自愿、尽心尽力为企业工作，想企业之所想，急企业之所急，便是组织文化的作用。越来越多的企业开始认识到企业的成功与强有力的组织文化有着紧密的关系。20 世纪 70 年代以来，文化因素对于各种组织行为的重要影响与价值引起了人们的普遍关注和认真研究。20 世纪 80 年代以来，世界经济一体化、全球化趋势的发展，尤其是美国为了弄清楚日本“经济奇迹”背后的原因，掀起一场日美管理比较研究的热潮，从而引发了全球的组织文化热。

组织文化在组织管理中发挥着重要作用，是企业增强竞争优势的一种“软实力”。那么，组织文化的含义是什么？组织文化有哪些类型？如何创建和管理组织文化？怎样看待组织文化和组织绩效的关系？这些都是值得探讨的问题。

资料来源：于斌. 组织理论与设计[M]. 北京：清华大学出版社，2012.

9.1 组织文化概述

认为组织具有文化的想法相对于其他理论来说历史比较短。大多数组织被简单地看作是协调和控制一群人的理性工具。它们具有垂直层级结构，有多个部门，有权力关系等。但后来人们发现，组织不仅有这些，而且像人一样是具有个性的。

9.1.1 组织文化的含义

1. 组织文化

组织是按照一定的目的和形式而建构起来的社会集合体。由于每个组织都有自己特殊的环境条件和历史传统，也就形成自己独特的哲学信仰、意识形态、价值取向和行为方式，于是每一种组织也都形成自己特定的组织文化。

人类学家从多方面给文化下了上百条定义，由于不同学者的知识、经验不同，认识各异，对于文化也有不同的理解，但概括地说，至少有三种：

(1)“文化是人类能力的高度发展，即训练与经验而促成的身心的发展、锻炼与修养。”(《牛津现代辞典》)

(2)“文化是风俗习惯，特别是舆论。它的特点，一是铭刻在人们的内心；二是缓慢诞生；三是能够维持人们的法律意识。”(《社会契约记》)

(3)“文化是一系列习惯、规范和准则的总和，起着规范、导向和推动社会发展的作用。”(《辞海》)

虽然“组织文化”一词出现的时间不长，但是已经形成了很多关于组织文化的概念。例如松下幸之助认为“松下电器公司是制造人才的地方，兼而制造电器器具”。有人曾对组织文化的定义做过统计，共有 180 多种，几乎每一个管理学家和组织文化学家对于组织文化都有自己的理解。

彼得·德鲁克(Peter F. Drucker)认为，“组织文化是一系列经营原理，包括做什么与不做什么以及如何认识顾客价值观，这种价值观决定了组织的成长空间”。

威廉·大内(William Ouchi)在 1981 年提出：组织文化是基于组织成员可沟通的价值观和信仰的一套符号、利益和神话。

霍夫斯泰德(Hofstede)在 1980 年提出：组织文化是心灵的集体行动方案。

彼得斯(Peters)和沃特曼(Waterman)在 1982 年提出：组织文化是一套有支配作用的、有关联的、被分享的价值观，它是通过故事、神话、传说、标语、轶事和童话等符号手段来传递的。

罗宾斯(Robbins)在 2002 年出版的《管理学》一书中，将组织文化定义为组织成员共同的价值和信念体系。表 9－1 是他提出的组织文化的七个本质。

表 9－1 组织文化的本质

创新与冒险	组织在多大程度上鼓励员工创新和冒险
注意细节	组织在多大程度上期望员工缜密、善于分析、注意小节
结果导向	组织管理人员在多大程度上集中注意力于结果，而不是强调实现这些结果的手段与过程
人际导向	管理决策在多大程度上考虑到决策结果对组织成员的影响
团队导向	组织在多大程度上以团队而不是个人工作来组织活动
进取心	员工的进取心和竞争性如何
稳定性	组织活动中表现出的是维持现状而不是重视成长的程度

资料来源：斯蒂芬·罗宾斯，玛丽·库尔特. 管理学：第 7 版[M]. 北京：中国人民大学出版社，2004.

综上所述，组织文化是组织在长期实践中形成的被员工普遍认可和遵循的价值观念及行为方式的总和，它使组织独具特色，区别于其他组织。

2. 组织文化的基本特点

虽然组织文化有许多不同的定义，但可以看出一些共有的基本特点：

(1)组织文化是一个组织中的成员拥有的一套价值观体系。

(2)组织文化不能仅仅写在纸上，或在培训课程中讲解，而是被组织成员共同认可的。

(3)组织文化是动态的，而非静态的。

(4)组织文化需要得到员工的认同，否则就无法发挥作用。

9.1.2 组织文化的内容和结构

1. 组织文化的内容

组织文化的内容包括五个方面，即不同的组织会以这五个方面来表现其不同的文化特征。

(1)组织的最高目标和宗旨。组织的存在都是为了某种目标和追求，学校办学的宗旨是教书育人，是为社会培养有用的人才；而企业是一个经济实体，必须获取利润，但我们绝对不能把盈利作为企业的最高目标和宗旨，组织大都以社会、顾客、员工服务等作为最高目标和宗旨。

(2)共同的价值观。价值观就是人们评价事物重要性和优先次序的一套标准。组织文化中所讲的价值观是指组织中人们共同的价值观。共同的价值观是组织文化的核心和基石，它为组织全体员工提供了共同的思想意识、信仰和日常行为准则，这是组织取得成功的必要条件。共同的价值观是与组织的最高目标和宗旨配套的。

(3)作风和传统习惯。作风和传统习惯是为达到组织最高目标的价值观念服务的。组织文化本质上讲是员工在共同的工作中产生的一种共识和群体意识，这种群体意识与组织长期形成的传统作风高度相关。

(4)行为规范和规章制度。行为规范和规章制度是组织内共同遵守的规范和标准，如“按劳付酬，多劳多得”。行为规范和规章制度是组织文化中的硬件部分，在组织文化中要配合软件，使组织文化得以在组织内部贯彻。

(5)组织价值观的物质载体。如标识、环境、包装、纪念物等，这是组织文化硬件的另一部分。

2. 组织文化结构

将组织文化的内容进行分类，即可看出组织文化的结构，从而可以判定一个组织的文化是否完整、协调，也为组织文化的建设提供了参照体系。组织文化结构是组织文化各要素的地位及构成方式。关于组织文化的结构划分有多种观点，其中美国学者沙因(Schen)于 1990 年提出组织文化四层次理论，将组织文化分为表层的物质文化、浅层的行为文化、中层的制度文化和深层的精神文化四个组成部分。精神文化是组织文化的核心。

1)物质层

这是组织文化的表层部分，是形成制度层和精神层的基础。它是组织创造的组织的物质文化，是以物质形态为主要研究对象的表层文化，往往能折射出组织的经营思想、经营管理哲学、工作作风和审美意识。物质层包括组织故事、仪式和典礼。优秀的组织文化是通过重视产品的开发、服务的质量、产品的信誉和组织生产环境、生活环境、文化设施等物质现象来体现的。对于一个生产性企业而言，它主要包括产品、厂容厂貌、企业标识、文化传播网络等。

2)行为层

行为层即组织行为文化，它是组织员工在生产经营、学习娱乐中产生的活动文化，包括组织经营活动、公共关系活动、人际关系活动、文娱体育活动中产生的文化现象。组织行为文化是组织经营作风、精神风貌、人际关系的动态体现，也是组织精神、核心价值观的折射。

3)制度层

这是组织文化的里层，是组织文化的中间层次，把组织物质文化和组织精神文化有机地结合成一个整体。制度层主要是指对组织和成员的行为产生规范性、约束性影响的部分，是具有组织特色的各种规章制度、道德规范和员工行为准则的总和。它集中体现了组织文化的物质层和精神层对成员和组织行为的要求。制度层规定了组织成员在共同的生产经营活动中应当遵守的行为准则，主要包括组织领导体制、组织机构和组织管理制度三个方面。如招聘、选拔、提升和解聘的程序以及有关如何配备员工到相应的工作岗位的制度，谁将得到提升以及提升的理由，谁将被解雇以及解雇的理由等相关制度设定的标准，都将强化并证明组织文化的存在。这些制度被组织员工所充分知晓并接受，能够更好地维系当前的组织文化。

4)精神层

精神层即组织精神文化，主要是指组织的领导和成员共同信守的基本信念、价值标准、职业道德和精神风貌。精神文化是组织在长期实践中所形成的员工群体心理定式和价值取向，是组织的道德观、价值观，即组织哲学的综合体现和高度概括，反映全体员工的共同追求和共同认识。精神层是组织文化的核心和灵魂。相对于物质文化和行为文化来说，组织的精神文化是一种更深层次的文化现象，在整个组织文化系统中，它处于核心的地位。因此，组织精神文化是组织价值观的核心，是组织优良传统的结晶，是维系组织生存发展的精神支柱。

由以上分析可知，组织文化的物质层、行为层、制度层和精神层是紧密相连的，物质层是组织文化的外在表现，是行为层、制度层和精神层的基础。制度层则制约和规范着物质层及精神层的建设，没有严格的规章制度，组织文化建设也就无从谈起。精神层是形成物质层及制度层的思想基石，也是组织文化的核心和灵魂。

9.1.3 组织文化的作用

组织文化对于组织行为的影响是无形而持久的，组织文化往往在很大程度上影响组织成员的行为，甚至超过正式的权责关系、管理制度等所发挥的作用。但组织文化也存在着与组织环境适应和匹配与否的问题。因而，组织文化对组织行为与绩效可以产生积极影响，也可能产生消极的负面影响。

1. 组织文化的积极作用

1)目标导向作用

组织文化的目标导向作用是组织文化把整体及组织成员个人的价值取向及行为取向引导到与组织所确定的目标上来。组织文化的整体优势使得组织中的个体目标与整体目标相一致，成为个体目标发展的导向。组织文化的概括、精粹、富有哲理性的语言表明了组织发展的目标和方向，这些语言经过长期的教育、潜移默化，能够铭刻在广大员工心中。正如彼得斯(Peters)和沃特曼(Waterman)所说：在优秀公司里，因为有鲜明的指导性价值观念，基层的人们在大多数情况下都知道自己该做些什么。

2)凝聚功能

组织文化可以增强组织的凝聚力,这是因为组织文化有同化作用、规范作用和融合作用。这三种作用的综合效果,就是组织文化的凝聚功能。这种功能通过以下两个方面得以体现:一是目标凝聚,即通过组织目标以其突出、集中、明确和具体的形式向员工和社会公众表明组织群体行为的意义,使其成为组织全体员工努力奋斗的方向,从而形成强大的凝聚力和向心力;二是价值凝聚,即通过共同的价值观,使组织内部存在着共同的目标和利益,使之成为员工的精神支柱,从而把员工牢牢联结起来,为实现共同理想而聚合在一起。

3)激励功能

激励功能是指以组织文化作为组织的精神目标和支柱,可以激励全体成员自信自强,团结进取。组织文化强调个人自由全面发展,形成组织成员的统一意志,这种意志形成了自身的发展机制,并产生激励效应。一个组织成功与否的关键是组织成员创造性的发挥,使员工以主人翁的态度进行工作,而主人翁地位的巩固和实现又呼唤着强烈的权利感和义务感,使组织产生精神振奋、朝气蓬勃、开拓进取的良好风气,诱发每个员工的创造热情,从而形成一种激励机制和激励环境。

4)创新功能

组织文化注重开拓适当的环境,赋予全员创新动机,提高创造素质,引导创新行为,开拓独特的技术、产品和服务。

5)适应和辐射作用

组织文化指导员工如何迅速地对顾客需求或竞争对手的行动做出反应,并对社会产生一定的影响,以自己的方式作用于社会。辐射功能是指当一个企业形成较为固定的企业文化模式后,企业文化便不仅在企业内部发挥作用,它还会通过各种途径在社会上产生影响。这种影响体现在两个方面,首先是企业形象的辐射作用。具有优秀企业文化的企业,必将树立良好的企业形象,这种企业形象对该企业的生产经营带来有形和无形的效益,也能使企业的知名度和信誉度大为提高。其次是企业员工对外交往所产生的辐射作用。企业员工在对外交往过程中,包括销售人员的四处奔走、公关人员的各种应酬、企业员工在外的日常行为,这种与企业外部接触的行为表现都反映了一个企业的文化特征,会在社会上留下各种印象,从而间接地影响企业获取竞争优势的能力。

6)规范功能

在一种特定的组织文化氛围中,组织文化可以起到有效的规范作用。组织文化的规范功能主要体现在以下三个方面:组织文化能够规范、统一组织的外部形象;组织文化能够规范公司的组织制度,让员工行为规范化;组织文化可以让组织的全体员工产生一致的精神信仰,把个人和组织的发展目标进行有效的结合。

2.组织文化的消极作用

文化的相对稳固性也是组织的一种束缚,尤其当某种文化已经不再适应环境而必须加以调整的时候。实际上,几乎每一种文化观念的另一面都可能构成对组织的束缚和制约,特别是“强文化”对组织的效能存在着潜在的负面作用。

1)削弱个体的创造性

组织文化强调统一的价值观、行为方式,强调新成员服从组织文化,这不利于组织成员自身个性多样化和创新能力的发展。

2)影响组织变革

由于组织文化是组织在长期运营过程中形成的,具有历史继承性和稳定性的特点,所以组织文化一经形成,在较短的时间内不易改变。当组织处于动态变化的情况下,组织文化往往成为组织的束缚。因为根深蒂固的组织文化容易束缚组织的手脚,使组织难以应对变幻莫测的环境,对那些不符合组织发展要求的价值观念总是置若罔闻。

3)阻碍组织兼并、收购

组织文化一旦形成,便具有相对的稳定性和个性特色,这种特色使得两种不同的组织在兼并、联合、收购之后面临文化融合、文化沟通的难题,使得新的组织文化同原有的组织文化之间出现摩擦和碰撞,甚至有可能导致收购和兼并的失败。

9.1.4 组织文化的类型

组织文化可以根据不同的标准进行分类,典型的分类方式有以下几种。

1.根据组织文化的典型特征分类

(1)学院文化。具有学院文化的组织喜欢雇用许多刚刚毕业的大学生,并提供大量的培训使他们成为各部门的行家里手。可口可乐和IBM公司就拥有学院文化。

(2)俱乐部文化。此类组织重视年龄和资历,并提供稳定的、有保障的工作,同时,注意培养员工的忠诚与承诺。德尔塔航空公司和联合包裹服务就拥有俱乐部文化。

(3)棒球队文化。此类组织倾向于吸引企业家、革新者、冒险家加盟,并根据绩效提供报酬。绩效高的高级人才常能得到巨额回报,因此工作勤奋卖力。一般来说,高科技企业、投资银行、咨询公司、广告公司等组织拥有棒球队文化。

(4)堡垒文化。此类组织努力的目标是生存,因此员工工作没有保障,而且高效的员工未必获得高报酬。一般来说,石油天然气公司、大型零售企业、林业产品公司、纺织公司等组织拥有堡垒文化。

2.根据环境的需要和战略焦点分类

根据环境的需要和战略焦点,可以把组织文化分为创业文化、使命文化、家族文化和官僚文化。创业文化鼓励、提倡有助于提高组织适应环境变化与规范的信息,其特点是注重创造、创新和冒险。使命文化强调组织远景的开发,鼓励员工努力实现与远景相匹配的具体成就,如市场份额、利润增长等,并承诺提供相应的报酬。家族文化注重组织成员对工作的投入、对决策的参与,以增强员工对组织的归属感。官僚文化主张通过规章制度来约束员工的行为,强调员工各负其责,服从指挥。

3.其他分类方法

根据焦点是人员还是组织、偏爱稳定性还是灵活性以及完成组织目标的过程或方法的性质,可以把文化分成群体文化、发展文化、等级文化和理性文化等。

9.2 组织文化理论

组织文化理论产生于20世纪70年代末80年代初,它是组织管理发展的必然成果,是一门新兴的组织管理科学,它的兴起标志着组织管理科学研究进入了一个新的阶段。组织文化的概念最早在霍桑实验中就被间接提到过,那时称为工作小组文化。1970年美国波士顿大学组织行为学教授戴维斯(Davis)在其《比较管理:组织文化展望》一书中,率先提出组织文化这一概念。从此,组织文化成为组织领域研究的主流问题。

组织文化理论源于日本,研究中心却在美国。20世纪70年代末80年代初,美国作为世界头号经济强国,在石油危机的冲击下,其企业竞争能力大大削弱,劳动生产率停止增长,而日本的经济却得到长足发展,并在许多方面超过了美国,对其经济利益形成了强大的威胁,引起了美国各界的普遍关注。经过研究,美国专家学者认识到,在日本企业中不是就管理论管理,而是从企业经营哲学的高度研究企业管理,把企业视为一种文化实体来实施管理。他们把日本的经营和美国的管理现状进行了比较,做了系统的概况和总结,形成了有关组织文化理论的一系列著作,提出了独到的见解,标志着组织文化理论的形成。

9.2.1 迪尔和肯尼迪的组织文化因素理论

迪尔(Deal)和肯尼迪(Kennedy)于1981年出版了《企业文化:现代企业的精神支柱》一书,这是组织文化理论诞生的标志著作。他们认为,企业文化是由企业环境、价值观、英雄人物、习俗和仪式、文化网络五个因素所组成的,这五个因素各自的作用是不同的。迪尔和肯尼迪所指的"企业环境"是指企业"经营所处的极为广阔的社会和业务环境",包括市场、顾客、竞争者、政府、技术等状况。企业价值观指的是企业在经营过程中推崇的基本信念和奉行的目标,是为企业绝大多数成员共有的关于企业意义的终极判断,是企业文化的核心和基石。英雄人物是企业为了宣传和贯彻自己的价值系统而为企业员工树立的可以直接仿效和学习的榜样。习俗与仪式是在企业各种日常活动中经常反复出现、人人知晓而又没有明文规定的东西,他们是有形地表现出来而形式化了的并显示内聚力程度的文化因素。最后,文化网络是指企业内部以轶事、故事、机密、猜测等形式来传播消息的非正式渠道,是和正式组织机构相距甚远的隐蔽的分级联络体系。

迪尔和肯尼迪把西方组织文化分为四种类型,即强人文化、"拼命干/尽情玩"文化、攻坚文化、过程文化。四种类型取决于两种因素:一是企业经营活动的风险程度;二是企业及其雇员工作绩效的反馈程度。

9.2.2 帕斯卡尔、阿索斯和麦肯锡的7S管理框架

帕斯卡尔(Paschall)和阿索斯(Oros)在1981年合作出版了《日本管理的艺术》一书,把日本企业管理方式提高到一种艺术的高度来认识,并以此来深刻反思美国企业管理中的失误。麦肯锡管理咨询公司的丹尼尔(Daniel)将其誉为剖析美国企业管理错误的"里程碑"和企业管理思想研究的"指南针",具体内容如下:

(1)战略。战略即组织获取和分配其有限资源的行动计划。

(2)结构。结构即组织的构建方式、责权分配及组织结构图所具有的特征(如分权还是集权、重视直线人员还是职能人员)。

(3)制度。制度即信念在组织内部是如何运转的,比如是通过正式规划程序还是非正式会议等。

(4)人员。人员即组织内部重要人员的构成,如工程师、推销员、操作员等。

(5)技能。技能即主要领导人和组织本身的特长和工作能力。

(6)作风。作风即组织的高层领导者在达成目标过程中所表现出来的行为性格和组织的传统作风。

(7)共同价值观。共同价值观即组织所形成并灌输给成员的重要的根本指导思想,包括组织成员的精神、目的和价值观。

因为所述七个变量英文名称的第一个字母都是“S”,所以被称为“7S 框架”或“7S 模型”。在 7S 框架中,共同的价值观(shared values)处于中心地位,其他 6 个要素黏合成一个整体,是决定企业命运的关键性要素。战略(strategy)、结构(structure)、制度(system)是硬管理要素,技能(skill)、人员(staff)、作风(style)和共同的价值观是软管理要素。帕斯卡尔和阿索斯认为 7 个要素是相互关联而不是孤立的,他们彼此相互影响。

9.2.3 Z 理论

1980 年,美籍日裔管理学家威廉·大内出版了《Z 理论——美国企业界怎样迎接日本的挑战》一书,较全面地阐述了 Z 理论。在该书中,他把典型的美国企业管理模式称为 A(America)模式,把典型的日本企业管理模式称为 J(Japan)模式,而把美国少数几个企业,如 IBM、宝洁公司等自然发展起来的,与 J 模式具有许多相似的企业管理模式,称为 Z 模式。Z 理论,就是主张日本和美国的成功经验应相互融合。这种“Z 型文化”深刻揭示了经济与社会、管理与文化的内在联系,而且从案例分析和实际操作的角度,提出了企业文化的概念,从而为企业文化的理论发展奠定了基础。

1. Z 理论的中心议题

无论哪一种企业管理理论,都必须讨论怎样提高生产率。大内从第二次世界大战后日本企业的成功得出一个启示:使工人关心企业是提高生产率的关键。但是工人不是“单个人”,而是“社会的人”,这些人只有以最恰当的方式结合在一起,才能够工作得最有成效。

Z 理论的中心议题就是:怎样才能使每个人的努力彼此协调起来,产生最高效率?围绕这个中心议题,Z 理论的第一课是信任,即要研究出一种管理制度,使员工之间、部门之间、上下级之间保持相互信任。Z 理论的第二课是微妙性,即废除按照资格来分配工作的方法,而是根据各个员工之间微妙关系组成效率最高的搭档,或者废除工长的指挥和监督而由工人小组自己管理工艺,以便充分捕捉微妙性来提高生产率。Z 理论的第三课是亲密性,即不仅要在家庭、邻里、俱乐部和教堂里培育人与人之间的亲密性,而且要在工作单位培育这种亲密性。

正因为这样,大内才说《Z 理论》这本书“讲述的是信任、微妙性和人与人之间的亲密性。如果缺少这三点,没有哪一个社会的人能够获得成功”。

2. Z 理论的基本内容

Z 模式被认为是能够增加信任、微妙性和亲密性的管理模式。它的基本特征与 A 模式不同,而与 J 模式相似。这可以从以下七个方面来说明 Z 模式的内容。

1)雇佣制

就全日本来说,占劳动大军 25%～35%的人能在实行 J 模式的大企业和政府部门中享受终身雇佣制。A 模式强调短期雇佣制,在美国企业中,辞职和解雇是经常发生的。据统计,从事体力劳动和办公室工作的职员,在一个企业的停留期平均为两年;企业管理硕士,毕业后头十年平均换过三家公司;即使是经理级人员,停留在一个企业的平均期也只有四年。短期雇佣造成了员工的临时观点和短期行为。Z 理论提倡把美国企业的短期雇佣制转化为长期雇佣制。

2)决策制度

在J模式中，强调集体做出意见一致的决策。要做出重要决定时，所有相关人员都要参与，反复协商，直到取得真正一致的意见。用这种方法决策，需要很多的时间，但往往能做出创造性的决定，而且一旦做出决定，有关人员都会给予支持，使决策能又快又好地得到贯彻。日本企业界有一种独特的“决策观”：重要的不是决定本身，而是人们对决定负责和了解到何等程度，否则“最好的”决定也能被搞坏。这种集体决策是以共同的价值观和信念为基础的。

A模式强调个人决策。在典型的美国企业里，科长、部门经理、总经理都一致地认为他们“不能踢皮球”——他们自己应当担起做出决定的责任。用这种方法决策，很快、很干脆，但贯彻执行起来很慢。

Z理论提倡集体决策，主张让员工也参与决策。它认为，应直接向员工征求建议，而不是从一小批匿名的建议信中收集建议；不要害怕将这些建议付诸实施。在Z型组织中，决策是一个由多人参加并取得统一意见的过程。这也是在企业内部广泛传播信息及价值观的方法之一。

3)责任制

在J模式中是集体负责。在日本没有一个单独的个人对某件特殊的事情负责，而是一组员工对一组任务负有共同的责任。在A模式中是个人负责。Z理论提倡强化共同目标，使每个人能够自觉对集体做出的决定负责，从而避免紧张状态。在Z型公司里，决策可能是集体做出的，但是最终要由一个人对这个决定负责。

4)控制机制

在J模式中是以微妙、含蓄和内在的方式进行控制。这种控制方式的优点是既控制了人们对问题做出反应的方式，又取得了他们之间的协调，从而使解决问题的各种方法紧密配合在一起。在A模式中，控制方式是明确的和形式化的，失去了协作生活中的一切微妙性和复杂性。在Z模式中，既有明确的控制方法，也有含蓄的控制方法。明确的方法用于控制情况的了解和沟通，重要的决策则用含蓄的方法加以控制。Z理论极力主张在企业内部建设高度一致的文化，用自我指挥取代等级指挥，从而实现彻底内在的控制。

5)员工考核晋升制度

在J模式中，正式的评价和晋级极其缓慢。日本的考评制度最重要的是由具有同等级别的同事实施的、体现出密切关系的、微妙性和错综复杂的评估体制，对于员工而言，职业生涯仿佛一条看不到头但却明朗的康庄大道，员工也只能够被动地接受结果和时间上的等待。在A模式中，由于员工迅速流动，因此不得不采取迅速评价和升级的办法。这导致经理层歇斯底里的态度，他们认为如果三年内没有获得重大升迁就是失败，也导致每个人都只盯着那些自己能够独立做的事情，谁都不关心别人的问题，从而无法形成合作协商的工作态度。Z模式和J模式均具有被描述成“缓慢的评价与晋级”的考评体制。但是J模式这种考评，更多的不是基于员工绩效和能力的测评，而是基于对员工的综合评价和整个职业生涯的长期预期。而Z模式所具有的缓慢的评价与升级更像是对于Z型组织严格的业绩评价标准体系的严谨描述，在Z型组织中存在明确的目标管理机制和明确的职业发展通道，员工被给予定期的业绩评估报告以及个人职业发展目标的设定，对于晋级资格，Z型组织给予严格的承诺并尽量尊重个性和承认个人价值，以期达到公司和个人的双赢。在Z型组织中迎接员工的不是漫长的职业生涯等待而是基于自身能力的个人和组织的双向选择。

6)**员工培养与职业发展**

在J模式中,职业发展途径是非专业化的,是企业内部的终身工作轮换制。例如,一个电机工程师可以从线路设计调往制造部门,再调往装配部门;一个技工每隔几年便被调去照料别的机器或去另一部门工作;而所有的经理都将在本企业各部门轮流工作。其优点是能培育熟悉多种专业的通才,提高不同职能部门间的协作性。其缺点是不能或很难培养出对某一业务特别精通的专家。

在A模式中,职业发展途径是高度专业化的。其优点是把人培养成特别精通一门业务的专家,可以从甲公司转到乙公司,从一个城市转到另一个城市,而且几天以后就工作得很顺利,可以立即有所贡献,从而使得工业生产的广泛开展成为可能;适应人员高度流动的社会,企业招聘员工可节省培训新手的时间和费用。其缺点是使人的发展片面化;只关心个人与专业,不关心他人与企业;人们之间互不了解,谈不上紧密结合,更谈不上配合默契,彼此之间是"预制标准件"式的机械结合,不能适应发展新的整体目标的需要。

Z理论主张拓宽职业发展道路,有计划地实行横向职务轮换。这种轮换可提高工作的热情、效率和满意感,可以使设计、制造和销售合作得更好。在Z模式中,职业发展途径常常是从这个办公室调到那个办公室、从这个职务调到那个职务。

7)**员工关怀**

在J模式中,企业与员工、雇主与员工、员工与员工之间是一种整体关系。企业不仅向员工提供适当的工作,而且要努力使员工得到全面的发展。企业不仅关心员工8小时之内的工作,也关心员工的吃饭、住宿、学习和娱乐等问题。企业内部人与人之间通过多种纽带而相互联系,形成一种完整而全面的关系。在A模式中,人们之间的关系是一种局部关系,人们之间的相互了解仅局限于工作范围之内。在Z模式中,情况与日本公司相似,上级对下级、员工对员工的关心是广泛的。Z理论主张使整体关系得到发展,在这种局面下,非人性化是行不通的,独裁是不可能的,而公开的思想交流、信任及负责却是常态。

3. **大内模型**

威廉·大内分析了三种企业群的组织文化,即典型的美国企业、典型的日本企业、Z型美国企业。大内从7个方面对这三类企业进行了对比,如表9-2所示。典型日本企业和Z型美国企业的文化与通常的美国企业显著不同,这些差异能够解释许多日本企业和Z型美国企业在绩效上优于典型的美国企业。

表9-2 大内模型

文化价值观	典型日本企业的表述	Z型美国企业的表述	典型美国企业的表述
对员工的承诺	终身雇佣制	长期雇佣	短期雇佣
评估方法	缓慢和定性的	缓慢和定性的	快速和定量的
职业路径	宽泛	中等宽泛	狭窄
控制	含蓄和非正式	含蓄和非正式	明确和正式
决策	群体和共识	群体和共识	个体
责任	群体	个体	个体
对人的关心	全面	全面	狭窄

大内模型不仅指出了A型和J型组织的各种特点，而且分析了美国和日本各自不同的文化传统以及其典型组织分别为A型和J型，这样就明确了日本的管理经验不能简单地照搬到美国去。为此，大内提出了“Z型组织”的观念，认为美国公司借鉴日本经验就要向Z型组织转化，Z型组织既符合美国文化，又可学习日本管理方式的长处，比如“在Z型公司里，决策可能是集体做出的，但是最终要由一个单独的个人对某种特殊事情担负责任”。

9.2.4 卓越组织文化论

彼得斯和沃特曼在长期的管理咨询实践当中，总结了组织文化的理论，于1982年出版了《追求卓越》一书，提出了革新性文化理论，他们认为杰出的公司有其独特的文化品质，这些品质使它们脱颖而出。他们认为，杰出公司的标准就是不断创新的大公司。这里所谓的创新，不仅是指具有创造力以及员工研发出可以上市的新产品和新服务，也指一个公司能够不断地对周围环境应变。简言之，就是不断创新。

彼得斯和沃特曼在7S管理框架的基础上，提出了杰出公司组织文化的八大特征：注重行动、面向顾客、自治与创业、以人促产、深入基层、不离本行、精兵简政、严密与松散并存。虽然并不是每个杰出公司都有这八个特征，但是至少有其中的一个特质。

1)注重行动

彼得斯和沃特曼认为，成功的企业偏爱行动。这些企业的管理者能够在信息不完备的情况下做出决策，比其他推迟决策的企业抢先获得商机。平均而言，偏爱行动的组织文化可取得更高的绩效。在现实生活中常常是信息还没有全面收集到就做出决策。况且在许多场合，要收集全部信息几乎是不可能的。一旦做出决策后更要注重行动。

2)面向顾客

彼得斯和沃特曼认为，重视顾客的组织文化可以取得更高的绩效。顾客是当前产品信息的来源，是未来产品设想的来源，也是企业当前和未来财务绩效的来源。专注于顾客、满足顾客的需要、在必要时满足顾客特殊需求，这些都是卓越绩效的来源。卓越企业的组织文化的核心是“顾客至上”，这不仅是销售部门和市场部门的口号，而是自始至终贯穿于企业的所有活动。因此，企业一定要面向顾客，尽量满足顾客的需求，鼓励员工在为顾客服务方面做得更好。

3)自治与创业

卓越企业往往把大公司分成若干个小公司，鼓励独立性、创造性和冒险精神。这样，企业在组织内培养了大批领导者、创业家和实干家，企业成了不断涌现各种优秀人才的学校。卓越企业绝不试图把每个人都管得很死，以至于他们不能发挥创造性，对于各种有益的尝试，企业均予以鼓励。企业实际上成了激情奔放的发明家和无所畏惧的创业家的天堂，企业的持续发展成为必然的趋势。

4)以人促产

以人促产是指依靠员工提高生产力。像大内一样，彼得斯和沃特曼认为，成功的企业将组织成员视为最重要的资源，组织的目的就是让自己的成员得到成功。企业中最重要的资源是员工，企业的任务就是让员工发挥才能。因此，与员工沟通仅仅靠传达文件和开会是不够的。管理者的大部分时间应花在调动员工的积极性方面。每个员工向企业提供的不仅仅是辛劳，更多的应该是思想。

5)深入基层

深入基层是指深入基层的管理。彼得斯和沃特曼注意到,这些成功企业坚持高层管理与企业的基本业务单位保持接触。这是一种组织期望,反映了一种深刻的文化规范。管理不应当在紧闭的办公室进行管理,而应当在工厂、设计室和研发部门中时常走动。卓越企业的高层管理人员常常深入基层,掌握第一手资料,而且掌握一些必要的技能,经常与基层员工在一起工作,其他企业的高层管理者常常坐在办公室或会议室里制订计划、做决策,这些计划和决策往往脱离实际。

6)不离本行

卓越企业的另一个价值观是专心本行,它们抛弃多元化的观念,不在无关行业进行投资或经营,基本上只从事自己熟悉的行业与相关的行业。这一观点被表述为企业应当依靠自己的"核心能力",或者说应当专注于公司最擅长的业务。

7)精兵简政

彼得斯和沃特曼还发现,卓越企业的管理层级缩减到最少,雇佣的管理者也尽可能少,在其他企业中,管理者往往以管理的人数多少来展示自己的地位、威望和重要性。而在卓越企业中,管理者的地位威望和重要性由他对企业的业绩所做的贡献来决定,而不是由他管理的人数来决定。这种企业文化告诉我们,群体的业绩比群体的规模更重要。

8)严密与松散并存

宽严并济是卓越企业中最后一个价值观。在卓越企业中,组织既是严密的又是松散的。卓越企业的组织是严密的,指的是员工都能理解、认同、信仰组织文化,有一致的价值观,在这种状况下,许多工作不言而喻,遇到某类问题该如何处理大家都非常清楚。此外,组织又是松散的,主管和员工人数较少,规则和规定也较少,从而促进了创新和风险承担,能够做到快速反应。

9.2.5 柯林斯的"卓越组织文化特质理论"

吉姆·柯林斯(Jim Collins)被《财富》杂志称为当今世界上最有影响力的管理思想家。在过去20年来,柯林斯的团队通过对卓越组织管理实践的深入跟踪研究,完成了关于卓越组织文化特质的"三部曲":《基业长青》(1994)、《从优秀到卓越》(2001)、《选择成就卓越》(2011)。《基业长青》中关于利润的观点,对于许多组织对文化使命的认识有着重要影响:利润就像人体,需要有氧气、食物、水和血液一样,尽管如此,这些东西都不是生命的目的,卓越组织必须要有利润之上的追求。

组织实现从平庸到卓越的飞跃,必须要有训练有素的文化,这是《从优秀到卓越》中的观点:所有的公司都有一种文化,但是有着训练有素的文化的公司却少见。拥有训练有素的员工时,你不必在公司设置等级制度。拥有训练有素的思想时,不需要在公司设置层层科室。拥有训练有素的行为时,你不需要过多的控制。把训练有素的文化和企业家的职业道德融合在一起时,你就得到了神奇的能创造卓越业绩的炼金术。

在柯林斯的最新成果《选择成就卓越》当中,柯林斯研究了不确定的环境下什么驱使有些组织可以以十倍的速度领先于同行,这种组织被称为"十倍领先者"。研究发现,十倍领先者拥有独特的三种文化特质:高度自律、实证创新、转危为安。

9.3 组织文化构建

9.3.1 组织文化建设的内涵

组织文化建设就是指组织的领导者有意识地培育优良文化、克服不良文化的过程，这一过程也称为组织的软管理。

任何一个组织，随着其生长发展和历史的延续，总会形成一些共同的价值准测、基本信念和行为规范，形成区别于其他组织的独特的组织哲学、组织精神、道德准则和组织风气，即形成自己独特的组织文化。组织文化是组织的灵魂，它与组织共存亡。组织文化是一种客观存在，无论你是否意识到它，是否重视它，都无法改变它的存在这一客观事实。客观存在的组织文化，有优良的，也有不可取的。优良的组织文化，能够创造出和谐、上进的组织氛围，产生源源不断的动力，对组织发展起到巨大的推动作用；反之，恶劣的组织文化，会阻碍组织前进的步伐，甚至导致组织走向衰退和灭亡。优秀的组织领导者，不仅应强烈地意识到组织文化的存在，而且应该不断地提倡和发扬组织中的好传统、好精神，摒弃和消除组织中不良的观念、习惯和风气，主动地引导组织文化的运行和完善，自觉地进行组织文化的管理。

9.3.2 组织文化的形成

1. 组织文化形成的过程

组织文化的形成是一个历史过程，它不是凭空产生的，但一旦形成就很难消失。它是随着组织的诞生、创始人的倡导、组织的各种规定和活动制度化以及组织成员对于基本的、有意义的行为的共同理解，并经过甄选、高层人士倡导、社会化逐步形成和发展起来的。

1)公司创建者

在组织文化的创建过程中，组织创建者的价值观、性格特征、经营理念等对组织文化起着最主要的影响。组织创建者在创业阶段会开发并试图实施一个共同远景和商业战略，如果在随后的实践中，这些远景和战略被证明是成功的，组织成员就会在此基础上达成一致并以此来行动，这时他们也就分享了组织的知识和设想，进而组织文化就形成了。因此可以说，组织文化是组织创建者的价值观和组织成员自身经验相互作用的结果。科特(Kotter)和赫斯克特(Heskett)在《企业文化与经营绩效》中提到了组织文化产生的一般模式如图 9-1 所示。

沙因及同事曾经论证说：组织文化产生的必要条件在于企业成员能够在相当长的一段时间里保持相互间的密切联系或交往，并且该企业无论从事何种经营活动均获得了相当的成就。当他们处理所遇到的问题时，不断重复使用的解决问题的方式方法就会成为他们组织文化中的一个部分。有效使用的时间越长，它们就会越深入地渗透于组织文化之中。

2)外部环境

任何组织都是存在于一定的社会背景之下的，一种组织文化的形成是多种因素共同作用的结果。时代背景、民族传统文化，甚至组织所处的地区和所从事的行业特征都会对组织文化产生重大的影响。因此，组织创始人或者组织的领导者在创建组织文化的过程中，首先要找准文化定位。组织的技术环境、人力资源环境、金融环境、投资环境、市场需求环境等，是组织发展所依存的客观环境，直接影响着组织的短期效益和生存；政策法制、社会评价、公平竞争、社

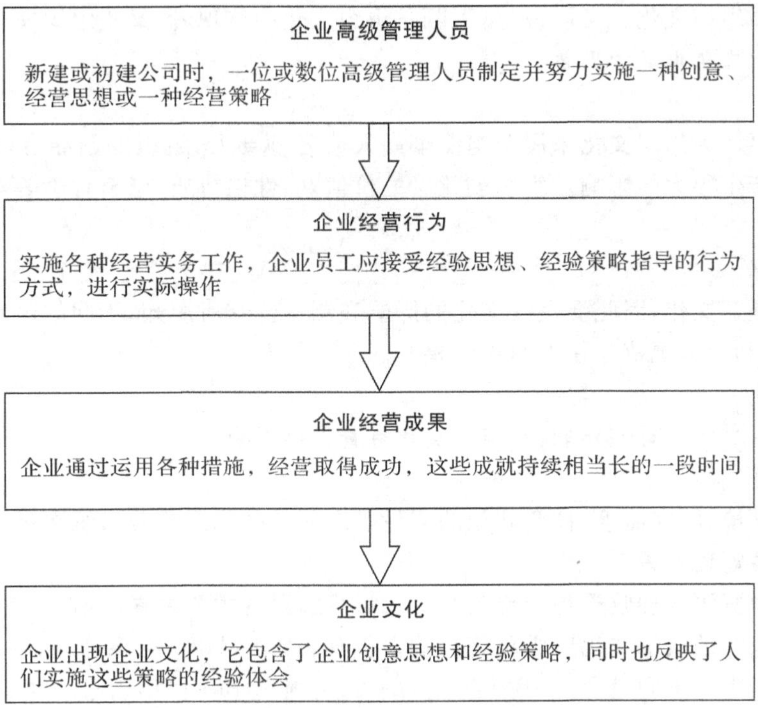

企业高级管理人员
新建或初建公司时，一位或数位高级管理人员制定并努力实施一种创意、经营思想或一种经营策略
企业经营行为
实施各种经营实务工作，企业员工应接受经验思想、经验策略指导的行为方式，进行实际操作
企业经营成果
企业通过运用各种措施，经营取得成功，这些成就持续相当长的一段时间
企业文化
企业出现企业文化，它包含了企业创意思想和经验策略，同时也反映了人们实施这些策略的经验体会

图 9-1　企业文化产生的一般模式

资料来源:科特,赫斯克特.企业文化与经营绩效[M].李晓涛,译.北京:中国人民大学出版社,2004.

会信誉等主要由人为因素控制的社会发展软环境,对组织文化发展的影响看起来较为间接,然而实际上对组织长期的经营业绩和组织的竞争力有着潜在而深刻的影响。其次要充分发挥管理人员的示范作用。成功的组织文化的形成是一个长期的过程,在此过程中,组织的创始人或者管理者的举止行为对组织文化的真正建立有着巨大的影响。在组织文化的建设中,组织的领导并不只是在办公场所挂上文化标识、写上几句警句、画上几个图腾、发放给员工企业文化手册,而是要自觉履行企业的核心价值观和理念,以自身的言行推动企业文化的根植。

2. 组织文化的发展过程

组织文化建立起来以后,要经过一系列的强化过程,逐步发展成熟。首先,要经过组织对人员的识别和挑选过程。组织总是按照自己的价值观和判断标准招聘、雇佣员工,筛掉那些可能对组织核心价值观构成威胁或者与之不协调、不融洽的人,经过多次挑选,被甄选出来符合组织要求的人员起着维系组织文化的作用。例如宝洁公司总是把具备理性思维的人挑选进来,迪士尼乐园则对员工的形象要求更多。其次,组织文化通过高层管理人员的身体力行得以灌输。高层管理人员通过自己的所作所为,把行为准则渗透到组织中去。公司倡导什么精神,鼓励什么行为,如何看待创新和失败,如何对顾客的需求变化做出反应,组织的信任程度与规章制度、监督控制的关系如何等,这些通过高层人员的管理活动,在员工接受管理的过程中不断被认同。最后,员工自身对组织文化的适应和被同化,实践和传播着组织文化。员工进入组织以后,不断改变自己原有的价值观、态度和期望,逐步了解组织的评价体系、人们的期望和价值标准,在与同事、上级和组织交往的过程中,经过不断调整自身行为的社会化过程,逐步接受组织的规章制度、行为规范,并把它内化为自己的认知评价体系和自觉行动,通过自己的社会活动实践和传播组织文化。可以说，员工既是组织文化的体现者，又是组织文化的创造者。

3. 影响组织文化形成的因素

1)创始人

沙因及同事认为组织文化来源于组织创始人或者领导人，组织的领导者(创始人)对组织文化的形成也产生很大的影响。组织创建者的价值观、性格特质、经营哲学等对组织文化起着重要作用。

2)民族文化

组织文化是亚文化，因此受民族文化的影响和制约。众所周知，不同的民族其传统的价值标准、基本信念和行为规范存在着明显的差异。

3)地区文化

不同地区的文化是有差异的，对组织文化有着直接影响。

4)产业特征

产业竞争环境、顾客需求、社会期望的假设等产业特征都影响着组织文化。

5)人力资源管理政策

有效的人力资源管理政策是影响组织文化形成强弱的主要因素。招聘、培训、绩效和薪酬体系都对外资企业的组织文化形成显著影响。例如，IBM(中国)有限公司大中华区人力资源规划经理张榕指出，"志同道合是 IBM 招人的不二法则。IBM 在招聘过程中首先要把自己的价值观讲清楚，让所有应聘者对此都有很好的理解和认同。我们在招聘时重要的是考察他的价值取向，看他是不是能够和公司文化契合"。

6)组织文化价值观的建立和传播

迪尔、肯尼迪和沙因等认为，组织价值观的正式建立对组织文化产生正面影响。书面组织价值观的建立和传播、组织领导者行为与价值观的一致性、管理方式与价值观的一致性会影响组织文化强弱。肖克利-扎拉巴克(Shockley-Zalabak)和莫立(Morley)认为，组织中个人价值观与组织强势文化之间的差距和信息传递的活动相关。塞缪尔(Saumal)也认为，组织沟通体系的质量会影响组织文化的结果和强弱。有效的沟通体系会影响组织文化价值形成的强弱。

9.3.3 组织文化建设的过程及内容

1. 组织文化建设的过程

文化涉及价值观、行为方式、精神状态等各个方面，这些要素本身都需要经过归纳总结、培训指导、逐渐领悟到逐步运用等过程。因此组织文化创建往往要经过较长的时间和一些阶段。组织文化创建的一般步骤如下。

(1)建立领导体制。领导者是组织文化的倡导者，组织文化建设的前提是领导者的高度重视。只有在领导者重视和理解组织文化建设的重大意义的基础上，组织文化建设才能获得员工的理解和配合，才能切实深入地推行下去。因此，组织首先成立组织文化建设领导小组来领导组织文化建设工作的开展。

(2)建立独立的部门，设立专门的职能。为了进行组织文化建设，应设立专门的职能部门，如组织文化和旅游部、企业文化中心等，来专门负责组织文化的建设工作。

(3)制订计划。为了组织文化建设工作的有序进行，还应拟定相应的计划，通过编制预算等工作使资源投入、进度考核和监督等都能落到实处，从而保证组织文化建设有章可循。

(4)对组织现存文化的盘点。通过深入的调查研究,对组织的过去、现在和未来各阶段、各部门以及物质层、制度层、精神层的文化表现进行深入研究和透彻分析。

(5)目标组织文化的设计。目标组织文化的设计即根据组织现状、特点和一系列科学的标准,进行组织文化的策划。

(6)实施计划。实施计划即完成组织从现存文化向目标文化的过渡。在确立了目标组织文化后,应根据计划将财务、人员配备、考核、待遇、激励和约束机制等建立起来,从而形成一整套完整的优良组织文化。

2. 组织文化建设的内容

组织文化建设的内容包括:培育具有优良取向的价值观念,塑造杰出的组织精神;坚持以人为中心,全面提高员工素质;提倡先进的管理制度和行为规范;加强礼仪建设,促进组织文化的习俗性;改善物化环境,塑造组织的良好形象。

9.3.4 组织文化的策划

组织文化的策划是指在对组织文化的认识和评价的基础上,确定适合本组织的目标组织文化。所谓目标组织文化,就是领导者正式提出并在组织全体成员中倡导的群体价值观和行为规范。

确定目标组织文化,一方面应吸取现实组织文化中的积极部分,另一方面应借鉴国内外同类先进组织文化的长处;一方面应考虑目标组织文化的可行性、现实性,另一方面应根据时代的前进和组织的发展前景,着重考虑目标组织文化对未来组织内外环境的适应性,即要求它具有一定的超前性和发展性。

由于目标组织文化在今后相当长的时期中发挥指导作用,因此它既源于现实又高于现实,概括和提出的过程应十分慎重。应该由组织的主要负责人挂帅,领导与群众结合,自上而下、自下而上的反复讨论,并做好三个方面的工作,即对组织过去经验的总结、对组织目前文化的确认和对组织未来文化的展望。

1. 科学评价组织文化的标准

确立目标组织文化,必须依据一套科学的标准来进行。具体地说,科学评价组织文化的标准应包括以下内容。

(1)民族性标准。组织文化作为一种亚文化,应该深深扎根于民族文化的土壤之中。

(2)制度性标准。制度文化是指不同的社会制度所带来的文化特征,它是宏观文化最重要的组成部分。作为亚文化,现实的组织文化是否与制度文化相一致是我们对其进行评价的另一项标准。

(3)时代性标准。组织所策划的目标组织文化应该与发展变化着的时代协调一致。具体而言,我国企业应建立与社会主义市场经济模式相一致的企业文化,即建设与社会化、国际化大生产相联系的现代企业文化。

(4)个性标准。组织所策划的目标组织文化不仅应该具有良好的民族性、制度性和时代性,更应该具有鲜明的组织个性。每个组织都有自己独特的历史传统和与众不同的内外环境,因此其组织文化应该具有个性,有个性才有吸引力和生命力。

2. 目标组织文化的个性

目标组织文化的个性一般体现在以下三个方面。

(1)行业特点。不同的行业,其生产经营活动差异很大,因此在长期的生产经营活动中形成的组织哲学、发展战略、价值观念、行为习惯也带有鲜明的行业特色。

(2)产品特点。产品是员工生产经营活动的对象,与员工关系最为密切,最易引发一系列联想。许多企业把目标企业文化与产品名牌或原料挂钩,使员工感到亲切、形象,容易理解、记忆和认同。例如,株洲硬合金一厂生产“钻石牌”硬质合金,其产品特点是“硬”,他们的企业精神——“钻石精神”是这样表达的:思想过硬,团结进取;技术过硬,精益求精;质量过硬,世界水平;服务过硬,周到热情;管理过硬,勇攀高峰。这“五个硬”,集中表达了该厂全体员工的执着追求,通过“钻石”的形象,使大家心驰神往,备感亲切。

(3)组织特点。每个组织在规模大小、技术优劣、历史长短、声誉好坏、效益高低上有很大差别,因此在生产经营活动中所遇到的问题和困难也各不相同。组织文化作为全体员工共同信守的价值观,不应面面俱到,而应抓住本组织的主要矛盾,具有鲜明的针对性。或者针对本组织的特殊困难,或者针对本组织全体员工的共同弱点,以期收到牵“牛鼻子”的效果。

9.3.5 组织文化的更新

由于组织是存在于社会系统之中的子系统,其组织文化也不是封闭凝固的体系,作为亚文化,必然要受到社会文化的制约和影响,要随着社会文化的发展而发展。另外,组织文化作为上层建筑的一部分,又随着经济基础的变化而变化。一成不变、永远适用的组织文化是不存在的,它必须随着内外环境的变化而不断进行完善和更新。

1.组织文化更新的时机

选择组织文化更新的时机,是组织领导者面临的重要决策问题。一般来说,当发生重大社会变革时、组织外部环境发生剧烈变化时、组织内部环境变化时,需要进行组织文化的更新。

(1)发生了重大的社会变革。重大的社会变革一般是全局性的、长远性的和颠覆性的,会带来社会文化的变革。

(2)组织的外部环境发生了剧烈的变化。一个组织作为一个开放的系统从属于社会大系统,组织必须适应外部环境的变化才能更好地发展。当外部环境发生变化时,组织文化必须进行相应地调整,以适应外部环境、抓住环境中的新机遇。如当一个市场由短缺走向过剩的时候,企业的文化导向就必须做出相应的调整。在环境保护得到高度重视的今天,企业的环境意识就必须进入企业的文化领域,节约型经济和循环经济就成为文化更新的重要内容。

(3)组织内部的条件发生了重大的变化。除了外部环境还要关注内部环境的变化,因为内部条件变化也会影响组织结构及目标,如企业重组、企业转产、企业发展战略发生重大转变等,这时也往往需要做出组织文化更新的决策。这种决策是否正确取决于领导者把握主客观形势的能力及其组织哲学的优势。

2.组织文化更新的步骤

组织文化的更新是一个艰难的过程,必须遵循其固有的规律。著名管理学家勒温(Lewin)提出组织变革三阶段的模型,这一模型可以借用到组织文化的更新上来。根据勒温的三步骤变革过程的描述,组织文化的更新大致需要经历以下几个阶段,即对现状文化进行“解冻”、通过变革形成新的组织文化、对新组织文化进行“再冻结”以维持其稳定和持久存在。

组织现有文化可以看作是一种平衡状态,为打破这种平衡状态,以新的组织文化来替代现有的组织文化,就要克服来自个人和群体的压力,就有必要进行解冻的过程。解冻过程中先需要进行组织文化分析，包括通过文化审核来评估现有文化，将现有文化与预测新文化进行比较，确定需要变革的主要文化要素，解冻过程可通过三种方法来实现：第一种方法是加强用于引导组织脱离现状的"动力"，例如通过表扬、宣传等正强化来鼓励接受新的组织文化；第二种方法是减弱阻碍对现状平衡状态进行变革的"遏制力"，例如采用单独谈话等方式，倾听并了解每位员工所关心和忧虑的事，通过做思想工作向他们灌输新组织文化建设的必要性和好处，以适当消除"遏制力"；第三种方法就是将前两种方法结合起来使用。

组织文化一旦变革成功，还必须对新的文化进行"再冻结"，以使其能够长久地维持下去。文化的形成、观念的改变都非一朝一夕所能完成的。旧的思想和行为习惯等往往根深蒂固，如果不对新文化进行不断地强化和巩固，那么组织可能很快又会回到原来的文化状态中去。

9.4 组织文化管理与组织绩效

9.4.1 组织文化管理

管理组织文化有三个基本要素，即强化现有的组织文化、传授组织文化、变革组织文化。

1. 强化现有的组织文化

大多数组织已经形成了较为稳定的组织文化，此时管理文化的核心问题在于如何最好地利用现有的组织文化，从而更容易、更有效果地改变组织成员的行为。为了有效地利用现有的组织文化，管理者需要深入理解组织的价值观在组织内部是如何体现的，从而能够识别这些价值观所支持的行为，并可以用组织文化价值观来评估他人的工作。随着时间的推移，层级较低的组织成员逐渐开始理解和接受组织文化，并能够很自然地在组织文化的指导下做出决策，从而不再需要直接的监督强化组织文化。常用的五种方法包括：创立者与领导者的行动、引进与文化相一致的奖励、保持工作队伍的稳定、管理文化网络、员工甄选与社会化。

(1)创立者与领导者的行动。创立者建立了组织文化，同时建立了体系与结构来支持他们的个人价值观，对组织文化的影响很大。领导者的行为是组织文化价值观的直观体现，无形中会起到一种示范作用。通常组织成员会模仿领导的工作方式，观察领导者的行为来订正自身的价值观。

(2)引进与文化相一致的奖励。奖励机制与文化价值观相一致时会加强组织文化。组织成员的某些行为或工作方式与组织文化价值观相一致并受到奖励时，会使组织成员的行为受到强化，重复这种工作方式，形成自己价值观的一部分。

(3)保持工作队伍的稳定。组织文化根植于组织成员的思想之中，组织依靠一支稳定的工作队伍来传播和加强主要的信念与价值观。组织文化在高离职率和大裁员时很可能会被瓦解，组织的记忆会随着成员的离开而淡化甚至消失。

(4)管理文化网络。组织文化的学习通过非正式交流来实现，因此一个有效的文化传播网络对于加强组织共享假设、价值观与信念是有必要的。文化网络可以通过频繁的互动机会得以支持，如组织成员可以分享故事；高层管理者应该深入文化网络，分享自己的故事，创造新的典礼和其他机会来示范共享的意义。

(5)员工甄选与社会化。通过雇佣支持组织文化价值观的员工可以强化组织文化。个人与组织良好的匹配会强化文化，也能提高组织成员的工作满意度和忠诚度，因为持有与组织文化相一致价值观的新员工会更快地适应组织。

2. 传授组织文化

组织社会化是组织成员学习和吸收组织文化并传达给他人的过程，也可以称为组织适应过程。组织文化从老一代传给新一代的成员，老一代向年青一代提供成功发挥组织作用和完成组织任务所必需的社会知识，这是一个学习与调整的过程。员工通过社会化成为组织成员，理解哪些行为在组织中是可以接受的，哪些是不可以接受的，如何表达他们的感受以及如何与他人相处。社会化是一个持续的过程，可以划分为三个阶段，即就业前社会化、碰撞和角色管理。

(1)就业前社会化。就业前社会化阶段包括踏上新工作岗位之前的了解与调整。此时的个体还未进入组织内部，属于外部人，需要借助间接信息来形成如何在组织中工作的期望。

(2)碰撞。在这一阶段中，新成员根据察觉到的现实来检测之前所形成的期望。当新成员发现就业前的期望与工作现实之间的差距时，会导致不同程度的现实打击，差距越大现实打击程度越强。新成员体验到信息超载的压力，很难迅速做出调节来适应新角色。

(3)角色管理。在这一阶段中，组织成员从新人转为内部人，从而安定下来。此时组织成员加强了与同事和上司的关系，实践新的角色行为，并采用与新职位和组织相一致的态度和价值观。通过处理各种工作与非工作的不同角色之间的冲突，组织成员形成更适合工作环境的新的社会认同。

3. 变革组织文化

如果组织文化与组织的发展不匹配甚至存在冲突，那么就需要对组织文化进行变革。原有的组织文化会在各个方面抵制变革，因为它们是组织基本的价值观，并且已经通过故事或其他符号得到了有效的传播。管理者试图改变组织文化就是在改变人们对哪些行为适当和哪些行为不适当的基本假定。在组织文化变革的过程中有以下几个重要因素

(1)符号管理。组织文化是通过故事和其他符号媒介得到理解和传播的。管理者应该尝试用支持新文化价值观的故事和符号代替过去旧的文化价值观的故事和符号。

(2)变革的困难。组织文化变革是一项长期和困难的过程。除了文化变革推行时的困难，一个重要的问题是高层管理者在不经意间恢复过去的行为模式，损害了组织文化变革的信誉，使得组织成员对变革产生不确定感，增大了变革的难度。

(3)变革的稳定性。从长期来看，成功实施文化变革的组织会发现新的价值观和原有的一样稳定、具有影响力。价值系统倾向于自我强化，一旦建立就很难改变。因此，如果组织能够成功实现文化变革，新的价值观将会保持很长时间。

9.4.2 组织文化与组织绩效

人们对企业文化感兴趣的初衷是想找出一些经营业绩良好的公司在文化方面的共性特征，即究竟哪一种组织文化有利于组织获得好的业绩。

美国一项长达四年的研究得出了下列结论，即：组织文化可能对企业的长期经济绩效具有更大影响；组织文化在决定企业未来十年的成败方面，可能是一个更重要的因素；强有力的但是抑制组织长期业绩的组织文化并不少见，而且它们很容易形成，甚至在那些充满了理智而聪明的人们的企业中，也很容易形成。

有学者在研究组织文化与组织绩效的关系时提出了三种有代表性的关于组织文化的观点，即强度观点、合身观点和适应观点。

1)**强度观点**

一些观点共同认为,强势的、发展得很好的文化,是有突出业绩的组织的一个主要特征。“强文化”一词意味着大多数经理和员工分享一套一致的价值观和做事的方法。可能有三个原因导致“强文化”与良好的业绩联系在一起:一是“强文化”常常提供战略和文化之间的良好适应,这种适应被认为是成功完成公司战略所必需的。二是“强文化”也许导致员工之间目标的协调,即大多数员工具有相同的目标,并有一些基本的原则加以遵循,文化的凝聚功能和导向功能显示出了强大的力量。三是“强文化”能够引导员工的责任心和动机,规范他们的行为。

2)**合身观点**

虽然组织文化和业绩是相关的,但是有证据表明这种关系尚不够明确。例如,“强文化”也总是比“弱文化”优越。一些研究指出,文化的类型在某种程度上比文化的力量更重要,由此产生了合身观点。这种观点认为,一种组织文化必须与组织的业务以及战略目标联系起来。也就是说,一种组织文化只有符合一个组织的特点才能提高组织的绩效。这种观点认为,由于组织的特点各不相同,因此没有一种组织文化是最佳的。

3)**适应观点**

适应观点认为,优秀的组织文化有助于企业预测、适应环境的变化。可以说,这种适应性是提高企业效绩的关键。

科特(Kotter)和赫斯凯特(Heskett)结合上述三种观点对22个行业207家公司的组织文化进行了追踪研究。结果发现:虽然部分企业支持强度观点和合身观点,但是多数企业更支持适应观点。所有持“组织文化适应观点”的企业,经济效益都比较好。

本章小结

组织是按照一定的目的和形式而建构起来的社会集合体。关于组织文化概念的表述而言,组织文化学者并未将其与企业文化做严格区分,两者在概念层面经常互换,本章通过对比国内外不同学者对组织文化的表述来定义组织文化的概念,提炼了组织文化的特点、内容和结构。组织文化在其功能方面具有积极作用和消极作用。

关于组织文化理论,本章主要介绍了迪尔和肯尼迪的组织文化因素理论,帕斯卡尔、阿索斯和麦肯锡的7S管理框架,威廉·大内的Z理论以及卓越组织文化论等。

组织文化是组织创建者的价值观和组织成员相互作用的结果。组织文化构建需要结合组织发展的需要,遵循既定的流程、内容和方法实施才能保证组织文化设计落到实处。

批判性思考与讨论题

1. 什么是组织文化?组织文化包括哪些内容?结构如何?
2. 组织文化具有哪些特性?
3. 请联系实际谈谈组织文化有哪些类型?
4. 组织文化建设的内涵是什么?
5. 结合实际谈谈如何创建和管理组织文化。
6. 什么情况下应进行组织文化的更新?

案例分析

星巴克的企业文化

星巴克咖啡公司成立于1971年，是世界领先的特种咖啡零售商、烘焙者和星巴克品牌拥有者。旗下零售产品包括30多款全球顶级的咖啡豆、手工制作的浓缩咖啡和多款咖啡冷热饮料、新鲜美味的各式糕点食品以及丰富多样的咖啡机、咖啡杯等商品。此外，公司通过与合资伙伴生产和销售瓶装星冰乐咖啡饮料、冰摇双份浓缩咖啡和冰激凌，通过营销和分销协议在零售店以外的便利场所生产和销售星巴克咖啡和奶油利口酒，并不断拓展泰舒茶、星巴克音乐光盘等新的产品和品牌。

1987年，现任董事长霍华德·舒尔茨先生收购星巴克，从此带领公司跨越了数座业务发展的里程碑。1992年6月，星巴克作为第一家专业咖啡公司成功上市，迅速推动了公司业务增长和品牌发展。目前，公司已经在北美、拉丁美洲、欧洲、中东和太平洋沿岸39个国家拥有超过1.3万多家咖啡店，拥有员工超过14.5万人。长期以来，公司一直致力于向客户提供最优质的咖啡与服务，营造独特的“星巴克体验”，让全球各地的星巴克店成为除了工作场所和生活居所之外温馨舒适的“第三生活空间”。与此同时，公司不断地通过各种体现企业社会责任的活动回馈社会、改善环境、回报合作伙伴和咖啡产区的农民。鉴于星巴克独特的企业文化和理念，公司连续多年被美国《财富》杂志评为“最受尊敬的企业”。

星巴克的产品不单是咖啡，咖啡只是一种载体。而正是通过咖啡这种载体，星巴克把一种独特的格调传送给顾客，咖啡的消费很大程度上是一种感性的文化层次上的消费，文化沟通需要的就是咖啡店所营造的环境文化能够感染顾客，并形成良好的互动体验。

星巴克是一家价值驱动型的企业，公司内有一套被广泛接受的原则。这种价值驱动型的管理形式不仅要求企业形成良好的战略愿景，同时要建立一种机制来配合、贯彻核心文化和组织的价值观，它应该是价值驱动型企业持久而有活力地发展的机制保障。这种机制包括有特色的企业文化制度、顾客至上的服务经营理念和完善的人力资源开发与管理制度等。

星巴克公司总是把员工放在首位，首席执行官舒尔茨曾说道：“我想建立的公司能给人们带来主人翁意识并能提供全面的医疗保险，最重要的是工作能给他们带来自尊。”星巴克是一家能给员工带来自尊的公司，能尊重他们所做的贡献，不管员工的教育程度和工作地点在哪里，公司坚信若把员工放在第一位，员工将为公司带来一流的顾客服务水平。

自创建之日起，星巴克就保持了一种关注员工、对员工投资、始终把员工放在首位的管理哲学理念。在这里，每一位员工都亲切地称呼彼此为“伙伴”。在美国，星巴克的员工工资里20%的部分可以八五折购买公司股票，所以员工就是公司的合伙人。合伙人不仅仅是一个称谓，而是企业文化的一种体现，意义已经延伸为我们是一家人，都是伙伴。

大家庭的感觉，体现到平常的每一件事情上，这不仅是制度的，而且是文化的，倾听、交流、关怀、尊重、帮助等，都是星巴克的文化，在星巴克很多伙伴称呼自己的店都不是说“我们店”，而是“我们家”，非常自然，还有很多员工下班之后，还喜欢待在店里，自己坐下来享受一下，读读书，或者把女朋友和家人约在店里见面。

星巴克把员工当成公司最宝贵的资产，从多个方面去关心员工的需求，包括工作上和生活上的。星巴克有一种5B文化，不仅仅是对待顾客，也是员工之间相互对待的方式。

(1)Be welcoming(使每个人获得归属感)。

(2)Be genuine(诚心诚意,接触、发现、回应)。

(3)Be knowledgeable(熟悉我们的专业,热爱你所做的,并与他人分享)。

(4)Be considerate(体贴,关心自己、周围的人及环境)。

(5)Be involved(在门市、公司及社区全心投入)。

星巴克的雇员环境很好地鼓励了各种授权、交流和合作。星巴克公司通过权力下放机制,赋予权力。未来开发一个新店,员工们团结一致,帮助公司选择地点,直至新店正式投入使用,这种方式使新店能最大限度地与当地社会融合。此外,最让星巴克的员工感到自豪的就是公司员工之间建立起的自信和相互信任的关系,这使员工保持工作热情和最积极的精神状态。

在星巴克部门的中层干部几乎全部都是从门市岗位慢慢提升上来的。星巴克的"空降兵"很少,现在的骨干就是将来要培养的主管。星巴克的想法很简单,伙伴把自己的精力贡献给企业,星巴克就要为他们提供一个发挥才干的舞台。所以,星巴克乐于耐心培养基层员工,一旦出现新的空缺职位,都是优先考虑自己的伙伴。星巴克公司内部有一套伙伴发展计划,也就是每个人的职业生涯规划。公司会与每位伙伴一起设计下阶段的目标,为了达成他的目标,公司提供帮助与训练给他。星巴克认为,对于员工,不管是在哪个岗位,关键是要不断学习和成长。

星巴克的薪酬体制推动着企业文化的建设。星巴克员工的平均薪资水平大概是行业平均薪酬的70%,而剩下的部分以奖金和福利的方式发放。

每年年末,公司如果是实现年度总体业绩目标,就会从利润中提出一部分,每位员工都可以拿到类似于利润分享的奖金;即使没有赢利或者没有实现目标,年终也会多一个月的薪酬作为奖金,它基本的含义在于:感谢伙伴们一年来的辛苦。

另外,在福利设计方面强调尊重员工的意见,并且尽可能地照顾到员工的家庭,星巴克的自选式福利,就是让员工根据自己和家庭的需要,在预算额度内自由选择享受福利的方式,这些方式包括旅游、进修、交通及子女教育的学费补助等。公司对员工家里的长辈和小孩,在不同的状况下也给予不同的补贴,如员工结婚时,公司会给他恭喜红包。

资料来源:相里六续.组织行为学[M].北京:机械工业出版社,2013.

【启发思考题】

1.星巴克公司组织文化成功的原因是什么?

2.星巴克5B文化的内涵是什么?

3.星巴克的薪酬体制是怎样与企业文化相得益彰的?

实操训练题

公司氛围决定人们之间的沟通和合作状况。舒适、健康的氛围有助于公司成员的正常发挥,而压抑、独裁的工作环境则不利于人们发挥创造性和能动性。

游戏规则和程序:

1.将学生分成5人一组。给每个小组一些纸和笔,建议每个小组的人围成一圈坐在桌子旁。

2.让他们分别列举出10个最不受人欢迎和最受人欢迎的氛围,例如放任、愤世嫉俗、独裁、轻松、平等,等等。

3. 将每个小组的答案公之于众，然后让他们解释他们选择这些答案的原因。

4. 最后大家讨论一下，什么样的公司氛围才最适合公司的发展。

【相关讨论】

1. 理想的公司氛围反映了你什么样的价值观？

2. 你与自己所属团队的意见是否相同？如果存在不同，你们是如何解决的？彼此应该怎样进行交流？

【总结】

1. 每个人理想的公司氛围一定反映了他的价值观和人生观，很难想象一个富有激情和活力的人会希望在一个机构冗杂、等级森严的公司中工作，同样大家对于一个公司的共同设想就反映了这个公司的理念与价值。

2. 在小组讨论的过程中不同的人要扮演不同的角色，有些人更多地看中公司文化信息，有些人更多地看重公司的竞争精神，最后将大家的意见综合起来，就有可能形成一个有关公司氛围的全面建议。

3. 作为一个组员来说，要尊重别人的意见，积极贡献自己的点子，讲究沟通与合作，获得整个小组的利益最大化。

参与人数：5 人一组。

时间：30 分钟。

场地：室内。

道具：纸、笔。

第 10 章　组织激励机制设计

本章的研究内容

1. 激励与激励机制的概念;激励机制设计的含义、内容、原则
2. 激励相关理论:内容型激励理论、过程型激励理论、行为改造型激励理论
3. 激励机制的应用

关键概念

激励(motivation)
激励机制(motivation mechanism)
需要层次理论(hierarchy of needs theory)
ERG 理论(ERG theory)
成就需要论(theory of achievement needs)
双因素理论(double factors theory)
期望理论(expectancy theory)
公平理论(equity theory)
目标设置理论(goal setting theory)
强化理论(reinforcement theory)
挫折理论(frustration theory)
归因理论(attribution theory)

开篇案例

F 公司是一家生产电信产品的公司。在创业初期,依靠一批志同道合的朋友,大家不怕苦不怕累,从早到晚拼命干。公司发展迅速,几年之后,员工由原来的十几人发展到几百人,业务收入由原来的每月十几万元发展到每月上千万元。企业大了,人也多了,但公司领导明显感觉到,大家的工作积极性却越来越低。

F 公司的张总一贯注重思考和学习,为此他特别到书店买了一些有关成功企业经营管理的书籍来研究。他在一本介绍松下幸之助的用人之道的书中看到这样一段话:“经营的原则自然是希望做到‘高效率、高薪资’。效率提高了,公司才可能支付高薪资。但松下先生提倡‘高

薪资、高效率'时，却不把高效率摆在第一个努力的目标，而是借着提高薪资，来提高员工的工作意愿，然后再达到高效率。”张总想，公司发展了，确实应该考虑提高员工的待遇，一方面是对老员工为公司辛勤工作的回报，另一方面是吸引高素质人才加盟公司的需要。为此，F公司重新制定了薪酬制度，大幅度提高了员工的工资，并且对办公环境进行了重新装修。

高薪的效果可谓是立竿见影，F公司很快就聚集了一大批有才华有能力的人。所有的员工都很满意，大家的工作热情很高，工作得十分卖力，公司的精神面貌也焕然一新。但是，好景不长，这种好势头不到两个月，大家又慢慢恢复到懒洋洋、慢吞吞的状态。

F公司的高工资没有换来员工工作的高效率，张总陷入两难的困惑境地，既苦恼又彷徨，那么，症结到底在哪儿呢？

古人云：“水不激不扬，人不激不奋。”案例显示，激励问题是一个复杂而又敏感的问题。在管理实践中我们经常发现，在其他企业运用得很成功的激励方案被套用到自己的企业时就很难奏效，而去年还很有成效的激励措施今年却无法达到理想的效果。管理者到底要如何进行激励才能真正调动员工的积极性？

资料来源：丁敏. 组织行为学[M]. 北京：人民邮电出版社，2010.

10.1 激励机制概述

10.1.1 激励的概念

激励就是运用某种手段，采取某种措施，激发人的动机，使其产生一股内在的行为推动力，朝所期望的目标不断努力的过程。

管理中最核心的问题是对人的激励问题。激励不是操纵、不是控制，而是对人的需要的满足，是通过满足人的需要对人的行为和积极性进行引导和调动。

10.1.2 激励机制的概念

激励机制就是在组织系统中，激励主体系统运用多种激励手段并使之规范化和相对固定化，而与激励客体相互作用、相互制约的结构、方式、关系及演变规律的总和。

10.1.3 激励机制设计的含义及其内容

所谓激励机制设计，是指组织为实现其目标，根据其成员的个人需要，制定适当的行为规范和分配制度，以实现人力资源的最优配置，达到组织利益和个人利益的一致。

激励机制设计包括以下几个方面的内容。

(1)激励机制设计的出发点是满足员工个人需要。设计各种各样的外在性奖酬形式，并设计具有激励特性的工作，从而形成一个诱导因素集合，以满足员工个人的外在性需要和内在性需要。

(2)激励机制设计的直接目的是为了调动员工的积极性。其最终目的是为了实现组织目标体系来指引个人的努力方向。

(3)激励机制设计的核心是分配制度和行为规范。分配制度将诱导因素与目标体系连接起来，即达到特定的组织目标(如绩效标准)将会得到相应的奖酬。行为规范将员工的性格、能力、素质等个性因素与组织目标体系连接起来。行为规范规定了个人以一定的行为方式(即路径)来达到一定的目标。

(4)激励机制设计的效率标准是使激励机制的运行富有效率。而决定机制运行成本的是机制运行所需的信息。信息沟通贯穿于激励机制运行的始末,特别是组织在构造诱导因素集合时对员工个人真实需要的了解。通过信息沟通,将个人需要与诱导因素连接起来。

(5)激励机制运行的最佳效果是在较低成本的条件下达到激励相容,即同时实现了员工个人目标和组织目标,使员工个人利益和组织利益达到一致。

10.1.4 激励机制设计的五个原则

建立激励机制必须要研究员工的需求,依照各种激励理论将不同的激励方法加以适当组合。只有对不同的情况区别对待,使用相应的激励手段,才能对企业团队和员工个人实施有效的激励。因此,要建立良好的人才激励机制,必须遵循物质激励与精神激励相结合原则、正激励与负激励相结合原则、长期激励与短期激励相结合原则、绩效原则、公平原则等基本原则,并且有所侧重,必须想方设法了解并满足员工多元化的个人心理需求,采取多种形式的激励手段,充分激发员工潜能,确保激励机制的合理性和实效性。

1)物质激励与精神激励相结合原则

从管理学上说,激励可分为两类:一类是物质激励,也叫薪酬激励;另一类是精神激励,又叫成长激励。物质激励与精神激励作为激励的两种不同类型,是相辅相成、缺一不可的,只强调物质激励而忽视精神激励或只强调精神激励而忽视物质激励都是片面和错误的。

强调物质激励与精神激励相结合,并不是说不需要有所侧重,物质激励与精神激励是对人们物质需要和精神需要的满足,而人们的物质需要和精神需要在层次与程度上受多种因素的制约,并随主客观条件的发展而不断有所变化。从社会角度来看,一般来说,社会经济文化发展水平比较低,人们的物质需求就会比较强烈,而在社会经济文化发展水平比较高的条件下,人们的精神需要则会占主导地位。从个人角度来看,一个人受教育的程度、所从事的工作性质及其自身的品德修养也会对需要产生很大程度的影响。所以,不论从个人发展还是从社会发展角度来看,精神激励应该逐渐占据主导地位。

所以,只有坚持物质激励和精神激励相结合的原则,才能更好地管理企业,更好地调动员工的积极性,这样企业才能够按照自己的计划顺利地发展下去。

2)正激励与负激励相结合原则

说到激励,很多人都会很自然地认为激励就是给员工加薪、升职、搞好福利等,其实,激励还包括两个方面,那就是正激励和负激励。

正激励是从正方向予以鼓励,如发放工资、奖金、津贴、福利等;负激励是从反方向予以刺激,如罚款、扣奖金、减薪等,它们是激励中不可缺少的两个方面。“小功不奖则大功不立,小过不戒则大过必生”讲的就是这个道理。在实际工作中,只有做到奖功罚过、奖优罚劣、奖勤罚懒,才能使先进受到奖励、后进受到鞭策,真正调动起人们的工作热情,形成人人争先的竞争局面。如果良莠不分、是非不明,势必造成“干多干少一个样、干与不干一个样”的不良局面,使激励无的放矢,得不到好效果。所以,只有坚持正激励与负激励相结合的方针,才会形成一种激励合力,真正发挥出激励的作用。

从另一个方面来说,正激励是主动性激励,负激励是被动性激励,就二者的作用而言,正激励是第一位的，负激励是第二位的，所以企业在激励中应该坚持以正激励为主、以负激励为辅的原则。在激励过程中，宜多采用正激励的方式，以唤起人的增力情绪，调动其积极情感。少采用负激励的方式，以减少人的减力情绪，克服其消极情感。这样才能使员工为企业创造效益。

总而言之，就要坚持正激励与负激励相结合原则。从普遍意义上来看，应该把正激励放在主导地位，而负激励作为一个补充，对员工有一个鞭策作用。

3）短期激励与长期激励相结合原则

在激励机制中，还包括两个激励：短期激励与长期激励。短期激励，能够很好地满足基本生存的需要，这直接给予员工工作的动力。长期激励，能够满足个人职业生涯发展和个人价值实现的需要，这个能够提高员工对企业的忠诚度，从而更加积极地去为企业创造更大的利益。所以，将短期激励和长期激励结合起来就可以将一个员工的潜力充分激发出来，这样对企业就越有利。

例如，在员工超额完成目标的前提下，民营企业出资人或董事会既要考虑给予提高基本薪金和年度奖金的短期激励，有条件的企业同时也可考虑给予股票期权、建立企业年金制度等完善员工保障机制的长期激励，可以增强员工的责任感和荣誉感，树立同企业荣辱与共的意识。

另外，企业的高层是企业的核心，有着举足轻重的作用。为了保持高级经理人员的稳定，激励他们不断地为股东赚取重大的价值，企业可利用激励性薪酬，给高级经理人员带来可能的高效益，分享股东的一部分剩余股权是行之有效的办法。从经理人角度，如果他们的薪酬只是基本工资和对已完成业绩的年度奖励，势必导致只追求短期的利益，若要使他们为企业的长远发展考虑，就必须有相应的长效激励手段。

所以，企业要把企业员工特别是高级管理人员和骨干人员的利益与企业的长期利益捆绑在一起，吸引并留住高层次人才，避免出现只追求短期行为、"养懒汉"等问题。所以必须考虑结合自身特点有选择地引入长期激励机制，将短期激励和长期激励有机结合起来。

4）绩效原则

现代企业，越来越重视绩效考核，没有考核机制的企业其效益一定提高不起来，虽然能够生存，但也只是在"吃老本"，发展的机会不大甚至会面临倒闭。

激励本来就是与绩效连在一起的，他们是相辅相成的关系。所以，对员工激励时企业还要考虑绩效原则，即对员工的激励水平要与企业绩效挂钩，他们的报酬要与自己的业绩挂钩。

如果把激励与绩效联系起来，即依据绩效考核的结果做出与激励有关的决策，那么，必须保证绩效考核的客观性和准确性。这里有必要阐述一下绩效管理和绩效考核的联系。应该注意的是，绩效考核不是孤立的考核工作，它是绩效管理的一个不可或缺的组成部分，尽管很重要，但不是绩效管理的全部。绩效考核是依据既定的标准，通过一套正式的结构化的制度和系统的方法，用来衡量、评价员工对职务所规定职责的履行程度，即用来确定员工工作成绩的一种管理方法。绩效管理是通过一套系统的管理活动和过程，达到组织和个人对目标以及如何完成目标的共识、形成利益与责任共同体，共同推动个人和组织努力创造更高业绩的程序方法。其实质是通过持续不断的动态沟通，将个别员工的绩效与组织绩效相结合，最终提高整个组织的绩效，实现部门或企业的目标。

绩效管理本身是一个循环系统，通过循环过程不断改进绩效，达到全面提升执行力，驱动组织发展的目的。绩效考核重视的是结果,绩效管理重视的是过程。绩效考核成功与否,很大程度上取决于与评估相关联的整个绩效管理过程。所以,激励的绩效原则是否能得到更好的体现,要看企业实施绩效管理是否成功。

5)**公平原则**

当组织中出现照顾个人情面、徇私舞弊、拉帮结派较多时,就会产生不公平感。组织只有消除这些不合理的现象,建立赏罚分明的制度,才能让广大员工真正感到公平。

企业员工对激励的公平感,也就是对激励的实施是否公正的认识与判断,是设计激励机制和进行激励管理时首先需要考虑的因素。激励的公平性可以分为两个层次:一是外部公平性,即与同行业内其他企业的激励水平相比较,企业所提供的激励必须是有吸引力的,这样才可以吸引优秀的求职者,同时留住优秀的员工;二是内部公平性,即公司内的多数员工应该认同,自己的激励水平与公司内其他员工相比是公平的。如果不公正,当奖不奖,当罚不罚,不仅达不到预期的效果,反而会影响员工的积极性。

所以,在企业激励机制制定的过程中,要在管理方面采取各种措施力争做到公平,必须坚持客观、公正、民主和科学,使员工产生公平感,从而调动工作积极性。

10.2 内容型激励理论

10.2.1 需要层次理论

1. 需要层次理论的主要内容

美国心理学家亚伯拉罕·马斯洛(Abraham Harold Maslow)在1943年出版的《人类激励理论》一书中,首次提出了"需要层次理论"。马斯洛认为,人类需要可以大致分为生理需要、安全需要、交往需要、尊重需要和自我实现的需要等,它们是由低级到高级逐级形成和发展的,如图10-1所示。

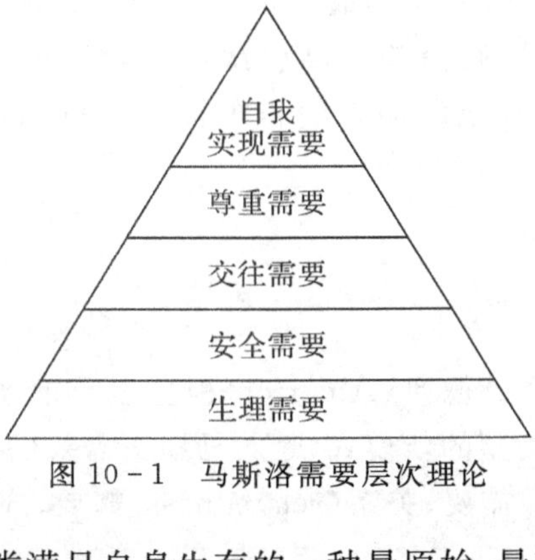

图10-1 马斯洛需要层次理论

(1)生理需要。这是指人类满足自身生存的一种最原始、最基本的需要。主要指人们需要获得衣、食、住、行、性、休息、健康等方面的基本满足。只有当生理需要得到基本满足,其他的需要才能成为激励的因素,人们才会把需要的目标指向更高一级。

(2)安全需要。当一个人的生理需要得到满足后,就对自身安全,如劳动安全、职业安全、环境安全、生命安全、财产安全和心理安全等方面有了需要。而当这种需要一旦满足后,就不再成为激励因素了。

(3)交往需要。交往需要也称归属与爱的需要,或社会需要。当基本生理需要和安全需要有了一定保障之后,人们便产生更高一层的社会心理需求,即要进行社会交往,与朋友保持友谊,与家人享受天伦之乐,并被一些团体所接纳和认可。梅奥等人进行的霍桑实验有力地支持了这种观点。说明管理者要把人看作具有社会心理需求的人,而不仅仅是一种谋求物质利益的"经济人"。

(4)尊重需要。一个人在前述三种需要获得满足之后,就会进一步产生尊重的需要。尊重需要是个人获得他人的承认、信赖、尊敬而产生的一种自信、自立、自重、自爱的思想感情。其一般表现为尊重自己,不向别人卑躬屈膝,也不允许别人歧视、侮辱自己,并且希望得到领导者和社会的重视、同事的信赖和高度的评价等。

(5)自我实现的需要。这是人的一种最高的需求。人们会在上述需求满足的情况下产生实现自己的理想,成就一番事业的要求。这种需求与人的价值观和文化素养有极大关系。

2. 需要层次理论的基本观点

(1)五种需要像阶梯一样从低到高,按层次逐级递升,但这种次序不是完全固定的,可以变化,也有种种例外情况。

(2)一般来说,某一层次的需要相对满足了就会向高一层次发展,追求更高层次的需要就成为驱使行为的动力。相应的,获得基本满足的需要就不再是一股激励力量。

(3)五种需要可以分为高低两级,其中生理上的需要、安全上的需要和感情上的需要都属于低级的需要,这些需要通过外部条件就可以满足;而尊重的需要和自我实现的需要是高级需要,它们是通过内部因素才能满足的,而且一个人对尊重和自我实现的需要是无止境的。

(4)同一时期,一个人可能有几种需要,但每一时期总有一种需要占支配地位,对行为起决定作用。任何一种需要都不会因为更高层次需要的发展而消失。各层次的需要相互依赖和重叠,高层次的需要发展后,低层次的需要仍然存在,只是对行为影响的程度大大减小。

需要层次理论给管理者带来的启示:了解员工需要间的差异,掌握员工的需要层次。针对不同员工的不同需要,采取不同的激励方法和强化手段。把握员工的优势需要,诱导员工的高层次需要。只有优势需要才能成为推动人的行为的优势动机。因此,组织应根据员工的优势需要,采取有效的激励措施。高层次需要对人的行为有着持久的激发力,准确诱导人的高层次需要,可以有效地调动人的积极性。坚持同步激励原则,即将物质激励和精神激励结合进行。

10.2.2 ERG 理论

1. ERG 理论的基本内容

ERG 理论是耶鲁大学教授奥德弗(Alderfer)根据已有的实验和研究,于 1969 年提出来的,它系统地阐述了一个需要类型的新模式,是对马斯洛需要层次理论的修正。他认为人有三种核心需要,即生存(existence)需要、关系(relatedness)需要、成长(growth)需要,因此被称为"ERG"理论。

(1)生存需要。生存需要指的是全部的生理需要和物质需要,如吃、住、睡等。组织中的报酬,以及对工作环境和条件的基本要求等,也可以包括在生存需要中。这一类需要大体上对应马斯洛需要层次理论中的生理需要和安全需要。

(2)关系需要。关系需要是指人与人之间的相互关系、联系(或称之为社会关系)的需要。这一类需要类似马斯洛需要层次理论中社交需要和尊重需要的外在部分。

(3)成长需要。成长需要是指个体力图在工作中做出创新和有效的业绩,从而为个人成长寻求机会,是个人发展的内部需要。这一类需要类似马斯洛需要层次理论中尊重需要的内在部分和自我实现需要。

2. ERG 理论的主要观点

(1)各个层次的需要被满足程度越低,越为人们所渴望。

(2)对低层次需要的满足程度越高,对高层次需要(即期望强度)的期望也越高。

(3)对高层次需要的满足程度越低,对低层次需要的期望就会越高。

ERG 理论认为,生存需要、关系需要与成长需要共处于同一连续体,其中生存需要最具体,而成长需要则最抽象,当较抽象的需要未被满足时,人们就会转而寻求较具体需要的满足。

ERG 理论是一种较新的需要理论,它对马斯洛需要层次理论进行了有益的补充和修正。ERG 理论不仅提供了三个现实的需要分类,同时还明确了需要的三个过程成分,即需要满足、期望强度和需要受挫,这就为理解个人行为动因层次提供了更为完整的理论框架。

由于 ERG 理论提出个体处于满足自身需要的激励状态,这就为管理者在具体应用中提供了一个重要视角,当下属的成长需要因工作关系或资源匮乏而遭受挫折时,管理者该怎么办?答案就是管理者应该修正员工的行为,使之转向满足相互关系或生存需要。因此,尽管对 ERG 理论还缺乏充分的研究予以验证,但当代大多数理论家认为它提供了更为实用的激励方法。

10.2.3 成就需要理论

1. 成就需要理论的基本内容

美国心理学家麦克里兰(McClelland)从另外一个角度提出了成就需要理论。他认为,在人的生存需要得到满足的情况下,人最主要的需要有三种,即权力需要、合群需要和成就需要。其中,成就需要是麦克里兰成就需要理论的核心。他把成就需要定义为追求卓越、实现目标、争取成功的内驱力。

(1)权力需要。权力需要是影响和控制他人的欲望,具有较高权力需要的人对影响和控制别人具有很大的兴趣。

(2)合群需要。合群需要是指建立友谊和和谐的人际关系的欲望。合群需要较高的人努力寻求友爱,喜欢合作性的而非竞争性的环境,渴望有较高的相互理解的关系。

(3)成就需要。成就需要是追求卓越、实现目标的内驱力。具有较高成就需要的人对成功有强烈的要求,并乐于接受具有挑战性的工作。

2. 具有高成就需要者的特点

麦克里兰通过对成就需要的研究,发现高成就需要者具有以下特点。

(1)具有高成就需要者更喜欢具有个人责任、能够获得工作反馈和适度的冒险性环境。当具备了这些特征,高成就需要者的激励水平就会很高。

(2)高成就需要者不一定就是一个优秀的管理者,尤其是在一个大组织中。原因是高成就需要者感兴趣的是他们个人如何做好工作,而不是如何影响其他人做好工作。

(3)合群需要和权力需要与管理者的成功有密切关系,最优秀的管理者有高权力需要和低合群需要。有权力的职位可能会成为高权力动机的刺激因素。

最后，已经有成功的办法可以训练员工激发自己的成就需要。培训者指导个人根据成就、胜利和成功来思考问题；然后帮助员工通过寻求具有个人责任、反馈和适度冒险性的环境，并以高成就需要者的方式行动。所以，如果工作需要高成就需要者，管理者可以选拔有高成就需要的人，也可以通过成就培训来开发现有的下属员工。

10.2.4 双因素理论

美国心理学家赫茨伯格（Herzberg）于1959年在《工作激励》一书中提出双因素理论的基本观点，又于1968年在《哈佛商业评论》上对此做了进一步的分析。根据双因素理论的内容，也可以将其称为激励因素-保健因素理论。

赫茨伯格和同事通过采用“关键事件法”对美国匹兹堡地区9个企业中的203名会计师和工程师进行了调查访问，提出了“什么时候你对工作特别满意”“什么时候你对工作特别不满意”“什么原因使你对工作产生满意与不满意”等问题。从调查所获得的大量资料分析发现，工作中能使员工觉得满意和使员工觉得不满意的因素是截然不同的。因此，赫茨伯格认为根据人类两种不同类型的需要，能激发人的动机的因素有两个：一个是激励因素，另一个是保健因素。

1. 激励因素

激励因素是指那些能激发员工的积极性和热情，但不会影响其满意感的因素。这是赫茨伯格通过对1753个实际案例进行分析总结所得的。这些因素如果得到改善，员工的工作热情和积极性会提高，从而提高工作效率；如果这些因素没有处理好或缺乏，对员工的不满意度影响并不大。这些因素包括：工作成就、工作成绩得到认可和赞赏、工作自身的挑战性、工作职务的责任感、个人的价值实现、个人的成长等。

2. 保健因素

通过对1844个实际案例进行分析，赫茨伯格认为，保健因素是指那些能消除员工的不满意，维持原有的表现，但不能激发、调动其积极性的因素，又称为维持因素。这些因素的存在，能使员工保持原来的工作热情，但这些因素一旦失去，就会使员工感到不满意，从而降低他们的工作热情和积极性，因此是不可忽视的因素。保健因素是保证组织中员工正常工作的前提条件。这些因素包括：公司的政策和行政管理、监督、与主管的关系、工作条件、薪金、同事关系、个人生活、与上属的关系、地位、安全保障等。

双因素理论对传统观点“满意-不满意”进行了修正。传统观点认为，满意的对立面是不满意，既能提高员工的积极性和热情的因素，也能降低员工的积极性。如果这些因素存在并得到改善，就能提高员工的积极性；如果缺乏，就会降低他们的积极性。赫茨伯格通过对双因素理论的研究，认为这种观点是错误的，应予以修正，并提出一个重要观点，即员工的不满意与满意是不同性质的内容。有的事物当它不存在时或没得到改善时，会引起员工对工作的不满意；但当它存在时，不会引起员工对工作的满意，而是没有不满意；有的事物缺乏或没处理好时，员工对工作不是不满意，而是没有满意，但当它存在时，可以使员工对工作感到满意。总而言之，消除工作中的满意因素并不必然带来工作满意。因此，赫茨伯格认为不满意的对立面是没有不满意，而满意的对立面则是没有满意。

10.3 过程型激励理论

所谓过程型激励理论是指着重研究如何由需要引起动机、由动机引起行为、由行为导向目标的心理行为过程的理论。它的主要任务是找出对行为起决定作用的某些关键因素，弄清它们之间的相互关系，以预测和控制人的行为。过程型激励理论主要包括期望理论、公平理论和目标设置理论等三大激励理论。

10.3.1 期望理论

1. 期望理论及其基本观点

期望理论是心理学家维克多·弗罗姆(Victor H. Vroom)于1964年在《工作与激励》一书中提出的。期望理论认为，人们之所以采取某种行为，是因为他觉得这种行为可以有把握地达到某种结果，并且这种结果对他有足够的价值。换言之，动机激励水平取决于人们认为在多大程度上可以达到预计的结果，以及人们判断自己的努力对于个人需要的满足是否有意义。

期望理论的基本观点是，人们只有在预期其行为有助于达到某种目标的情况下，才会被充分地激发内在的力量，从而产生真正的行为。这种激发力量的大小等于该目标对人的价值(效价)与人对能达到该目标的主观估计(期望值)的乘积，即

激励力(工作动力)＝效价(工作态度)×期望值(工作信心)

$$M=V\times E$$

其中，M(motivation)指人所受激发的程度；V(valence)指个人对自己所要采取的行动将会达到某一成果或目标的偏爱程度，是个体对这一成果或目标的有用性的主观估计；E(expectancy)指某一特定行为将会导致预期成果(或目标)的概率，即个人根据自己的经验对自己所采取行为将会导致某种预期成果的可能性的主观估计。

因此，这种期望理论又被称作“概率-价值理论”或“可能性-重要性理论”。需要再次强调的是，这里所谓的效价和期望值，都是主观、预期地反映了员工个人心目中的感觉。

2. 期望理论对激励实践的启示

(1)要正确认识目标的价值。目标在激励中实际起作用的价值不是管理者心目中的价值，也不是激励目标的客观价值，而是行为主体的主观感受价值。因此，不要只从管理者的角度认定或根据客观指标以及某种社会上的一般看法与标准来确定目标价值，而要从激励对象的角度来考虑问题。

(2)要重视目标难度设计。期望概率，特别是主观概率的引入不仅很好地解释了一些曾经难以理解的现象，更主要的是丰富了激励手段。它告诉我们，不仅设置目标能起到激励作用，设置好目标的难度也能起到激励作用，而这并不需要更多的资金投入。

(3)要注意目标价值与期望概率两个激励因素的配合使用。目标价值与期望概率的巧妙配合可以产生乘积效应。

10.3.2 公平理论

公平理论又称社会比较理论，是由美国学者亚当斯(Adams)在综合有关分配的公平概念和认知失调的基础上，于20世纪60年代提出的一种激励理论。该理论侧重于研究工资报酬

分配的合理性、公平性及其对职工生产积极性的影响。

1. 公平理论的基本思想

该理论认为，对自己的报酬的知觉和比较的认知失调，导致当事人的心理失衡，即不公平感和心理紧张。为减轻或消除这种紧张，当事人会采取某种行动以恢复心理平衡。如果报酬公平，当事人就会获得满足感，从而激励当事人的行为。

公平理论的基本思想是：员工对自己是否受到公平合理的对待是十分敏感的，他们有时关心的不是自己所获得的报酬的绝对值，而是与别人以及历史进行比较后的相对值。报酬过高或过低，都会使职工心理上紧张不安。公平感会直接影响员工的工作动机和行为。因此，从某种意义上讲，动机的激发过程实际上是人与人进行比较，做出公平与否的判断，并据此指导行为的过程。报酬过高时，实行计时工资制的员工会以提高产量、改进质量来消除自身的不公平感，实行计件工资制的员工则会将产量降低、把质量搞得好一些；报酬过低时，计时制员工就同时用降低产量和质量的办法来消除不公平感，而计件制员工则以降低质量、增加产量的办法来维持收入。

2. 不公平感产生的原因

员工的公平感是一个相当复杂的问题，这主要由下面几个原因引起：①公平与否与员工个人的主观判断有关。无论是自己的或他人的投入和报酬都是个人感觉、个人判断。研究发现多数情况下人们总是对自己的投入估计过高，对自己的所得报酬估计过低，对别人的投入估计过低，对别人所得报酬估计过高。②公平与否与员工个人所持的公平标准有关。研究发现不同的人会有不同的公平标准，不可能存在大家一致认可的标准。③公平与否与绩效的评定有关。如何评定绩效？是以工作成果的数量和质量，还是按工作中的努力程度和付出的劳动量？是按工作的复杂、困难程度，还是按工作能力、技能、资历和学历？不同的评定办法肯定会得到不同的结果。④公平与否与评定人有关。绩效由谁来评定，是领导者评定、群众评定还是自我评定，不同的评定人会得出不同的结果。由于同一组织内往往不是由同一个人评定，因此会出现松紧不一、回避矛盾、姑息迁就、抱有成见等现象。

在组织管理中应用公平理论时，要注意以下几个方面：

(1)要明确意识到员工关注的不仅有报酬的绝对值还有报酬的相对值，一定要重视了解员工的公平感，并认真分析其原因。

(2)要注意教育和引导员工。尽量避免低估他人的投入与贡献，高估自己的投入与贡献。

(3)“战略为主，平衡为辅”，加强对员工的教育。在一个组织中，由于操作中的因素和人们的认知差异，做到绝对的公平是不可能的。

(4)建立严格的规章制度，实行量化管理，用明确、客观、易于核实的标准来度量。尽量做到标准公开、程序公开、结果公开。

10.3.3 目标设置理论

目标设置理论是由美国心理学家洛克(Locke)在 1967 年提出的。他认为，人的任何行为都是受某种目标的驱使，因此，可以通过给员工设定合适的目标来激励员工。洛克提出的目标设置理论有几个基本概念：①目标难度，即目标的挑战性和达到目标所需的努力程度。洛克认为，有难度而又可实现的目标是最有效的。②目标具体性，即目标的清晰度和准确度，越具体的目标越是有效。③员工对目标的接受度，即员工接受目标的程度。④员工对目标的承诺，即员工对达到目标的兴趣和责任感。目标设置理论模式中，目标难度、目标具体性、员工对目标的接受度和员工对目标的承诺这四个因素共同决定了员工朝着目标的努力程度；而员工朝着目标的努力加上组织的支持以及个人能力与特点共同影响着员工的工作绩效；组织根据绩效给员工相应的内在和外在奖励，从而最终决定着员工的满意度。

目标设置理论认为：有目标比没有目标好；具体的、可操作的、分阶段性的目标比空泛的、号召性的目标好；有一定难度的目标比随手可得的目标好；能被员工接受的目标比不能被接受的目标好。

目标设置理论在组织管理中的应用主要是通过目标管理来实现的，其要点是：

(1)管理者一定要善于给员工设定目标。目标要有一定的难度，这样可使员工完成任务后有一定的成就感；另一方面，目标又是可以经过努力实现的，不能太难。组织高层管理人员根据组织的战略和总体需要以及各部门的情况，给中层管理人员下达需要达到的工作目标，然后与各部门主管共同商定更具体的目标，并了解达到这一目标的困难和需要，提出克服这些困难的办法和支持。

(2)给员工定目标一定要有具体的数字指标，并落实到具体的个人。组织应当对员工的工作目标、所负责的工作区域界线等都有明确具体的规定，指标能用数字表示一律用数字来表示。

(3)给员工及时的工作绩效考核和反馈。这是指不断地对员工的工作进行阶段性的考核，从而向员工指出其接近目标的程度，使他们能不断了解工作进展，掌握工作进度，及时进行自我行为监督和行为调整，以便如期完成目标。

(4)建立个人目标和组织目标之间的关系。目标管理过程实际上是组织目标在整个组织内分解传达，通过合理的目标设置过程，最后变成每一个员工的工作目标。因此，目标管理有助于目标设置理论在组织内系统地施行。要使目标的设置能真正对员工起激励作用，管理者应该考虑组织目标的实现对员工个人目标实现的意义，要善于建立二者之间的正相关关系。这样，员工在努力实现组织目标的过程中，就会不断看到实现自身目标的希望，因此会更加有积极性。

10.4 行为改造型激励理论

上面所介绍的激励理论中，内容型激励理论侧重于对激励内容，即需要和动机对激励作用的研究；过程型激励理论侧重于研究“需要→动机→行为→目标”的激励过程。而行为改造型激励理论则侧重于研究改造和转化人的行为的方式，以及利用行为的结果来激励员工。行为改造型激励理论包括强化理论、归因理论及挫折理论等。

10.4.1 强化理论

美国心理学家斯金纳(Skinner)于1953年提出强化理论。该理论主要研究个体的前一次行为结果对后面行为选择的作用。

斯金纳认为，在不同情境下，个体前一次行为的结果会影响到后一次行为的选择。他认为，人们会重复那些给自己带来有利结果的行为，而对于不能带来利益，甚至带来危害结果的行为，则会终止或使其消退。强化是指通过环境的改变来增强、消退和终止个体的某种行为的过程。在组织管理中,运用强化改造和转化行为的有四种类型:正强化、负强化、惩罚、自然消退。

1. **正强化**

正强化是提供有利的结果,鼓励个体重复某个行为。在组织中,管理者可以对员工某一有利于组织目标实现的行为给予表扬、奖励、认可、晋升等鼓励,使员工在类似的情况下重复这种行为。比如,一名员工认识到当他提出有建设性的建议,并被采用,最终取得效果时,上司会给予肯定和奖励。员工的需要得到满足,行为也得到强化,在以后的工作中会更注重总结经验,找出问题,提出新的点子。

2. **负强化**

负强化是指预先告知某种不良行为或绩效可能引起不利结果,使员工按所要求的方式行事来避免发生不愉快的事情。组织的规章制度中对不良行为或绩效所导致的不利结果(降职、处分、扣薪、解雇)的规定,就是要让员工按要求行事,以免不利于组织实现目标的行为出现。

3. **惩罚**

惩罚是指当个体出现不利于组织实现目标的行为时,组织采取强制性、威胁性的方式来阻止一定行为的出现。惩罚与负强化不同,它是为了阻止人们的某一种行为;负强化与正强化的目的是一样的,鼓励人们重复对组织有利的行为。惩罚在管理中有一定的作用,但不要随便运用它,要明白惩罚不是管理的目的。因为惩罚是用来阻止不合要求的行为的出现,但不能直接鼓励其他良好的行为。例如,当一名员工经常迟到使工作绩效下滑时,管理者采用减薪、批评、处分等方式来阻止他的这种不良行为。由于惩罚的局限性,组织在运用它时,要疏导员工该怎么做,在出现符合要求的行为时,应及时给予正强化。负强化其实就是对惩罚的预防。

4. **自然消退**

自然消退是指对已发生的行为不予理睬,不提供任何形式的强化,使该行为逐渐消失。例如,一名员工高质量完成任务后,管理者不给予任何的表示,既没有精神的鼓励,也没有物质的奖励,逐渐地员工高质量完成工作的行为会因没结果而消失。

强化理论说明,管理者应该把符合期望的结果(如加薪或晋升)与他们想鼓励的行为联系起来。管理者还应该努力减少与他们期望员工体现的积极行为相联系的消极结果。例如,提供托儿所服务可以使更多女性愿意接受需要经常出差和日程不可预测的岗位。

10.4.2 归因理论

归因理论侧重于研究个人用以解释其行为失败与成功原因的认知过程。一般认为,海德(Heider)是归因论的创始人,而心理学家韦纳(Weiner)提出的成功和失败的归因模型具有较高的实际意义。以下主要介绍韦纳的归因理论。

所谓归因,就是利用有关的信息资料对人的行为进行分析,从而推论其原因的过程。行为的原因可以分为内因和外因,也可以分为稳因和非稳因。

(1)内因,即内在原因,是指导致行为或事件的行为者本身可以控制的因素,包括行为者的人格、品质、情绪、心境、能力、需要和努力程度等。

(2)外因,即外在原因,是指导致行为或事件的外部因素,包括行为者所处的各种环境和机遇,所从事工作的特点和难度,工作与人的相互作用,他人对行为者的强制或约束、激励的作用等。

(3)稳因,即稳定原因,是指导致行为或事件的相对不容易变化的因素,如行为者的能力、人格、品质、工作难度、职业要求、法律、制度和规范等。

(4)非稳因,即非稳定原因,如行为者的情绪、努力程度、机遇、多变的环境等。

韦纳认为,人们对自己成功和失败主要归结为四个方面的因素:努力、能力、任务难度和机遇。他又进一步指出,人们对成功和失败的归因,对以后的工作积极性有很大的影响。

(1)如果把成功归因为内部原因,即努力和能力,就会使人感到满意和自豪;如果把成功归因为外部原因,即任务难度和机遇,就会使人产生惊奇和感激的心情。

(2)如果把失败归因于内部原因,就会使人产生内疚和无助的感觉;如果把失败归因于外部原因,就会产生气愤和敌意。

(3)如果把成功归因于稳定因素,即任务难度或能力,就会提高以后的工作积极性;如果把成功归功于不稳定因素,如机遇或努力,以后的工作积极性可能提高也可能降低。

(4)如果把失败归因于稳定因素,即任务难或能力弱,就会降低以后的工作积极性;而把失败归于不稳定因素,如运气不好或能力不够,则可能提高以后的工作积极性。

了解和分析不同员工对行为的不同归因,掌握他们的态度和行为方向。努力引导员工把过去的成功归因于他们自己的能力和个人的努力,增强他们的职业自信心,充分调动他们的工作积极性。改变员工对过去失败的消极归因,调动员工的主观能动性。

10.4.3 挫折理论

挫折理论是由美国亚当斯提出的。挫折是指人类个体在从事有目的的活动过程中,指向目标的行为受到阻碍或干扰,致使其动机不能实现,需要无法满足时所产生的情绪状态。挫折理论主要揭示人的动机行为受阻而未能满足需要时的心理状态,并由此而导致的行为表现,力求采取措施将消极性行为转化为积极性、建设性的行为。

1.挫折的产生

个体受到挫折与其动机实现密切相关。人在动机导向目标的过程中,如果受到阻碍或干扰,会有以下四种情况:①虽然受到干扰,但主观和客观条件仍可使其达到目标;②受到干扰后只能部分达到目标或使达到目标的效益变差;③由于两种并存的动机发生冲突,暂时放弃一种动机,而优先满足另一种动机,即修正目标;④由于主观因素和客观条件影响很大,动机的结局完全受阻,个体无法达到目标。其中,第四种情况下人的挫折感最大,第二和第三种情况次之。挫折是一种普遍存在的心理现象,在人类现实生活中,不但个体动机及其动机结构复杂,而且影响动机行为满足的因素也极其复杂,因此,挫折的产生是不以人们的主观意志为转移的。

2.挫折的反应

挫折理论认为,当人们在工作、学习或生活上遇到挫折以后,可能产生以下六种行为。

(1)激发再生力。坚信“失败是成功之母”,认为失败是成功路上的正常因素,因而坚持不懈、锲而不舍。

(2)自我张力。吃一堑,长一智,虚心地从失败中寻找原因与不足,更加谨慎、忍耐、克制。

(3)改变方法。尽管选择的目标是对的,但由于使用的方法和手段不当导致了失败,因而采用新的方法。

(4)改变目标。原来的目标过高,或者没顾及客观条件,或者没顾及主观条件,因而难以实现,于是放弃原目标,换一个适度的目标。

(5)放弃。自暴自弃,既不分析实际情况,又不吸取经验教训,自认为没有希望,完全放弃原目标。

(6)对抗。不顾一切地发泄不满情绪,坚持错误,一意孤行,“破罐子破摔”。

3. 挫折的应对措施

(1)帮助员工用积极的行为适应挫折,如合理调整无法实现的行动目标。

(2)改变受挫员工对挫折情境的认识和估价,以减轻挫折感。

(3)通过培训提高员工工作能力和技术水平,增加个人目标实现的可能性,减少挫折的主观因素。

(4)改变或消除易于引起员工挫折的工作环境,如改进工作中的人际关系、实行民主管理、合理安排工作和岗位、改善劳动条件等,以减少挫折的客观因素。

(5)开展心理保健和咨询,消除或减弱挫折心理压力等。

10.5 激励机制的应用

10.5.1 薪酬激励

“激励是管理的核心”,而薪酬激励又是企业目前普遍采用的一种激励手段,因为相对于内在激励,企业管理者更容易控制薪酬,而且也较容易衡量使用效果。虽然薪酬是企业管理人力资源的有效手段,但由于薪酬会直接影响到员工的工作情绪,使用不好会造成负面影响,所以每一个公司对薪酬构建都非常慎重。这也是企业制定激励机制的共识。

有效的薪酬激励只是相对于传统的利用工资、金钱等外在的物质因素来促使员工完成企业工作目标而言的,它更多地从尊重员工的“能力”“愿望”“个人决策”和“自主选择”角度出发,从而能更好地创造员工个人与企业利益的“一体化”氛围。有效的薪酬激励是由以下几个要素构成的。

1. 灵活的基本工资方案

(1)基于岗位的技能工资制。基于岗位的技能工资制是岗位工资体系上的创新,形成一种强调个人知识水平和技能,推动员工通过个人素质的提高实现工资增长的一种工资体系。它不同于岗位工资,单纯根据岗位本身的特征来决定岗位承担者的工资额,而是将岗位承担者所担任的工作内容,以及完成工作时的能力发挥程度作为决定工资多少的关键因素。在这种工资体系下,公司对知识水平高、能力强的员工的吸引力大大加强,同时也减少了这类员工从公司流失的可能性;另一方面,也可以激励员工不断提高自身的能力,最终能为企业做出重大贡献。

(2)绩效薪金制。绩效薪金制将绩效与报酬相结合,它使员工的薪金不仅与工作的时间或资历相关,而且决定个人或组织的绩效,薪金将随着绩效水平上下波动。这种方案将一个组织的固定劳动成本的一部分转变为可变成本,这样在效益不变的情况下可以减少费用。由于工资与绩效联系起来,显然员工会理性地预计到自己可以参与企业的收益分配,因此会对工作持积极负责的态度。

绩效薪金制与期望理论关系比较密切。期望理论认为如果要使激励作用达到最大程度,就应该让员工相信绩效和报酬之间存在紧密的联系。绩效包括个人绩效、部门绩效和组织绩效。常见的绩效薪金制有计件工资、工作奖金、利润分成、利润分红等形式。绩效薪金制的一个重要优点是它可以减少管理者的工作量，员工为了获得更多的利润会自发地努力工作，不需要管理者的监督。

2.有效的奖金制度

奖金作为薪酬的一部分，相对于工资，主要目的是能在员工为公司做出额外贡献时给予激励。但国内大部分企业奖金在相当程度上已经失去了奖励的意义，变成了固定的附加工资。美国通用电气公司在研究了奖金发放中的利弊后，在建立奖金制度时，为了体现奖金发放的灵活性，特别遵循了以下原则。

(1)割断奖金与权力之间的“脐带”。通用电气废除了奖金的多少与职位的高低联系的旧做法，使奖金的发放与职位高低脱离，给人们更多的不需提高职位而增加报酬的机会，让奖金真正起到激励先进的作用，也防止高层领导放松工作、不劳而获的官僚作风。

(2)奖金可逆性。不把奖金固定化，否则员工会把奖金看作理所当然，“奖金”也就沦为一种“额外工资”了，起不到奖金的作用。通用电气公司根据员工表现的变化随时调整奖金数额，让员工有成就感，更有危机感，从而鞭策员工做好本职工作，长期不懈。

3.弹性的福利制度

弹性福利制是指允许员工在各种可能的福利方案中选择自己所最需要的方案，并与工作绩效紧密相连。在兼顾公平的前提下，员工所享有的福利与他的实际需求和工作业绩密切相关，既可以保障员工的基本权利又能提升福利的激励意义。原因其一是因为每个人的具体情况不同，需要的福利也不同，有的员工可能更关心子女入托的问题，而有的员工更希望得到住房补贴；其二是不同的部门有不同的业绩评估体系，员工定期的绩效评估结果决定福利的档次差距，其目的在于激励广大员工力争上游，从体制上杜绝福利平均的弊端。

这种弹性福利方案是由公司根据每个员工的薪水层次设立相应金额的福利账户，每一时期拨入一定金额，列出各种可能的福利选项供员工选择，直至福利金额用完为止。弹性福利方案与期望理论是一致的。它使组织的报酬个性化，使传统的单一福利方案转变为激励因素。

上海贝尔公司的自助福利体系就颇具特色。公司在员工福利设立方面加以创新，改变以往员工无权决定自己福利的状况，给员工一定选择的余地。如将购房和购车专项无息贷款额度累加合一，员工可以自由选择是用于购车还是购房。一旦员工在某种程度上拥有对自己福利形式的发言权，则工作满意度和对公司的忠诚度都会得到提升，同时也提高了公司用于福利开支的资金的使用效率。

4.补充性的津贴制度

津贴主要有以下几种类型。

(1)长期工作津贴。这种津贴适用于职员和在企业中工作较长时期的合同工，一般是完成一个长期项目或者是解决一个棘手的课题。长期工作津贴一般是工资的50%～100%，以递增方式支付。

(2)岗位津贴。岗位津贴通常是现金，有选择性地发给做出关键贡献的雇员或忠心耿耿的人。一般将相当于季度工资总额的5%用于岗位津贴，由高级经理分配。

(3)技术津贴。技术津贴主要用于热门技术，津贴额度为工资的5%～25%，每隔一定时期重新商定一次。技术津贴可以保证人才市场的均衡，但对职工的忠诚性不起作用。

在发放津贴时，有一个十分重要的规则，即如果有40%以上的人员固定地享受到两种或两种以上类型的津贴，就应该用更适当的办法代替津贴。

以上要素是企业在构建自身的薪酬体系时需要重点考虑的，但是否选择实际上取决于企业的行业特点、经营战略和文化背景以及员工的素质和需求等。同时，保持薪酬管理与其他管理活动的一致也是企业在考虑薪酬激励时必须注意到的。

10.5.2 股权激励

股权激励是指经营者通过让员工努力工作获取公司一定股权的形式，使他们能够以股东的身份去参与企业的各种决策，并分享企业的一部分利润和承担一定的风险，从而尽职尽责地为公司的长期发展服务的一种激励方法。简单地说，股权激励是把员工和老板绑在一起的一种激励方法。

"股权激励"让员工与企业成为"利益共同体"。不管是普通员工还是中高层管理者，他们都有自己的需要，都需要激励。有没有办法使普通员工和中高层管理者同时受到激励，产生共同的进取意识？有——那就是股权激励。股权激励具有延迟支付的功能，可以大大缓解企业的资金压力，降低企业以现金支出所带来的成本压力。换句话说，股权激励就是用明天的钱来激励今天的员工，使其能够更好地为企业的现在以及未来的发展服务。股权激励作为一种长效的激励工具，其迸发的持续激情远非工资与奖金等短期激励所能比拟的。

如果企业管理者想运用股权来激励员工，就应该对其模式有所了解，总的来讲，股权激励可分为以下几种。

1. 业绩股票

业绩股票指的是公司在年初确定一个比较合理的业绩目标，如果激励对象在年末时能够实现预期目标，那么公司可以授予激励对象一些股票或者提前用公司的奖励基金为其购买股票。但应注意的是，这种业绩股票的流通和变现，必须有一定的时间和数量的限制。

2. 股票期权

股票期权指的是公司授予激励对象的一种权利，激励对象可在事先规定好的期限内，以事先确定好的价格来购买一定数量的流通股票。同样，股票期权的变现也会有时间和数量的限制。但在我国的一些上市公司中，应用的虚拟股票期权是虚拟股票与股票期权的结合体，即公司授予激励对象的是一种虚拟的股票认购权，激励对象在行权后得到的是虚拟股票。

3. 虚拟股票

虚拟股票指的是公司授予激励对象一种虚拟的股票，激励对象可以享受公司的分红权和股价升值的收益，但没有所有权、表决权，也不能进行转让和出售，并且在离开企业时就会自动失效。

4. 股票增值权

股票增值权指的是公司授予激励对象的一种权利。如果公司的股价在规定的一个阶段出现上升，那么激励对象即可通过行权来获得股价升值所带来的收益。而且激励对象不需要为行权付出现金，即可在行权后取得现金或等值的公司股票。

5. 限制性股票

限制性股票指的是给激励对象事先授予一定数量的公司股票，但只有当激励对象能够完成公司的一些特定目标（比如把公司业绩扭亏为盈等）后，激励对象才能够抛售这些限制性股票，并可以从中获益。

6. 延期支付

延期支付是指公司为激励对象而设计的股权激励收入，但股权激励的收入不在当年发放，而是按照公司股票公平中价折算成的股票数量，并在一定的期限之后，以公司股票的形式或者按照届时股票市值以现金的方式支付给激励对象。

7. 经营者或员工持股

经营者或员工持股是指让激励对象持有一定数量的本公司股票，并且股票是公司无偿赠给激励对象的，或是公司补贴激励对象购买的，或是激励对象自行出资购买的。但激励对象只能在股票升值时受益，在股票贬值时遭到损失。

8. 管理层或员工收购

管理层或员工收购是指公司管理层或全体员工利用杠杆融资而购买的本公司股份，并成为公司的股东，以及与其他股东一起承担风险和享受利益，从而可以改变公司的股权结构、控制权结构以及资产结构，实现共同持股经营。

9. 账面价值增值权

账面价值增值权分为购买型和虚拟型。购买型是指激励对象在期初按照每股净资产值来实际购买一定数量的公司股份，但在期末再按照每股净资产期的末值回售给公司。虚拟型是指激励对象在期初不需要支出资金，由公司授予激励对象一定数量的名义股份，在期末再根据公司每股净资产的增量以及名义股份的数量，来计算激励对象的具体收益，并据此来向激励对象支付现金。

股权激励具体实施时还应该注意实施的技巧和方法，一般来说，需要注意以下问题。

1. 选对合适的激励对象

选择股权激励对象要考虑四个方面的因素：①能力的高低。如果人才的能力很强，能够对公司未来的可持续发展产生重大影响，从公司未来发展需要的角度来看，通过高成本的股权激励方式获得人才的长期效力是明智之举，反过来人才也能够为企业带来更大的利益。②历史贡献。要尊重对公司做出过历史贡献的员工，以避免公司内部出现争议或风波。③难以取代程度。如果激励对象掌握了公司的核心商业机密，或者是拥有公司专有技术的特殊人才，或者是公司难以取代的人才，就要用股权激励的方式留住人才。④与现有股东的匹配度。一定要考虑激励对象能否认同企业未来的发展以及是否与企业现有的股东相匹配。否则，选择这样的人才就会给企业造成很大的隐患。例如，某企业聘请了一位著名的职业经理人，并授予其10%的股份。但在该经理人主管公司后，现有股东却发现与其经营思路存在着很大的差异，双方之间的矛盾由此产生。在经过长时间的磨合后，矛盾仍未解决，而且企业的发展也没能取得预期的效果。最终该经理人选择退出，但企业却为此支付了高昂的赎回成本，并对企业的经营造成了很大的影响。这个案例充分说明了企业选择合适的激励对象是非常重要的，否则就会给企业造成非常大的隐患，甚至导致严重的经济损失。

2. 选对合适的股权激励方式

股权激励的方式有很多种，如期权、期股、实股、虚拟股权等；受让的方式也有很多，比如现金购买、折价购买、分红购买等。因此，企业要根据具体情况来进行选择，一般应该结合人力资本附加值、敬业度和员工的出资意愿综合考虑。如果是高级人才但不是核心人才，就可以采用虚拟股权的方式；而对于企业的核心人才来说，可以让他以现金全价的方式来购买公司的实股，使其与企业绑在一起。

3. 分批、分阶段授予激励对象

不要太过于相信"一见钟情",这毕竟是小概率事件。如果想要产生一种长期的激励效用,可以分批、分阶段授予激励对象。这样,就能够给企业和人才一个长时间的考量,给双方一个不断磨合的过程。

4. 必须与业绩挂钩

股权激励必须要与激励对象的业绩挂钩,即"拿业绩来说话",这样激励对象才能心安理得地接受奖励。

5. 明确股权激励的时间限定

对于如何确定激励的周期,应综合企业的战略规划期、员工的心理预期和工作性质等方面来予以确定。明确股权激励的时间限定,这是一个非常重要的环节,如果时间限定过于宽松或不明确的话,就很不合理。这会让双方之间对未来的预期变得十分模糊、随意,进而导致在绩效、付出和收益等方面难以实现平衡。

6. 对激励对象股权的退出做出合理安排

为了避免产生一些不必要的法律纠纷,在实行股权激励方案前要事先细化和明确有关退出的机制。俗话说"没有永远的朋友,只有永远的利益",这句话也可以理解为"在不同的阶段,团结不同的朋友"。因此,企业必须对激励对象的退出方式提前给出一个比较合理的安排。如果激励对象达到了预期的业绩,其正常退出可适当宽松一些;而如果没有达到预期时的非正常退出,则必须要对违约一方进行一些适度的扣罚。

此外,当企业与激励对象之间确定了股权激励方案以后,接下来就要签署股权授予协议。这标志着股权激励的正式实施也是对双方权利与义务的明确界定。

10.5.3 晋升激励

年轻人就是要一路前行,而管理者要做的就是为他们准备好道路,给他们持续上升的机会。如果管理者做好这一点,年轻人就会受到晋升激励,他会更加卖力地工作,企业也将获得更好的发展。

1. 晋升是给员工最大的奖赏

晋升,就是管理者将员工从低一级的职位提升到更高的职位,同时,赋予员工新的责、权、利的过程。这是对员工工作能力的肯定,是对员工最大的褒奖。职位的晋升比薪金的增加更容易满足员工心理的需要,更能使员工得到鼓励。尤其当有能力的员工自己因为各种原因不能创业时,如果在公司内部给他更加广泛的施展空间,他会感激管理者的知遇之恩,拼命地工作以给管理者一个满意的交代。所以,合理晋升是有效激励员工最重要的表现形式之一。它的激励力量不可低估,它可以使人看到自己的工作能力与业绩得到肯定与认可,工作积极性更强,不会轻易地被其他公司挖走,从而增加了组织的稳定性。同时也给其他同类人才一个同样的期望,感到自己有奔头、有希望,从而工作起来干劲更大。

晋升之后员工要管理的事情和人多了,更容易施展理想和抱负,但是同时也意味着要承担更多的职责。因此,晋升什么样的员工是要慎重考虑的,否则将一个不合适的人放到管理的位置,将给公司带来不好的影响,甚至很长时间都难以挽回。

晋升应该是公平公正的,晋升一个不称职的员工会给组织带来直接的不利影响,会引起员工的抵触、猜疑和反感。因此晋升的依据就是一个重要的问题了。首先在做晋升决策时,要考虑过去的工作绩效，用过去的业绩作为衡量能力的标准也是很多企业的选择，一个以往业绩不好，工作态度不好，工作业绩不好，工作能力不强的人一般情况下是不被考虑晋升的。但是仅仅依赖过去的业绩进行考核也是远远不够的，还需要对员工在新岗位上成功做好工作的潜力做出评价。一般来讲，应该按照新岗位的任职资格要求、新岗位的能力要求、新绩效要求这三项来考核新岗位的备选员工的工作潜力。通常，在候选晋升员工的新岗位工作潜力相差无几的情况下，要优先考虑资历的因素。只有当资历较浅的员工有突出表现时，才会被优先考虑。这样做一方面是鼓励资历老的员工对企业的忠诚，另一方面也是因为资历浅的员工恐怕难以服众，工作起来有难度。当然，资历浅的员工有特殊能力和贡献的还是要给他们一个施展的舞台。

事实上，很多公司在晋升人员时都犯过一个同样错误，那就是仅仅根据以往的业绩提拔管理人员，以致最后公司少了一个一流的技术人员，多了一个三流的管理人员。这就是对新岗位的任职潜力没有进行有效评估的结果。但是，对过去的绩效进行总结比较容易，而对未来工作绩效的预测则没有那么简单，这是晋升决策失误的重要原因。因此，要做好晋升激励，不是那么简单的，需要掌握一些实用有效的方法。

2.用有效的晋升制度给员工晋升提供保障

管理者总是在想，如何让员工扎根企业，其实方法很简单，只需要让员工得到及时的晋升，就可以在很大程度上留住他们。

“不想当将军的士兵不是好士兵”，而不想当领导的员工也不是好员工，或者换句话来说，每个员工都希望自己爬得更高，管理者要满足员工的这种欲望，就要让他们得到及时的晋升。

如果管理者可以让员工得到及时的晋升，员工就会满足于心中的上任欲望，从而继续努力，有能力的员工上任，就会变得越发有能力。

可是晋升不是对方想升多高就可以升多高的，管理者手中一定要有一个有效的晋升制度，这样才能保证有能力的人及时上任，而没有能力的人不会得到多余的晋级。

有效的晋升制度概括起来，大致有四种方法。

(1)职位阶梯。职位阶梯是指一个职位序列列出了职位渐进的顺序，序列包括每个职位的头衔、薪水、所需能力，经验、培训等能够区分各个职位不同的方面。管理人员依靠这些标准来衡量一个员工的能力，将这些不同方面的能力作为评判依据，对员工予以晋升。这种晋升的好处就在于它更注重综合能力并且更有秩序。

(2)职位竞聘。职位竞聘是指允许当前所有的员工来申请晋升的机会。这样的竞聘无疑增加了员工的动力和竞争力，另外，也排除了某些管理人员因为个人好恶而不去给员工晋升机会的可能性。然而，职位竞聘意味着管理者们必须做出正确的判断，排除不合格的员工，他们必须对所有应征者做出评估判断，并对被淘汰的应征者做出合理的解释。

(3)职位调整。职位调整的目的在于，晋升那些职位发展空间非常有局限的一小部分员工。管理者会从他们中挑选晋升候选人，把他们调到其他岗位，以给他们获得晋升的机会。

(4)职业通道。职业通道是指一个员工的职业发展计划。对企业来说，可以让企业更加了解员工的潜能；对员工来说，可以让员工更加专注于自身未来的发展方向并为之努力。这一职业发展计划要求员工、主管以及人力资源部门共同参与制订。员工提出自身的兴趣与倾向，主管对员工的工作表现进行评估，人力资源部门则负责评估其未来的发展可能。

以上的员工晋升制度并不能代表员工晋升的所有制度，其中管理者还要考虑员工晋升的及时、公平，管理人员的细心观察以及员工的性格问题，这些都是很重要的晋升标准。但是如果管理者可以遵循以上晋升制度，并注意以上提及的问题，有效地让员工晋升，就一定能让员工扎根企业。

10.5.4 目标管理

目标是指在一定时间内人们所期望达到的成就与结果。目标管理就是由上级与下级共同决定具体的绩效目标，定期检查工作进展，并且根据目标的完成情况来确定奖励的一种管理方法。其目的是通过这种方法将组织的目标和个人的目标以及个人的需要结合起来，调动员工的工作积极性，从而提高组织的工作效率。目标管理特别强调设定的目标是具体的、可检测的和可测量的，它是一种用目标约束来激励员工的方法。目标管理的特点是：组织总目标与员工个人目标相结合，员工个人工作绩效和利益与其目标完成情况相结合。

目标管理计划由四个部分组成，即目标细分、参与决策、明确时间期限和执行反馈。

1. 目标细分

目标细分即沿着组织结构把目标分解开来，具体来讲把组织的整体目标分解为组织中一系列的具体目标，即分部的、部门的和个人的目标，形成一个自上而下的分层目标体系。在这个目标体系中，下层目标是上层目标的具体体现，也是实现上层目标的保证。通过这样的目标体系，把各部门以及每个员工的工作合理地组织起来，形成一个围绕组织总目标而协作同步的整体活动。在这个整体活动中，每个员工都为实现各自的目标而努力工作，组织对其完成的情况进行考核、评价和奖惩。

2. 参与决策

目标并不是由上级单方面制定然后分派给下属，下级部门和员工也要参与他们自己目标的设定。下级参与目标制定有以下几方面的好处：便于下属理解上级的意图，加深对全局形势的理解与把握，减少贯彻实施决策时的阻力；由于上下级共同参与，有利于上下左右之间的沟通和衔接，使得制定的目标更加切合实际；使员工看到自己的价值和责任，从实现目标中获得满足感，更好地起到激励作用。所以，目标管理是一个自下而上、自上而下的过程，通过上下级的协商共同将组织的目标分解为部门目标和个人的目标。

3. 明确时间期限

目标不仅包括具体的指标值，而且还有具体的进度、完成的时间要求，并且相关部门的目标和进度要协调同步，保持平衡。对于员工个人来说，目标管理提供了个人具体的可执行的目标。如果每一个员工都达到了个人的目标，部门的目标也就达到了，从而整个组织的目标也得以实现。

4. 执行反馈

反馈是目标管理的一个重要环节，为了保证个人目标、部门目标乃至组织目标的实现，目标管理对目标过程的进展要进行连续反馈，并要进行阶段性评估，以使每个人能控制和纠正他们的行动。所以，当某一任务或者一个工作循环结束以后，必须对总体效果及员工个人的绩效进行考核与评价，达到规定目标的要给予奖励，达不到的要给予必要的惩戒。考核和奖惩过后，并不意味着这个循环已经结束，还必须对总体效果和员工的工作绩效进行分析，并反馈给各个部门和有关的个人，要求各自对运行效果好的方法制度要坚持，效果不理想的要找出其原因，并加以改进，从而使下一个循环在更高的水平和层次上进行。

实施目标管理应注意以下几点：①目标难易程度得当，既要对员工有激励作用和挑战性，又要切实可行。目标太容易不具有挑战性，也不能提高工作效率；目标太难或实现的可能性很小，也不能起到激励作用。将目标定在经过努力或者艰苦努力后能够实现的位置较为合适。②目标的内容尽量定量化，以便于衡量和考核。目标的表述一定要使用清晰、明确的语言。如不能用“提高产品质量”“达到顾客满意”等定性的语言，要用诸如“将废品率下降1%”“顾客的投诉率降低2%”等明确、定量的语言表达。③确定的目标不宜过多，并要分清主次，目标要有强有力的措施保证等。

目标管理的优点是目标具体、明确，有利于激励员工，提高绩效，同时有利于对员工的工作进行评价，也有利于组织进行全面的规划和协调。目标管理的缺点是过分强调结果会忽视过程，容易导致员工为了达到目标而不择手段。此外，由于员工有各自的目标，不利于员工之间进行相互比较，同时也要求管理人员具有较强的目标管理指导能力。

本章小结

管理的主要对象是人，在组织中如何激励员工，提高工作绩效，从而高效地实现组织目标是管理的一个永恒的主题。本章从激励与激励机制的概念出发，概述了提高激励机制设计水平的原则，描述了内容型激励理论、过程型激励理论和行为改造型激励理论。在此基础上，分析了各种激励理论对管理实践的启示及指导意义，并介绍了激励理论在实践中的运用途径。

批判性思考与讨论题

1. 需要层次理论的主要内容是什么？

2. 结合实际运用双因素理论说明工作中哪些是激励因素？哪些是保健因素？

3. 期望理论、公平理论、强化理论的主要内容是什么？

4. 有些企业实行秘密薪酬政策，员工彼此不知道对方工资、奖金是多少。你认为这种政策对员工的行为有什么影响？

5. 激励机制设计原则是什么？

案例分析

海底捞火锅的员工激励

爱吃火锅的人大概都知道海底捞。四川海底捞餐饮股份有限公司20多年前从四川简阳街边的一家麻辣烫摊子起家，如今已经在全国多个城市拥有100多家直营店、四个大型现代化物流配送基地和一个原料生产基地，拥有员工两万多人。

海底捞的服务很多时候让第一次来消费的顾客瞠目结舌，据说曾经有个顾客在就餐时打手机打到欠费了，不经意嘟哝了一声“这儿要是有充值卡卖就好了”，结果几分钟后，气喘吁吁的服务员真的拿着一张充值卡出现在顾客面前。海底捞的服务让人印象深刻，它的内部管理也一样与众不同。在上班时间，所有员工都不会停下来休息。在上客高峰期，安检员帮忙上菜、传菜员捎回脏盘子；收市前的低谷期，传菜员、服务员、保安都去洗碗、擦盘子，店长、大堂经理和后堂经理也总是出现在最繁忙的地方，熟练地做着份外工作。

每一位海底捞员工从入职开始，便能够感受到公司全方位的关心和激励。海底捞的各门店员工由片区人事部统一招聘，集中培训。每期培训的新员工自动结成一个小群体，以便迅速消除孤独感，融入公司的大集体。新员工在培训师、店长、大堂经理、后堂经理等老员工的直接帮助下，经过培训期的缓冲，往往能够有底气地留在公司工作。此外，培训结束，回到门店后，通过沟通会、为期一周的领导请吃晚饭、师徒制等形式，新员工能够得到店内所有老员工的礼遇和帮助。海底捞的一系列举措，让员工能够快速融入集体，并对其独特的企业文化感同身受。

在海底捞，所有的门店办公室都很小，只有财务人员才在办公室中，坐在椅子上工作。店长、经理们总是在门店的各个角落忙碌地工作着，一是指挥员工相互协作，了解他们最真实的表现；二是根据他们的表现给出建议，并随时帮助有需要的员工，包括加菜、下单这样的小事。所有海底捞的员工，在工作中都能感受到领导无处不在的关心、鼓励和具体的指导，这无疑会带给员工极大的工作动力。而管理人员的身体力行，也时时刻刻起着榜样的作用。

海底捞对员工的鼓励不仅仅是店长、经理、员工之间的口头鼓励，更经常体现在实物和现金奖励上。公司内部有一本定期出版的"红宝书"，员工主动为顾客服务的事迹都会体现在上面。在每一间海底捞的办公室里，墙上都会贴着一张"金点子排行榜"，这就是海底捞思想火花的来源。每个月，由各大部长、片区经理组成的创新委员会会对员工们提出的创意服务做出评判，一旦评上就会推广到各个分店，员工还可以获得200元～2000元不等的奖励。员工的创意一旦被采纳，就会以发明者的名义来命名。"包丹袋"就是典型的一例，这是一个防止顾客手机被溅湿的塑封袋子，由于是一名叫包丹的员工提出的这个创意，即命名为"包丹袋"。当"包丹袋"在其他店也开始使用时，这些店会给这位员工交纳一定的费用。

除了指导员工完美地完成本职工作，海底捞还通过权力下放，充分调动员工积极性，让员工的大脑时刻运转。在海底捞，员工可以享受一个特权：200万元以下的财务权都交给了各级经理，基层服务员可以享有打折、换菜甚至免单的权力，只要员工认为有必要，都可以给客人免费送一些菜，甚至免掉一餐的费用，事后口头说明即可。

此外，海底捞在物质待遇上也给了员工极大的激励，让员工有理由相信通过自己的努力，能够改变命运，提高生活质量。海底捞的员工宿舍离工作地点不会超过20分钟的路程，全部为正规住宅小区，且都会配备空调，有专人负责保洁及洗衣服；公寓甚至配备了上网电脑；如果员工是夫妻，则考虑给单独房间。仅是住宿一项，一个门店一年就要花费50万元。海底捞在简阳当地赞助了一家学校，海底捞员工子女在该学校上学，全部都是寄宿制管理。为了激励这些大多来自农村的员工的工作积极性，海底捞有一个传统，就是将员工奖金中的部分直接寄给他们的家人，虽然每月只有400元～500元，但这也让员工的家人分享到了这份荣耀。海底捞每天吃四顿工作餐。早饭在9点上班后吃，下午饭在4点上班后吃。这种安排减少了员工迟到的现象，将点名、考勤、批评等工作都在吃饭时解决，也削弱了员工对上班的抵触情绪。

海底捞知道，要让员工感到幸福，不仅要提供好的物质待遇，还要通过公平的晋升制度保持员工对工作的高预期、对提高生活水平的希望。海底捞只有财务总监和采购总监是从外部招聘的，其他所有的干部都是服务员出身。这种"从基层做起"的晋升方式意味着每一个员工都有可能成为领导，给员工提供了很大的动力。海底捞的薪酬构成是建立在其"员工发展途径”之上的，没有管理才能的员工，通过任劳任怨的苦干也可以得到认可。员工只要在一个职位上连续工作一段时间，且都保持优秀，就能到更高的职务上实习，实习合格后顺利晋升。升至店长级别后，公司通过高流动性让员工学习到新技能，为下一步晋升打基础。2010年6月，公司还成立了作为内部培训机构的海底捞大学，为提升员工价值又迈出新的一步。海底捞的一系列激励措施让员工更为高效、充满激情地工作。

资料来源：孙晓岭．组织行为学[M]．3版．北京：中国人民大学出版社，2018．

【启发思考题】

1．海底捞的员工激励措施都用到了哪些激励理论？具体是如何运用的？

2．海底捞的激励模式是否能够复制到其他企业中？为什么？

3．针对海底捞当前的激励模式，你有哪些更好的建议？

实操训练题

团队讨论：动机的探讨

1．目的

(1)加深对动机的认识。

(2)建立动机与需要之间的联系。

(3)使你和其他组员深入了解各种不同类型的动机和需要。

2．步骤

(1)针对以下五种人，按照激发你学习热情的程度进行排序，并列出相应的动机。比如，“激发我学习热情的是白领管理人员，因为我想在毕业后成为那样的人，原因是……”。

①你

②有技术专长的工人

③白领管理人员

④专业人士(如内科医生、律师、教师等)

⑤IT产业中的首席技术执行官(少年得志型人物)

(2)将学生分成5～7人的小组，相互讨论各自的排序和动机分析。

(3)比较和对比每个人的动机，把重点放在不同点及不同理由上，并形成项目报告。

下 篇

组织的再设计»

第 11 章 组织设计的权变因素

本章的研究内容

1. 权变因素相关知识
2. 影响组织设计的内外环境因素
3. 企业规模、技术、企业文化及人员素质、组织生命周期对组织设计的影响
4. 外部环境的不确定性与组织设计
5. 战略与组织设计的关系
6. 知识对组织结构设计的影响

关键概念

权变因素(contextual factors)
单件小批量生产(small-batch production)
大批量生产(large-batch production)
连续生产(continuous process)
工作流程一体化(workflow integration)
信息技术(information technology)
长序式技术(long-linked technology)
中介式技术(mediating technology)
密集式技术(intensive technology)
接序互倚式(sequentiail interdependence)
目标互倚式(pooled interdependence)
交互式(reciprocal interdependence)
组织生命周期(organizational life cycles)
创业阶段(entrepreneurial stage)
集合阶段(collectivity stage)
正规化阶段(formalization stage)
精细阶段(elaboration stage)

开篇案例

古纳亚尔出版集团原来的计划是要成为美国杂志出版行业一流的出版公司。但是经过了近三十年的努力之后，这家贝塔斯曼集团旗下的公司开始出售自己在美国的资产，包括其主打杂志品牌如《家庭圈》《父母》和《体线》。古纳亚尔的另外两本商业杂志《公司》和《快速公司》也很快被卖掉或停刊。

文化冲突是这家欧洲最大的杂志出版公司在美国市场遇到如此麻烦的原因之一。尽管公司的德国高层明智地在古纳亚尔美国出版公司中雇用了很多当地的美国经理，位于德国的总部仍然对公司事务该如何运作发号施令。比如，一位德国前记者，时任古纳亚尔国际部的负责人，对美国分公司的杂志出版发行的每件事都加以过问，他甚至亲自过问版式设计。美国分公司的CEO对这种过细的管理十分反感并坚持认为自己的编辑应该获得更多的自主权。但是，有人也认为美国分公司的负责人有意利用这种文化上的冲突来为自己加分，以使德国的总部在这场争执中倒向自己一边。

当然还存在其他的冲突。比如，德国总部认为所有的古纳亚尔的印刷业务都应该交给自己旗下的一家名为布朗印刷(Brown Printing)的印刷公司来完成。但是纽约的美国分公司的经理们公然反对，他们说该印刷公司在处理如《家庭圈》这样发行量大的杂志上面不如其他印刷公司有效率。虽然最终德国总部做出了让步，但是总部很快又命令美国分公司把其他印刷公司的投标信息和其他资料交给布朗印刷公司，这让美国人很恼火。他们认为这样做有违商业道德，但是德国人却不明白美国人为什么要小题大做。

德国总部和美国经理们之间的文化冲突、两个国家不同的做生意方式、杂志广告和读者群的下滑，以及拓展国际业务的复杂性使得古纳亚尔在美国的业务受到了严重的影响。当公司开始放弃自己在美国的业务时，一个商业记者把这次出售形容为"古纳亚尔终止了一项耗资上亿美元但出了岔子的商业实验"。

环境的变化使得经理们面临许多全新的挑战。古纳亚尔公司在1978年进入美国杂志市场，但是公司的经理们很快就发现把他们在欧洲的成功模式复制到美国市场并没有想象的那么容易。公司的组织结构和权责分配也同时受到很大的冲击。事实上，环境、战略、技术等都是影响组织设计的要素，这正是权变的组织理论所要研究的重要内容。权变理论认为组织结构应根据不同的权变因素设计相应的组织系统。

资料来源：理查德·达夫特.组织理论与设计(第九版)[M].北京：清华大学出版社，2008.

11.1 权变因素概述

权变因素，也称之为情境因素(contextual factors)，反映整个组织的特征，它描述了影响和改变组织维度的环境。达夫特(Daft)将权变因素分为五种：规模、组织技术、环境、组织目标和战略组织文化。罗宾斯(Robbins)将权变因素理解为影响组织结构的因素，他认为主要的因素有以下五种：组织战略、组织规模、技术、组织环境和权力控制。霍尔(Hall)则把规模、技术、内部文化、环境、国家文化看作是权变因素，把战略选择和制度因素看作是组织设计因素。

权变理论是20世纪60年代末70年代初在经验主义学派基础上进一步发展起来的管理理论，是西方组织管理学中以具体情况及具体对策的应变思想为基础而形成的一种管理理论。进入20世纪70年代以来，权变理论在美国兴起，受到广泛的重视。权变理论的兴起有其深刻的历史背景，70年代的美国，社会不安、经济动荡、政治骚动，石油危机对西方社会产生了深远的影响，企业所处的环境很不确定。但以往的管理理论，如科学管理理论、行为科学理论等，主要侧重于研究加强企业内部组织的管理，而且以往的管理理论大多都在追求普遍适用的、最合理的模式与原则，而这些管理理论在解决企业面临瞬息万变的外部环境时又显得无能为力。学者们开始质疑管理中是否存在一个“最佳的方法”。当代组织理论研究者逐渐认识到环境在组织结构设计与选择中的重要角色，认为组织结构与环境之间的匹配问题是组织设计的关键问题。例如，伯恩斯和斯托克(Burns & Stalker)对英国20家企业进行调查研究，发现处于急剧变动环境中的组织结构和处于稳定环境中的组织结构并不相同，进而提出机械式组织和有机式组织的概念。这里，机械式组织强调功能任务的专业分化，企业对每一个功能角色的权力及责任都有精确的定义；附属在组织局部范围的知识、经验及技术，相对于全面性的知识、经验及技术，在企业容易获得更大的威信及名望。有机式组织则强调专门知识与经验，个人任务的实际特质是在与他人的互动中不断重新被定义的，个人威信及名望通常附着在组织归属感及专业知识上。萨克瑟尼安(Saxenian)对以上两类组织类型做了进一步重要研究，她以旧金山地区硅谷与波士顿地区128号公路地区周边高科技企业作为比较研究对象，说明了企业和产业结构与环境特征之间的关系。美国东岸拥有一切的优势资源，包括金融、教育、科学研究、基础建设、邻近富裕的欧洲，以及128号公路旁很早就奠基的科技产业规模，但却在这场引领美国进入新经济的高科技产业创新竞赛中不断落后。这里的企业(如柯达、王安、DEC)一向自傲于优异的传统及组织文化，普遍采用机械式结构，具有严谨而完善的内控管理与组织制度，习惯于在稳定环境中发展；相反，旧金山地区则由一个小渔港起家，在19世纪时以金矿吸引投机者，到了20世纪又以创新能力吸引风险投资家，更进而造就高科技产业之乡——硅谷。这里的企业(如Intel、HP)崇尚创新与创业精神，普遍采用有机式结构，重视信息与人力流动、产学研的密切合作、开放的组织文化与创新的竞争策略等。

在以上研究基础上，研究者进一步提出组织设计的权变观点。所谓“权变”就是权宜应变。组织权变理论认为，不同环境对组织结构、管理理论和方法有不同的要求，特别是那些市场风云变幻和技术发展迅速的环境。在组织管理中，不存在一成不变的和普遍适用的组织结构和管理模式，比较理想的组织结构设计应该是根据组织内外部环境等各种情况的变化，因时而变、因地制宜、因势而动，综合运用现代的以及传统的组织设计原则和方法，采用任何一种行之有效的组织结构形式。

管理学界对权变理论的应用收获颇多。例如麦肯锡的7-S框架、加尔布雷斯(Galbraith)提出的信息处理模型、纳德勒和塔什曼(Nadler & Tushman)提出的聚合模型(congruence model)、哈克曼和奥尔德姆(Hackman & Oldham)提出的职业诊断方法以及近代关于制度设计与变革方面的基本理论。这些理论基本假设都是组织绩效的提高来源于组织内部结构与组织外部环境的匹配，以及组织内部各关键要素(包括战略、结构、系统和文化)之间的匹配。也就是说，组织环境在组织设计对组织绩效的影响起调节作用。更一般的理解就是，权变理论意味着对于任何一个假设都包含了一个调节变量。这种思维在近期研究中也有展现，例如巴蒂拉纳和卡西亚罗(Battilana & Casciaro)在检验网络的结构闭合度所提出的“组织变革的权变视角”。古拉蒂、沃尔格佐根和哲利什科夫(Gulati、Wohlgezogen、Zhelyszkov)研究组织合作与协作在组织联盟中的作用时，也是从权变的视角出发，通过观察在合作与协作关系发生变化时组织的合作情况和边界，从而判断组织协作所起到的作用。

综上所述，当今的组织已不再像过去那样重视职责的严格分工，而是越发重视组织结构的弹性设计。在部分企业里，有机型的组织结构已经取代了机械型的组织结构，这种新的变化趋势反映了组织设计的新观念，即权变的组织结构设计不是设法找出可以适应任何情况的方案，而是必须与组织的工作任务、科技水平、内外部环境以及组织成员的需求等相符合，组织才能有效。

11.2 内部环境与组织设计

11.2.1 企业规模对组织设计的影响

所谓规模一般是指组织的物质包容能力、能调动的人力资源数、投入与产出能力以及组织能动用的资源。

美国的组织学家彼得·布劳(PeterBlau)在《组织的结构》一书中指出："规模是影响组织结构的最重要的因素。"布劳通过调查研究发现：组织规模的扩大促进了组织结构差异化程度的增加(组织初期规模的扩大对组织结构的影响要大于当组织规模达到一定程度后再扩大时对其组织结构的影响程度)。

英国阿斯顿大学的研究也发现组织规模是组织结构的决定因素。组织规模越大，工作的专业化程度越高，标准化程度就越高，分权的程度就越大。

本书认为组织结构从本质上说是企业内部在各类人员的相关关系和有机结合的某种方式，是劳动分工协作的形式，且与组织规模有密切关系。不同的企业规模，其在组织结构上也有很大的不同，主要表现在以下几个方面。

1. 组织规模与组织结构的复杂性

组织结构的复杂性在这里主要是指组织的纵向和横向结构的复杂性。一般来说，大型企业的组织结构相对小企业的要复杂，即组织规模越大，为保证组织的有效性，管理幅度与管理层级必然比小企业的组织结构要复杂。例如一家 100 多人的企业，在层级上只需两级，在其管理机构上可能只给经理配置一两名助手即可，而在上万人的大型企业，则可能有三四个层级或更多的层级，其管理部门可能达到数十个。

2. 组织规模与组织分权程度

一般情况下，企业规模较小，其决策权集中在企业的最高层，即集权程度高。当企业规模扩大时，在理论上是必然导致分权，这是因为大型企业的管理层级多，纵向的信息传递速度较慢，且在传递过程中信息的准确度降低，容易失真。同时也为调动员工的积极性和对市场的反应灵敏度，也需要将一些决策权下放到较低的管理层次。组织规模扩大，组织内的管理业务量大幅度增加，高层管理者很难直接监控下属的一切行为，就有必要委托他人来加强管理，这样就促进了分权。通常情况下，组织规模越大，分权程度就越高。但在现实生活中，分权会受到一些管理者的反对，即使组织规模扩大，他们仍然不愿失去对企业的决策权。

3. 组织规模与组织正规化程度

正规化是指企业拥有各种正式颁布的规章制度和书面文件的状况。规模扩大和正规化程度增加之间可能存在一种逻辑上的关系。一般情况下，组织规模越大，组织行为规范程度就越高，从而发生的问题也越多，也就激发了管理层通过标准化来更有效地解决这些问题，管理层就越是注重组织的正规化，这主要是便于进行有效的控制，规范人们的工作行为。大型企业部门众多，组织一般呈现扁平化，从而横向协调的要求进一步增加，而规章制度和书面沟通是横向协调的一种基本方式。

4.组织规模与组织人员构成

企业规模的不同，其组织人员的构成也不同。在这里主要是讲述专业人员与领导者的比率。

专业人员也可叫专业技术人员，是在各个单位中从事专业技术工作的人。专业人员的广义理解是指拥有特定的专业技术（不论是否得到有关部门的认定），并以其专业技术从事专业工作，并因此获得相应利益的人；狭义理解是指在企业和事业单位（含非公有制经济实体）中从事专业技术工作的人员，以及在外商投资企业中从事专业技术工作的中方人员。一般情况下，组织规模越大，员工人数越多，企业分工也就越精细，以便提高劳动效率。分工的细化主要表现为专业化程度的提高，不仅是部门数量的增多，而且还表现为各类专业人员数量的增加。

在大型企业中，中高层领导者人员占全体员工的比重要比中小企业低，这主要是因为大型企业的专业职能人员多且分工细，分担了一些原来领导者要做的事情；大型企业正规化程度高，规章制度比较健全，因此程序化的问题不需要领导者事必躬亲。所以，企业中高层领导人数并不是按照企业成长的速度相应地增加。除了中高层领导者比率的不同，还有领导者的素质也与组织规模相关。企业组织规模不同，对领导者所具备的素质与能力的要求也不同。一般来说，小型企业中领导者技术能力占重要地位。随着组织规模的扩大，领导者的综合管理能力要求增强，对于大型企业领导者来说，其最重要的能力是组织管理能力。

综上所述，企业规模对组织设计的影响如表 11－1 所示。

表 11－1　企业规模对组织设计的影响

结构要素	小型企业	大型企业
管理层次的数目（纵向复杂性）	少	多
部门与职务的数量（横向复杂性）	少	多
分权程度	低	高
技术和职能的专业化	低	高
正规化程度	低	高
书面沟通和文件数量	少	多
专业人员比率	小	大
文书、办事人员比率	小	大
中高层行政领导人员比率	大	小

组织规模并不是直接地对这些因素产生影响，各个因素相互联系。当企业规模这个变量影响到某些因素后，就连锁地影响到其他因素相应地发生变化。这些因素之间错综复杂，如图 11－1 所示。

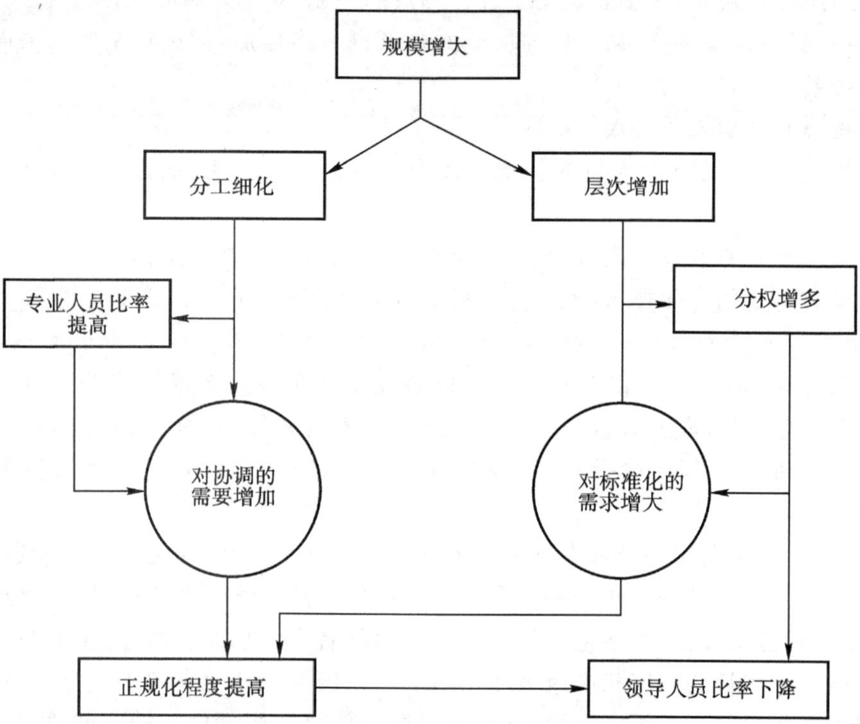

图 11－1 组织规模对各因素的连锁反应

从图 11－1 中可看出，企业规模的扩大，直接引起结构的复杂化，一是管理层次的增加即纵向复杂性；二是由于分工的细化导致部门和服务数量的增加即横向复杂性。管理层次的增加既促使分权增多又引起对标准化需要的增加。分工细化的结果，既能提高效率，又有利于企业的发展，使生产规模扩大；同时也直接引起专业人员的增加，连锁地引起对协调需要的增加。分权的增加，既增加了对标准化工作的需要，也有利于中高层领导人员的减少。协调工作量的增加与标准化的加强，就引起正规化程度的提高。最后，正规化程度的提高，部分地取代了领导的亲自监督，再加上分权有利于上层领导摆脱日常事务，因而带来了领导人员比率的降低。

11.2.2 技术对组织设计的影响

技术指的是组织的原材料、信息、思想等方面投入转化为产品和服务等产出过程中所用到的各种工具、技艺、方法和工作流程，包括企业级技术和部门级技术两个层次。组织的活动需要利用一定的技术和反映一定技术水平的特殊手段来进行。技术以及技术设备的水平，不仅影响组织活动的效果和效率，而且会作用于组织活动的内容划分、职务设置，会对工作人员的素质提出要求。因此，在进行组织设计时应考虑技术对组织结构的影响。不同的技术特点，其组织结构也不大相同。

1. 企业级技术对组织设计的影响

1）琼·伍德沃德的研究

英国学者琼·伍德沃德(Joan Woodward)认为工业企业的生产技术同组织结构及管理特征有着系统的联系，并且她根据制造业技术的复杂程度把技术划分为十类后进一步合并为三类：单件小批量生产(small-batch production)技术、大批量生产(large-batch production)技术、连续生产(continuous process)技术，如表 11－2 所示。

表 11－2　企业技术类型

类型	特征	技术复杂程度
单件小批量生产技术	按顾客订货进行的单件生产 技术复杂的单件生产 大型设备的分步骤制造 小批量生产	低 ↑
大批量生产技术	用于不同产品装配的大批量部件生产 大批生产 大量生产	技术复杂程度
连续生产技术	为销售作储备的大批量连续生产 化工产品的成批连续生产 液态、气态、固态的连续流水生产	↓ 高

伍德沃德对企业的技术特点做了上述分类后发现生产技术同组织结构之间有着规律性的联系。组织结构与其所属的技术类型有着相互对应的关系，如表 11－3 所示。

表 11－3　技术类型与组织结构特征间的相互关系

组织结构特征	技术类型		
	单件小批生产	大批生产	连续生产
管理层次数目	3	4	6
高层领导的管理幅度	4	7	10
基层领导的管理幅度	23	48	15
基本工人同辅助工人的比例	9∶1	4∶1	1∶1
大学毕业的管理人员所占比率	低	中等	高
经理人员与全体职员的比例	低	中等	高
技术工人的数量	高	低	高
规范化的程序	少	多	少
集权程度	低	高	低
口头沟通的数量	高	低	高
书面沟通的数量	低	高	低
整体结构类型	柔性的	刚性的	柔性的

表 11－3 说明了不同的生产技术特点的企业，组织设计的要求与管理特征也不同。伍德沃德认为随着技术复杂程度的提高，企业组织结构复杂程度也相应提高，管理层级数、管理人员同一般人员的比例以及高层管理者的控制幅度亦随之增加。

2)阿斯顿小组的研究

阿斯顿小组是以西克森(Hickson)、皮尤(Pugh)和特纳(Turner)等成员组成。相对伍德沃德的研究集中于工业行业,阿斯顿小组用技术特征对各种企业(包括生产企业和服务企业)的工作流程来做出评价。技术特征分为设备的自动程度、操作流程的刚性和衡量准确程度。这三个技术特征之间存在着密切的联系。阿斯顿小组把这三个技术特征综合起来,称为工作流程一体化(workflow integration)指标。其研究的主要结论有如下三点。

(1)生产企业和服务企业在技术特征上存在差别。总的来说,生产企业的工作流程一体化指标得分高于服务业企业。服务企业一般自动化程度较低、工作流程刚性弱、衡量准确性差。

(2)随着工作流程一体化指标的增长,企业组织结构的官僚化特性也随之增强。具体来说,企业组织结构的专业化程度、操作和工作的标准化程度、职权的分散程度等,都随着工作流程一体化指标的增长而提高。这些研究结果同伍德沃德关于组织结构随着技术变化而变化的结论是一致的。

(3)服务企业在结构上有别于生产企业。如表 11 - 4 所示。

表 11 - 4 服务企业与生产企业的结构特征比较

组织结构特征	提供服务	提供产品和服务	提供产品
结构分散	是	一般	否
任务界限	不严格	一般	严格
技术人员的专业化程度	高	中等	低
技能的重点	人际关系	技术与人际关系	技术水平
决策的集权程度	低	中等	高
规范化程度	低	中等	高

(4)技术对结构的影响主要是通过生产现场表现出来。阿斯顿小组的研究结果不如伍德沃德获得的研究资料那样明显,这主要是因为后者研究的是一些规模较小的工厂,这些企业的结构受工艺技术的影响很大。在大企业中,工艺技术主要对基层生产现场的组织结构起到影响,对较高的管理层次则影响较小。这充分说明,技术对结构的影响是通过生产现场表现出来的。

3)信息技术对组织设计的影响

计算机的使用使组织与外部交流信息、组织内部信息流动方式得到变革,这种变革导致组织结构的变革。因此,信息技术与组织结构之间存在着对应和互动关系,企业的组织结构要为适应信息技术的不断发展而适时转型。同时,信息技术对企业经营管理各个环节的不断渗透,也必然推动其组织结构的改变。当前,随着信息技术的发展和应用,企业信息化程度日益提高,伴随这一过程,本书认为信息技术对组织结构设计的主要影响有以下四个方面:

(1)信息技术推动组织结构扁平化。传统理论认为由于人们的能力和精力有限,所以管理幅度是有限的。而这种能力的有限性,在很大程度上源于管理者信息处理能力的有限性。由于过去的信息处理手段落后,管理者的信息处理能力较低,导致对下属的控制能力受到很大限制,一个管理者无法直接、有效地控制较多的人数。然而随着信息技术的使用,管理者的信息处理能力大大增强,计算机控制技术与网络技术的发展,使管理者控制的范围增大,效率提高。因此,管理人员可以借助这些技术大大增加管理幅度。在组织规模一定的条件下,管理层次和管理幅度成反比例变化。因此，随着管理幅度的增加，管理层次减少。

(2)信息技术推动管理过程集成化。从 20 世纪 50 年代的电子数据处理(EDP)、60 年代的物料需求计划(MRP)、70 年代的管理信息系统(MIS)、80 年代的制造资源计划(MRP-II)、决策支持系统(DSS)、专家系统(ES)、计算机集成制造系统(CIMS)，到 90 年代的企业资源计划(ERP)、智能资源计划(IRP)、业务流程重组(BPR)、价值链管理(VCM)、数据仓库(DW)与联机分析处理(OLAP)等，这些不断发展的信息技术为企业组织运行提供了强大的平台，使企业逐步实现了从采购、生产、销售、服务到会计、财务、人事、研发等整个组织的信息共享和集成化管理，并实现了物质流和信息流的结合，从而推进了组织业务过程的统一化、连续化和集成化的转变。这种变化趋势在自动化程度较高的科技型企业管理中表现得尤为突出，以大批量生产与计算机集成制造组织的特征做比较如表 11－5 所示。

表 11－5　大批量生产与计算机集成制造组织的特征对比

特征项		大批量生产	计算机集成制造
结构	管理幅度	窄	宽
	层级数	多	少
	任务	常规、重复性的	适应、手艺性的
	专业化程度	高	低
	决策	集权化	分权化
	总体结构	性质机构式的、机械的	自我调控的、有机的
人力资源	人际间关系	独自工作	团队工作
	培训	面窄、一次性的	面宽、经常性的
	专长	体力方面、技术性能力	认知方面、社会性能力及解决问题的能力
组织间关系	顾客的需求	稳定	多变
	供应商	量多、一次性交易关系	量少、紧密的关系

(3)企业规模由片面追求越大越好转为适度发展。随着高科技的加速发展以及全球经济一体化趋势的日益强劲，顾客、竞争与变革成为影响企业发展的三大基本要素。在这种环境下，企业由一味追求越大越好转变为以符合企业战略以及市场需求为准则的适度发展。这些转变主要是因为中小企业具有极强的灵活性且适应性强的优点；其次，企业之间可通过合作组成战略联盟，这成为企业谋求发展的一种有效途径，有利于企业在保持自身规模的同时又拓展其能力。在信息社会里，一个小型企业不是仅指“人数少”，只要这个企业加入社会信息网络或者与其他企业结成战略联盟，以获得足够的信息与技术支持，那么它同样可以发挥出超出传统小企业的作用。

(4)信息技术推动组织模式虚拟化。从 Intranet 到 Extranet，再到 Internet，随着信息技术的不断发展和渗透，企业组织结构由过去的封闭型日益转向开放的网络型。为适应信息社会的技术发展水平，越来越多的企业开始采用虚拟企业的组织模式，以最大限度地利用外部资源，提高企业的应变能力。虚拟企业依托计算机、通信和网络技术，以信息流连接为手段，避免了传统金字塔型企业组织机构大、管理层次多、幅度窄、信息传递时滞等不足，突破了传统企业资源有限的限制。同时，信息技术也使得企业管理部门之间界限日趋模糊，分工的细化不再重要，跨公司、跨部门的整合成为企业灵活利用内外资源的有效方式。

总之，信息技术对组织设计的影响是巨大的，信息技术的应用必将导致组织的重新设计，使其朝着内部组织结构扁平化和外部组织间的动态联盟方向发展。信息技术对组织的影响如表 11 - 6 所示。

表 11 - 6　信息技术对组织的影响

影响内容	结果
工作性质:手工—电脑，提高工作效率	改变工作的分工和工作量的分配
信息传递、交流的速度和效率、组织沟通渠道	增大管理宽度，配合、协调更加方便
空间分布	增大管理幅度
价值增值方式	业务流程再造、战略联盟、管理方式
组织边界和规模、成本结构	组织规模小，更加依赖于组织间的合作

2. 部门级技术对组织设计的影响

1)佩罗的部门技术型模式

企业组织内的任何一个部门都有其特定的生产过程，该过程包括某种独特的技术。其中美国学者查尔斯·佩罗(Charles Perrow)打破了只在制造业内研究技术与组织之间关系的局限性，提出了最具影响力的关于部门技术方面的模型。

佩罗提出，组织中每一个部门都是由专门技术组成的集合体。技术受到两个方面的影响，工作的多样性和可分析性。工作的多样性是指技术在工作过程中发生意外变化的概率情况；可分析性是指技术在工作过程中可被分析的难易程度。根据上述两项标准，可以将技术划分为四种类型：常规型技术、工艺型技术、工程型技术以及非常规型技术。佩罗以工作的多样性和可分析性两个因素分别作为横轴与纵轴，在平面坐标系中反映出四种不同的技术类型，如图 11 - 2 所示。

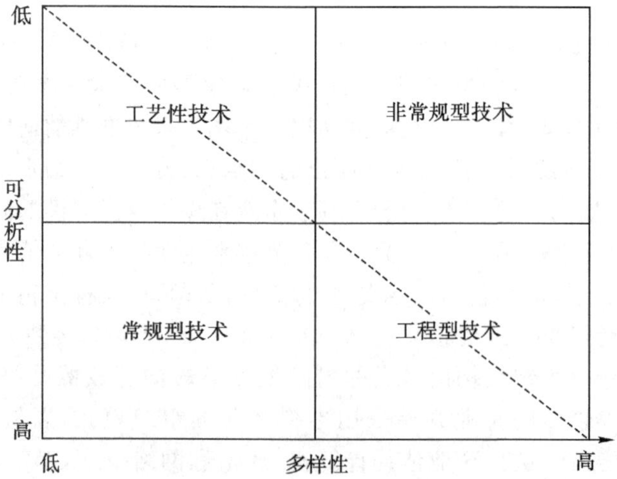

图 11 - 2　部门级技术类型

常规型技术一般为销售、文秘以及制图等类型的工作；工艺型技术一般为艺术表演类或精细产品制造等类型工作；工程型技术一般有法律、工程以及税务会计等类型的工作；非常规型技术一般有社会科学研究以及应用研究等方面的工作类型。

另外，部门之间的相互依赖程度对组织设计也有一定的影响。一个部门在原材料或其他资源方面对其他部门的依赖程度，决定了这些部门间协调的需要程度。也就是说，随着部门间相互依赖程度的提高，组织对协调的需要也相应提高。因此，组织设计必须确保适当数量的信息沟通和协调，以便处理好部门之间的这种相互依赖关系。

一般来说，组织内部技术越是常规化，组织规范化、集权化程度越高，采用机械式组织结构的效率也就越高；组织内部技术越是非常规化，组织规范化、集权化程度就越低，这时采用柔性有机式组织结构的效率也就越高。部门级技术类型对组织设计的影响如表 11－7 所示。

表 11－7　部门级技术类型对组织设计的影响

组织结构的特征	部门级技术类型			
	常规型技术	工艺型技术	工程型技术	非常规型技术
规范化程度	高	适中	适中	低
管理幅度	宽	适中偏宽	适中	窄
集权程度	高	适中	适中	低
沟通类型方式	纵向的、书面的	横向与纵向	书面的、口头的	横向的、口头的
控制方法	规章、预算报表	训练和会议	报表和会议	明确责权目标、会议
目标重点	数量和效率	质量	可靠性、效率	质量
组织结构类型	刚性	偏柔性	偏柔性	柔性

2）汤普森的部门技术特点相互依赖性分析

由于部门间技术的相互依赖传递不同，即相互联系、制约的紧密程度不同，也将给组织结构带来不同的影响，主要表现在部门间相互沟通的要求和协调方式的设计上。美国学者詹姆斯·汤普森(James Thompson)按照组织内各部门技术间的相互联系方式将技术分为三种：长序式技术(long-linked technology)、中介式技术(mediating technology)和密集式技术(intensive technology)。

(1)长序式技术的特点是一个部门的产出成为另一个部门的投入，顺序地完成产品的制造业务或某项管理业务。与此相对应的依赖关系称为接序互倚式(sequentiail interdependence)，它的相互依赖度为中等，要求管理者必须弄清楚工作活动之间是怎样连接的，通过制订详细的计划、时间进度表、作业顺序和工作标准以保证工作的协调和顺利进行。同时，会议以及面对面的讨论也是经常采用的协调方式。

(2)中介式技术的特点是各个部门都可以独立工作，彼此间没有生产技术上的联系，工作不能在单位间流动，各自分别为企业服务。与其相对应的依赖方式称为目标互倚式(pooled interdependence)，它的相互依赖程度最低，管理方法比较简单，即管理者应该利用规则和程序去使各部门的活动标准化，每个部门都应该运用相同的程序和财务报告。因此，所有部门的业绩都是可以衡量和集中的，各单位间几乎不需要每天进行协调。

(3)密集式技术的特点是甲部门的产出是乙部门的投入，而乙部门的产出又是甲部门的投入，两个部门相互紧密联系，相互提供资源。与其相对应的依赖方式称为交互式(reciprocal interdependence),它的相互依赖程度最高,管理程度加强,以保证部门间紧密的沟通与协调。在这种关系下,建立团队、任务小组也是经常采用的手段。

以上三种部门技术类型及对应的依赖模式和对组织结构的影响如表 11－8 所示。

表 11－8 部门相互依赖性对组织结构的影响

技术类型	相互依赖性		组织特征				
	依赖模式	依赖程度	结构复杂程度	结构规范程度	集权程度	沟通要求	协调方式
长序式	接序互倚式	中	低	高	中	中	计划和进度表
中介式	目标互倚式	低	中	中	低	低	规章、标准、程序
密集式	交互式	高	高	低	高	高	相互协调小组会议

一般来说批量化的生产技术通常需要企业采用更为集中的组织结构。但这种模式当企业达到一定规模时,从上到下的控制就会变得非常困难,因此就要求企业采用分权式的组织结构。如果技术更多的掌握在分散化的人员手中,由于传递技术信息的成本很高,因此,可能会采取更为分散的组织结构。一般来说,生产技术复杂的企业,专业化水平要求越高,协作关系也越复杂,即管理工作越复杂。

11.2.3 企业文化及人员素质对组织设计的影响

1. 企业文化对组织设计的影响

1)企业文化概念

企业文化(enterprise culture)是在企业内部通过长期以来政策的制定执行和员工群体的潜移默化得以形成的在核心价值观和行为准则等方面达成的共识,也就是说,企业文化不是企业员工的个体特征,它是一个企业中具有相同的教育和生活经验的许多人所“共有的心理程序”。管理决策者作为企业员工中的一员,必然是企业文化的实践者,同时也是创造者。在企业组织的建设中,应当考虑企业多年管理政策延续、领导风格、职工作风、行为习惯等因素的影响。

2)企业文化的作用

企业文化是一种“黏合剂”,它可以把广大员工紧紧地黏合、团结在一起,使员工明确目的、步调一致。从根本上来说,企业员工队伍凝聚力的基础是企业的事业目标。企业文化的凝聚力来自企业根本目标的正确选择。如果企业的事业目标既符合企业的利益,又符合绝大多数员工个人的利益,即是一个集体与个人双赢的目标,那么说明这个企业凝聚力产生的利益基础就具备了。否则,无论采取哪种策略,企业凝聚力的形成都只能是一种幻想。其次,企业文化具有导向作用。导向作用包括价值导向与行为导向。企业核心价值观与企业精神,发挥着无形的导向功能,能够为企业提供具有长远意义的、更大范围的正确方向与重要方法,从而把企业与个人的意志统一起来,使企业更快、更好、更稳定地生存与发展。再次,企业文化具有激励作用。激励是一种精神力量或状态。企业文化所形成的文化氛围和价值导向是一种精神激励,能够调动与激发职工的积极性、主动性和创造性,把人们的潜在智慧诱发出来,使员工的能力得到全面发展,并提高下属机构和员工的自主管理能力、自主经营能力及活力,从而增强企业的整体执行力。最后,企业文化具有约束作用。企业文化包含规范管理的相关内容,而且管理本身也体现着企业文化。在企业行为中哪些不该做、不能做，正是企业文化、企业精神发挥的“软”约束作用的结果，是一种免疫功能。约束力能够提高员工的自觉性、积极性、主动性和自我约束，使员工明确工作意义和工作方法，从而提高员工的责任感和使命感。

3)企业文化与组织设计的关系

企业文化是一种非正式的系统存在于企业之中，是企业的个性特点，因此，不同的企业具有不同的品质风格，这种风格深刻地影响着企业。企业文化与组织设计相互作用，组织设计是以企业文化为背景的，企业文化影响着组织设计的思想以及组织成员的行为。因此一个企业的组织架构必然是其企业文化的展现；而组织设计的内容与组织结构又反作用于企业文化的内容。理查德·R. 达夫特将企业文化分为适应性/企业家文化、任务文化、团体文化以及官僚文化四种。

(1)适应性/企业家文化(adaptability/entrepreneurial culture)。该种文化是以战略焦点集中于外部环境为特征的，通过柔性的组织和变革来满足顾客的要求。这类文化中的组织是通过提高灵活程度和变革来满足顾客的需求。因此，这类组织中，管理层级一般比较少，以保证对外部环境的快速反应，员工的等级观念较弱，组织内部沟通渠道众多。这类企业注重奖励革新、创造和冒险行为。

(2)任务文化(mission culture)。该种文化对于有固定群体的服务对象、外部环境没有太剧烈变化的企业以完成企业的各项指标为工作导向。因此，这类企业的规章制度比较严格，由于环境相对固定，企业采用比较稳定的组织结构，以避免人力资源的频繁流动。

(3)团体文化(group culture)。以这种文化为主导的企业把提高员工满意度作为获得高绩效的关键，使员工产生责任感与主人翁意识，使得员工对组织做出更大的贡献与承诺。处于这种文化氛围下的企业缺乏权威的观念，依靠员工对企业的认同保持业务的开展。因此，这种组织具有较宽的管理幅度、较少的等级和低度的正规化。

(4)官僚文化(bureaucratic culture)。采用这类文化的组织更多地关注组织内部，它适应外部稳定的环境而强调组织内部行为的一致性，即它要求组织成员遵守既定的规则和政策。这种文化主导的企业具有较高程度的正规化，纵向差异和横向差异程度都比较高。

企业文化与组织设计关系错综复杂，企业文化的变化要求组织设计做出相应的调整，而组织设计的变化也要求企业文化做出相应的变化。总之，企业文化要和组织设计相一致。企业文化保护原有的组织结构，抵制新的变化，如果要对组织进行重新构建，就必须对企业文化进行转型，使其不会阻碍组织变革。因此，组织设计者必须了解企业文化，以便组织设计能增强灵活性和适应性。

2. 人员素质对组织设计的影响

企业人员素质包括各类职工的价值观念、思想水平、工作作风、业务知识、管理技能、工作经验以及年龄结构等。组织结构设计之后，需要由人来执行和运作，不同素质水平的人执行同一个任务会有不同的结果。同样地，不同素质水平的人进行组织设计也有不同的效果。因此，企业人员素质对组织设计具有重要影响，我们把企业人员素质分为员工整体素质和员工专业素质。

1)员工整体素质对组织设计的影响

整体素质的高低对于规范化的影响是显著的，规范化涉及组织中书面文件的数量，这些书面文件是用于规范和指导组织成员活动的正式文本。较高整体素质的员工需要的约束也就较少，相应的规范化也就不是特别明显。具体表现为企业内部较少的约束力，较多的活动空间，比较轻松的工作氛围。

此外，整体素质的高低和职业化间的关系也是显著的。较高的整体素质对应较高的职业化，因此组织在再培训方面的层次较高。较低的整体素质会使组织更多地倾向于比较频繁和较低层次的培训。

整体素质的分布对权力层级和集权化两个方面会产生相对显著的影响，描述分布的方差越大，员工个体间综合素质的差异也就越大，具备领导力的员工和不具备领导力的员工之间的差异就越明显。就组织的结构而言，为了适应这样的员工素质状况，集权化的程度会比较高，每一个管理者的跨度也就较大。在这样的组织中，领导者的权力往往很大，组织的一般员工参与高层决策的机会也就较少。另一方面，组织的权力层级和集权化会受到整体素质高低和分布的双重影响，具体内容如表 11－9 所示。

表 11－9　员工整体素质对组织设计的影响

整体素质	高	低
管理幅度	宽	窄
集权化程度	低	高
定编人数	少	多
横向联系效率	高	低
规范化程度	低	高
职业化层次	再培训方面的层次较高	较频繁和较低层次的培训
对组织变革的态度	积极、乐观的	消极、抵制的

2）员工专业素质对组织设计的影响

员工的专业素质对组织的专门化具有最显著的影响，专业素质越高，各种专业的分布越广且均匀，组织的专门化程度也就越高。因为只有较多的专业和相应的较高和较平衡的素质，才可以更好地完成更加细化专业的业务；专业素质越低，专业分布越窄且不均匀，则专业化程度越低。

专业素质对员工比率的影响也可以很容易看到，员工比率本身就已经包括专业员工的比率，而专业员工的比率，就是专业素质各专业分布情况的表现。此外，专业素质对于职业化也具有一定的影响，较高的专业素质，表明了组织成员受到的正规教育的程度特别是正规的专业教育的程度越高。专业素质会影响组织对其成员在专业方面的培训。

人员素质作为企业内部环境的一个关键组成部分，是对企业内部环境变化的一种综合和抽象，也就是说分析人员素质的特点后所设计的组织必须具有一致的特点或属性，它们将最终决定组织设计的各个方面。

11.2.4　生命周期对组织设计的影响

组织生命周期（organizational life cycles）是指企业从创建到成长、发展的全过程及其各个阶段。随着生命周期的演进，组织结构也会发生相应的变化。生命周期的各阶段在本质上是顺序演进的，它遵循的是一种规律性的进程，每一阶段的组织结构、领导方式、管理体制和职工心态都有其特点。每一阶段最后都面临某种危机和管理问题，都要采用一定的管理策略解决这些危机，以达到成长的目的，因此，通过分析企业所处的企业生命周期阶段，可为组织设计提供重要的依据。

格林纳(Greiner)认为,一个组织的成长大致可分为创业、聚合、规范化、成熟、再发展或衰退五个阶段。奎因(Quinn)和卡梅隆(Cameron)把组织生命周期分为四个阶段,即创业阶段、集合阶段、正规化阶段以及精细阶段,如图 11-3 所示。

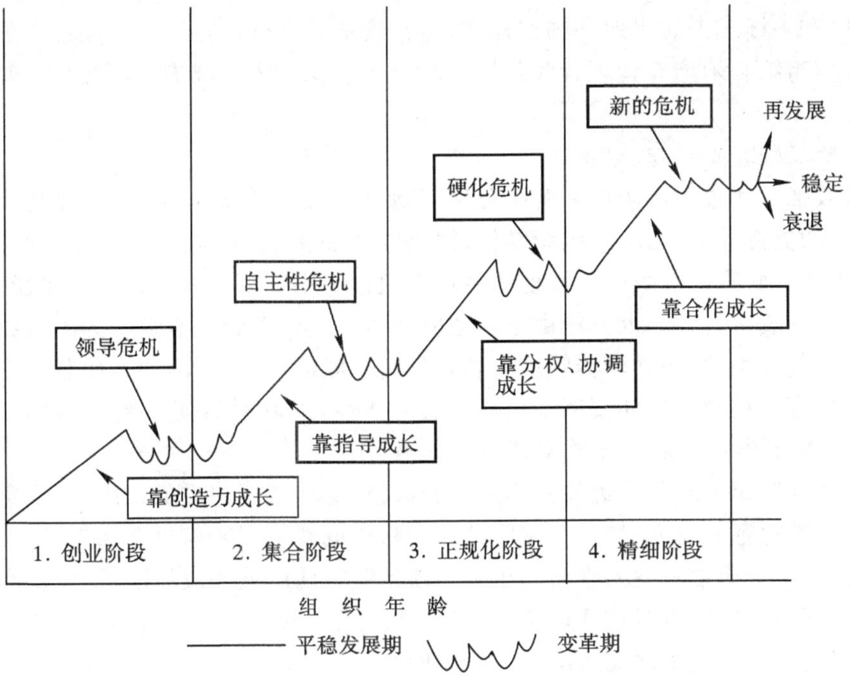

图 11-3 企业的生命周期

1. 创业阶段(entrepreneurial stage)

这是组织的幼年期,规模小、人心齐、关系简单,一切由创业者决策指挥。组织的生存与成长完全取决于创业者的素质与创造力。他们创造了市场,掌握整个组织的活动与发展。这些创业者一般属于技术业务型,不擅长也不重视管理。随着组织的发展,管理问题日趋复杂,使创业者感到无法以个人的非正式沟通来解决问题,到了创业期的后期,组织内部管理问题层出不穷,从而产生"领导危机",标志着第一阶段的结束。因此,创业者必须进行角色转换,由创业者向管理者转型,或者引进专业的管理者,整顿管理的混乱。

2. 集合阶段(collectivity stage)

这是组织的青年时期。企业在市场上取得成功,人员迅速增多,组织不断扩大,职工情绪饱满,对组织有较强的归属感。创业者经过锤炼,自己成为管理者或引进了有经验的专门管理人才。这时,为了整顿陷入混乱状态的组织,必须重新确立发展目标,以铁腕作风与集权的管理方式来指挥各级管理者,这就是"靠命令而成长"。在这种管理方式下,中下层管理者由于事事都必须请示,听命于上级而逐渐感到不满,要求获得较大的自主决定权。但是,高层主管已经习惯于集权管理,一时难以改变,从而产生"自主性危机"。企业如要继续发展,就必须改变管理方式,赋予各级管理者以较大的权力(重点问题是扩大权力的下放),提高各级管理者的积极性和自主性。

3. **正规化阶段**(formalization stage)

这是组织的中年时期。这时组织内部管理制度化、程序化,科层组织机构逐渐健全,分工精细,能够提供多样化服务,内部环境稳定。由于企业已有相当规模,增加了许多生产经营单位,甚至形成了跨地区经营,企业呈现出多元化的趋向。随着业务的发展,拟定的许多规章制度、工作程序和手续成了妨碍效率的官样文章,文牍主义盛行,产生了“官僚主义危机”或“硬化危机”。为此,组织必须培养管理者和各部门的合作意识和团队精神,加强各层次和各部门的协调和配合。

4. **精细阶段**(elaboration stage)

这一阶段强调通过团队协作来解决各项问题,克服官僚危机,其特点是跨功能区的任务团队、去中心化的支持团队、矩阵式组织结构、简化的控制机制、团队行为教育计划、高级信息系统、团队激励等。此阶段组织的发展前景也可以通过组织变革或者通过创新重新获得再发展,也可以更趋向于成熟、稳定,也可能由于不适应环境的变化而走向衰退。为了避免过分依赖正式规章制度和刻板手续,必须培养管理者和各部门之间的合作精神,通过团队合作与自我控制以达到协调配合的目的。另外要逐步增加组织的弹性,采取新的变革措施,如精简机构、划小核算单位、开拓新的经营项目、更换高级管理人员等。

企业生命周期四个阶段的边界并不是十分清晰,是一般规律性的归纳,在现实生活中则是复杂多样的。有的企业在创建时,直接跨越第一阶段或者一开始就处于第二、第三阶段。无论怎样,它提供了一个非常有益的视角。正确判断企业当前所处的发展阶段,以便明确组织设计要解决的主要问题,把握组织结构调整、组织创新的正确方向。另外可深入地了解组织结构特征,不断加以完善,及时、主动地解决所存在的问题,具体如表 11-10 所示。

表 11-10 企业生命周期各阶段的组织特征

特征	阶段			
	创业阶段	集合阶段	正规化阶段	精细阶段
重点目标	生存	成长	内部稳定和扩大市场	完善的组织
正规化程度	非正规	基本非正规,有一些程序	正规化,增设职能专家	正规化
集权程度	个人集权	上层集权	有控制的分权	有控制的分权
组织形式	直线制	职能制	职能制或事业部制	项目小组或矩阵制
高层领导风格	家长式	有权威的指令	分权	参与
奖励方式	凭个人印象和情感	个人印象和制度各半	有正规的考核与奖励制度	系统考核,按小组奖励
产品或服务	单一产品或服务	以一种主导产品为主	有一系列的产品或服务	有多个产品或服务系列
创新力量	企业家个人	管理者和一般员工	独立的创新小组	专门的创新部门或创新团队

11.3 外部环境与组织设计

企业是整个社会体系中的一个基层性的子系统并且企业还是一个开放性的有机系统，与周围的环境息息相关。外部环境是企业生存与发展的必要条件，企业对外部环境具有依赖性并受其约束，任何企业的发展都有一定的外部环境作为支撑。企业外部环境的变化都会不同程度地影响到企业的发展。

11.3.1 企业外部环境内涵

外部环境包括一般环境和特定环境两部分。一般环境包括对组织管理目标产生间接影响的诸如经济、政治、社会文化等环境条件，这些条件最终会影响到组织现行的管理实践。特定环境包括对组织管理目标产生直接影响的诸如政府、顾客、竞争者、供应商以及所在行业类型等具体环境条件，这些条件对每个组织而言都是不同的，并且会随着一般环境条件的变化而变化，两者具有互动性。

1. 一般环境

(1)经济环境。经济环境一般包括国家的经济制度、经济结构、物质资源状况等方面。经济环境的任何一次小变动都可直接影响到企业发展战略的制定，因此，管理者必须要密切注意经济环境的变动。如果市场需求发生了较大改变，则组织内在结构也需要做出相应的调整。市场变化快，组织变化也快；市场需求相对稳定，则组织结构也相对较稳定。

(2)政治环境。政治环境一般包括政治制度、政治形势以及政策与法令等因素，这些因素无一不在对企业的行为产生影响。对于跨国企业来说，管理者不仅要考虑本国的政治环境，还要考虑目标市场的政治环境，这一点对跨国企业尤为重要。

(3)社会环境。社会环境主要包括人口数量、人口分布、年龄结构、教育水平以及社会风俗习惯等因素。人口数量、人口分布以及年龄结构会直接影响到市场潜力的大小。教育水平以及社会风俗习惯反映人们对企业的看法以及企业潜在的发展方向。

2. 特定环境

(1)政府。政府管理部门是影响企业经营的一个重要因素。政府为了维护经济稳定，纠正市场失灵的部门，保障大多数人的利益，这就往往同企业组织的目标存在着一定的偏差。这种偏差对企业有一定的约束作用。

(2)顾客。没有顾客的企业不会存在于经济社会中。企业应知道自己的顾客究竟是哪些人、哪些层次的人。企业不仅要从静态的角度来考虑顾客，更需要从动态的角度来分析顾客。社会不断变化、需求也会发生变化、顾客也会随着变化。如果管理者不以变化的眼光看待顾客群，则会失去抢占市场的先机。

(3)竞争者。在企业创建时就意味着面临竞争，其成长过程也是不断竞争的过程，竞争者的一举一动都影响着企业的生产经营，甚至影响着企业的战略制定。按照波特的理论，企业面临着来自三个方面的竞争源：竞争对手、替代品以及潜在进入者。竞争对手的影响最为直接，替代品的生产者也会对企业造成一定的威胁，潜在的进入者也是应该关注的一个方面。

(4)供应商。企业的生产经营活动必须从外界获得资源的供应。资源供应是包括生产工具、生产原材料、人力资源以及信息资源等方面的供应。这些供应商的供应能力直接影响到企业向顾客提供产品或服务的能力。在现代市场中，时机稍纵即逝，这要求企业能够迅速地把握市场信息、在最短时间内获得所需的原材料，从而更快地响应顾客的需求。除了上述的供应外，还有资金的供应。企业的财力不仅来自内部的积累，而且更多地来自外部的资金市场，如银行信贷、发行债券以及引进外资。这些要素在很大程度上影响着企业的发展。

(5)行业。不同的行业有不同的特点，其组织结构也有很大的不同。例如，在交通运输业方面，其组织结构具有明显的依地理性分布而分权的特点，组织单位依不同的地理分布而建。在商业企业方面，其组织结构具有明显的依据商品类别不同而设置相应的组织机构的特点。在工业企业方面，企业一般把组织划分为诸如技术科、生产科、工艺科、技术开发部等。

当一个企业发展为跨地区集团时，其管理工作复杂程度增大，因此需要一些机构来协调集团的运作，从而使下属企业变得更加独立，整个企业的组织结构变得更松散。全球经济一体化进程加快，企业经济活动的开放程度日益提高，企业的组织结构将越来越呈现国际化特征。

11.3.2 外部环境的不确定性与组织设计

1. 环境的不确定性

环境的复杂性和变动性决定了环境的不确定性。环境的复杂性是指影响组织运营的外部要素的数量的多少和相异程度。数量越多，相异程度越大，则面临的环境越复杂。所谓的变动性是指决策者由于缺乏完整的外部环境信息，以至于无法预测未来的变化而做出正确的判断和决策。根据这两个指标可以把企业环境的不确定性划分为四种，且与之相对应的组织结构特性如图 11－4 所示。

环境的稳定性	稳定	低度不确定 1.受外部影响的因素数量少 2.各因素基本保持不变或变化缓慢 3.结构特性：复杂性高、规范性高、集权性高	中低度不确定 1.受外部影响的因素数量多 2.各因素彼此间不相似但各要素基本保持不变 3.结构特性：复杂性高、规范性高、集权性较低
	不稳定	中高度不确定 1.受外部影响的因素数量少 2.各因素有某些相似但处于连续的变化过程中 3.结构特性：复杂性低、规范性低、集权性较高	高度不确定 1.受外部影响的因素数量多 2.各因素彼此间不相似且处于连续的变化中 3.结构特性：复杂性低、规范性低、集权性低
		简单	复杂

环境的复杂性

图 11－4　环境特征与组织结构特性的关系

当环境由简单的稳定性向复杂的变动性转移时，关于环境的信息不完整性也逐渐增强，管理决策过程中的不确定因素也增加，只有那种与外部环境相适应的组织结构才可能成为有效的组织结构。

(1)低度不确定的环境。环境的不确定性程度低，企业对环境的预测和适应比较容易。如啤酒、煤炭和矿石开采类企业，这类企业一般产品品种单一、客户稳定、产品的需求量比较容易掌握，不需要具备很大的灵活性以应对突然的变化。因此，这类企业一般采取强而有力的组织结构形式——机械式组织结构。

(2)中低度不确定的环境。尽管影响因素增多，但这些因素比较稳定，因而预测并适应环境也不是很困难，如生产、加工食品类企业多数属于这一类，它们一般产品品种多样化、所需材料各不相同、有较多的供应商，但同行竞争者也较多。总体来说，这类环境中知识的总量较为丰富，知识类型和特性较为复杂，处于该环境中的组织同样需要复杂的具有一定专业性的知识。这种复杂性还体现在空间和文化的分散性，组织结构的水平差异化和空间差异化程度相应较高，由于专业化分工较细，部门之间的整合和协调要求增加，规范化程度也较高，在生产和操作部门仍以规则和指导为主，但在具有较深专业知识的员工中，工作的独立性较强，多采取分权的形式。

(3)中高度不确定的环境。虽然影响企业的外部因素不多，但这些因素处于连续的变化过程中，难以预测，这种环境中虽然知识的复杂性较低，但是知识的持久性很低，更新速度快，从而要求组织不断地与外界进行知识交换和更新。这种情况下，组织分工程度不可能很细，部门的数量较少，边界跨度大，组织的复杂性和规范性都较低，分权化程度也较高，特别在知识更新速度很快的部门和人员中，如时装类企业、西方的快餐食品企业大多属于这一类。处于这类环境中的企业一般会在企业的非关键部门内采取较为灵活的组织结构形式，即有机式组织结构，将部分的决策权分散到直接面对环境的员工上，以便更加迅速地应对环境的变化。

(4)高度不确定的环境。这类环境的不确定性达到最高程度，企业面对这样的环境具有很大的风险性。以电子制造业和家用电器企业为典型，这类企业一般由于顾客偏好技术发展等原因，很难预测其变化的方向和速度。处于这类环境的企业大多采取有机式组织结构，强调分权与合作，由于高度分权，企业需要大量的协调人员以保持前进方向的高度一致。

总之，当外部环境较为稳定时，内部组织为了提高组织运行的效率，往往需要制定明确的规章制度、工作程序和权力层级，组织的规范化、集权化程度比较高，其组织结构的设计可以采用机械式的层级结构形式；而在环境较为不确定时，内部组织比较松散，决策权力分散并下移，权力层级不明确，组织结构设计可以采用柔性灵活的有机结构形式。

2. 环境与组织设计

为了应对越来越不确定的环境，企业的组织设计也越来越多地采取不同的方法，在不同的情况，企业组织设计者应采取相应的组织对策。

1)增加职能部门和职位数目

当外部环境的复杂性提高时，传统的应变方法是增设必要的职位和缓冲部门。这些职位和缓冲部门主要是围绕核心能力设立的，其目的是促使组织资源和环境之间更好地交流和平衡。随着外部竞争的不断加剧，信息变得愈加重要，组织设计者还要能够跨越组织边界聘用一些外部专家或建构信息情报部门来搜集必要的信息，以使决策者能够及时了解外部环境的动态变化，及时做出反应。信息不仅是需要输入，还需要对外进行输出，以加强外界对企业的了解和认识。尤其是营销部门，需要把企业的良好形象和发展规划介绍给社会各界，让社会人士熟知这个企业，树立良好的口碑与声誉。缓冲部门主要是那些对外联系部门，它们吸纳和减少环境不确定性给生产系统带来的冲击和干扰。例如，企划部实行滚动计划和备用计划来缓冲外界的影响因素；生产管理部门也会把车间一部分生产能力独立出来设置顾客服务部，用来应付临时、紧急订货和产品返修，避免冲击车间的正常生产。

2)加强企业管理中的协调和综合能力

不确定的环境要求企业各部门必须进一步专业化，才能应对复杂多变的环境。这是因为对每个环境因素的成功反应，都需要有专门的技能和行动，这就导致部门间需要进一步专门化，以分别应对各个环境因素。高度的专业化会使不同部门的目标、价值观等方面具有明显的差别,这就可能导致协调比较困难。在差异很大的情况下,所需的协调成本将会很高。在这种情况下,企业通常的措施是配备专业的综合管理人员。一般情况下,在高度不确定环境中运行良好的组织,应具有较高的专业化和综合能力;在较低的不确定环境中,企业的专业化和综合能力都相应较低。如研究与开发部门,因为面临的是动荡的市场环境,选择有机性结构较为妥当,而生产性部门面临的是相对稳定的环境,选择层级结构或许更为合适。

3)**强化计划职能和对环境的预测**

在一个相对稳定的环境条件下,组织考虑的是如何集中精力去解决当前的主要问题,对组织本身来讲,制订长期计划并预测未来似乎意义不大。因为,未来环境的要求与当前是一致的,组织的效率似乎体现在对一些现实问题的有效处理上。在环境多变的情况下,计划和预测工作的重要性就增加了,计划与预测可以使企业早做准备,从而削弱外界变化的不利影响。管理者应提高计划部门在各个职能部门中的地位和作用,使其计划意图和指令能较快地在整个企业中得到贯彻。

4)**通过组织间合作尽量减少组织自身要素资源对环境的过度依赖性**

组织存在的一个重要前提是能够确保从外部环境中连续不断地获取关键的组织要素资源,如原材料、资金、劳动力等。如果组织中的这些资源被其他组织所控制,组织活动将会变得十分被动。为此,组织需要通过与其他组织建立广泛的合作关系来确保这些资源的及时供给。合作的方式可以是多种多样的,例如,通过并购来获取对关联组织的控制;通过与其他组织建立战略联盟实现资源的共享和互补;选择有重要影响力的人士加入董事会;通过广告和公共关系树立组织形象等。当然,组织也可以通过并购或剥离等变革方式彻底改变组织所依存的环境领域,这样,组织可以保持相对的自主性和独立性。

11.4 战略与组织设计

企业战略决定组织结构。企业组织结构是实现企业经营战略的重要工具,不同的战略要求不同的组织结构。一方面,战略的制定必须考虑企业组织结构的现实;另一方面,一旦战略形成,组织结构应做出相应的调整,以适应战略实施的要求。适应战略要求的组织结构,能够为战略的实施、为组织目标的实现提供必要的前提。战略选择的不同,在两个层次上影响组织的结构:不同的战略要求开展不同的业务活动,这会影响管理职务的设计;战略重点的改变,会引起组织的工作重点转变,从而引起各部门与职务在组织中重要程度的改变,因此要求对各管理职务以及部门之间的关系做相应的调整。

11.4.1 钱德勒的研究

美国学者钱德勒(Chandler)出版了《战略与结构》一书,他通过对 70 多家大企业进行调查研究,结果表明,美国许多大公司的发展都经历了战略发展的四个阶段,每个阶段都有与之相适应的组织结构。

1. 数量发展战略阶段

许多组织开始建立时,往往只有一个单独的工厂,只是比较单一地执行制造或销售职能。这个阶段的组织只需采用简单的结构或形式。

2. 地区开拓战略阶段

随着行业进一步发展，生产或业务向各地区拓展，为了把分布在不同地区的同类组织有机地组合起来，就产生了协调、标准化和专业化问题，要求建立新的组织机构，企业组织应运用职能部门结构。

3. 纵向联合发展战略阶段

随着竞争更加激烈，为了减少竞争的压力，企业一般会在同一行业基础上进一步扩大功能，如从销售服装用品专业化起家的零售商店扩大到销售各种用具与家具等。这种发展战略要求建立与此相适应的职能机构，通常为事业部制结构。

4. 产品多样化战略阶段

企业在原产品的主要市场开始衰落的时候，为了避免投资或经营风险，也为了更好地利用现有的资源、设备和技术，而转向新行业的新产品的生产和新服务的提供。这种战略的组织结构要考虑到对新产品的评价和考核，资源的分配以及部门的划分和协调等问题，一般要求建立与此相应的横向发展的产品型组织结构即通常采用矩阵结构或经营单位结构。

总之，研究发现，许多经营成功的公司，如保持在单一行业内发展，则偏好采用集权的职能结构，而那些实施多元化经营的公司，一般采用分权的事业部结构。为了不断适应公司新的发展战略的要求，公司也要适时地变革组织结构，以保持组织的自适应性。

11.4.2 迈尔斯与斯诺的研究

迈尔斯和斯诺(Miles & Snow)根据对既定产品或经营项目如何进行竞争的方式和态度，形象地总结了四种战略类型以及相关的组织结构类型，并且要求两者相互适应。

1. 防御型(defender)战略

采用这种战略类型的组织一般都是处于比较稳定的环境之中，决策者通过高度的集权和专业化分工以及程序化、标准化作业活动使组织稳固地发展，并据此防御竞争对手。这类组织由于具有严密的层级控制系统和高度的部门分工差异性，组织的目标稳定而富有效率。

2. 探险型(prospector)战略

采用这种战略类型的组织一般都处于动荡变化的环境之中，决策者需要不断地开发新产品，寻找新市场，组织的目标可以灵活地加以调整，这必然要冒更大的市场风险。组织必须依靠建构更为柔性、分权化的组织结构，使各类人才和各个部门都有充分的决策自主权，最终能够对市场的最新需求做出灵活的反应。

3. 分析型(analyzer)战略

采用这种战略类型的组织所处的环境也是动荡不定的，但决策者的目标比较灵活，尽可能使风险最小而收益最大。这类组织一方面要稳定现有产品的市场份额，即需要实行规范化、标准化、程序化的作业保证市场供给；另一方面组织又需要跟踪分析更富有市场竞争力的新产品，及时跟进。这时，需要通过建构柔性灵活、分权化的组织结构，随时对外部环境的变化做出反应。所以，为满足企业战略的双重需要，组织结构的设计带有两重性，即刚性结构和柔性结构的混合。

4. 反应型(reactor)战略

采用这种战略类型的组织一般也是处于动荡变化的环境之中，但限于决策者的市场判断能力、内部管理能力、主动应变能力，组织者很难及时对外部环境变化做出反应，只好采用被动反应的战略以应付环境的不确定性。在这种战略下的企业往往没有明确的组织形式，根据现实情况的变化，组织结构特征会发生急剧的改变。

上述四种战略与其相对应的组织结构特征如表 11－12 所示。

表 11－12　四种战略的组织结构特征

战略分类	组织结构特征				
	一般结构形式	集权与分权	规范化程度	信息沟通	组织侧重点
防御型战略	职能制	集权	高	纵向为主	严格的成本控制
探险型战略	事业部制	分权	低	横向为主	重视研发和营销
分析型战略	矩阵制	集权与分权相平衡	适当结合	纵横结合	在进行严格成本控制的同时保持灵活性和适应性
反应型战略	没有明确的组织形式，根据现实情况的变化，组织结构特征会发生急剧改变				

11.4.3　波特的研究

迈克尔·波特(Michael E·Porter)认为，组织应在稳定性、持续性、适应性和革新性保持动态的平衡。他认为当组织机构与战略目标不相适应时，在保证战略目标的正确性和合理性的前提下，一般是变革组织结构。在外界环境相对稳定时，企业战略的调整和相应的组织结构的变革都以渐进方式进行，战略与组织大致相符。而当企业面临重大的战略转折与创新时，则要求制定和实施不同的新战略，要求组织结构进行重大变革。然而，在实际情况中，战略也可能会产生“惰性”，从而使战略调整滞后于环境变化。有时甚至调整的方向南辕北辙，使企业蒙受巨额损失。同样，组织相对战略而言，也存在一定的“惰性”。战略的某些变化往往并不能马上表现为组织结构的相应变化。因此，在实践中必须注意克服战略对环境和组织对战略这两个“惰性”，从而既有利于正确战略决策的做出，又保证战略的迅速有效下达，最终使组织始终符合环境变化的要求。

波特通过对大量企业的研究，提出了三种竞争战略，即成本领先战略、差异化战略以及集中化战略。这三种基本战略对组织结构的要求也不同。

(1)采用成本领先战略的企业，其组织结构的特征一般为结构分明和职责明确，并显现出高度的中央集权；拥有标准操作程序、高效的资源获取和分销系统，以满足严格的定量目标为基础的激励；成本控制严格；经常需要上交详细的控制报告。这类企业强调组织的效率和控制，金字塔型组织结构在这种情况下就显得非常有优势。

(2)采用差异化战略的企业，其组织结构的特征一般是研究与开发、产品开发和市场营销部门之间有密切协作的关系，管理者重视主观评价和激励，有良好的工作环境，以便吸引高技能工人、科学家和创造性人才。这类企业要求组织要有非常强的灵活性和创新能力，所以需要组织结构具有相当大的柔性，并能促进知识在企业内部的积累与合理分配。

(3)采用集中化战略的企业，其组织结构的特征一般是高层指导与下属决策在特定战略目标上结合，奖励和报酬制度灵活，强调客户忠诚，强调员工与客户接触方面的授权。由于这种战略具有以上两种战略的一些特点，所以组织结构要根据具体的战略目标来进行设计。

总之,战略是企业的一项重要工作,它的正确与否,决定着企业的命运。随着企业内外环境的变化,组织柔性对战略的影响是至关重要的。在经济全球化和信息化的商海中,企业需要从战略目标制定、规则调整到战略实施都贯彻柔性化的理念,才能在运营中表现出很强的应变弹性。过分追求精确往往陷入僵化境地,柔性的战略观念则使人们以一种更能适应复杂环境变化的管理来迎接新时代的挑战。

11.4.4 知识对组织结构设计的影响

从知识的角度看,结构的复杂性是由组织中知识的特性决定的。决定结构复杂性的核心特征主要是知识的分散性,它们通过知识整体的复杂性表现出来。知识的复杂性可以用知识的广延度和集约度来衡量。知识的广延度主要是指知识的分散性,包括空间距离、文化跨度和技术差异三个方面。知识的集约度则指组织对高级知识和最新知识的需要程度,包括知识的专业深度和更新速度两个方面。

1.知识对组织结构复杂性的影响

(1)知识分工的程度决定了组织结构的横向差异性。社会的知识分工越细,组织成员之间专业方向和技能以及文化方面的差异性也就是个体知识间的差异性就越高;组织中的知识分工越细,组织中的工作性质和任务的差异性也就是组织所要求的知识差异性越高,相应地组织中专业化程度和部门间差异性也会增加,组织中不同个体和不同部门间的知识整合的要求增加,组织协调也就越困难。

(2)知识分工影响组织中的管理幅度,进而影响组织纵向差异性。知识分工越细,知识的分散性越高,下属人员的文化和技术差异性也越高;知识分工的细化还会使组织中的工作和任务的专业性强,标准化程度降低。这些都使管理者能够有效进行指导和监督的人数减少,也就是降低管理幅度。在这种情况下,如果组织仍然保持对员工较高程度的监督和控制,必然导致组织层级的增加,层级之间的差异性也会增加,可见,在其他因素保持不变的情况下,知识分工越细,知识的广延度越高,组织结构的纵向差异性也会越高。

(3)知识分工和知识在空间的广延度决定了组织结构的空间差异性。组织所需要的知识量和知识类型越多,知识的空间分散性越大,要求组织获取在不同地区的人力资本、市场知识和制度知识、结构的空间差异性就比只在一个区域内经营的组织大,知识的整合和组织的协调也要困难得多。

(4)从知识的深度来看,在一个需要高度专业化知识的组织,专业人员之间的差异化和工作任务之间的专业化程度较低,以保持人员以及部门之间进行充分的信息和知识交流。因此,横向差异性程度也较低。为了促进信息和知识的沟通,组织的管理层级数量相对较少,由于指导和监督的困难,组织可能采取更加分权的形式,管理幅度相对较宽,会导致结构的纵向差异性较低。

(5)知识更新的速度主要影响组织结构的纵向差异性。因为一个组织要求不断更新知识,它往往处在不断变化的环境之中,如时装行业和电子行业,他们对市场知识和技术知识的更新要求非常高,这种快速捕捉和吸取外界知识变化的要求,必然导致组织结构中管理层级数量的减少,因为较多的管理层级会导致沟通的困难和信息传递的失真,从而导致快速反应能力和快速决策能力的丧失。所以在对知识更新要求较高的组织通常表现出较低的结构纵向差异性。

2. 知识对组织结构规范性的影响

当组织中知识文化差异性很高时，不同文化背景的员工如果用标准化的行为规则进行管理，必然会引起矛盾和冲突，这就要求减少组织行为指导的规范性。如果组织中知识的技术差异很大，特别是在不同层次的知识技术中，更不能以标准化的工作流程和方法予以统一规范，因为越是专业化的知识越需要较大的自由度，对专家成员的行为和工作活动进行限制，会降低知识的运用效率，从而阻碍知识的交流和创新。

不同类型知识的特性确定组织结构的规范性。例如对于常规性的活动和岗位，运用的知识通常是规则的和一般性的，结构的规范化程度就较高；而对于非常规性和变化速度快的工作，难以通过一般的逻辑分析和经验惯例完成，活动者需要较大的空间和自由才能进行知识运用和创新，因此规范性相对就较低。

综上所述，组织结构设计受企业外部因素和内部因素的双重影响，内部一致性和外部环境适应性是组织设计中的重点，组织设计可以为某种环境设计，也可以是出于内部的分工，但各有机会成本，很难兼顾。组织结构的设计也许不能同时达到内部一致性和外部环境适应性的目的，但问题不在于形式，而在于达到内外环境的和谐。

本章小结

权变因素反映的是整个组织的特征，它描述了影响和改变组织维度的环境。从权变的观点来看，不存在一个普遍适用的、理想的组织结构。随着知识经济时代的来临，企业的内外部环境都在不断地变化，因此企业应根据各自面临的环境特点来设计相应的组织结构。

组织结构的设计受组织内外环境、战略以及知识的影响。组织内部环境包括组织规模、技术、企业文化以及生命周期。外部环境一般包括一般环境和特定环境。

企业战略决定组织结构，企业组织结构是实现企业经营战略的重要工具，不同的战略要求不同的组织结构。认为战略影响结构的主要代表人物是钱德勒、迈尔斯、斯诺与波特等。

结构的复杂性是由组织中知识的特性决定的。决定结构复杂性的核心特征主要是知识的分散性，它们通过知识整体的复杂性表现出来。知识的复杂性可以用知识的广延度和集约度来衡量。知识的广延度主要是指知识的分散性，包括空间距离、文化跨度和技术差异三个方面。知识对组织结构的复杂性和规范性都有影响。

批判性思考与讨论题

1. 为什么规模大的组织通常是更为正规化的组织？
2. 你认为企业信息化对组织设计的最大影响是什么？
3. 简述组织生命周期与组织设计的关系。
4. 企业在进行组织设计时应如何应对环境的不确定性？
5. 为什么要分两个层次来研究技术对企业组织结构的影响？
6. 你认为知识与组织设计以及环境有什么联系？

案例分析

中国盐业总公司(简称“中盐”)是国内盐行业历史最长、规模最大的企业,也是盐业中唯一的中央企业。近年来中盐积极变革,取得快速发展,但快速发展的背后,却存在不少隐患,主要表现在集团是“集而不团”,战略布局停留在“收编不整编、整编不改编”的状态。如在运行过程中各成员二级企业仍以本企业的利益为中心;总部与成员企业之间,成员企业相互之间仍是竞争关系,整体形不成合力;集团总部的职能不明确;治理结构紊乱,运营仍带有很强的行政性色彩。这些问题严重影响企业的战略执行,加上盐行业的下游产业化工行业周期不景气、盐业产能持续扩张的外部压力,使得企业面临巨大的经营风险。毛总如何解决这些棘手的问题呢?

1. 相关背景介绍

中国盐业总公司(原名中国盐业公司)创立于1950年,现为国务院国资委管理的国有大型企业。中国盐业总公司是国内盐行业历史最长、地位最高的企业,也是盐业中的唯一中央企业。“中盐”是盐业最具价值的品牌,而且中国盐业总公司曾经也是国内最大的、真正企业意义上的盐业公司。随着国家改革的需要,从作为企业意义的角度来看,中盐的命运也随之起起落落,但唯一不变的是中盐从此始终带着浓重的行政管理和行业管理色彩。企业主要承担两大任务:一是承担全国食盐专营的生产经营任务,确保全国合格碘盐供应;二是做大做强企业,实现国有资产保值增值。1999年9月29日,中国盐业总公司实现“政企脱钩”,除保留食盐专营部分的行政职能外,作为企业意义上的中盐,积极变革,锐意进取,并且陆续取得了一系列成绩。截至2006年,中盐已经发展成为有从业总人数10697人,在岗职工人数10260人,已跻身为中国企业500强,在中国盐业中有着重要的地位和作用,拥有全资、控股子公司29家。

盐业行业是传统行业,全行业盐产量增长平稳,2000年为3128万吨,2001年为3410.51万吨,2002年为3602.43万吨,2003年为3437.7万吨,2004年为4043.44万吨,2005年为4661.06万吨。其中食盐800万吨左右,其他大部分为工业盐,少量为农牧盐和出口盐。食盐采取专营政策,即食盐产销计划为国家指令性计划,食盐价格由国家统一定价;工业盐与其他盐采取市场化经营。中盐总公司负责食盐计划的分配和落实。2006年中盐总公司盐产量突破1000万吨,在盐行业排名第一。2005年1月5日,中盐总公司正式提出两步走发展战略。第一步:成为中国、亚洲最大最强的盐业企业。在3～5年内,通过合理布局,结构调整,资源整合,突出发展主业,重点进行产业与产品结构调整和升级,盐产量超过1000万吨,成为中国、亚洲最大最强的盐业企业。第二步:再用3～5年的时间成为世界上一流的盐业企业。盐和盐化工并举发展,打造盐化工产业链,形成产业结构合理、产品品种多样的发展格局,盐产量超过1500万吨,盐化工产量吨位突破200万吨,成为国内主要化工企业,把中盐初步打造成为世界一流的盐业企业。公司的战略逐步从单一业务类型走向多元化业务类型。

为了加速企业发展,增强企业实力和竞争力,中盐总公司围绕主业,抓住机遇进行资本扩张。2004—2006年上半年,中盐总公司通过兼并重组分别成立了中盐新干盐化有限公司、中盐枣阳盐化有限公司、中盐吉兰泰盐化集团有限公司、中盐沧州盐化集团有限公司等一批盐和盐化工企业,联合重组了甘肃盐业等省级盐业公司。目前,中国盐业总公司拥有全资企业8家、控股企业22家。原有的职能部门为18个,分别是总经理办公室、党委办公室、发展战略研究室、审计室、监察室、加碘盐办公室、国际合作部、信息中心、人力资源部、老干部部、财务部、企业管理部、食盐专营部、规划发展部、中国盐业编辑部、盐政处、价格处、行政部。

2. 问题与决策点

伴随着组织的高速发展和扩张，资产规模越来越大，中盐总公司企业内部市场、物资采购、资金、科技、人力等一系列资源未能有效整合，集团内部之间协同合作不够，组织结构出现不匹配。

总部的一些访谈对象表示，“部门职权混乱，给我的工作带来很大的不便”“总公司过渡得太快，时间太短，跨度太大；部门的职能发挥得很不好；工作中受到众多牵制”“战略制定与战略实施两张皮，无法实施”“总部职能交叉，太软弱”。对总部 74 位正式员工进行问卷调查，收回问卷 32 份，“决策执行不力、迟缓或者不到位；管理标准和程序没有很好的遵守；管理人员素质难以适应工作的要求”三个问题被认为是组织结构的最大问题。51%的调研对象认为工作目标和任务是依据上级精神确定，同时将近 20%的岗位工作成果平时是不考核的。大多数人认为公司的财务制度不健全、信息化水平低。41%的调研对象认为考核结果与收入挂钩不明显，没有明显的激励作用。

对于总部的组织结构的问题，子公司有不同的评价，“没想到总部这么弱”“沟通不畅，决策不听取下面意见”“希望工作制度化，制度程序化，程序规范化”“总部职能转变但观念没变，总部死命抓钱，其他不管”“总公司管理思维落后，不懂生产经营，管理思维落后”。对 9 家子公司问卷调研，收回问卷 154 份，45.7%的调研对象认为“总部不清楚子公司情况，管理不合理”，33.1%的调研对象认为“缺乏管理程序和工作标准”。

公司总部 70 多个人，有 18 个职能部门，存在因人设岗、职能重叠；决策权分配混乱，总公司董事兼职太多，导致经营和监督职能不分，不易划分责任，决策过度集中，决策效率下降，许多事逐级上议；总部与下属子公司没有建立起日常的沟通交流机制，部门之间信息缺乏沟通，甚至互相屏蔽信息；一些业务流程不明晰，而且现有的规范化文件不切实际、执行困难。

3. 组织结构的调整

中盐总公司从 2005 年 2 月起逐步实施组织结构的调整，2 月 3 日中国盐业总公司举行部门管理人员聘任仪式及机构调整、竞聘上岗、薪酬改革大会，公司职能部门由 18 个调整为 13 个，组织结构如图 11-5 所示。

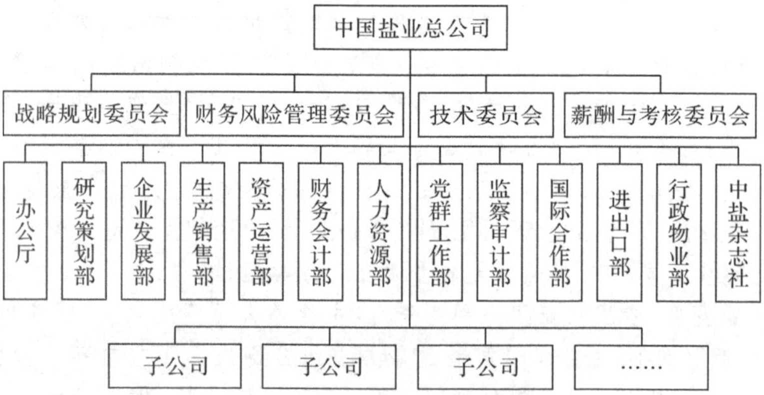

图 11-5　中盐总公司的组织结构

组织的职能部门进行了部分合并，同时部门经理的选聘由传统的任命制变为竞聘上岗，采取员工参与的投票制，只有获得员工与公司高层管理者共同认可，才能担任部门经理。这种做法有效地改变了公司传统的“行政任命”的晋升机制，使得一批有能力的员工担任中层管理工作。但是仅仅组织结构的一个维度发生变化是不够的，组织结构的权力分配、规范化、协调机制的不匹配仍然导致组织结构与背景因素不匹配。

在组织结构的初步调整后，总部的职能设置还是存在不合理的现象，例如在战略规划上，两个部门(企业发展部、研究策划部)、三个岗位涉及战略规划问题，由于业务考核等多种原因，跨部门的合作难以生效，研究策划部主管和企业发展部主管被其他事务过多牵涉精力，不能够全心投入战略规划事务。品牌的策划由资产运营部负责，但是品牌的推广由生产销售部负责，对品牌建立的任务两个部门相互推卸责任。规章制度从制定到发布，往往是一个子公司提交，总部照搬下发到所有子公司，缺乏针对性。总公司内部信息无法共享，多个部门向子公司要同一份数据。部门管理幅度大，总部的职能部门下属企业、部门或职位总计最高达到30人。由于职能设置不合理造成了组织中的混乱，一些部门经理和子公司的管理者认为“总部越改越乱，改了不如不改”，“部门工作人员的沟通心态没有改，与子公司沟通时抱有上级领导官僚心态”，“改革后的考核程序模糊，而且不能严格执行；考核之后反馈和沟通不足，无法知道如何改进”。

4.再调整

中盐总公司对组织结构的调整进行重新思考，对集团公司的总部和母公司的组织结构调整意见进行调研。总部的调研结果表明最应该加强财务管理和信息化，子公司的调研结果表明最应该加强信息化和企业文化。信息化建设是集团全体认可的措施，IT基础设施为组织结构的调整提供了有效的平台。

中盐总公司于2005年11月开始新的IT系统的建设，先后建立了财务系统、人力资源系统、资金集中管理系统，实现了“统一网络、统一平台、统一数据库”“统一技术标准”，达到决策、控制、执行的闭环控制，信息流、物流、资金流的有机统一，业务账、财务账、实物账高度一致，业务、财务、办公一体化运营。

中盐总公司通过信息系统实现了资金集中管理，销售公司归总部管理，分成盐和盐化工两个事业部，加强董事管理，重新定位部门职能。

研究策划部加强行业研究队伍、加强信息建设，考虑在时机成熟的条件下，与企业发展部合并；企业发展部统一战略执行与战略制定的管理，在时机成熟的条件下，将科技规划等职能调出至生产销售部，被收购企业公司章程制定职能调入部门内，资料管理调出至办公厅统一管理；财务部加强对资金结算中心的建设，考虑单设机构的做法，升级为财务公司，加强非交易类会计职能、加强信息化建设和对二级子公司财务负责人及董事的相关财务业务管理指导工作；人力资源部加强人力资源战略建设，特别是化工人力资源库的建设，在完成国资委对绩效考核要求下采取多种激励措施，完成对二级子公司人力资源库的建设；生产销售部负责品牌建设、科技规划，根据销售公司或总公司直接进行销售的不同情况制定不同的销售管理职能；资产运营部把品牌管理调出至生产销售部，加强资本运作职能，开发银行贷款以外的融资渠道。

5.效果

中盐总公司通过组织结构的调整，使得结构与战略匹配，实现了集团化管控和一体化。2006年中盐总公司主营业务收入与利润同步增长，全公司主营业务收入比上年增长31.71%，完成年计划113.34%；实现利润总额比上年增长33.76%，完成年计划109.1%；上缴税金比上年增长40.71%；主要产品产量快速增加，全年生产加工量首次超过1000万吨，比上年增长15.3%。

6. 小结

中盐总公司的组织结构与战略、规模、IT基础设施的匹配过程是一个典型的行业性行政企业向现代化企业转型的例子。中盐总公司由于历史沿革的原因，或多或少带有行业管理的文化气息。中盐总公司的高层管理者指出行业管理的惯性对集团的治理模式、决策方式等方面产生消极影响：服务于行业管理的需要，强调宏观指导；追求稳定，不做事也就不出事；追求思想统一，上级意志是下级的行动指向；对待不合格人才，是"挪位置"而不是解聘；组织内部的成员还没有建立起面向市场竞争的企业文化观念。由于存在组织惯性，当组织的战略调整、规模发生变化，组织结构的调整显得非常困难，想要同时转变组织结构的四个维度是不可能的。因此，中盐总公司先调整组织结构的外在维度——复杂性，通过部门合并引入竞聘上岗，在组织中引入竞争。然后在组织内部集思广益，构建信息化的平台，依靠信息系统实现集中控制，进而理清了组织的业务流程，再次调整了组织结构。正如McFarlan、Nolan和陈国青所说，重新绘制组织结构图（改变组织结构的复杂性）可以产生组织混乱，然而这种混乱可能是有益的，它可以帮助管理者撼动固有的管理模式，在变革的早期为变革创造条件。Intel公司的前总裁Grove就强调要能够在多变的环境下及时进行战略的调整，既要接受混沌的引导，又要驾驭混沌。中盐总公司冲破了原有的组织惯性，实现了组织结构与背景因素的匹配。大样本的实证研究也表明在转型期恰当的中国企业的组织结构设计对绩效有显著的影响。

资料来源：中国管理案例共享中心案例库。

【启发思考题】

1. 中国盐业总公司是按照怎样的路径调整组织结构的？
2. 结构权变理论还要考虑哪些因素？

实操训练题

选择一个你熟悉的企业，分析这所企业的内外环境，并分析该企业所处的生命周期是哪个阶段，并说明该企业是如何度过生命周期中的危机的。

第12章　组织变革与未来

本章的研究内容

1. 组织变革的概念与方式
2. 组织变革的目标、意义和内容
3. 组织变革的征兆与程序
4. 几种典型的组织变革理论模型
5. 组织成功变革的要素
6. 变革的阻力及变革实施技巧
7. 数字化时代的组织变革发展趋势

关键概念

组织变革(organizational change)
结构变革(structure change)
人员变革(personnel change)
技术变革(technology change)
文化变革(culture change)
变革程序(change process)
变革阻力(resistance to change)
变革理论模型(theory model of change)

开篇案例

在计算机产业独占鳌头80年的IBM公司的衰退，成为组织衰败的一个经典案例。这家公司从实实在在的世界第一沦落到为自己命运而挣扎的地步，这一过程究竟是如何发生的？同样重要的是IBM公司现任管理者采取了什么变革措施，使该公司获得了新生，并重新确立其计算机产业领导者的地位？

已退休的IBM执行经理马尔科姆·鲁滨孙(Malcolm Robinson)是在IBM欧洲分部升迁

到高层职位的。他说:“360系列计算机的大规模发展给企业带来的复杂性简直到了难以管理的地步。在一段时间里,公司处于一片混乱之中。因此,必须创立一个新的组织,使事情处于良好的控制下,以确保类似的混乱局面不再出现。而这也正是官僚体制诞生的起点。过多的人员和过多的会议导致IBM的经理们犯下许多错误。比如,为响应计算机市场的变化而必须迅速做出的决策,往往不是被忽视,就是被拖延。因为烦琐的管理体制要求每一件事情都按“IBM方式”来做。正是因为这种官僚主义文化导致IBM公司行动迟缓、步履蹒跚。在约翰·埃克斯辞职之后,新上任的总裁这样评价其接受的处于困境中的IBM公司:“官僚体制失去节制了”。他们处于变革的时代,衰落并不是因为他们已经做了什么,而恰恰是因为他们所没有做的事。

1993年,小路易斯·郭士纳临危受命,在一片混乱中接任了IBM总裁和首席执行官的职务。他决定重新打造IBM的形象,并建立一种新的IBM文化,以希望在这样的文化中,公司将更少地错过有力的机会,减少官僚主义的作风,并把公司整体的利益放到各事业部利益的前面。在他任职的第一年,重整了公司的财政,给几个关键的部门引进了外来的管理者,并且极大地改变了高层管理者的激励机制,使他们可变薪酬的75%建立在公司总业绩的基础上。

IBM曾一度遭受痛失良机和行动迟缓的损害。郭士纳要确保这样的事不会再新的网络时代中再发生。他将这家巨型公司各方面的资源聚合起来,集中投放于实现为顾客提供各种电子商务解决方案的目标之中。

郭士纳的上任为IBM带来了一个高瞻远瞩的战略视野。随着这一战略判断逐渐成为现实,IBM公司发现自己已经在这一市场竞争上处于获利的前沿。郭士纳就是通过其战略有效地将IBM公司的名字、强有力度的广告宣传、最宽广的产品线和服务,以及信息服务产业的专家力量联结了起来,从而领导了一场堪称美国公司史上最引人注目的公司转型。

资料来源:理查德·L.达夫特.组织理论与设计[M].北京:清华大学出版社,2002.

12.1 组织变革概述

12.1.1 组织变革的概念及方式

1.组织变革的概念

组织变革就是组织为了适应内外部环境变化,对其组成的各个要素进行调整、改变和创新,从而更好地实现组织目标的过程。组织变革是组织发展的重要手段,对维系组织生存,促进组织健全发展,体现组织本质特征具有重要意义。组织变革的根本目的是企业组织的动态平衡。这种动态平衡表现为以下方面。

(1)组织足够稳定,以利于组织当前目标的实现。

(2)组织能够长期持续,能在目标或方法方面进行有秩序的变革。

(3)组织适应性强,能够对外部的机会和要求以及内部的变化条件做出合适的反应。

(4)组织能够主动革新,在条件适宜时能主动地进行变革。

2.组织变革的方式

具体来说,组织变革的方式可以从不同的角度进行划分。

1)按照变革的程度,变革方式可分为量变式和质变式两种

量变式变革以改变组织机构和人员数量为主,涉及增加或减少部门单位、管理人员等,用以解决机构臃肿、管理费用过大等问题,一般只涉及组织的表层问题。而质变式变革则是以解决组织中深层次问题为重点,使组织效能和内部关系发生根本变革。质变可以是局限性的,也可以是全局性的。局部质变对全局性质变的影响程度,取决于这一部门在整个组织中的地位和它与其他部门之间联系的程度,某个部门发生质变并不意味着整个组织也发生质变。

2)按照变革对象,变革可以分为正式关系式、非正式关系式和人员式

正式关系式变革是组织中经过正式筹划围绕工作任务展开的关系作为变革对象,如工作程序、等级层次划分、职责权限分配等。非正式关系式变革以组织中未经筹划而形成的各种关系为变革对象,方法包括群体会议、敏感性训练、组内人事调解等。人员式变革则以组织成员的知识、技能、态度和价值观等为变革对象,具体策略有各种管理发展的教育培训计划等。

3)按照变革的力量来源不同,变革可以分为主动思变式和被动应变式

主动思变式变革的动力来源于内部,是组织为了避免可预见的危机或期望更大的发展而主动做出变革的决策。被动应变式变革是迫于外部压力,如绩效滑坡、出现亏损或宏观行政干预等而不得不进行的组织变革。

4)按照变革的进程,变革可以区分为突变式和分段发展式

突变式变革是在短时间内一次性地变革组织。这种变革方式能够迅速解决问题,缺陷是由于涉及面广、速度猛,容易引起大的社会震荡和成员抵触心理。而且可能其他配套措施不能及时跟上,容易造成疏漏。分段发展式变革是在对组织的全面论断和综合分析的基础上,有计划、有步骤地逐个实现变革的分阶段目标,最终促成变革的总目标实现。其优点是比较灵活,可以随时调整,吸取教训,不断完善变革方案。而且可以提高成员对变革的承受能力。但变革所需时间长,见效慢,各阶段变革相互联系、相互制约,若前后衔接不当,会产生不利结果。

5)按照变革方案的形成,变革可以分为强制式、民主式和参与式三种

强制式变革是由高层制定变革方案,通过行政命令付诸实施。这样做,变革方案制定较快,但实施起来阻力会很大。民主式变革是在变革的有关人员相互协调的基础上形成变革方案,与强制式正好相反。参与式变革介于两者之间,通过民主集中的方式产生变革方案,既要员工的广泛参与,又加以有意识地引导,寓实施于制定过程中。

6)按照变革的起点,变革可以区分为自上而下式、自下而上式和上下结合式

自上而下式变革是先从变革中、上层管理组织入手,再扩展到整个组织。自下而上式变革是先从基层组织的变革入手。上下结合式变革是对组织的上下各方面同时进行组织变革,统筹安排。

7)按照变革的不同侧重,变革可以分为战略性、结构性、流程主导性和以人为中心的变革

战略性变革是指组织对其长期发展战略或使命所做的变革。如果组织决定进行业务收缩,就必须考虑如何剥离非关联业务;如果组织决定进行战略扩张,就必须考虑购并的对象和方式,以及组织文化重构等问题。结构性变革是指组织需要根据环境的变化适时对组织的结构进行变革，并重新在组织中进行权力和责任的分配，使组织变得更为柔性灵活、易于合作。流程主导性变革是指组织紧密围绕其关键目标和核心能力，充分应用现代信息技术对业务流程进行重新构造。这种变革会对组织结构、组织文化、用户服务、质量、成本等各个方面产生重大的改变。组织中人的因素最为重要，组织如若不能改变人的观念和态度，组织变革就无从谈起。因此，以人为中心的变革是指组织必须通过对员工的培训、教育等引导，使他们能够在观念、态度和行为方面与组织保持一致。

组织在选择变革方式时，需要本着权变与适用的原则，还必须根据所处的具体形势条件而采用相应的组织变革方式。

12.1.2 组织变革的目标和意义

1.组织变革的目标

1)改善组织的适应力，赢得战略优势

组织变革的一个重要目标是改善组织的适应力，赢得战略优势。因为各种外部因素的改变，如科技、经济、劳动市场、社会和法律变动等，组织必须进行各项变革来适应新形势。例如，进行新产品研究、调整战略部署、改善人力资源管理、更改工作方法等。组织的管理者在改善组织的适应力，赢得战略优势方面，可以关注四种类型的组织内部变革。

(1)技术变革。技术变革是指组织生产流程方面的变革，包括有关知识和技能基础。进行技术变革是为了使生产更为有效或产生更多的数量。技术方面的变革涉及产品或服务的生产技术，包括工作方式、装备、工作流程。

(2)产品与服务变革。产品与服务变革是关于组织的产品或服务产出的变革。新产品包括对现有产品或整个产品线的小改进。通常设计新产品是为了扩大市场份额或开发新市场、新消费者或新顾客。产品与服务变革始终要着眼于组织的全球化，并以进入高盈利、适销对路的产品市场为目标。

(3)战略变革。战略变革涉及组织的宗旨、使命、经营方向、战略形态、经营方针、经营范围的调整问题。它包括组织的价值系统、战略管理、组织经营政策、外部协调策略、战略信息的取得与适时监控系统的变革。

(4)结构变革。结构变革涉及组织的监督、控制和行政管理问题。它包括组织结构、组织内部管理政策、报酬系统、劳资关系、协调策略、管理信息与控制系统，以及会计与预算系统等方面的变革。

2)人员与文化变革，改变组织成员的行为

组织变革的另一个目标是人员与文化变革，以改变组织成员的行为。人员与文化变革主要原因是任何变革都需要组织成员来执行和支持，如果计划的改变未能被接受，则肯定不能顺利进行。同时，组织的成效不能单靠更改组织结构和工艺流程，还需组织成员改变工作态度和习惯。人员变革的目标是雇员个人的价值、技能和态度。雇员必须学会如何使用新的技术，或营销新的产品，或在一种基于团队的结构中高效地工作。因此，组织变革是要改变员工的行为才可成功。

2. 组织变革的意义

20 世纪 90 年代以后，企业营销环境的变化日益加剧。过去那种四平八稳的处事方式已经过时，变化成为时代发展的主旋律。顾客主导、竞争激烈、变化快速就成了被称为“3C”特征的现代企业营销环境。以“3C”为主要特征的现代市场环境，迫使企业对自身进行持续的改进。为了在激烈的市场竞争中占据一席之地，企业必须不断进行创新，通过寻求和建立新的组织结构，协调组织内部机能，来保证企业获得有利的竞争优势。可以从以下三个方面来认识企业组织变革的意义。

1)生存意义

企业是人们实现一定目标的手段，如果企业不能有效生存与发展，则人们所追求的目标就不可能实现。由于企业的内外部环境在不断地变化，如果企业组织本身不能根据环境的变化来变革自己，企业就会被淘汰。实际上，正是这种企业间的生存竞争使企业要不断地变革自己，不断地提高企业在市场中的竞争能力。

2)社会意义

从整体上看，社会选择了企业作为资源配置的一种重要制度和机制，而且随着社会的发展和科技的进步，企业已不再单纯地承担资源配置的社会功能，企业要承担越来越多的社会责任。要使这种制度和机制能更好地发挥作用，也要求企业组织要根据社会、经济、科技的发展进步不断地变革自己，否则会影响到社会资源的有效配置，影响社会的发展和进步。

3)文化意义

社会的发展使企业不再单纯是一个盈利性的经济组织，企业已成为现代社会最普遍存在的一种社会组织形式。大多数的人终身在企业工作，人们在企业工作，不但获得个人生存与发展所需的经济与物质收入，个人还通过在企业的工作，实现每个人的人生理想和价值。因此，企业组织不能是一部只会生产产品的机器，人也不能是企业机器的附属物。这就要求企业不断地变革，使人在企业中能有归属感、成就感和责任感，使每个人在企业中能真正活出人生的价值和意义。

12.1.3 组织变革的内容

组织变革具有互动性和系统性，组织中的任何一个因素改变，都会带来其他因素的变化。然而，就某一阶段而言，由于环境情况各不相同，变革的内容和侧重点也有所不同。综合而言，组织变革过程的主要因素包括结构、技术和人员，具体内容如下。

1. 组织结构变革

这项变革内容包括重新做组织设计、完善组织沟通渠道，以及组织力量的科学整合等方面内容。例如：

(1)砍掉因人设事的机构或已经不适应新环境要求的机构，合并重叠机构，调整责权关系不明确的机构，以建设精干高效率的组织机构。

(2)重新认定管理幅度和分工原则，对管理层次做新的划分，调整各主管分工管辖范围，改变不合时宜的隶属关系，以完善科学合理的组织结构。

(3)重新安排信息沟通渠道，组建、协调信息沟通网络，密切组织内外联系，以提高决策和执行的信息质量，增强对新动向反应的灵敏度。

(4)废除或修订不合理的或过时的规章制度，增订适应环境新变化、新要求的规章制度等。

2. 组织技术变革

这是现场劳动和工作的合理组织与协调方面的内容，例如：

(1)改变组织的工作方式，设计新的工作流程，消除不必要的迂回和重叠多余的环节，以提高组织的运作效率和水平。

(2)调整劳动组织形式，优化生产现场的组织方式，更新或完善工艺流程，以提高工作效率和劳动生产率。

(3)革新包括组织为生产经营产品和服务所必需的工具、设备、工艺、物料及有关知识技术的要素以及要素组成，以适应产品更新换代和产品结构调整需要，提高对新技术迅速反应能力，等等。

3. 组织成员变革

这是组织行为方式方面变化的内容，例如：

(1)改变旧有的行为规范，树立新的行为模式，重构组织文化，倡导组织价值观，改善相互关系，将组织成员的个人发展要求与组织变革目标结合起来，以发挥组织成员的潜能、发现组织中的潜在人才，激发新的创造力。

(2)更新用人观念，以人为本、以心为本，重在“开发”而非“管理”，强化人本投资。改变消极压缩人才投资成本为积极开发才能，重视人的知识结构整体优化，完善人才群体结构，以推进组织成员整体性素质和能力的提高。

(3)重视智力价值，强化人才库建设，改善内部环境，增强凝聚力，稳定人才同时推动人才合理流动，使组织成员的行为包括个体行为、群体行为和领导行为都有改变、都能按组织发展目标运作，以提高双满意度(组织对成员、成员对组织双方都满意)。

上述三方面变革是密切关联的，虽各有侧重，但都不可忽视其他方面而单独进行变革。

12.1.4 组织变革的征兆与程序

1. 组织需要变革的征兆

(1)企业经营业绩下滑。例如：市场占有率缩小、产品质量下降、消耗和浪费严重、企业资金周转不灵、经营利润连续下降、顾客意见增多等。

(2)企业生产经营缺乏创新。例如：面对市场激烈竞争，企业缺乏新的战略和适应性措施；在产品发展上，没有新观念、缺乏新产品、技术更新慢、管理上守旧、缺乏现代管理意识、拿不出管理创新的办法，或新办法推行起来困难重重等。

(3)组织结构本身病症的显露。例如：抉择迟缓、指挥不灵、信息交流不畅、机构臃肿、职责重叠、管理幅度过大、扯皮增多、人事纠纷增加、管理效率下降等。

(4)职工士气低落，不满情绪增加。例如：某些职能部门的负责人，由于没有赋予足够的权力和责任而要求调离企业，职工特别是管理人员的合理化建议减少，员工的旷工率、病假率、离职率增高等。

当一个企业出现上述征兆时，应及时进行组织诊断，用以判断企业组织是否有加以变革的必要，及时做出相应的变革决策。

2. 组织变革的程序

组织变革是一个过程。为了科学地、有步骤地进行变革，需要遵守一定的合理程序和步骤。科学完整的组织变革程序，应包括以下三个阶段：

1)诊断阶段

组织变革的第一步就是要对现有组织进行全面的诊断。这种诊断必须要有针对性，要通过搜集资料的方式，对组织的职能系统、工作流程系统、决策系统以及内在关系等进行全面的诊断。组织除了要从外部信息中发现对自己有利或不利的因素之外，更主要的是能够从各种内在征兆中找出导致组织或部门绩效差的具体原因，并确立需要进行整改的具体部门和人员。

2)计划和执行阶段

组织诊断任务完成之后，就要对组织变革的具体因素进行分析，如职能设置是否合理、决策中的分权程度如何、员工参与改革积极性怎样、流程中的业务衔接是否紧密、各管理层级间或职能机构间的关系是否易于协调等。在此基础上制定几个可行的改进方案，组织需要选择正确的实施方案，然后制订具体的改革计划并贯彻实施。推进改革的方式有多种，组织在选择具体方案时要充分考虑到改革的深度和难度、改革的影响程度、变革速度以及员工的可接受和参与程度等，做到有计划、有步骤、有控制地进行。当改革出现某些偏差时，要有备用的纠偏措施及时纠正。

3)评价及反馈阶段

组织变革是一个包括众多复杂变量的转换过程，再好的改进计划也不能保证完全取得理想的效果。因此，变革结束之后，管理者必须对改革的结果进行总结和评价，及时反馈新的信息。对于没有理想效果的改革措施，应当给予必要的分析和评价，然后再做取舍。

以上是组织变革的三个阶段，其每一阶段又包括了一些较小的步骤。具体步骤如表12-1所示。

表12-1　组织变革的程序

阶段	步骤	工作内容
诊断	①确定问题	提出组织结构需要变革的问题与目标
诊断	②组织诊断	搜集资料和情况，进行组织分析
↓ 计划与执行	③提出变革方案	制订几个可行的变革方案，供领导抉择
计划与执行	④制订变革方针	确定变革的指导原则、方式和策略
计划与执行	⑤制订变革计划	确定变革工作的具体安排、组织和领导、工作步骤、试点及全面推进计划
计划与执行	⑥实施变革计划	组织实施变革计划
↓ 评价	⑦评价效果	检查、分析、评价变革效果与存在的问题
评价（→返回诊断）	⑧信息反馈	及时反馈，修正原变革方案与计划

12.1.5 组织成功变革过程的要素

不论何种类型或范围的变革，都包含几个可以较为明确确定的创新阶段。这些阶段通常按一定的顺序出现，尽管其中可能有些重叠。有关创新的研究文献一般是将组织变革定义为组织采用了一种新的构想或行为；而组织创新则被定义为组织采用了一种相对其所处的行业、市场和一般环境来讲都是崭新的某种构想或行为。第一家推出某一种新产品的企业被认为是创新者。而仿制这种产品的企业则被认为只不过实施了变革。不过,从管理变革的角度来讲,创新和变革这两个词可以交换使用,因为不论一项变革与其他组织相比是早还是晚,它在组织内所进行的变革过程通常都可以明确识别。

一般而言,创新要经过一系列的步骤或要素才能渗透到组织中。首先是组织成员意识到可能发生的创新,接着评估其适用性,然后再评价和选择实现这种创新的具体构想。成功变革所包含的要素可概括为构想、变革的需要、采纳、实施和资源。为了成功地推行一项变革,管理者必须确保组织具备所有的要素,如果缺少了其中某个要素,变革过程就会以失败而告终。

1. 构想

构想指的是一种新的事物或新的做事方式。它可以是一项新的产品或服务,一种新的管理思想,或是联结组织内工作单元的一项新的流程。构想可源于组织内部,也可源于组织的外部。

2. 变革的需要

构想通常不会得到重视,除非组织中的人们感受到变革的需要。通常在管理者发现组织的实际绩效与期望绩效之间出现了差距时,他们会认识到变革的需要,因此管理者要设法营造一种紧迫感,使其他人领会到这种变革的需要。危机管理者时常会提供一种不容置疑的紧迫感。例如,中西装饰承包公司是一家设计和制造酒店装饰材料的小企业。当它最大的客户——复兴酒店被马里奥特公司收购后,因为马里奥特公司自己拥有内装饰设计部门,所以中西装饰承包公司立即失去了这项占总收入 80%的业务,从而陷入了经营危机。然而,在多数情况下,危机并不明显存在。这样,管理者必须营造一种变革的需要,并将此种认识传播给其他人。另外,尽管有不少构想是受到满足所认识的需要而激发的,但那些富于创新精神的企业往往会鼓励员工不断地提出新创意,以激发大家思考组织存在的问题或面临的机会。

3. 采纳

面对所提出的构想,决策者可能会决定加以采用,这时变革就进入了采纳阶段。要使构想得到采纳,主要的管理者和员工必须达成支持变革的一致意见。如果是一项重大的组织变革,这一决策的生效甚至可能需要董事会签署通过一份正式的合法文件。对于较小的变革来说,只需一位中层管理人员的非正式的批准即可。雷·克罗克在担任麦当劳公司首席执行官期间,他做出了采纳巨无霸和鸡蛋松饼等新产品的决策。

4. 实施

当组织成员将新的构想、技术或做事方法付诸实际应用时,组织变革进入到实施阶段。实施开始时,所需要的材料和设备等必须到位,员工也需要得到训练。实施是变革的一个重要步骤,没有实施,前面的工作都变得毫无意义。实施变革通常也是变革过程中最困难的环节,但只有当人们切实采用了某一构想时,变革才成为现实。

5. 资源

要想实现变革,就需要人投入精力和行动,因为变革不会自发地发生。无论是提出还是实施某个新构想,都需要一定的时间和资源投入,必须得有人花费精力去发掘变革的需要并提出满足这一需要的构想。需要有人提出变革的建议,并要有人投入时间和精力实施这一建议。

明尼苏达采矿设备公司有一条不成文但广为人知的规定:该公司的 8300 名研究人员可以

无须征得管理层同意，将其工作时间的15%用于他们自己认定的某一构想上。鉴于大多数创新项目都会超出正常的预算配额，需要提供额外的资金，该公司将前景特别看好的一些构想列为“先导项目”，使之得到高额的资金进行进一步的开发。

12.2 组织变革的理论模型

组织变革是一个复杂、动态的过程，需要有系统的理论指导，尤其需要系统的理论模型给予指导。西方管理学的一个重要领域——变革管理学对此有一些详细的论述，并提出了一些关于组织变革的理论模型，包括 Lewin 变革模型、系统变革模型、Kotter 变革模型和 Leavitt 变革模型等。

12.2.1 Lewin 变革模型

组织变革模型中最具影响的是 Lewin 变革模型。勒温(Lewin)提出了一个包含解冻、变革、再冻结三个步骤的有计划组织变革模型，用以解释和指导如何发动、管理和稳定组织变革过程。这个组织变革模型即著名的“场论”组织变革模型，如图 12－1 所示。

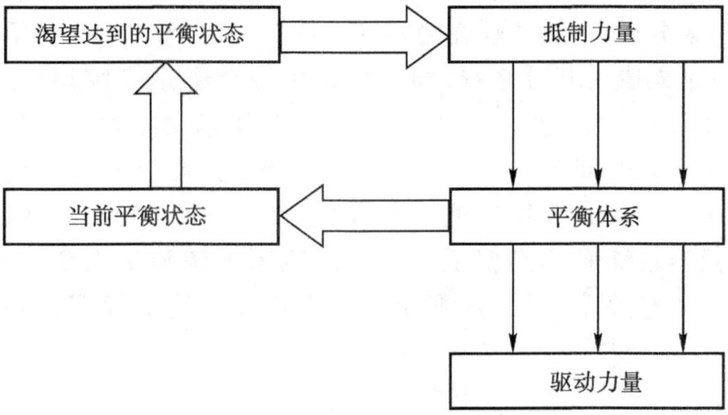

图 12－1 勒温的“场论”组织变革模型

勒温根据自己的模型断言，可以把任何组织的变革过程想象成为推动目前的平衡状态向人们渴望的状态、或者说建立新的平衡状态的转变。勒温因而提出了这个三阶段组织变革模型理论。

1. **解冻**

这一步骤的焦点在于建立变革的动机和目标，同时鼓励员工改变原有的行为模式和工作态度，采取新的适应组织战略发展的行为与态度。为了做到这一点，一方面，需要对旧的行为与态度加以否定；另一方面，要使组织成员认识到变革的紧迫性。可以采用比较评估的办法，把本组织的总体情况、经营指标和业绩水平与其他优秀组织或竞争对手加以一一比较，找出差距和解冻的依据，帮助本组织成员及时“解冻”现有态度和行为，迫切要求变革，从而使成员愿意接受新的组织模式。此外，应注意创造一种开放的氛围和心理上的安全感，减少变革的心理障碍，提高变革成功的信心。

2. **变革**

组织变革是一个学习过程，需要给组织成员提供新信息、新行为模式和新的视角，指明变革方向，实施变革，进而形成新的行为和态度。这一步骤中，应该注意为新的工作态度和行为树立榜样，采用角色模范、导师指导、专家演讲、群体培训等多种途径。勒温认为，变革是个认知的过程，它由获得新的概念和信息得以完成。因此，特别要注意沟通方式及协作方式。

3. **再冻结**

在再冻结阶段，利用必要的强化手段如制度、政策及流程的方法，使新的态度与行为固定下来，使组织变革处于稳定状态。为了确保组织变革的稳定性，需要注意使组织成员有机会尝试和检验新的态度与行为，并及时给予正面的强化；同时，加强群体变革行为的稳定性，促使形成稳定持久的群体行为规范。

12.2.2 系统变革模型

系统理论学派是在伯塔朗菲的“一般系统理论”上形成的，并尝试将“一般系统理论”运用于组织变革实践，得出了一些有益的理论框架。主要代表人物包括卡斯特(Kast)及罗森茨韦克(Rosenzweig)等。他们在系统理论学派的“开放系统模型”的基础上，融合了“一般系统理论”，加入组织变革因素分析，形成了现在的系统变革模型，如图 12 - 2 所示。开放的系统模型主要强调组织既是一个人造的开放系统，同时也是由各个子系二维组织变革模型设计及对实践的指导系统有机联系而组成的一个整体。组织为了求得生存和发展，必然要同外界环境相互影响。同时又具有内部的和外部的信息反馈网络，能够不断地自我调节及改善，以适应环境的变化。这个开放的系统模型是系统理论学派建立其组织变革模型的根本理论基础。系统理论学派的系统变革模型是在更大的范围里解释组织变革过程中各种变量之间的相互联系和相互影响关系，即组织变革的内在规律。这个模型包括输入、变革元素和输出三个部分。

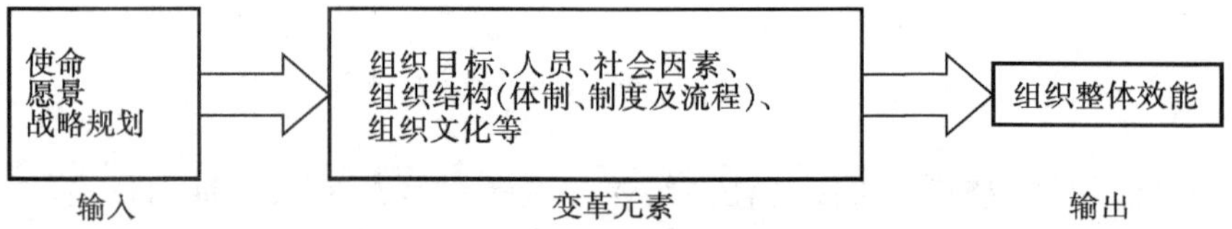

图 12 - 2 系统变革模型

1. **输入**

输入部分包括内部的强项和弱项、外部的机会和威胁。其基本构架则是组织的使命、愿景、相应的战略规划。企业组织用使命来表示其存在的理由；愿景是描述组织所追求的长远目标；战略规划则是为实现长远目标而制定的有计划变革的行动方案。

2. **变革元素**

变革元素包括目标、人员、社会因素、方法和组织体制等元素。这些元素相互制约和相互影响，组织需要根据战略规划、组合相应的变革元素实现变革的目标。

3. **输出**

输出部分包括变革的结果。根据组织战略规划，从组织、部门群体、个体等三个层面，增强组织整体效能。

针对这个模型，系统理论学派的代表人卡斯特提出了实施组织变革的六个步骤：

(1)审视状态。对组织内外环境现状进行回顾、反省、评价、研究，洞察内部环境及外部环境中产生的变化。

(2)觉察问题。识别组织中存在的问题，确定组织变革需要，并向组织中有关部门提供有关变革的确切信息。

(3)辨明差距。找出现状与所希望状态之间的差距，分析所存在问题。

(4)设计方法。提出和评定多种备选方法，经过讨论和绩效测量，做出选择。

(5)实行变革。根据所选方法及行动方案，实施变革行动。在实际变革中要尽量减少或控制因变革而产生的负面作用。

(6)反馈效果。输出变革形成的新产品及新成果等，对其进行评价，实行反馈。经过这样的及时反馈，进一步观察外部环境状态与内部环境的一致程度，对变革的结果给予评定。若有问题，再次循环此过程。

12.2.3 Kotter 组织变革模型

领导研究与变革管理专家约翰·P·科特(John·P. Kotter)建立的组织变革模型主要是在总结了20世纪80年代到90年代末的企业组织变革实践基础上提出的。科特分析了当时出现的各种组织变革实践，如全面质量管理、企业流程再造、Z管理模式、规模合理化、结构重组、企业文化重整等，从而总结出了两条基本经验：一是变革过程要经历一系列阶段，综合起来，常常需要一段相当长的时间。跳过其中的一些阶段，只会造成一种速度的假象，绝不会产生令人满意的结果。二是在变革的任何阶段中出现的关键性错误，都会造成毁灭性的影响，会阻碍组织变革，否定经过艰苦努力而取得的成果。也许是因为我们在企业组织变革方面没有什么经验，因此，即使是非常有能力的领导或权威人士，有时也难免会犯错误。

科特在其专著《变革》中提出，组织变革失败往往是由于高层领导犯了以下错误：没有能建立变革需求的急迫感；没有创设负责变革过程管理的强有力的领导联盟；没有确立指导变革过程的愿景、规划；缺乏对愿景、规划进行有效的沟通；没有扫清实现愿景、规划的障碍；没有系统计划并获取短期利益(或胜利)；过早地宣布大功告成；未能让变革在企业文化中落地生根等。

根据科特多年的变革经验，他制定了一个指导重大改革的"八阶段流程"，如果组织按此八个阶段往前推进，则组织变革成功的概率就大增，这八个阶段是：

(1)建立紧迫感。考虑组织面临的市场和竞争状况，识别并讨论现实危机、潜在的危机或重大机遇，在组织中不断创造危机意识。

(2)创设领导联盟。组织一个强有力的群体(即变革团队)来领导变革，鼓励组织的群体成员协调作战。

(3)开发愿景与战略。构建组织新的愿景、规划，帮助指导变革努力设计实现这一愿景规划的战略。

(4)沟通变革愿景。利用各种可能的媒体手段，与组织成员广泛沟通新的愿景、规划和战略，通过领导联盟的示范来宣传贯彻新的组织目标和行为。

(5)授权员工为远景而努力。扫清组织变革途中的障碍;改变严重损害愿景规划的体制、结构及流程;鼓励冒险,鼓励非传统的观点、活动和行为,授权组织成员实施组织制定的愿景、规划。

(6)系统计划并夺取短期效益。为有形的绩效改进做出规划;实现这些绩效改进;对参与绩效改进并获得短期胜利的组织成员进行表彰和奖励,也就是要创造近期战果并奖励有关人员。

(7)巩固并再接再厉推动组织变革。利用日益提高的信誉,改变与愿景、规划不相适应的体制、结构、制度及文化;对那些能够执行愿景、规划的员工进行聘用、晋升和开发;利用新项目、新论点和变革推动者再次激活整个过程;进一步巩固已有成果并深化变革。

(8)将新行为模式深植于企业文化。对组织文化变革加以明确定位;同时阐明新的组织行为与实现组织目标之间的关系;利用各种手段,确保领导和员工的培训开发和后继有人;使新的工作办法及行为模式制度化。

科特通过研究认为,成功的组织变革有70%～90%要归功于成功的领导,还有10%～30%是由于管理部门的努力。他着重强调了高层管理人员的变革领导作用是实现组织变革目标的主要原因。

12.2.4 Leavitt 变革模型

美国的莱维特(Leavitt)提出了整个企业(或其他组织)变革的系统模式。他指出,组织变革的内容,全面地包括四个方面,即任务、人员、技术和组织结构,如图12-3所示。

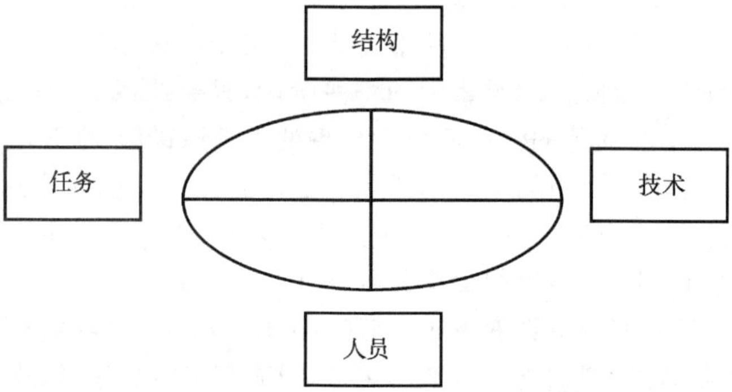

图12-3 Leavitt 变革模型

(1)任务。任务是指组织设立的目标和任务。对企业来讲,就是企业提供给社会的产品或服务。这个任务,具体到企业内部,就分解为各级各方面的具体工作任务。企业产品或服务的变革,如调整产品结构,制造新产品等,也是组织变革的重要内容。

(2)人员。人员是指组织领导人员及员工的态度、技能、期望、信念和风格等状况。组织人员结构及素质的变革是组织变革的又一项重要内容。

(3)技术。技术即组织制造产品、维持经营的技术装备和工艺方法。技术改造、新工艺、新材料的采用都是技术变革的主要内容。技术变革也是组织变革的重要内容。

(4)结构。结构即组织结构,如权责分工、机构设置、集权程度、协调方式等。

莱维特的组织变革系统模式,主要说明了这四方面的变革具有很高的相互依赖性。例如，企业调整产品结构，改产某种技术先进的新产品，这就相应地要求变革生产技术，要求相应提高组织全体成员的素质，要求相应地调整组织结构、劳动管理等。他认为，这四方面的变革往往是同时发生的。

这一理论模式说明，当组织的任务、技术、人员素质等状况发生较大变革后，企业的组织结构也必须相应地做出必要的调整；另一方面说明，孤立地变革企业组织结构，并不能完全解决企业存在的问题，必须高瞻远瞩，从整个企业的变革全局综合治理、相互配套才能取得预期效果。

12.3 组织变革的阻力与变革实施技巧

12.3.1 组织变革的阻力

组织变革的阻力是指组织在实施变革过程中，受到组织本身及其成员，甚至外界环境的抵制，从而形成的一股变革的阻碍力量。从某种意义上说，组织变革的阻力是积极的，它使行为具有一定的稳定性和可预见性。如果没有阻力的话，组织行为会变得混乱而随意。因此变革的阻力还可以成为功能正常的冲突源。

1. 个体阻力

变革中个体的阻力源自基本的人性特征，如知觉、个性和需要等。个体抵制变革有以下五个原因：

(1)习惯。为了应付各种复杂性，人们往往依赖于习惯化或模式化的反应。因此，面对变革时，人们以惯常方式做出反应的趋向会成为阻力源。

(2)安全。对于安全感需要较高的人可能会抵制变革，因为变革会给他们带来不安全感。

(3)经济因素。如果人们担心自己不能适应新的工作或新的工作规范，尤其是当报酬和生产率息息相关时，工作任务或工作规范的改变会引起人们对报酬的恐慌，从而形成变革阻力。

(4)对未知的恐惧。变革用模糊和不确定性代替已知的东西。与此相应的是，组织中的员工同样不喜欢不确定性。因此，员工由于对不确定性的恐惧而抵制变革。

(5)选择性信息加工。个体通过知觉塑造自己的认知世界，这个世界一旦形成就很难改变。为了保持知觉的完整性，个体有意对信息进行选择加工，从而忽视那些对自己构建起来的世界形成挑战的信息。

2. 组织阻力

组织就其本质来说是保守的，它们习惯性地抵制变革。抵制变革的组织阻力主要有六个原因：

(1)结构惯性。组织存在固有的机制以保持其稳定性。当组织面临变革时，结构惯性就充当起维持稳定的反作用力。

(2)有限的变革点。组织由一系列相互依赖的子系统组成。一项变革不可能只对一个子系统实施变革而不影响到其他的子系统。所以子系统中的有限变革很可能因为更大系统中的问题而变得无效。

(3)群体惯性。群体往往有自己的行为规范，即使个体想改变他们的行为，群体规范也会成为约束力。

(4)对专业知识的威胁。组织中的变革可能会威胁到相关群体的专业技术知识。

(5)对已有的权力关系的威胁。任何决策权力的重新分配都会威胁到组织长期以来已有的权力关系。

(6)对已有的资源分配的威胁。组织中控制一定数量资源的群体常常视变革为威胁。

总而言之,变革实施方案的设计要着眼于克服以上这些来自组织和个人的种种阻力。

12.3.2 变革实施技巧

虽说是最高领导层勾画愿景,并设定变革的基调,但实际上,整个组织的管理者和一般员工都涉及变革过程。因此,需要一些技巧来帮助实施变革。

1.识别变革的真实需要

对当前的情形进行仔细的诊断,确定组织存在多大程度的问题或机会。要使变革可能影响到的人们认可这些问题。如果问题没有得到深入的分析并在全体员工中进行沟通、取得共识,变革过程就不应该强行推进。有时需要一种紧迫感使人们的观念得到解冻,从而主动投入时间和精力采用新的技术或程序。

2.找到合适变革需要的构想

寻找一个合适的构想,通常要启用搜寻程序,即要与其他管理人员讨论,组建变革任务小组调查问题,向供应商征询意见,或请组织内有创造性的员工提出解决办法。提出新的构想需要有机式组织条件。这也是鼓励员工参与的一个好机会,因为他们需要有思考的自由,以便探讨新的办法。

3.获得高层管理者的支持

成功的变革需要得到高层管理者的支持。高层管理者应当明确指出创新和变革的目标。对于每项重大的变革,如结构重组等,公司总裁、副总裁都必须表示同意并给予支持。对于那些较小的变革,相应部门有影响力的管理人员的支持是不可缺少的。缺乏管理高层的支持,是变革在实施中失败的最常见原因之一。

4.为变革设计循序渐进的实施方案

大规模的变革时常不可能立即全面铺开,否则员工会因为压力过大而抗拒变革。大规模变革如能分解为几项小变革,然后分步实施,那么变革成功的希望会更大。这样在逐步实施过程中,变革设计者可以调整方案,改进创新效果,而那些原本犹豫不决的创新构想使用者在看到前期变革的成果后也会转而支持余下的变革。

5.提出克服变革阻力的计划

许多好的构想没有得到使用,往往是因为管理者未能预见到来自其他管理者、一般员工或顾客的阻力,或者未做好应对阻力的准备。即使一项创新和变革的有利结果可能表现得非常吸引人,但实施中难免会与组织中某些利益团体发生冲突,或者对某些利益同盟产生威胁。为了提高变革成功的可能性,管理者必须正视这些冲突、威胁和员工所感受的潜在利益损失。以下策略可供管理者用来克服变革的阻力问题。

1)与使用者的需要和目标保持一致

克服阻力的最佳策略是保证变革满足有关方面的真实需要。研究开发部门的员工常常会提出一些宏伟的构想,但它要解决的问题可能根本就不存在。之所以会出现这种情况,是因为构想的提出者未能确实征询新构想使用者的意见。对变革的抵制力常令管理者感到沮丧,但适度的阻力是对组织有益的。抵制会给那些毫无意义的变革或者纯粹为变革而变革的做法设置必要的阻碍。克服变革阻力的过程通常要求该项变革确实能对使用者有益。

2)沟通和培训

沟通促使使用者了解变革的必要性和变革可能带来的结果,从而可以阻止不实的传闻和误解及不满的发生。一项有关变革的研究发现,最常被提及的变革失败的原因是,员工只能从组织外部获悉该项变革情况。高层管理者只注意与公众和股东的沟通,忽视了与自己所领导员工的沟通。实际上,员工不仅是与变革关系最为密切的,也是受变革影响最大的人。开诚布公的沟通常会给管理层提供一个机会,使他们有可能向员工说明和解释组织将采取哪些措施保证变革不会给员工们带来不利的后果。培训也是必需的,它可帮助员工们理解和掌握变革实施后给自己的新角色及应对办法。

3)参与和介入

及早、广泛的参与,应该成为变革实施过程的有机部分。它会让参与者产生一种自己能控制变革活动的意识,这样他们会对变革产生更好的理解,并全身心投入到变革实施过程中。

4)强迫和压制

作为最后一种手段,管理者可以取消职务或晋升机会,甚至以解雇或调换工作威胁员工,以此克服变革的阻力。这里是运用管理者的权力来压制对变革的抵抗。在大多数情况下,这种方式并不明智,它使人对变革管理者感到厌恶,并有可能导致变革遭破坏。然而,如果组织需要快速推进变革,如当组织面临危机的时候,这种技巧可能是一个基本的策略。此外,在实施自上而下的管理变革,如大规模裁员时,这种方式也是必要的。

6.创建变革团队

单独设立的创造新部门、创业团队、特别团队或临时性的任务小组,这些都是将精力集中于提出和实施变革的可行方法上的。独立的部门才会有充分的自由去开发真正符合需要的新技术。设立任务小组,使变革有了专门的管理力量,有助于保证变革的实施,同时任务小组可负责沟通、吸引使用者参与变革以及培训等各种变革所需的活动。

7.培育创新带头人

创新带头人是变革过程中最有效的武器之一,最合格的创新带头人是自觉自愿地全身心投入实现某个新构想的自愿者。创新的技术带头人负责确保所有技术活动都是正确的、完善的。另外还需要起支持、促进作用的管理带头人,他们负责说服人们实施变革,必要时甚至要动用强制手段。不管是技术带头人,还是管理带头人,都需要打破常规,推进变革,即使其他人不相信他们的创新和变革,但付出和热情总是能得到回报的。

12.4 数字化时代的组织变革

信息技术的发展,改变了我们的交流方式,也改变了企业和组织的运作。在数字化时代,由于日新月异的信息技术发展,组织面临着新的挑战,组织变革也有了新的发展。

1.面向未来的变革

变革的核心是面向未来的。有些时候变革其实是为了解决当前问题,解决当前问题的变革不是真正的变革,这个变革只是暂时性的一个缓冲。变革的第一个准备是创建未来的原则。第二个准备是系统化寻求和意见变革的方法。变革是要有方法论的,如果没有方法论去做变革，变革常常会带来非常大的混乱。第三个准备是在组织外部和内部推行变革的恰当方式。用什么方式去做，是用激进的或是渐进的，抑或是外部嫁接的，还是分设的方式去做？方式恰当与否，决定了变革能否成功。

2. 持续改善

数字化时代的变革是一个持续改善的过程，原因有：①在管理和在运营当中，标准永远都是可以提升的；②可以去找到更好的解决方案，而不是满足于现有的解决方案；③向对手学习，如果向同行学习，就可以把标准拉得更高。持续改善比颠覆性的变革效果更好，组织内部的颠覆性变革成功率其实没有超过15%。换个角度说，变革好的方式其实85%都是来源于持续改善，不是来源于颠覆性的这部分。

3. 系统化创新

变革实际上不是一个自然而然的事情，一定是设计的部分。如果系统化地设计，就一定不要落入三个陷阱：①太注意变革创新，忽略了战略；②混淆新奇和创新之间的界限；③混淆具体的动作和行动计划之间的界限。

4. 为个人赋能

数字生存时代，组织要赋能于每一个成员创造平台和机会。管理最重要的是要让人有意义，不是让人成为工具。应该把碎片化和虚假繁忙拿掉，把工作场景从命令、权利转向成长、发挥创意、与时代同步，从而需为员工赋能，让人才流动，发挥每个人的价值。

5. 驾驭不确定性

数字化时代的组织必须学会驾驭不确定性。要驾驭不确定性，就需要解决一个最重要的问题，就是组织成员是否可以持续拥有创造力。组织在数字化时代遇到的问题都非常复杂，因此需要所有成员都要有创新的能力，都要有韧性和企业家精神。如果想驾驭不确定性，那么就必须让组织成员拥有创造力，而不仅仅是管理者拥有创造力。

本章小结

组织变革就是组织为了适应内外部环境变化，对其组成的各个要素进行调整、改变和创新，从而更好地实现组织目标的过程。组织变革是组织发展的重要手段，对维系组织生存，促进组织健全发展，体现组织本质特征具有重要意义。组织变革的根本目的是企业组织的动态平衡。

组织变革的目标主要是改善组织的适应力，赢得战略优势和人员与文化变革，改变组织成员的行为。组织变革的意义主要包括三个方面：生存意义、社会意义和文化意义。组织变革的内容主要有：对人员的变革、对结构的变革和对技术与任务的变革。组织变革的征兆主要表现有：企业经营业绩下滑、企业生产经营缺乏创新、组织结构本身病症的显露以及职工士气低落，不满情绪增加。组织变革的程序包括三个阶段：诊断阶段、计划和执行阶段以及评价及反馈阶段。组织变革的理论模型有Lewin变革模型、系统变革模型、Kotter组织变革模型和Leavitt变革模型。变革的阻力包括个体阻力和组织阻力。变革实施技巧有识别变革的真实需要、找到合适变革需要的构想、获得高层管理者的支持、为变革设计循序渐进的实施方案、提出克服变革阻力的计划、创建变革团队、培育创新带头人等。

数字化时代组织变革的特点：面向未来的变革、持续改善、系统化创新、为个人赋能、驾驭不确定性等。

批判性思考与讨论题

1. 什么是组织变革?
2. 按照组织变革的不同侧重,变革有哪些类型?
3. 组织变革的征兆主要表现是什么? 组织变革包括哪三个阶段?
4. 请简述组织变革的理论模型。
5. 组织成功变革的要素有哪些?
6. 组织变革的阻力有哪些?
7. 组织变革可以实施的技巧有哪些?

案例分析

2016年1月29日,甘肃省省会兰州市的冬日寒冷萧瑟,但中国电信股份有限公司甘肃电信公司总部的会议室里却是暖意融融、热闹非凡——今天是甘肃省电信2015年度表彰大会的日子。获得表彰的个人中,九位业绩突出的小CEO格外抢眼。作为甘肃电信公司的带路人,大CEO王总经理亲自为这个企业创造价值的最小利益群体颁了奖。王总望着眼前面带自信笑容的人们,回想起自己刚回到甘肃电信上任的情景。五年的岁月,自己在甘肃电信迈出的每一步,都清晰地印在脑海中。

1. 甘肃电信公司

中国电信是中国三大电信运营企业之一,是中国最大的基础网络运营商和全球最大的CDMA运营商,拥有世界第一大固定电话网络,主要提供固定电话、移动电话、小灵通、数据接入等电信服务。随着2008年5月中国电信业重组和2009年中国发放3G牌照,中国电信、中国移动和中国联通三大运营商均开始进行全面业务经营,中国通信行业竞争更加白热化。甘肃电信是中国电信股份有限公司在甘肃省设立的分公司,成立于2000年7月,其前身是甘肃省邮电管理局。2004年6月9日,甘肃电信成功实现境外(纽约、中国香港)上市。甘肃电信作为甘肃省规模较大的国有企业,在甘肃省发展中扮演着重要的角色,其收入对甘肃省GDP产生重要的影响。

甘肃省位于中国西部地区,地处黄河中上游,地域辽阔。它像一块瑰丽的宝玉,镶嵌在中国中部的黄土高原、青藏高原和内蒙古高原上,东西蜿蜒1600多公里,纵横45.37万平方公里。甘肃地貌复杂多样,山地、高原、平川、河谷、沙漠、戈壁交错分布。由于自然、地理、历史等多种因素,甘肃经济社会发展相对滞后,人均GDP、城市人均可支配收入、农民可支配收入均位于全国末位。

2. 企业发展之困

甘肃电信共有14个市公司和70个县分公司,总体经营情况可谓“小省的规模,大省的架构”。所谓“小省的规模”,就是2010年甘肃电信营业收入仅有30亿元(是广东省的十分之一,江浙的六分之一),却分布在84个单元。所谓“大省的架构”,是指2010年甘肃电信公司员工数量2万多人,其中6440人是合同员工,6060人是外包员工,5799人为离退及内退员工。这样的一个用工结构,导致企业内部存在严重的“三多三少”问题:一是“花钱人员多、挣钱人员少”,虽然甘肃电信有6000多名合同工,但是真正跑市场的人,只有470人,加上兼职人员,共有约800人,而其余的人都在办公室和机房,1万多员工只能靠800多市场人员赚钱来养;二是“高岗人员多，生产人员少”，管理队伍非常庞大，都是需要花钱的人；三是“内设机构多，一线的人少”，近三分之一分公司的营业额仅相当于南方一个市的支局，但是其机构设置却相当完备，导致90%的人都在办公室、在后端。

面临如此局面，甘肃电信也曾采取很多措施来改善，如业绩指标分解和考核(KPI)、人员培训、新业务探索等，但是收效甚微。在一个常规的组织架构与管理模式中，上面是领导，中间是各职能部门，下面是业务单元，上面发话下面干，员工每年都是为了完成指标而完成任务，长此以往公司内部呈现“人人身上有指标，人人身上不达标”的局面，公司士气一片低迷。加之全行业进入增速换挡期，传统业务持续流失，用户需求加速向信息、流量消费转变，作为移动业务市场的后进入者，2010年的甘肃电信，收入下滑非常严重，发展举步维艰。

但是经过5年的发展，到2015年底，甘肃电信的经营收入高达49亿元，超额6500万元，完成预算的101.37%；收入累计同比增长3.65%。移动过网用户累计份额达到23.84%，位居集团第2名；宽带份额保持在75%以上，位居集团第3名；实现净利润1.44亿元，EVA改善2.13亿元，为“十二五”收官画上精彩的一笔。仅仅利用5年的时间就取得如此好的成绩离不开王总归来后采取的种种措施和省公司领导班子的共同努力。

3. 王总归来和张掖会议

2010年10月22日，王总经理从青海调回甘肃。面对整个甘肃电信的发展跟全国一样处于徘徊不前甚至向下走的趋势，作为甘肃电信的一把手，王总感到十分痛心，并暗下决心要改变这一切。王总是土生土长的甘肃人，1982年毕业于新疆邮电学校经济管理专业，同年到甘肃省邮电管理局担任财务会计一职。从1982年参加工作后到2001年王总一直从事跟财务有关的工作，有着近20年的财务背景。2008年到2010年王总被调到中国电信青海分公司担任党组书记、总经理，2010年10月重新被调回甘肃电信。同事们评价王总是一位严谨、睿智、务实、富有激情、有前瞻性、有事业心和影响力的好领导。工作中的王总，一直喜欢用数字为大家分析行业形势，用加减乘除跟员工分享企业的发展。

上任伊始，王总就展开了对各分公司的调研。不到一个月的时间里就走访了一半的分公司：兰州、白银、武威、陇南……每走访一个王总的眉头就紧锁一次，直到走访到张掖，王总紧锁的双眉才稍稍舒展。张掖位于甘肃省西北部，河西走廊中部的黑河流域，东接内地、西通西域、南依青海、北接内蒙古，是古代丝绸之路重镇，也是甘肃省著名的历史文化名城。张掖市面积为4.2万平方公里，常住人口119.95万人(约30人/平方公里，仅相当于东部的一个县)，农村人口占比61.29%，是一个以农业为主的城市。尽管张掖人口总量不足且农村人口占比大，但张掖电信公司的收入在甘肃各分公司中却名列前茅。王总及领导班子细细分析发现：张掖分公司自2009年开始就尝试经销和统包相结合的方式建立销售渠道；张掖分公司结合自身特点，没有紧跟集团以中高端客户为主的策略，反而将重点放在农村市场并迅速建立基站，同时通过全员营销的核心措施逐步推动公司发展。

通过对张掖电信公司的调研，王总宣布在张掖召开面向甘肃电信领导班子成员、各职能部门经理、各市州公司主要负责人、部分县局长和支局长的现场会。2010年11月22—23日，甘肃电信农村市场经营工作现场会(简称“张掖会议”)召开。张掖会议确定了聚焦农村移动通信市场的战略方向，并提出了以建设农村支局、调整固网移动业务比例、拓展社会渠道和停止移动终端补贴为核心内容的“拓规模、调结构、转模式”三大战略方针。

张掖会议上，王总问：“大家认为我们现在最大的问题是什么？”大家积极反馈各自认为存在的主要问题。其中有人认为：“甘肃电信现在主要的问题是人都浮在上面，但是市场又在下面……"王总也深深地意识到甘肃电信要想改变困境，就要盘活企业现有的人、财、物，而人是核心，是时候采取措施动一动企业内部的一些人了。

4.高岗下沉、管理人员前移

在张掖会议结束返回兰州的列车上，王总和白经理坐在一起，探讨有关人员调整的相关事宜。白经理曾任甘肃省电信传输局局长，并在传输局牵头组织了传输局的人员精简改革，将200余人的传输局调整到不超过70人，在人员管理上有着丰富的经验。回到兰州后，白经理白天走访、调研省公司各个部门，晚上在办公室伏案草拟各种文案，仅用一周的时间，按照王总提出的"挣钱的人多、花钱的人少、管控的人精、支撑的人强"的要求，起草了"高岗下沉、管理人员前移"等一系列相关文件，拉开了甘肃电信人员调整序幕。

1)高岗下沉

"高岗下沉"相关文件下发之后，甘肃电信从上到下一片哗然。人们预期王总上任后会实施一系列措施，但谁也没有想到王总最先"为难"的不是别人，而是自己的管理核心团队。而作为有可能被下沉的副总们，他们内心也很不平静，让自己离开熟悉的工作生活环境，到基层去重新开展工作局面，并不是一件容易的事情。尽管平时大家都很支持王总的改革，但当改革真的改到自己身上时，大家还是有些情绪上的波动。

面对各方压力，王总亲自主持召开了"高岗下沉"动员大会。会上，王总说："作为大家的老朋友、新同事，我理解大家都对让高岗下到县或农村支局有意见，你们有什么火可以发，有什么话可以讲。但是在座的各位不妨想想，以咱们甘肃电信目前的状况，不变就要死，所以必须变，可是要怎么变？领导不带头，其他员工怎么变？"王总顿了顿，"有一个道理我跟大家讲清楚，咱们都是来挣工资的，只有你挣来了钱交给我，我才能给你发工资。我们甘肃电信不是银行，不印票子。大家都是电信公司的领导，是公司最有智慧和能力的一批人，你们不带头到前面去为公司创造价值，谁来为公司创造价值？"王总环视了一下会场，坚定地说，"文件已经下发了，各个班子只能留两个副职，其他的都要到县里去，去了以后职务不变，待遇不变，但是必须要到县城工作，你的绩效必须和县区的业绩挂钩。你们这些分公司的老总必须要选出人来，选不出来你就自己去！"这项措施就如头上的"紧箍咒"，再难也要坚持。张掖会议一周后，30名高岗人员下沉完毕。

2)管理人员前移

甘肃电信一直很关注政府和企业两大客户群体，但多年来营销力度和深度都不尽人意，2010年12月为了打造一支省、市、县支局纵向一体的营销队伍，省公司成立了"政企客户事业部"。王总要求机关各职能部门主任找出本部门的"闲人"送去政企客户事业部，同时要求各部门主任在其位谋其政，不请示，不推卸。如果部门主任挑选不出合适的人员，就自己到政企客户部做销售。很快省公司及有关职能部门就抽调出25名管理人员，其中23名管理人员加入政企客户事业部。

这23名管理人员都已不是年轻人，面对前端市场庞杂的业务知识和产品套餐有些吃不消。针对这一"后端前移症状"，省公司在邮电学校对这23名新员工进行为期两周的培训，培训的内容主要是业务知识和产品套餐。培训结束后，王总将政企客户事业部分为七个组，共负责130多个客户，每人负责4～5个客户；另外，省公司处级以上干部通过自愿方式与政企客户事业部新员工结对帮扶，协助其进行客户开发。同时，王总规定如果政企客户事业部的员工开展业务要会见客户的正职一把手，甘肃电信党委领导班子要出人跟着去拜访；会见客户的副职或二把手，相应的副总跟着去拜访。这些措施让员工们意识到，大家不是单枪匹马在跑客户，公司是自己坚强的后盾。

5.“划小”承包与小 CEO

自张掖会议确定聚焦农村市场以来，从 2011 年初开始甘肃电信从农村支局到城市支局再到政企客户、校园和厅店，从前端到后端，建立了一系列大大小小的经营渠道。建立渠道的同时划分经营单元、明晰责任，这一过程不知何时被甘肃电信人形象地称为“划小”。“划小”是为了缩短服务距离，扩大销售半径，以代理商为基础划出“责任田”，整合统包区，划分网格承包单元，扶持统包员开店，并培训代理商维护。同时，为了将划小的网格能承包到户，建立了“收入十利润”的承包模式，形成城乡各区域的全面承包。

到 2012 年底，甘肃电信成功设立 338 个农村支局。一个庞大的省公司通过划小形成一个个灵活的小经营单元，那么这些小经营单元由谁管理，经营责任自然是由下沉的高管和前移的人员承担，责任与责任人匹配完成，接下来要解决的是责权对等的问题，即要如何管理这些小经营单元。开始时省公司尝试给责任人每年涨一级工资，起初作用显著，但是第二年该措施的激励作用就不明显了；继而又尝试通过正常的行政管理即分级分层管理和考核，但是每当月度考核时便是一团乱麻，导致公司员工怨声载道；2012 年公司又探索经营责任制承包，但总体效果依然不尽如人意。经历过一些不适宜的尝试之后，2013 年省公司领导班子最终决定打破传统的“大锅饭”模式，开始实行目标承包责任制，通过明确承包人承包期的经营收入目标值、承包期重点业务发展目标、承包服务指标、承包期客户的维系指标、承包期社会渠道的拓展、服务支撑指标等目标的确定，来约束承包人的责任。承包人作为责任人，可以是分公司前端客户经理、分公司后端优秀的维护人员、分公司其他岗位愿意到前端发展的人员以及社会招聘的责任心强、善沟通、会经营的人才，只要承包人能够完成经营目标，都有机会承包网格，承包的责任人就是这个小经营单元的大 BOSS，而他们也被甘肃电信人亲昵地称为“小 CEO”。

省公司开展划小承包后，承包人的关注点从单纯追求销量转变为追求客户价值，营销方式也由“找客户完成任务”转变为“为客户服务、帮客户省钱”，进一步释放基层一线的发展活力。每个支局长心里都有了自己的一笔账，发展多少客户、完成多少工单，就能拿到多少的收入，算得明明白白。如甘南分公司合作市农村支局长车晓岗在做业务时尝试着做一些经营分析，搞不懂的地方他就打电话向州分公司渠道经理请教。车晓岗所在的农村支局，充分利用中午、晚上村民们回家吃饭休息的时间，上门服务客户、发展业务。基层一线的发展活力便是这样从划小开始，因为业务增长带来的收入提升，越来越多的一线员工从“要我干”转变成“我要干”。

6.商客攻坚与千人大转移

改革渐入正轨，相关事宜都在有条不紊地进行着：政企事业部的业绩在领导帮扶的情况下逐渐转好，业务单元通过划小也逐步明确了责任，目标责任制使小 CEO 们进一步被激励……此时王总敏锐地捕捉到，还有一类以“商客”为主的市场仍属空白，就连甘肃移动和联通也都没有关注到。王总的这类商客是指中小企业、大小门店、网吧之类的客户，数量多、净值高。为了抢抓这一市场契机，王总带领甘肃电信全面打响了“商客攻坚”之战。

2013 年底，省公司召开总经理班子扩大会议，专题讨论商客攻坚事宜，会上王总提出“基层人员前移”的主张，即让公司后端大批基层员工开辟商客市场。其他领导虽然认同王总的看法，但是依然有不少担忧。他们认为之前前移的人员或有学历，或有一定的知识和职务，经过必要的培训他们有能力在新岗位上做出成绩，而接下来要前移的这批基层人员基本处于在办公室一杯茶、一支烟，一张报纸看半天的状态。因此，要动这些人风险和难度还是相当大的。“风险和难度在我们决定要变革的那一天就一直存在着，但是不能因为有风险和难度我们就止步不前。”王总坚定地说。

“基层人员前移”震动了整个甘肃电信，按照要求，公司后端人员中将有一千多人被移到一线去，当时公司合同制员工为6000多人，也就意味着六分之一的员工要从现在的“安乐窝”中挪到得自己刨食吃的前端。太多的员工捧惯了铁饭碗，对这次变革强烈不满：有的员工组织起来集体在网上发帖子表示抗议；有的员工到相关部门集体上访；有的员工托关系、找领导，表明自己家庭如何的困难；甚至有些员工还出现了打架闹事事件……面对国企的特色、局外人的不解、员工的不满，王总也遭遇了上任后最大的挑战。

为了使“基层人员前移”的变革能够执行，王总首先在省公司召开“基层人员前移”动员大会。会上王总强调，甘肃电信拥有国有企业的实力，但作为甘肃电信的员工，一定要有民营企业的活力，大家捧的并不是铁饭碗。市场从不属于谁，谁做下来就是谁的，员工要有活力到市场中去“抢钱”。随着业务模式的变化，很多大家熟悉的业务都不存在了。比如过去机房里面都是设备，需要设备维护人员，但是现在设备都自动化了，不需要人，还守着机房干什么？自己不去挣钱，谁给你发钱？儿子还不养老子呢，公司怎么能白养你?!

动员会后，王总成立了“基层人员前移工作小组”负责整个人员前移的落实。同时，王总亲自去个别反应比较强烈的分公司做思想工作。王总说，我们就像一个大家庭，一个家庭中妻子不上班，老公又不挣钱，那妻子和孩子花谁的钱？经过反复给基层员工讲其中的利害关系，反对的声音逐渐减小。为给前移的员工提供合适的岗位，甘肃电信在承包了338个农村支局的基础上，又设立了303个城市支局，且农村支局动态管理也由三级细化为四级。一番波折之后，2014年3月甘肃电信1087名基层人员实现了前移。

7.赣南会议与倒三角服务支撑

随着目标责任制承包在全省的逐步推行，全省的收入增长率、市场份额均有大幅度提高，小CEO们的收入实现翻一番的目标，这一良好状态一直持续到2014年初。2014年2月在省公司经营活动分析会上，首次出现大部分分公司市场份额下降、增量份额距目标份额差距较大的情况。3月省公司成立五个工作组在全面督导的基础上调查原因，调查发现：小CEO们现在生活富裕、安逸，完全可以靠吃老本养活家庭，目标责任制的承包方式已不能激励小CEO们的积极性了，而甘南和张掖一直走在所有分公司的前面，积极探索全业务收入承包模式，并不断尝试将目标责任制逐渐转变为全业务收入承包责任制。

为了彻底调动小CEO们的积极性，省公司发布文件定于2014年3月28—29日在甘南召开“深化变革创新、推进划小承包”现场会，向全省分公司推广全业务收入承包模式（没有KPI考核，小CEO的薪酬仅来自承包的收入或利润，即小CEO的收入完全正比于其业绩，再无上限约束，从本质上实现多劳多得）——一种被甘肃电信人称为“断后路”的承包模式，因为该模式的关键措施是“中止劳动合同”。

该措施一经宣布，引起了小CEO们的巨大恐慌，虽然这种方式会使大家的收入再上一个台阶，但是付出的代价是要“中止劳动合同”，对于长期在体制内的小CEO们来讲这无疑是个很大的担忧。不少小CEO私下议论：“中止劳动合同”是不是我们就不是甘肃电信的正式员工了？“中止合同”我们退休之后是不是就没有保障了？这是不是省公司变相裁员的一种方式？……为了消除大家的疑虑，会议结束后，省公司领导班子带队，先后开展五轮“百名党员干部基层行”督导帮扶活动，省公司企业文化部专门对14个分公司巡回宣讲，各市、州分公司总经理带队对县分公司巡回宣贯达65次。一番努力之后，越来越多的小CEO中止了劳动合同加入全业务收入承包的队伍中来，截至2014年底，全业务收入承包的小CEO高达1240人。

改革的步伐走到2014年早已形成一种不可逆转的强劲力量。2014年又裂变为666个城市支局，划分网格2381个，承包模式以全业务收入承包为主。面对这些成绩，省公司领导班子并没有放松警惕，他们一直关注着为公司创造利益的最小个体的小CEO们。一次小CEO工作写实报告显示：小CEO只有28%的时间从事市场前端工作，72%的时间被提交审批、等待审批、填制表格、参加会议、整理文件和材料等琐碎工作占用。小CEO们“前而不前”问题突出。这些问题表明，省公司对小CEO的业务支撑远远不能满足小CEO的工作需求。

在当前的市场环境下，在王总带领的甘肃领导班子的魄力下，划小承包的确是克服简单粗放、动力不足的大企业病的利器，给国有企业传统经营模式注入一股清流，但如何巩固现有的改革成果，致使改革不再反弹是改革成功的关键所在。

2014年6月，省公司开始探索“倒三角”服务支撑体系，全省设立“代理记账服务中心”和“人资代理服务中心”。8月又建立了全省纵向集约的“4+2”服务下沉机制。“4”为划小承包推进办公室、绩效服务中心、数据分析中心、网络保障中心；“2”为代理记账服务中心和人资代理服务中心。

进入2015年，甘肃电信在“倒三角”服务支撑体系建设方面全面实施逆向考核，由小CEO直接评价服务优劣的模式，成为“倒三角”服务支撑体系评价的唯一标准。而全面推行的权力清单制度，则着重凸显真正放权给小CEO，减少小CEO非生产性工作。

8. 未来发展之路

时光匆匆，转眼甘肃电信已迈入变革的第五个年头。2015年底，甘肃电信城市支局裂变为878个，划分网格2419个，设立154个大小厅店，5455人参与承包，真正实现“挣钱的人多，花钱的人少”这一目标。这一年甘肃电信也取得了历年最好的经营业绩：全业务收入市场份额达到28.08%，规模高达48.8亿元；移动过网用户累计份额23.84%，用户规模高达571万户；员工收入与经营收入实现了同比增长，连续4年为五岗以下员工普遍涨6级工资。

2016年新年假期结束，刚刚上班的第一天，王总站在电信公司总部的大楼上望着远处，心里在琢磨虽然改革带来了种种成绩和荣誉，但是打江山容易守江山难，目前电信的移动市场份额已基本达到饱和，再开发新移动用户的可能性比较小，如何将现有用户变为忠实用户是一个难题。另外，甘肃移动业务早已迈入4G时代，而电信目前还以2G、3G用户居多，甘肃电信的4G战役该如何战？虽然宽带业务一直是甘肃电信的优势业务，但是竞争对手的宽带业务及融合套餐的发展势头迅猛，甘肃电信该如何维护自己的优势业务？王总清楚，面对竞争对手的压力、行业发展形势的严峻，甘肃电信的变革之路仅仅是个开始……

资料来源：中国管理案例共享中心案例库。

【启发思考题】

1. 甘肃电信变革过程中经历了哪几个阶段？每个阶段有什么特点？

2. 甘肃电信在几次大的变动中遇到了哪些障碍？领导人如何克服障碍继续前行？

实操训练题

列出你所了解的三个组织（其中至少一家制造型组织和一家服务型组织）。说出它们将面临怎样的重大内部和外部变革？

参考文献

[1]缪润泽.X企业平台化背景的组织结构变革研究[D].北京:北京化工大学,2020.
[2]李皓.企业与企业制度研究[D].成都:四川师范大学,2001.
[3]方统法.组织设计的知识基础论[D].上海:复旦大学,2003.
[4]张丹.秦皇岛华润燃气有限公司组织结构优化设计研究[D].秦皇岛:燕山大学,2020.
[5]尹守军.基于复杂适应系统的组织结构演化研究[D].成都:成都电子科技大学,2014.
[6]许玉林.组织设计与管理[M].上海:复旦大学出版社,2010.
[7]郑明身.组织设计与变革.[M].北京:企业管理出版社,2007.
[8]理查德·L.达芙特.组织理论与设计[M].王凤彬,译.北京:清华大学出版社,2019.
[9]郭咸纲.西方管理学说史[M].北京:中国经济出版社,2003.
[10]刘松博,龙静.组织理论与设计[M].北京:中国人民大学出版社,2009.
[11]祝士苓.工作分析与组织设计[M].北京:中国劳动社会保障出版社,2007.
[12]金东日.组织理论与管理案例分析[M].天津:南开大学出版社,2007.
[13]吴培良,郑明身,王凤彬.组织理论与设计[M].北京:中国人民大学出版社,1998.
[14]刘巨钦.现代企业组织设计[M].上海:上海三联书店,2006.
[15]任浩.现代企业组织设计[M].北京:清华大学出版社,2005.
[16]高新华.如何进行企业组织设计[M].北京:北京大学出版社,2004.
[17]于斌.组织理论与设计[M].北京:清华大学出版社,2012.
[18]武立东.组织理论与设计[M].北京:机械工业出版社,2015.
[19]陈春花.组织行为学(第4版)[M].北京:机械工业出版社,2020.
[20]里基·W.格里芬.组织行为学(第八版)[M].刘伟,译.北京:中国市场出版社,2011.
[21]关培兰.组织行为学(第二版)[M].北京:中国人民大学出版社,2003.
[22]陈俊梁.组织理论与设计(第二版)[M].北京:中国人民大学出版社,2019.
[23]黄培伦.组织行为学[M].广州:华南理工大学出版社,2001.
[24]朱国云.组织理论:历史与流派[M].南京:南京大学出版社,1997.
[25]理查德·斯格特.组织理论:理性、自然和开放系统[M].北京:华夏出版社,2001.
[26]孙志海.自组织的社会进化理论:方法与模型[M].北京:中国社会科学出版社,2004.
[27]郑海航.企业组织学导论[M].北京:中国劳动出版社,1990.
[28]江绍伦,顾国祥,胡君辰,等.企业组织与效率[M].上海:复旦大学出版社,1995.
[29]赵慧英.组织设计与人力资源战略管理[M].广州:广东经济出版社,2003.
[30]杨洪兰,张晓蓉.现代组织学[M].上海:复旦大学出版社,1997.
[31]刘巨钦.企业组织设计原理与实务[M].北京:企业管理出版社,1996.
[32]蒋志青.企业组织结构设计与管理[M].北京:电子工业出版社,2004.
[33]朱颖俊,陈荣秋.论拓扑网络型企业组织[J].研究与发展管理,2000(2):8-12.

[34]原毅军.企业组织结构创新与管理咨询业发展[J].中国软科学,2000(11):101-104.
[35]梁正.企业与组织研究的多维框架[J].南开经济研究,2001(1):15-19.
[36]郑勤勤.知识经济时代企业组织结构的变革[J].上海管理科学,2001(1):30-31.
[37]沈小平,蓝海林.过程工业信息化与组织模式重构[J].软科学,2001(14):2-4.
[38]孙东升,李在永.知识型企业组织形式论[J].山西财经大学学报,2002(1):44-46.
[39]土胜光.新经济时代的组织形态与管理理念[J].科学对社会的影响,2001(3):15-17.
[40]于群.公司治理问题研究[M].广东:广东人民出版社,2004.
[41]王文钦.公司治理结构之研究[M].北京:中国人民大学出版社,2005.
[42]席酉民,赵增耀.公司治理[M].北京:高等教育出版社,2004.
[43]王璞.组织结构设计咨询实务[M].北京:中信出版社,2004.
[44]黄朗喜.浅论企业组织的变革[M].成都:现代企业组织,2008.
[45]周三多,陈传明.管理学[M].北京:高等教育出版社,2000.
[46]罗珉.组织管理学[M].成都:西南财经大学出版社,2003.
[47]欧阳峰,叶会.信息时代的企业组织变革[M].北京:经济管理出版社,2005.
[48]威廉·乔伊斯.组织变革[M].张成,译.北京:人民邮电出版社,2003.
[49]派特里克·E.康纳.组织变革中的管理[M].北京:电子工业出版社,2004.
[50]王毅捷.管理学案例100[M].上海:上海交通大学出版社,2003.
[51]王蔷.管理学教程习题集[M].上海:上海财经大学出版社,2002.
[52]潘大钧.管理学教程[M].北京:经济管理出版社,2003.
[53]杨东龙.最新组织战略精要词汇[M].北京:中国经济出版社,2003
[54]徐操志.组织创新的生命周期[J].科研管理,2001(6):44-49.
[55]胡斌.企业生命周期的系统动力学建模与仿真[J].中国管理科学,2006(3):142-148.
[56]彼得·德鲁克.组织的管理[M].上海:上海财经大学出版社,2003.
[57]欧高敦.管理变革[M].上海:生活·读书·新知三联书店,2001.
[58]理查德·L.达芙特.管理学[M].韩经纶,译.北京:机械工业出版社,2003.
[59]郑晓明,吴志明.工作分析实务手册[M].北京:机械工业出版社,2002.
[60]邢以群,郑心怡.流程导向型企业组织结构模式初探[J].科学管理研究,2003(3):48-51.
[61]周宏斌.基于流程的组织结构及其案例[J].系统工程理论方法应用,2000(3):217-223.
[62]李金勇,郑不愕,王维斌.敏捷组织及其系统结构分析与设计[J].管理工程学报,2002(3):101-105.
[63]张志勇.基于流程的组织设计研究进展[J].管理科学,2004(5):31-39.
[64]栗军雄.基于流程的组织结构设计[J].山东行政学院山东省经济管理干部学院学报,2008(51):70-72.
[65]周宏斌.基于流程的组织变革理论[D].上海:上海复旦大学,1999.
[66]刘松博,胡威.国内组织设计研究的发展与现状[J].经济理论与经济管理,2006(9):24-29.
[67]田风.激励:让员工自动自发地奔跑[M].北京:中国纺织出版社,2020.
[68]石磊.激励员工一本就够[M].北京:人民邮电出版社,2012.
[69]孙晓岭.组织行为学(第3版)[M].北京:中国人民大学出版社,2018.
[70]王里.组织行为学[M].北京:北京大学出版社,2012.

[71]丁敏. 组织行为学[M]. 北京:人民邮电出版社,2010.
[72]科特,赫斯克特. 企业文化与经营绩效[M]. 李晓涛,译. 北京:中国人民大学出版社,2004.
[73]相里六续. 组织行为学[M]. 北京:机械工业出版社,2013.
[74]胡君辰,吴小云. 组织行为学[M]. 北京:中国人民大学出版社,2021.
[75]陈兴淋. 组织行为学[M]. 北京:清华大学出版社,2016.
[76]田震华. 组织变革理论视角下教师专业发展的新"勒温模型"[J]. 教育理论与实践,2020,40(35):32-35.
[77]魏祥迁. 组织行为学[M]. 北京:北京师范大学出版社,2019.
[78]刘智强,关培兰. 组织行为学[M]. 北京:中国人民大学出版社,2020.
[79]威廉·大内. Z理论:美国企业界怎样迎接日本的挑战[M]. 孙耀君,王祖融,译. 北京:中国社会科学出版社,1984.
[80]张佩云. 人力资源管理[M]. 北京:清华大学出版社,2004.
[81]邓国取. 人力资源管理[M]. 南京大学出版社,2007.
[82]董克用. 人力资源管理概论[M]. 中国人民大学出版社,2019.
[83]王林雪. 人力资源管理概论[M]. 西安交通大学出版社,2011.
[84]李琦. 人力资源管理[M]. 北京大学出版社,2007.